W0469644

Amsterdam

CAPITALE-VILLAGE

En quelques décennies, Amsterdam a changé de visage. D'une ville hésitante et légèrement endormie sur des trésors de beauté et des musées mythiques, elle s'est réinventée ville de pointe, alliant ancien et moderne au cœur d'une branchitude intense. Le tout sans jamais renier ses racines héritées du Siècle d'or. Pour la découvrir, le mieux est d'y prendre son temps, d'aller à la rencontre de ses habitants hors de l'hypercentre, de se perdre soi-même pour mieux trouver la ville. Alors que tous les musées de la ville ont été rénovés, que la nouvelle ligne de métro a été inaugurée, que pullulent restaurants et bars design, la ville semble jouir d'une prospérité en contraste avec le quotidien parfois plus difficile d'une partie de ses habitants. Certains craignent ainsi que « leur » Amsterdam ne devienne une ville-musée, regorgeant de beauté, mais dépouillée d'âme. Beaucoup regrettent les clichés tenaces qui attirent le tourisme de masse. La ville a ainsi décidé de contrer cette tendance et a pris quelques mesures : suppression des magasins « nutella », des vélos-bière et du fameux IAMSTERDAM. La mairesse souhaite en outre délocaliser les « bordels » du quartier rouge en périphérie et limiter l'accès aux coffee-shops aux locaux. Tout cela dans un plan de valorisation des quartiers et villes périphériques pour désengorger le centre. Cela pour contrer une *disneyisation* qui avance vite… La période qui s'annonce semble favoriser un tourisme plus éthique et qualitatif. Vivement 2023 !

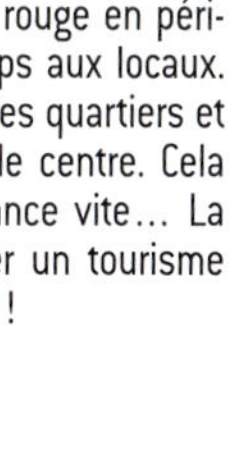

Retrouvez cette offre en page 24

SOMMAIRE

© ROSSHELEN - SHUTTERSTOCK.COM

© ANDRIJTER - ISTOCKPHOTO.COM

Sandwich au hareng. © IRYNA MELNYK - SHUTTERSTOCK.COM

199 (SE) FAIRE PLAISIR

Grandes enseignes internationales et petites boutiques locales, Amsterdam est un paradis du shopping. 9 Straatjes, de Pijp, Jordaan, sont des quartiers à découvrir.

© NIKOLAS_JKD - SHUTTERSTOCK.COM

Patinage sur les canaux gelés. © STEVE PHOTOGRAPHY - SHUTTERSTOCK.COM

211 BOUGER & BULLER

Hockey, patinage mais surtout vélo, Amsterdam est une ville où sport et bien-être vont de pair. Spas, saunas, bar à ongles poussent comme des champignons.

Vie nocturne à Amsterdam. © VERVERIDIS VASILIS - SHUTTERSTOCK.COM

215 SORTIR

Les possibilités d'amusement et de sorties sont multiples. La nuit amstellodamoise est agréable et respectueuse. Une atmosphère bon enfant règne partout.

225 LES ENVIRONS

De nombreux villages proches d'Amsterdam valent le déplacement pour une découverte du pays. Haarlem, Delft et La Haye sont les villes à découvrir.

Vue du moulin à Haarlem. © ALEXEY FEDORENKO - SHUTTERSTOCK.COM

Dam Square. © SOLSTOCK - ISTOCKPHOTO.COM

277 ORGANISER SON SÉJOUR

A seulement 3h20 en train de Paris, Amsterdam est une ville proche. Sélectionnez votre logement et les expositions à visiter bien en amont pour un séjour parfait.

QUAND Y ALLER

JANVIER

0° / 5°

AMSTERDAM LIGHT FESTIVAL
Il s'agit d'un festival des lumières qui présente des œuvres d'art lumineuses inédites dans l'écrin idyllique d'Amsterdam.

NATIONALE TULPENDAG – JOURNÉE NATIONALE DE LA TULIPE
Chaque année, un jardin de tulipes est créé sur le Dam. Le public peut ensuite composer son propre bouquet de tulipes.

$ $

FÉVRIER

0° / 6°

FEBRUARISTAKING-COMMÉMORATION DE LA GRÈVE DES DOCKERS
Cérémonie qui commémore la plus grande grève générale contre l'occupation allemande et la ségrégation des juifs dans la capitale.

CHINEES NIEUWJAAR – NOUVEL AN CHINOIS
Le Nouvel An chinois est célébré dans le quartier asiatique d'Amsterdam avec une parade joyeuse et colorée en plein hiver.

$ $

MARS

2° / 11°

KEUKENHOF

© AUTHOR'S IMAGE

Magnifique parc floral qui se pare de 1 000 couleurs au printemps, illustrant magnifiquement la culture de la fleur aux Pays-Bas.

$ $ $

JUILLET

14° / 23°

AMSTERDAM PRIDE
Ces journées célèbrent dans le respect les communautés LGBTQ. Ne pas manquer la formidable et photogénique parade sur les canaux.

JULIDANS
Julidans est un intéressant festival de danse contemporaine. La programmation est éclectique et le cadre souvent novateur.

$ $ $

AOÛT

14° / 23°

GRACHTENFESTIVAL
Magnifique festival de musique classique dont le point d'orgue est le fabuleux concert du samedi soir, devant l'hôtel Pulitzer.

PARADE
Parade est un festival itinérant dans l'esprit bohémien et forain. De Parade, c'est une belle ambiance un peu (trop ?) bobo toutefois.

$ $ $

SEPTEMBRE

11° / 20°

OPEN MONUMENTENDAG – JOURNÉES DU PATRIMOINE
Les journées du patrimoine réservent toujours beaucoup de surprises. Amsterdam concocte un programme thématique intéressant.

JORDAAN FESTIVAL
Festival de musique populaire et traditionnelle née dans le populaire quartier du Jordaan. Ambiance typique et souvent alcoolisée.

$ $ $

Amsterdam se visite bien toute l'année mais la saison idéale pour apprécier au mieux la capitale batave est sans hésiter le printemps. S'il peut faire encore frais, c'est habituellement la saison la plus sèche de l'année. La Hollande et notamment la région autour d'Amsterdam se parent alors des milles couleurs des floraisons. L'arrière-saison, en septembre et octobre, peut être exceptionnelle. L'été est la haute saison avec une capitale encore plus prise d'assaut par les touristes.

AVRIL

5° / 14°

KONINGSDAG – JOURNÉE DU ROI
Lors de la fête nationale et anniversaire du roi Willem-Alexander, l'esprit néerlandais est résumé : chaleur, folie, simplicité.

FESTIVAL DE LA TULIPE
Dès fin mars, Amsterdam expose nombre de variétés de tulipes pour une incroyable et inédite symphonie chromatique dans la ville.

$ $ $

MAI

6° / 19°

BEVRIJDINGSDAG – JOUR DE LA LIBÉRATION
Le 4 sont commémorées les victimes de la Seconde Guerre et le 5 est célébrée la Libération par un concert au Museumplein.

LONDON CALLING
London Calling est un réputé festival de rock/pop anglais qui se tient 2 fois l'an au Paradiso. L'ambiance y est très réussie.

$ $ $

JUIN

11° / 21°

HOLLAND FESTIVAL
Ce festival célèbre les arts scéniques avec une programmation variée s'illustrant dans les différentes salles de la ville.

DAG VAN DE ARCHITECTUUR – JOURNÉE DE L'ARCHITECTURE
Il s'agit de journées spéciales pour découvrir l'architecture moderne d'Amsterdam. Itinéraires thématiques au programme.

$ $ $

OCTOBRE

8° / 15°

AMSTERDAM DANCE EVENT
Incroyable festival de musique électro. Durant quelques jours Amsterdam accueille les meilleurs DJ lors de concerts, ateliers, etc.

TCS AMSTERDAM MARATHON
Le réputé marathon de la ville qui part du stade olympique et emmène les coureurs le long des réputés monuments de la ville.

$ $ $

NOVEMBRE

4° / 10°

IDFA – FESTIVAL INTERNATIONAL DU DOCUMENTAIRE
L'IDFA est un festival de documentaire et présente une programmation de qualité dans tous les grands cinémas de la ville.

MUSEUMNACHT – N8
La nuit des musées à Amsterdam saura vous étonner avec une programmation unique, souvent décalée et amusante, soirée.

$ $

DÉCEMBRE

2° / 6°

OUD&NIEUW – SAINT-SYLVESTRE

© UNIQUE VISION - SHUTTERSTOCK.COM

Incroyable soirée pyrotechnique avec explosion massive de pétards dans les rues de la capitale. Bruits et sensations fortes.

$ $ $

LES BONNES RAISONS D'Y ALLER

AMSTERDAM, SI LOIN ET SI PROCHE !

Amsterdam est très proche de la France, accessible et pourtant unique et différente !

DES MUSÉES DE QUALITÉ À GOGO

La ville compte de nombreux musées de classe mondiale et des galeries très prestigieuses.

AMSTERDAM OU LA CAPITALE VILLAGE

De taille humaine, la ville est très accessible : à vélo ou à pied, tout est possible.

UNE ARCHITECTURE VARIÉE ET UNIQUE

L'ancien et le moderne se côtoient ici dans un écrin photogénique unique.

AMSTERDAM OU LE PARADIS DU VÉLO

Le deux-roues incarne l'identité de la ville. Il faut découvrir la ville en pédalant.

L'ACCUEIL « GEZELLIG » NÉERLANDAIS

Les habitants d'Amsterdam sont accueillants, polyglottes et facilement abordables.

LA VRAIE VENISE DU NORD

Les canaux historiques d'Amsterdam donnent à la ville un cachet et une photogénie uniques.

LES BONNES RAISONS D'Y ALLER

AMSTERDAM, LA VILLE AUX QUATRE SAISONS

Amsterdam révèle différents visages et typiques selon les saisons.

© STEVE PHOTOGRAPHY- SHUTTERSTOCK.COM

© BEN HOUDIJK- SHUTTERSTOCK.COM

LET'S PARTY IN AMSTERDAM !

La vie nocturne de la capitale est riche et diverse : cafés, concerts, discos, clubs…

© POSTERIORI- SHUTTERSTOCK.COM

UNE VILLE QUI CHANGE CONSTAMMENT

Amsterdam évolue en gardant son cachet historique : ici, la nouveauté est constante.

LES 12 MOTS-CLÉS

#ANNE FRANK

Petite Allemande venue vivre à Amsterdam en 1933 pour échapper aux persécutions nazies, elle devint symbole de l'horreur antisémite après la publication de son journal intime. Toute la famille est déportée et Anne meurt du typhus dans le camp de Bergen-Belsen. La maison où elle se cacha avec sa famille est le musée le plus visité d'Amsterdam.

© ITZAVU - SHUTTERSTOCK.COM

#FLEURS

Les fleurs sont indissociables des Pays-Bas ; à Amsterdam, elles sont bien présentes, surtout lors de la symphonie chromatique du printemps. La capitale compte jardins et parcs prodiguent fleurs et plantes généreusement. Ne manquez pas Hortus, le jardin botanique avec plus de 6 000 espèces de plantes. Le marché aux fleurs est très optionnel.

© REAL444 - ISTOCKPHOTO.COM

#AJAX

Amsterdam s'est totalement identifiée au club légendaire où brilla Johan Cruijff, décédé en 2016. Quatre fois vainqueur de la Ligue des Champions, une fois de la coupe de l'UEFA, une fois de la C2, Ajax est un club brillant. Leur saison 2019 est encore dans tous les esprits ! Vous pouvez-même visiter le stade du club, la Johan Cruijff Arena.

© MICHAEL715 - SHUTTERSTOCK.COM

#GAY

L'homosexualité fut ici légalement reconnue dès le début du XIXe siècle. C'est à Amsterdam que fut célébré le premier mariage entre personnes du même sexe, le 1er avril 2001. Depuis quelques années, la scène gay de la ville s'assoupit et les applications de rencontres n'arrangent pas les choses. Ne pas manquer la Gay Pride au cœur de l'été.

#GEZELLIG

Prononcez « rezélir ». Sans équivalent exact en français, *gezellig* désigne la chaleur d'une soirée réussie, d'un endroit, d'une idée même. D'une fête sympathique qui bouge, on dira aussi qu'elle est *gezellig*. C'est un mot fondamental en néerlandais et en particulier à Amsterdam, et si vous l'entendez, c'est bon signe, votre séjour sera bien !

#COFFEESHOP

Ce mot engendre beaucoup d'incompréhension entre habitants et touristes. Symbole de coolitude pour de nombreux visiteurs (embrumés ?) ou de l'approche pragmatique des Pays-Bas en matière de drogues douces pour d'autres, incarnation parfois du « narco-État » comme le disait un certain président français récemment décédé. À consommer modérément.

#HEINEKEN

Brasserie fondée en 1873 à Amsterdam, elle est un symbole de réussite liée à la capitale où se trouve la brasserie d'origine. Devenue musée interactif, la Heineken Experience accueille chaque année des hordes de touristes venus du monde entier. Marque qui a intégré très tôt les stratégies marketing, vous la verrez partout lors de votre séjour.

LES 12 MOTS-CLÉS

#HOFJE

C'est une ville dans la ville, dans un enclos de verdure accessible par une voûte. Ils furent jadis construits par des riches pour les plus vieux et plus démunis. On compte 47 *hofjes* disséminés dans Amsterdam, le béguinage sur le Spui est le plus connu. Ces *hofjes* sont des oasis de paix. Notre coup de cœur va au Karthuizerhof, dans le Jordaan.

© CHRISTOPHE CAPPELLI - SHUTTERSTOCK.COM

#MUSÉE

Amsterdam compte des musées magnifiques qui regorgent de trésors. Parmi les immanquables : musée Van Gogh, Rijksmuseum et Stedelijk sans oublier la maison d'Anne Frank. Les musées sont bien agencés, agréables et proposent tous des expositions temporaires à ne pas manquer. Beaucoup incluent des restaurants de qualité et des boutiques soignées.

#QUARTIER ROUGE

Encore un lieu porteur de confusion entre les habitants et les nombreux touristes. Ce quartier historique et pittoresque est désormais un Disneyland du sexe et de la drogue qui fut assaini il y a quelques années. Désormais, de nombreuses voix s'élèvent pour fermer les vitrines incongrues à l'époque de *#metoo* et des projets de relocalisation prennent forme.

#VONDELPARK

C'est le Central Park d'Amsterdam ! Un grand espace de verdure où l'on peut faire du sport, promener son chien, ses enfants, pique-niquer, jouer au football, faire de l'escalade (pour les plus petits) et aussi en été assister à des concerts et spectacles divers et prendre des cours de tango ou de roller. Un classique pour touristes et locaux.

#WELKOM

Amsterdam est une terre d'accueil et à ce jour 180 nationalités différentes coexistent pacifiquement, faisant d'elle une véritable cité cosmopolite. La percée des Verts aux élections municipales 2018 et la nomination de la nouvelle bourgmestre Femke Halsema sont des signaux forts d'apaisement. Ici, vous verrez différentes cultures coexister.

VOUS ÊTES D'ICI, SI...

- Vous faites du vélo quel que soit le temps et êtes équipé de vêtements de pluie.
- Vous savez rouler à vélo avec un enfant sur le siège guidon, un autre derrière et les courses dans des sacs.
- Vous savez qu'un déjeuner court et efficace (et sans alcool) est la garantie d'une après-midi productive et d'une soirée qui commencera tôt et sera d'autant plus festive.
- Vous aimez le pain et les tartines composées, appréciez les harengs frais et la cuisine indonésienne.
- Vous aimez tester les derniers endroits à la mode, adorez danser jusqu'au bout de la nuit, mais finissez souvent dans un café brun historique.
- Vous éprouvez respect et confiance envers la classe politique, la famille royale, les institutions.
- Vous êtes souvent habillé à la cool même lors d'occasions spéciales, l'essentiel étant de se sentir bien.
- Dès qu'il gèle un peu, vous n'avez qu'un mot à la bouche : « elfstedentocht », une course historique de patinage.

MON AMSTERDAM

avec Hélène Degryse, auteure du guide.

© DR

Interview

Originaire des Hauts-de-France, Hélène Degryse a émigré aux Pays-Bas pour l'amour d'un Batave. Amstellodamoise de cœur, elle savoure les trésors variés de cette ville enchanteresse. Binationale et trilingue, elle est interprète, traductrice et journaliste… et également maman de deux adorables petits Franco-Néerlandais. Souvent à vélo, vous la croiserez peut-être un casque sur les oreilles et un carnet à la main.

TOP 10

À VOIR / À FAIRE

Composer une liste des essentiels d'Amsterdam constitue un véritable casse-tête tant les options sont multiples et variées, le choix est donc cornélien. En explorant le top 10 qui suit, la richesse et le dynamisme de la capitale batave se révéleront rapidement. Vos visites et points d'intérêt permettront une plongée rapide et efficace dans la ville autour des valeurs essentielles qui la définissent et des éléments qui la composent : eau, vélo, musée, tolérance, fête, musique, culture, fête, cafés. L'identité contrastée et parfois incomprise d'Amsterdam se révélera à vous.

© KONSTANTIN TRONIN- SHUTTERSTOCK.COM

115

A'DAM LOOKOUT

Inédite plateforme d'observation située sur la rive nord de l'IJ. Les moins peureux tenteront la balançoire de l'extrême.

© DENNIS VAN DE WATER- SHUTTERSTOCK.COM

127

ANNE FRANK HUIS - MAISON D'ANNE FRANK

Incroyable musée, souvenir poignant d'une adolescente qui nous fit mieux que quiconque comprendre l'horreur de la guerre...

ALBERT CUYPMARKT - MARCHÉ ALBERT CUYP

Le marché le plus célèbre d'Amsterdam au cœur du quartier De Pijp. Nourriture, épices, vêtements au rendez-vous. Bonne ambiance.

© FOKKE BAARSSEN- SHUTTERSTOCK.COM

203

© SERGII RUDIUK - SHUTTERSTOCK.COM

115

BEGIJNHOF - BÉGUINAGE D'AMSTERDAM

Superbe « hofje » (ville dans la ville), ce béguinage accueille plusieurs églises et dégage une ambiance unique et hors du temps.

DE GOUDEN BOCHT - LA BOUCLE D'OR

Superbe portion du Herengracht qui témoigne de la splendeur passée du Siècle d'or. Nous sommes transportés dans un tableau vivant.

© ANTON HAVELAAR- SHUTTERSTOCK.COM

129

© FORTGENS PHOTOGRAPHY - SHUTTERSTOCK.COM

141

SYNAGOGUE PORTUGAISE

Magnifique synagogue construite au XVIIe siècle pour les juifs séfarades d'Espagne et du Portugal. Son atmosphère est magnifique.

© STOCKPHOTOVIDEO - SHUTTERSTOCK.COM

122

ONS' LIEVE HEER OP SOLDER

Superbe musée/église clandestine catholique en plein quartier rouge. L'ambiance photogénique y est totalement hors du temps.

VAN GOGH MUSEUM

Ce magnifique musée est consacré au peintre Vincent Van Gogh. Un lieu unique et fort avec des expositions temporaires !

© RIJKSMUSEUM

136

RIJKSMUSEUM

Magnifique musée de la ville, sa visite est un enchantement. Vous admirerez des Rembrandt, Vermeer, Hals dans un cadre majestueux.

© JEAFISH PING- SHUTTERSTOCK.COM

140

© STÉPHAN SZEREMETA

139

VONDELPARK

Très agréable parc de la ville, le Vondelpark se situe entre Leidseplein, lieu de sorties et les grands musée. A ne pas manquer !

TOP 10

SE RÉGALER

Amsterdam compte nombre d'adresses aussi originales que diverses. Nos coups de cœur récompensent autant l'assiette que le décor, toujours soigné et souvent très original. Les adresses trendy d'inspiration internationale ouvrent régulièrement et les chefs rock'n'roll font et défont les tendances culinaires. Amsterdam a toujours fait la part belle aux tendances végétariennes, mais ces derniers temps ce sont les végans qui sont à l'honneur. Une jeune génération de chefs investit friches industrielles et autres lieux à l'abandon pour exprimer leur créativité au travers de lieux éphémères et de concepts forts.

© JAN KEES STEENMAN

RIJKS

Superbe adresse étoilée d'un chef prodige, Rijks, restaurant du Rijksmuseum, nous fait découvrir la gastronomie batave.

© LAISA MARIA

FOODHALLEN

Vaste complexe culinaire du quartier ouest, Foodhallen est l'adresse idéale pour un repas entre amis au coeur de la branchitude.

BAR KANTOOR

Café restaurant du Westerpark, produits bio, cadre végétal et superbe terrasse dès les beaux jours, cette adresse a tout bon.

© ARJEN VELDT & NOOIJ

© HÉLÈNE DEGRYSE

HANGAR

Restaurant du quartier nord qui dispose d'un cadre idyllique avec une plage urbaine en guise de terrasse. Parfait pour l'été.

172 EN PHOTO

MOAK PANCAKES

L'adresse rêvée pour crêpes composées dans décor pop. Crêpes épaisses, milkshakes acidulés, salades composées, à ne pas manquer.

176

DE GROENTEMEESTERS

Dans un cadre lumineux, l'escale idéale pour une pause dans l'agitation du marché Albert Cuypt et déguster de délicieux plats végé.

162

SECRET GARDEN

Un oasis de verdure en plein centre qui vous fera voyager avec sa cuisine Nikkei, fusion de gastronomie japonaise et péruvienne.

175

OLIJFJE

Vigne vierge qui tombe des murs et cuisines méditerranéennes pour un moment de détente à partager entre amis ou en famille.

159

D'VIJFF VLIEGHEN

Magnifique restaurant historique, sorte de musée culinaire où le spectacle est autant dans l'assiette que dans la salle.

173

BAKERS & ROASTERS

Ce restaurant sert des brunch délicieux et attire tous les bobos du coin sur sa terrasse, quand le soleil est de la partie.

TOP 5

FAIRE UNE PAUSE

Les cafés pullulent et, pour tâter le pouls de la ville, il convient de passer du temps, beaucoup de temps, à les découvrir. Testez d'abord les cafés bruns (historiques, traditionnels et bourrés de charme), puis les cafés blancs au design léché. Vous pourrez souvent y manger des en-cas salés.

© BAR BOTANIQUE

EN PHOTO

173 BAR BOTANIQUE

Botanique est une superbe adresse design et instagrammable au possible. La carte est bien étudiée et le service attentif.

190 PAPENEILAND

Superbe café brun historique et authentique du quartier du Jordaan. Une adresse hors normes et hors du temps à ne pas manquer.

191 SAINT-JEAN

Un subtil mélange de France et de Scandinavie pour cette *bakery*, le tout dans une ambiance cool comme seule Amsterdam sait faire.

185 OEDIPUS

Superbe micro-brasserie alternative située dans une zone inspirante du quartier Noord. Ambiance chaleureuse, public varié.

159 THE LOBBY

Très agréable café/restaurant du quartier des théâtres, à deux pas du Dam. Belle ambiance cosy et stylée propice aux rencontres.

TOP 5

(SE) FAIRE PLAISIR

Amsterdam est une cité commerçante et les boutiques sont nombreuses. Le service, pas toujours efficace, est toutefois polyglotte. Les grandes enseignes sont présentes, mais nous vous conseillons de tester des boutiques plus locales et atypiques. Les soldes ont lieu toute l'année ou presque !

© BAR BOTANIQUE

208 WILDERNIS

EN PHOTO

Wildernis est un ilot de verdure du quartier ouest en plein renouveau. Pour des idées déco, jardinage et de belles photos.

202 RIJKSMUSEUM SHOP

Superbe boutique du Rijksmuseum. Rapportez posters, livres, articles de déco, accessoires, une véritable caverne d'Ali Baba...

201 DE KINDERFEESTWINKEL

Fabuleux magasin où vous trouverez tout pour célébrer les anniversaires d'enfants. Craquant et trop mignon pour les grands aussi.

206 HESTER VAN EEGHEN

Très belle boutique spécialisée dans les chaussures et accessoires en cuir d'une belle originalité au coeur des des 9 straatjes.

203 DE KAASKAMER VAN AMSTERDAM

La fromagerie d'excellence d'Amsterdam, choix incroyable de fromages néerlandais et conseils charmants, en français parfois !

TOP 5

BOUGER & BULLER

Amsterdam, terre de l'Ajax, est une ville sportive et ludique, beaucoup de vélos, de la marche, du patin quand c'est possible ! Après l'effort, pourquoi ne pas se faire plaisir dans un spa ou une soirée karaoké entre amis ? Les possibilités de se détendre sont nombreuses dans la capitale.

© KAREN STEENWINKEL

214 SPA ZUIVER

EN PHOTO

Superbe Spa à l'extérieur de la ville, cadre idéal pour une parenthèse enchantée et enchanteresse. Idéal pour se ressourcer.

111 JOHAN CRUIJFF ARENA STADIUMTOUR

Stade de l'Ajax véritable prouesse technique qui a maintenant presque 30 ans ! Pour une visite guidée pas comme les autres.

213 ROCYCLE

Incroyable studio où l'on pédale sur des rythmes fous & vitaminés dans une ambiance de disco. L'adresse fun pour un corps de rêve.

214 SAUNA DECO

Superbe sauna avec un décor qui vient du Bon Marché. Superbe ambiance feutré hors du temps pour une parenthèse enchantée.

120 MYSTERY CITY GAMES

Une bande de potes qui propose une façon ludique et prenante de découvrir et visiter la ville et ses monuments, à ne pas rater !

TOP 5

SORTIR

La vie nocturne est variée avec multiples bars, concerts, discos, dans des lieux souvent originaux. La musique de la nuit d'Amsterdam est l'électro célébrée dans des clubs trendy et inventifs, dans des lieux souvent temporaires. Amsterdam compte aussi des classiques qui se renouvellent tout le temps…

© CLAUDINE VAN MASSENHOVE - SHUTTERSTOCK.COM

PARADISO 222

EN PHOTO

La salle de concerts mythique d'Amsterdam, une ancienne église où se pressent tous les grands noms d'hier et d'aujourd'hui.

CANVAS OP DE 7E 196

Lieu polyvalent de l'est à la fois bar, restaurant mais aussi et surtout discothèque pour une soirée réussie dans un quartier qui bouge.

PARALLEL CLUB 217

Un pied dans le présent, l'autre dans le futur, telle est la devise de ce club qui ne désemplit pas depuis son ouverture.

SHELTER AMSTERDAM 218

Ce club à la programmation pointue fait l'événement depuis son ouverture. Pensez à réserver pour les grosses soirées. Top !

JIMMY WOO 217

Disco trendy où l'on va pour se montrer et danser dans un ambiance jet set, parfois un peu superficielle et réservée aux jeunes.

TOP 10

SE LOGER

Si se loger à Amsterdam est un vrai casse-tête, si vous vous y prenez à temps et que votre budget est assez extensible, vous aurez l'embarras du choix. Nombreux sont les hôtels design ou de charme où le visiteur profite d'une expérience unique dans un cadre incroyable. Beaucoup d'hôtels sont innovants et esthétiques et un soin particulier est accordé à la décoration, même dans les endroits meilleur marché. Hôtel dans d'anciens sièges de journaux, dans une ancienne mairie, d'ultra grand-luxe qui trône au-dessus de la place du Dam ? D'un nouveau genre, ou qui célèbre le design *made in Holland*… ?

© CLINKNOORD

288

CLINKNOORD

Un ancien laboratoire avec des lits en dortoir ou des chambres individuelles, situé au nord à 2 minutes en bac de la gare CS.

© STÉPHAN SZEREMETA

289

GRAND HÔTEL AMRÂTH AMSTERDAM

Superbe hôtel situé dans un bâtiment historique proche de la gare. Pour un séjour inoubliable dans un classique de la capitale.

CONSCIOUS HOTEL WESTERPARK

Un hôtel unique en son jour 100% électrique et logé dans une ancienne mairie de quartier. Cadre vert, inventif et photogénique.

© ARJEN VELDT & NOOIJ

296

© HOTEL DE HALLEN

297

HÔTEL DE HALLEN

Superbe hôtel design situé à l'ouest, dans une ancienne remise de tram au cœur d'un quartier de sorties qui a beaucoup de peps !

HOTEL TWENTY SEVEN

Twenty Seven est l'hôtel le plus luxueux du Pays-Bas, sur la place du Dam. Une expérience unique pour un séjour inoubliable.

© LVFPHOTOGRAPHY.COM

290

© LINDEN HOTEL

297

LINDEN HOTEL

Adresse intimiste de qualité située dans le quartier du Jordaan, au bout d'une rue très animée accueillant un agréable marché.

© INK HOTEL

290

INK HOTEL

Inkhotel est un très agréable hôtel proche de tout. La déco et le confort sont de mise et le service est de qualité supérieure.

VOLKSHOTEL

Volkshotel, hôtel inventif et agréable du quartier est de la ville. Pour un séjour inédit dans un lieu qui vous surprendra.

© HÉLÈNE DEGRYSE

290

KIMPTON DE WITT

Superbe hôtel qui rend hommage à Amsterdam et aux Pays-Bas. La qualité et l'accueil seuls vous donneront envie de revenir à Amsterdam.

© DEBBIE TROUERBACH

302

© EWOUT HUIBERS

302

ZOKU

Hôtel détonnant avec de belles chambres et un superbe rooftop à découvrir, ambiance sympathique faite pour créer des liens.

ALLO ?

Pour appeler des Pays-Bas vers la France, composez le +33 suivi du numéro de votre correspondant sans le 0. Pour appeler de France vers les Pays-Bas, composez le 00 31, suivi de l'indicatif de la ville, moins le premier zéro (par exemple pour Rotterdam, composez le 00 31 10, suivi du numéro de votre correspondant). Pour téléphoner à l'intérieur du pays, il vous suffira de composer le numéro à sept chiffres de votre correspondant, auquel il faudra ajouter le code de la ville si la communication est interurbaine – le 020 pour Amsterdam, le 070 pour La Haye, le 010 pour Rotterdam…

ACCESSIBILITÉ

Amsterdam est une ville historique avec des pavés, des canaux et est confrontée à divers problèmes d'accessibilité qui pourront rendre votre voyage difficile. L'absence d'espace et d'ascenseur font que, souvent, seuls les hôtels plus luxueux pourront vous accueillir. La ville a, depuis plusieurs années, mis en place un programme pour améliorer ses infrastructures, et plusieurs mouvements et fondations sont très actifs.

SANTÉ

Amsterdam et sa région comptent plusieurs grands hôpitaux (Onze lieve vrouwe Gasthuis, Oosterpark 9, www.olvg.nl). Pour les médicaments de base, vous trouverez paracétamol, aspirine, etc. en vente libre dans les drogueries (Etos notamment). Vous trouverez ainsi peu de pharmacies, sinon la Leidsestraat Apotheek, Leidsestraat 74-76. Si vous avez une ordonnance, vous obtiendrez le nombre exact de comprimés prescrits par le médecin, et qui reporte la posologie de l'ordonnance (prescription) sur l'étiquette, ce qui évite le gaspillage et l'abus de médicaments.

URGENCES SUR PLACE

Un seul numéro à appeler, le 112, qui ensuite oriente l'appel et les secours en fonction de la gravité et de la nature de l'urgence. Ce numéro est accessible gratuitement et 24h/24. À noter : ici les médecins ne se déplacent quasi jamais et une forte fièvre chez un enfant n'est pas une urgence si elle vient juste d'advenir, il faut passer par son médecin traitant.

© ADISA - ISTOCKPHOTO.COM

SÉCURITÉ

L'indice de criminalité des Pays-Bas et d'Amsterdam sont bas et il n'y a globalement pas de quartier compliqué. Les touristes sont toutefois des cibles privilégiées par les pickpockets qui s'organisent parfois en groupe.

LGBTQ

Les personnes lesbiennes, gaies, bisexuelles, transgenres, *queers* et bispirituelles (LGBTQ2) sont particulièrement les bienvenues à Amsterdam, ville qui a fait de la tolérance son principe de base. Les Pays-Bas sont le premier pays au monde à avoir légalisé le mariage entre conjoints du même sexe le 1er avril 2001, il y a plus de 20 ans. Ici, la communauté LGBTQ2 vit sans tabou à la grande fierté de ses habitants. Il demeure que des agressions ont été signalées lors des dernières Gay Pride. Dans le reste du pays, les mentalités sont moins évoluées qu'à Amsterdam, mais il y a une sorte une « tolérance » à distance et les gens restent bienveillants. À Amsterdam, certains hôtels sont particulièrement destinés à la communauté gay mais, en règle générale, vous serez les bienvenus partout. Certaines adresses particulièrement *LGBT friendly* affichent le drapeau arc-en-ciel.

AMBASSADE ET CONSULATS

Le consulat général de France se situe à Amsterdam. Il en est de même pour la Belgique et la Suisse. Les ambassades de ces pays se situent elles à La Haye qui est la capitale politique et royale du pays.

POSTE

Les boîtes aux lettres hollandaises sont de couleur rouge et sont vidées une fois par jour (aussi le samedi). La fente pour les lettres et cartes vers l'international : *overige bestemmingen*. On trouve des timbres dans toutes les postes bien sûr mais aussi dans les bureaux de tabac et chez les vendeurs de cartes postales. Un timbre tarif local coûte 0,39 € ; 0,69 € pour l'Union européenne et 0,85 € pour le reste du monde (vendu à l'unité).

LES PHRASES CLÉS

Bonjour, mon téléphone ne fonctionne pas, pouvez-vous m'aider s'il vous plait ?
Hallo, mijn telefoon werkt niet, kunt u me alstublieft helpen?

Je ne me sens pas bien, pouvez-vous m'amener à l'hôpital le plus proche ?
Ik voel me niet goed, kunt u me naar het dichtstbijzijnde ziekenhuis brengen?

Est-ce que vous avez un médecin qui parle français ?
Heeft u een arts die Frans spreekt?

Je viens de me faire voler mes papiers, où est le poste de Police le plus proche ?
Mijn papieren zijn zojuist gestolen, waar is het dichtstbijzijnde politiebureau?

Est-ce un quartier dangereux ou je peux y aller sans crainte ?
Is het een gevaarlijke buurt of kan ik er zonder problemen naartoe gaan?

Avez-vous des timbres pour une carte postale à envoyer en France ? C'est combien ?
Heeft u postzegels voor een ansichtkaart om naar Frankrijk te verzenden? Wat kost het?

DÉCOUVRIR

Amsterdam, capitale-village, a bien su se renouveler ces dernières décennies. Elle est sortie de sa torpeur historique pour prendre le train, grande vitesse, de la modernité et de la valorisation de son patrimoine. Lorsqu'on s'intéresse à la capitale des Pays-Bas, on peut littéralement être pris de vertige par la puissance et les richesses historiques, culturelles, commerciales et globales alors qu'ils n'étaient a priori et sur le papier pas très gâtés par la nature… Amsterdam jouit, de manière un peu exagérée d'ailleurs, d'une réputation écologique et cool, certainement due à son usage intensif du vélo et des coffeeshops qui attirent surtout les touristes. Amsterdam célèbre deux plus célèbres artistes, Van Gogh et Rembrandt. Ville à l'incroyable photogénie, elle saura vous étonner au détour d'une ruelle pavée, lors d'une promenade en bateau, dans un restaurant design, après une exposition-événement.

LA CAPITALE DE LA PETITE REINE

Presque un vélo et demi (1,3 exactement), c'est le nombre de vélos par habitant à Amsterdam ! Ce chiffre très impressionnant en dit déjà beaucoup sur la ville. Amsterdam se dispute d'ailleurs chaque année (souvent avec Copenhague) le titre de capitale mondiale du vélo. Si vélos et Amsterdam semblent indissociables, il faut souligner que cela ne fut pas toujours le cas. La ville a même failli, dans les années 1970, vendre son âme à la voiture. La domination du vélo dans le paysage urbain d'Amsterdam et dans sa mobilité résulte bien d'une volonté et d'une vision politique et environnementale prise à cette époque. Pour vous en persuader, il suffit de chercher des photos d'archives d'Amsterdam pour conclure qu'ici aussi, les voitures et le bitume étaient rois et ont failli régner pendant des décennies. Nous vous donnons ici quelques pistes pour rouler comme un local et non comme un touriste.

Quelques informations essentielles

Les vélos à Amsterdam sont de plus en plus solides et puissants. On trouve des vélos urbains, des « *mama et oma fiets* », très classiques, mais aussi de plus en plus de vélos de course. Il convient de personnaliser le plus possible sa monture. Fleurs, autocollants, couleurs diverses et voyantes… la règle est qu'il n'y a pas de règle, juste celle de l'originalité ! Ensuite, le freinage à rétropédalage (pour freiner, on pédale en arrière), qui paraît normal ici, mais une incongruité pour les touristes français, est de moins en moins répandu dans les sociétés de location. Aussi, les vélos pour hommes avec la tige centrale très haute sont aussi de moins en moins en vogue. À noter enfin, il convient toujours d'investir dans un cadenas lourd et très solide en plus de celui qui est intégré au cadre et qui protège la roue arrière.

Le danger numéro un du touriste novice à Amsterdam est cocasse et fait sourire : le touriste, plein de confiance, coince piteusement la roue dans les rails de tram. Cette erreur de débutant est un rite de passage de nombreux touristes. Soyez prévenus : les rails de tram se traversent de côté.

Scène typique à Amsterdam…

Petite histoire explicative de la domination du vélo

Saviez-vous que l'on doit la présence intense du vélo à une réglementation municipale ? En effet, celle-ci interdit la vente de produits comestibles (et donc l'ouverture de supermarchés) hors des zones habitées. Ici, pas d'hypermarchés dans les banlieues, donc inutilité de la voiture pour faire ses courses quotidiennes. Résultat, les centres des grandes villes s'en sortent plutôt bien (et pour Amsterdam, c'est un euphémisme) ! Pourtant, les années 1960 ont failli à Amsterdam donner libre cours à un scénario funeste. En 1962, David Jokinen, un Américain expert en circulation, présenta le projet visant à faire d'Amsterdam une ville automobile traversée par de grandes artères. Ce plan, financé par le lobby de l'auto, fut (heureusement !) contré par les habitants. Pfff ! Amsterdam a vraiment alors échappé au pire.

Le vélo à Amsterdam en quelques chiffres

- 513 kilomètres, de pistes cyclables dédiées dans la capitale.
- 900 kilomètres, la distance moyenne parcourue à vélo chaque année par les habitants d'Amsterdam.
- 2016, année où la ville a élu son premier maire du vélo.

▶ 18 032, le nombre de déclarations de vol de vélo électrique en 2020. Le nombre de déclarations de vol de vélos « classique » est lui en baisse avec 44 000 déclarations en 2020 (54 000 l'année d'avant). Notons que le nombre de vols est toutefois bien plus élevé, car seuls 30 % feraient l'objet d'une déclaration.

▶ 6 000, le nombre d'épaves de vélo repêchées dans les canaux chaque année.

▶ 2 500, le nombre de vélos que contient le fameux garage à vélos flottant en face de la gare centrale d'Amsterdam.

▶ 160, le nombre de vélos que la municipalité enlève (en sciant l'antivol) chaque jour, car ils sont mal garés. Il vous en coûtera un nouveau cadenas, une amende de 22,50 € et une excursion dans le port d'Amsterdam où sont rassemblés les vélos mal garés.

▶ 9 000, le nombre de vélos garés près de la **Centraal Station** (p.116) un jour de semaine.

© IAN_STEWART-SHUTTERSTOCK.COM

Parking à vélos.

Les enfants néerlandais et le vélo

L'image impressionne nombre de touristes, des enfants très jeunes, seuls et sans casque qui se débrouillent sans problème dans les méandres du trafic cycliste de la ville. Dès leur plus jeune âge, les enfants sont placés sur un siège sur le guidon de leur parent. Un examen complet de vélo et de code de la route valide les compétences des élèves néerlandais avant leur entrée au collège.

Lors de votre séjour, vous vous demanderez probablement pourquoi les cyclistes, même enfants, ne portent pas de casque. Amsterdam est une ville rebelle et le port du casque n'y a jamais été obligatoire. En réalité, il y a peu d'accidents graves et lorsqu'il y en a, ils résultent souvent d'une prise de risque démesurée. Si vous voyez quelqu'un avec un casque, il s'agira probablement d'un touriste ou alors d'un expat !

La loi au service des vélos

La loi néerlandaise prévoit dans tous les cas que l'automobiliste doit contribuer à hauteur de 50 % pour les frais liés à un accident avec un vélo, et cela, même s'il n'est pas en cause. Cela explique probablement en grande partie la sensation de cycliste roi à Amsterdam.

Une loi récemment entrée en vigueur interdit l'utilisation du téléphone à vélo. Il est interdit d'avoir le téléphone à la main sous peine d'une amende de 95 € (47,50 € pour les cyclistes de moins de 16 ans). Les kits mains-libres sont donc de plus en plus utilisés, mais dans la pratique il y a peu de contrôles… Attention donc aux slaloms destinés à être publiés sur les réseaux sociaux.

La nouvelle a ravi tous les cyclistes d'Amsterdam et d'ailleurs : depuis quelques années, les scooters n'ont plus le droit d'emprunter les pistes cyclables d'Amsterdam et doivent emprunter la route. Ceci a déjà permis une baisse sensible des accidents. Cependant, là aussi les contrôles sont rares, donc encore pas mal d'abus en la matière…

Le b.a.-ba du vélo à Amsterdam

Visiter Amsterdam sans louer de vélo serait vraiment rater quelque chose. Premier avertissement toutefois, ne louez un vélo que si vous le maîtrisez bien, voire parfaitement. Amsterdam n'est pas la bonne ville néerlandaise pour vous faire la main ou plutôt le pied en l'occurrence !

Pour une première fois à vélo, l'idéal consisterait à longer l'un des canaux historiques, idéalement le **Herengracht** (p.187) pour passer au **Gouden Bocht** (p.129). À la **Centraal Station** (p.116), vous empruntez le bac (gratuit) qui vous mènera soit au quartier NDSM ou au quartier Noord. Là, vous pourrez arpenter des quartiers plus modernes. Poursuivez jusqu'au Noorderpark qui comprend la plus belle piscine publique au monde (ce qui a été décidé lors du salon « Piscine Global » en 2016). Passez au **Vondelpark** (p.139) pour un pique-nique sur l'herbe si le temps le permet.

Pour pédaler comme un Batave, il ne faut à aucun moment oublier que le vélo, s'il permet de joindre l'utile à l'agréable, est avant tout un moyen de transport et non de plaisir. Mêlez-vous au flux et ne roulez pas en groupe sur la largeur de la route. Depuis plusieurs années, le tourisme explose dans la capitale et ses habitants apprécient de moins en moins l'exhibitionniste cycliste, encore moins lorsqu'il est sonore. N'oubliez pas que le vélo est ancré dans le quotidien des Amstellodamois et le voir ainsi prendre part à la « disneyisation » de leur capitale chérie est encore plus douloureux.

REMBRANDT, MAÎTRE DU SIÈCLE D'OR

Rembrandt Harmenszoon van Rijn est considéré comme l'un des plus grands noms de l'histoire de la peinture, notamment de la peinture baroque, et l'un des plus importants peintres de l'École hollandaise du XVIIe siècle. Rembrandt a réalisé des gravures et des dessins et est l'un des plus importants aquafortistes de l'histoire. Né à Leyde (Leiden) le 15 juillet 1606 ou 1607, ce fils de meunier commence des études de lettres classiques dans une école latine locale et fréquente à l'âge de 14 ans l'université de Leiden à laquelle il n'est pas très assidu. Peu de temps après, il apprend les techniques picturales chez Jacob van Swanenburgh, artiste connu pour ses peintures historiques, ses scènes religieuses et ses portraits. Rembrandt passe trois ans dans le studio de van Swanengurgh avant de séjourner à Amsterdam. Là-bas, il passe six mois chez le peintre Pieter Lastman, spécialiste de l'art religieux, puis étudie avec Jacob Pynas, un artiste qui sera ensuite qualifié de pré-rembrandtiste…

La période de Leiden

Après quelques mois avec Pynas, Rembrandt retourne à Leiden où il monte son propre studio à l'âge de 18 ans. Son ami peintre, Jan Lievens, demeure son partenaire dans cette entreprise. Quelques années plus tard, Rembrandt recrute des étudiants, dont le futur peintre Gerrit Dou. Au cours de cette période de développement, Rembrandt exécute une série de peintures décrivant les cinq sens. Ce sont les premières œuvres du maître qui ont survécu et elles ont toutes la même taille. Elles sont peintes à l'huile sur des panneaux de chêne. Parmi les peintures à l'huile anciennes de Rembrandt, réalisées au cours de ce que les historiens de l'art appellent la période de Leiden (1625-1631), nous retiendrons principalement *La Lapidation de saint Étienne* (1625). Ce tableau très théâtral du martyre de saint Étienne, jeune diacre de la com-

« La Ronde de nuit », Rembrandt, huile sur toile, 1642.

© EVERETT COLLECTION - SHUTTERSTOCK.COM

« La Fiancée juive », Rembrandt, huile sur toile, 1665-69.

munauté chrétienne de Jérusalem, le représente lapidé par une vingtaine de bourreaux de l'assemblée du Sanhédrin, le grand conseil des chefs spirituels de la communauté juive, un épisode raconté dans le Nouveau Testament. La peinture est coupée diagonalement en deux, avec une partie dans l'ombre où se trouve l'un des chefs juifs, et une autre partie, qui baigne de lumière : Étienne qui est touché, semble-t-il, par la bonté divine ; l'effet de clair-obscur accentue son effet dramatique. Parmi la foule, Rembrandt s'est représenté lui-même, avec une certaine ambiguïté sur sa présence parmi les bourreaux qui laisse penser qu'il réglait ses comptes avec l'Église.

Les premières commandes

En 1629, Rembrandt peint ses premières grandes commandes pour le secrétaire d'État Constantjin Huygens et la cour de La Haye. Rembrandt suscite l'admiration du prince Frederik Hendrik, qui lui achètera de nombreuses peintures. Fin 1631, l'artiste s'installe à Amsterdam, ville dynamique en pleine croissance, où il commence à peindre des portraits. Dans *La leçon d'anatomie du docteur Tulp*, Rembrandt représente le professeur Nicolaes Tulp entouré d'autres chirurgiens en pleine action, qui observent tous des choses différentes. Le dynamisme de la scène est accentué par les grands contrastes entre la lumière et l'obscurité.

Le succès et la prospérité de Rembrandt

Ce tableau, qui remporte un succès considérable, lance le jeune Rembrandt sur la scène amstellodamoise. Les commandes affluent de toute part, dont *Buste d'un vieil homme avec un chapeau noir et un gorget* (1631), *Portrait de la princesse Amalia van Solms* (1632), *Portrait de Mauritus Huygens* (1632), et *Une jeune femme avec un éventail* (1633). Il épouse en 1634 une orpheline, Saskia van Uylenburgh, fille d'un avocat qui avait été maire de Leeuwarden. Rembrandt et sa femme ont deux enfants qui meurent peu après leur naissance, un fils en 1635 et une fille en 1638. Au cours de ces années, Rembrandt peint des thèmes bibliques et mythologiques sur de grands formats. Ces tableaux sont caractérisés par des couleurs très contrastées et une atmosphère dramatique. Les critiques voient l'influence de Rubens dans des œuvres telles que *La Tempête sur la mer de Galilée* (1633), *La Fête de Belshazzars* (1635) et *L'Aveuglement de Samson* (1636). Rembrandt achète une belle maison où il déménage avec sa femme en 1639, bâtisse que l'on peut visiter aujourd'hui dans l'ancien quartier juif d'Amsterdam (**Rembrandthuis** (p. 142). Fort de son succès, il s'endette et achète de manière frénétique des œuvres d'art, des vêtements, des curiosités scientifiques et divers autres objets. Ces derniers lui servent pour les études d'après nature réalisées pour ses tableaux. Après la nouvelle perte d'un enfant nouveau-né l'année suivante, la femme de Rembrandt donne naissance à Titus qui survivra jusqu'à l'âge adulte. Cependant, Saskia succombe à la tuberculose en 1642, peu de temps après la naissance de ce dernier. Au cours des années 1640, les œuvres de Rembrandt deviennent plus sombres.

Les déboires de La Ronde de nuit

Son œuvre (de très grand format) *La Ronde de Nuit* (1642) compte parmi ses plus importantes commandes de l'époque et l'un des tableaux les plus célèbres de l'âge d'or néerlandais. Ce tableau dépeint la milice bourgeoise des Kloveniers d'Amsterdam qui sillonne la ville pour protéger leurs clients. Cette milice est le commanditaire direct de la toile, or ses clients sont furieux, car la troupe est désordonnée, aucune unité ne se dégage de ces arquebusiers qui semblent davantage fêter leur gloire que poser pour la postérité de manière hiératique. Même le capitaine Frans Banninck Cocq et le lieutenant Willem van Ruytenburch, malgré leur pouvoir et le respect dont ils bénéficient, semblent en pleine tirade sur la scène d'un vaudeville… Tous regardent de part et d'autre, au lieu de fixer le même horizon. Ils semblent en mouvement alors qu'on ne distingue aucun ordre de commandement. La compagnie est également plongée dans un clair-obscur inhabituel pour un tableau de genre. Et à part Frans Banning Cocq dans son habit noir et Willem van Ruytenburch en dentelles blanches, c'est à peine si on les reconnaît sur le tableau. Cette milice est loin d'être aussi flamboyante et pleine de panache comme cela aurait dû être dépeint et elle semble bien plutôt être un regroupement de bouffons. La raison du mépris rencontré par Rembrandt en fait aujourd'hui le témoignage de sa modernité.

La ruine de Rembrandt

Dans les années qui suivent, les commandes se font plus rares. Rembrandt doit faire face à des difficultés financières aggravées par les dépenses inconsidérées que lui occasionne sa collection de tableaux. Néanmoins, il expérimente l'éclairage frontal et diversifie ses compositions, comme en témoignent *Une femme au lit* (1643), *Une fille à la fenêtre* (1645) et *Une femme se baignant* (1654). Le peintre explore également le travail au pinceau et se consacre davantage aux eaux-fortes et aux paysages. Après une longue relation avec Geertje Dircx, la nourrice de son fils, qui donne lieu à un procès contre l'artiste, Rembrandt et son ancienne femme de chambre, Hendrickje Stoffels, ont une fille en 1654. Le peintre s'attire les foudres de l'Église calviniste. Il se tourne alors vers sa rivale, la secte mennonite. Dans les années 1650, le maître imprègne son art d'une palette plus riche et plus colorée. Son style s'éloigne de plus en plus des standards de l'art, certains critiques dénonçant la dureté de ses coups de pinceau. Des œuvres telles que *Une vieille femme qui lit* (1655) et *Hendrickje Stoffels* (1654-1659) illustrent la maîtrise par l'artiste de l'utilisation de la lumière. Ses achats incessants d'œuvres d'art, estampes et objets rares, le ruinent et il fait faillite en 1656. Rembrandt revend une grande partie de sa collection, notamment des chefs-d'œuvre d'autres artistes, des antiquités asiatiques et des collections de minéraux, et sa propre maison ainsi que sa presse pour éviter les poursuites judiciaires. Il est également *persona non grata* de l'Amsterdam Painters Guild, qu'il a intégré en 1634, qui lui interdit de vendre ses œuvres au sein de la corporation. Il quitte alors sa demeure de la Jodenbreestraat pour la discrète maison du Rozengracht, dans le Jordaan, où il continue de peindre avec le même acharnement (*Saül et David*, *L'Enfant prodigue*…). Vient alors une courte période de répit. Pour remédier à cette situation dramatique, son épouse, Hendrickje, avec son fils Titus, ouvre un commerce d'art en 1660, et engage Rembrandt comme employé. Les commandes arrivent de nouveau, et le maître retrouve une certaine prospérité. Mais, fidèle à son habitude, il refuse de retoucher ses œuvres, ce qui lui vaut des relations orageuses avec ses commanditaires. En 1661, Rembrandt reçoit une commande pour le nouvel hôtel de ville, mais cette œuvre, *La Conspiration de Claudius Civilis*, est alors jugée inacceptable et renvoyée à son auteur. Hendrickje meurt en 1663, suivi de Titus en 1668. Rembrandt s'éteint un an après son fils, en octobre 1669, ruiné, solitaire et dans l'indifférence générale. Il est enterré comme les pauvres dans une tombe de Westerkerk (p.133), une église réformée hollandaise protestante à Amsterdam.

La Fiancée juive

Parmi ses dernières œuvres, achevées juste avant sa mort, figurent plusieurs autoportraits, dont *La Fiancée juive* (vers 1665-1669), un tableau considéré comme un de ses plus grands chefs-d'œuvre. Cette dernière œuvre est surnommée ainsi au XIXe siècle lorsqu'un collectionneur d'art néerlandais croit identifier un père et sa fille le jour de son mariage. Cette interprétation n'est plus actuelle et l'identité du couple est incertaine en raison du manque de détails anecdotiques de ce tableau. De nombreuses spéculations ont eu cours sur ce couple. Rembrandt a-t-il peint son fils Titus et sa femme ? Ou bien est-ce qu'il s'agit du poète juif amstellodamois Miguel de Barrios et de sa femme Abigaël de Pina ? Il pourrait également s'agir de personnages de l'Ancien Testament que Rembrandt aurait voulu représenter : Abraham et Sarah, Boaz et Ruth, ou Isaac and Rebecca ?

Le diptyque Marten et Oopjen

Quant à l'autre couple mythique, peint à l'âge de 28 ans dans la période heureuse de Rembrandt, le diptyque *Marten et Oopjen*, réalisé en 1634 à Amsterdam, à la demande du jeune couple marié, *Marten Soolmans et Oopjen Coppit*, est acheté début 2016 conjointement par les Pays-Bas et la France, pour la somme de 160 millions d'euros.

« Autoportrait en apô tre Paul », Rembrandt, huile sur toile, 1661.

© EMILIE BERTHOD - SHUTTERSTOCK.COM

Visite de la maison de Rembrandt.

Cette acquisition de nature inédite permet désormais de présenter conjointement au public les portraits, alternativement au Rijksmuseum (p.136) et au Louvre. Tous deux d'une hauteur supérieure à deux mètres, ces tableaux sont restés la propriété de particuliers pendant près de 400 ans. Sa vente a donné lieu à une véritable bataille médiatique entre les deux musées qui ont fini par s'entendre et surtout réunir la somme demandée. Les portraits ont ensuite été rénovés en 2017. Grâce aux images du scanner, les conservateurs ont découvert que les deux portraits avaient été peints en même temps – contrairement à ce qui avait été pensé auparavant – et que Rembrandt a recouvert d'un grand rideau ce qu'il avait imaginé d'abord comme un porche ou une porte arrondie, sans doute pour donner plus d'unité au diptyque. Par ailleurs, l'étude a été poussée si loin que l'on sait désormais que la toile des deux tableaux provient de la même et unique étoffe, la plus large que Rembrandt n'ait jamais utilisée.

Les 350 ans de la mort de Rembrandt et sa postérité

Deux ans après cette restauration digne d'une enquête policière, en 2019, les Pays-Bas célèbrent les 350 ans de la mort de Rembrandt. Le Rijksmuseum (p.136) propose alors au public ce qui est la plus grande collection muséale d'œuvres de Rembrandt : soit quatre cents œuvres. *La Ronde de nuit*, l'énigmatique *Fiancée juive* et les portraits de Marten et Oopjen figurent parmi les chefs-d'œuvre exposés. En juillet 2019, *La Ronde de nuit* a également été restaurée sous le regard des visiteurs au sein du Rijksmuseum. Partant du constat que certains éléments du tableau étaient décolorés (comme le chien en bas à droite) du tableau, les restaurateurs ont fait appel à des scientifiques dotés d'instruments permettant d'obtenir des images de très haute résolution. Il y avait plus de 40 ans que cette toile n'avait pas été restaurée depuis les actes de vandalisme de 1975 durant lequel le tableau avait été tailladé au couteau. Cette toile a été par ailleurs au centre du film biographique de Peter Greenaway, *La Ronde de nuit*, sorti au cinéma en 2008. Le film situe l'action en 1654, à Amsterdam : Rembrandt se réveille en sursaut, il vient de rêver qu'il est aveugle. Ce cauchemar le replonge 12 ans en arrière, en 1642, alors qu'il doit répondre à la commande. La postérité de ce tableau fait aujourd'hui l'unanimité, Rembrandt peut enfin reposer en paix. Aujourd'hui, on peut admirer ses principales œuvres au Rijksmuseum, au Mauritshuis qui détient notamment *La leçon d'anatomie du Dr Nicolaes Tulp* et plusieurs autoportraits, ainsi qu'en France, au Louvre, où une salle entière lui est consacrée avec des œuvres de la maturité, notamment sa *Bethsabée au bain tenant une lettre de David* de 1654, un nu sublime, au visage entièrement imaginé, peint d'après nature et inspiré du récit biblique de l'amour de David pour Bethsabée qui déjà marié sera punie par Dieu.

L'IMMENSE COLLECTION DE VAN GOGH

On ne présente plus Vincent Van Gogh aujourd'hui, mondialement connu, l'un des artistes de la modernité le plus cher au monde. Le peintre à l'oreille coupée ne connaît son succès qu'à partir du début du XXe siècle, grâce à la femme de son frère Théo qui s'est battue pour la reconnaissance commerciale et critique de son œuvre. Illuminé dès son jeune âge par la religion, il fait plusieurs expériences qui le mènent, après avoir délaissé son métier de courtier, à la peinture, en particulier grâce à son frère, marchand d'art avec qui il a travaillé dans sa jeunesse. Il s'agit donc d'une vocation tardive mais passionnée, qui travaille Van Gogh jusqu'à la folie. La correspondance de Van Gogh et Théo documente particulièrement sa vie d'acharné. Elle témoigne de ses amitiés avec les plus grands peintres de l'époque, dont Gauguin, avec qui il se brouillera, juste avant son suicide présumé en 1890.

Une vocation tardive

Vincent Van Gogh naît le 30 mars 1853 au presbytère de Groot Zundert, dans le Brabant. Fils de pasteur calviniste et neveu de trois oncles marchands de tableaux, il est destiné au commerce des œuvres d'art et fait donc ses débuts dans la galerie Goupil à La Haye (1869), à Londres (1873-1874), puis à Paris (1874-1875). Personnage angoissé et profondément mystique, il se charge en 1878 d'une mission évangélique chez les mineurs du bassin houiller du Borinage, mission qui se solde par un douloureux échec : sa générosité, son approche fraternelle des mineurs, dont les conditions de vie le bouleversent, ainsi que son interprétation plutôt libre des Évangiles provoquent l'ire des autorités. En 1883, Van Gogh commence à étudier la peinture grâce à l'aide, matérielle, de son frère Théo et à celle, psychologique, de son cousin Anton Mauve, peintre déjà connu de l'école de La Haye, dont il intègre l'atelier. Mais Mauve et Van Gogh se disputent rapidement, en partie à cause de la relation de Vincent avec Sien Hoornik, une prostituée enceinte qui avait déjà un enfant illégitime. Van Gogh peint quelques tableaux à La Haye, mais le dessin demeure sa principale passion. Il s'inspire du modèle vivant chaque fois qu'il le peut.

DÉCOUVRIR

« Ferme en Provence », huile sur toile de Van Gogh, peinte en 1888 à Arles.

© GIFT OF ADELE R. LEVY, 1958 - THE MET

« *Iris* » *par Vincent Van Gogh, huile sur toile, 1890.*

L'apprentissage de Van Gogh

En septembre 1883, il décide de rompre ses relations avec Sien et de suivre les traces d'artistes tels que Van Rappard et Mauve en tentant sa chance dans la pittoresque province de Drenthe, à l'est, assez inaccessible à l'époque. Après trois mois, cependant, faute de matériel de dessin et de modèles, il est obligé de partir. Il emménage alors de nouveau avec ses parents, installés dans le village de Nuenen, dans le Brabant du Nord, près d'Eindhoven. À Nuenen, Van Gogh commence à peindre régulièrement en s'inspirant principalement du peintre français Jean-François Millet (1814-1875), célèbre dans toute l'Europe pour ses scènes rurales de vie des paysans. Van Gogh se met au travail avec une volonté de fer, décrivant la vie des villageois et des travailleurs modestes. Il produit également de nombreuses scènes de tisserands. En mai 1884, il s'installe dans des locaux loués au prêtre de l'église catholique locale, qu'il utilise comme atelier. À la fin de 1884, il s'acharne à peindre et à dessiner une série majeure de têtes et de mains de paysans en vue de la réalisation d'un tableau important et complexe. En 1885, ressentant le besoin d'une formation artistique adéquate, Van Gogh s'inscrit à l'académie d'Anvers. Il trouve les cours fastidieux, mais il est grandement impressionné par la ville et ses musées. Il tombe sous le charme de la palette et du pinceau de Peter Paul Rubens et découvre les estampes japonaises.

Ses premiers chefs-d'œuvre néerlandais

En avril 1885, ces études se concrétisent dans la réalisation du chef-d'œuvre de sa période néerlandaise, *Les mangeurs de pommes de terre*, que Van Gogh a toujours considéré lui-même comme sa meilleure toile. Sous une unique lampe à huile, à la nuit tombée, une famille de paysans est réunie autour d'une table et se partage un plat de pommes de terre et un breuvage noir chaud. Si les visages sont proches de la caricature, la scène est elle d'une grande sobriété et Van Gogh réussit à donner toute sa dignité à la précarité de ces paysans. Durant l'été, il continue ses études du travail des paysans dans les champs. Van Gogh ne trouve alors plus de modèles, car le prêtre interdit à ses paroissiens de poser pour lui. Il se tourne ainsi plutôt vers la peinture de paysage, inspiré en partie par une visite du Rijksmuseum (p.136), récemment inauguré à Amsterdam. Venu rejoindre son frère à Paris, Van Gogh suit des cours à l'atelier Cormon, où il rencontre notamment Toulouse-Lautrec et Gauguin et découvre aussi les travaux récents des impressionnistes Claude Monet, Paul Cézanne, Édouard Manet. Il trouve alors que la palette sombre qu'il avait développée en Hollande est dépassée. Afin de l'égayer, il commence à peindre des natures mortes de fleurs. Il cherche un langage bien à lui et cela l'amène à expérimenter des techniques impressionnistes et postimpressionnistes. Il se lie d'amitié Paul Gauguin, Émile Bernard, Paul Signac et Georges Seurat. De cette période datent différents autoportraits, réalisés avec des couleurs très claires et une touche fragmentée.

La période arlésienne, la maladie et la mort

Installé à Arles, Van Gogh travaille fiévreusement : *Vue d'Arles aux iris*, *Les Tournesols*, *Les Barques sur la plage*, *L'Arlésienne*... Sa peinture prend un tournant. Van Gogh fait tournoyer la lumière du sud de la France qui vrille sur les objets et les personnages qu'il peint. La vibration de ces toiles devient totalement maîtrisée et son style aux traits mouvants et vifs demeure inimitable. Il s'affranchit de la représentation traditionnelle au profit d'une simplification des formes et d'une palette aux tons éclatants. C'est à cette époque que sa relation avec Gauguin, venu le rejoindre à Arles, devient tumultueuse. Au cours d'une crise de délire, il se coupe un morceau d'oreille. Suivent deux séjours à la maison de santé de Saint-Rémy où il poursuit son travail : *Les Blés jaunes au cyprès*, *Champs d'oliviers*. En 1890, il revient à Paris, puis s'installe à Auvers-sur-Oise, surveillé par le docteur Gachet, ami de Pissaro et de Cézanne. De cette période, datent *La Mairie à Auvers* et le *Champ de blé aux corbeaux* où s'exprime un lyrisme dramatique. Il se suicide par balle le 27 juillet 1890. Il meurt deux jours plus tard. Théo, qui avait stocké l'essentiel du travail de Vincent à Paris, décède six mois plus tard.

Postérité de Van Gogh

Dès février 1891, sa veuve, Johanna van Gogh-Bonger (1862-1925), revient en Hollande avec la collection d'œuvres de son beau-frère, Vincent Van Gogh, et est déterminée à ce qu'il reçoive la reconnaissance qu'il mérite. Deux cents tableaux constituent cette collection, qu'elle fait assurer. En tout, ils sont estimés à 2 600 florins. Elle fera un travail acharné pour montrer ses œuvres et réunir son importante correspondance avec son frère Théo. L'année 1891 demeure une date importante pour la reconnaissance de l'artiste, car ses lettres à Émile Bernard sont publiées dans le *Mercure de France*. Pendant ce temps-là, Johanna van Gogh-Bonger réussit à organiser plusieurs expositions significatives de l'artiste en Hollande (La Haye, Rotterdam et Amsterdam) au point qu'au début du XXe siècle, on compte plus de 20 expositions de Van Gogh dans son pays natal. Le Salon des indépendants de 1901 marque une date décisive pour la postérité de l'artiste. C'est là qu'il est repéré par deux grands collectionneurs d'art, Ivan Morozov et Sergueï Chtchoukine. L'artiste Edgar Degas demeure l'un des premiers acheteurs de toiles de Van Gogh. En 1914, la correspondance de Van Gogh avec Théo trouve un éditeur toujours grâce à Johanna van Gogh-Bonger qui écrit une introduction au livre. Soixante-dix tableaux et une trentaine de dessins rejoignent grâce à elle le giron du **Stedelijk Museum** (p.138) d'Amsterdam quand, quelques années après, la National Gallery de Londres lui achète au prix de 15 000 florins une nature morte de tournesols en 1924, soit cinq fois le prix initial de la collection entière de la belle-sœur qui meurt finalement en 1925. Une autre femme va emboîter le pas de Johanna Van Gogh-Bonger, la critique d'art Jacob Baart de la Faille, qui édite un catalogue raisonné en 1928. Ce succès commercial posthume ne se démentira jamais et trouve son équivalent auprès des amateurs d'art : plus de 120 000 personnes se ruent en 1930 au Museum of Modern Art de New York admirer les toiles de Van Gogh !

La création du musée Van Gogh et le succès médiatique d'aujourd'hui

Pourtant, Johanna Van Gogh-Bonger n'avait pas dit son dernier mot. Elle a religieusement conservé ce qu'elle avait de plus précieux parmi les chefs-d'œuvre de Van Gogh et un demi-siècle après sa mort, c'est son fils Vincent Willem, héritier de la fortune de la famille qui en 1973 fonde le **Musée Van Gogh** (p.140) à Amsterdam. On peut aujourd'hui admirer les œuvres que l'artiste a peintes dans le plus grand dénuement : *Les mangeurs de pommes de terre*, les fameux tournesols et autres autoportraits, notamment celui qu'il a peint après s'être coupé l'oreille. Précurseur des fauves et de l'expressionnisme, ce visionnaire presque ignoré de son temps est devenu, au XXe siècle, une figure légendaire. Son œuvre, dont il souhaitait qu'elle exprime les terribles passions humaines, a trouvé de nos jours une audience rarement égalée. En 2011, l'ouvrage *Van Gogh : The Life* remet en question sa mort par suicide et apporte un nouvel éclairage sur la vie de l'artiste. Une biographie à lire, recommandée par le musée Van Gogh lui-même. En 2016, le livre de Bernadette Murphy, *Van Gogh's Ear : the true story*, dénoue, preuves à l'appui, le mystère de l'épisode de l'oreille. Récemment, le musée Van Gogh a formellement contesté l'authenticité des dessins « inédits » publiés par Le Seuil.

« Autoportrait » par Vincent Van Gogh, Huile sur toile, 1889.

HISTOIRE

Fondée au XIIIe siècle à l'emplacement d'un village de pêcheurs protégé par une digue des débordements de l'Amstel, Amsterdam ne semblait pas disposer d'atouts pour un avenir florissant. Sa localisation toutefois stratégique entre Zuiderzee, mer du Nord et terres arables du sud ont fait de la ville un grand pôle commercial. Le rattachement à la Hanse aux XVe et XVIe siècles renforça cet essor. Amsterdam assure alors la majorité du trafic commercial entre la Baltique et la mer du Nord. Le siècle d'or et son rayonnement commercial, culturel, scientifique et humain est marqué par l'ouverture de la Bourse. Cette opulence attise les convoitises et l'empire colonial tombe progressivement. Au XIXe siècle, Amsterdam, capitale du royaume, alors que La Haye est résidence royale et siège du gouvernement, développe les musées et les parcs. Retour sur ce qui a ancré cette capitale touristique, commerciale et culturelle si accueillante sur la scène mondiale.

1275 Fondation d'Amsterdam, petit village de pêcheurs situé sur une digue protégeant de la rivière Amstel.

1300 OU 1306 Amsterdam obtient son statut officiel de ville délivré par l'évêque d'Utrecht.

1380 Les canaux médiévaux sont creusés.

1421 ET 1452 Suite à plusieurs incendies graves, les façades en bois et toitures en chaume sont interdites.

1578 Coup d'État et déclaration de la république indépendante des Sept Provinces-Unies en 1579 avec Guillaume d'Orange à sa tête.

1584 C'est le début du siècle d'or, une période de prospérité globale de la ville. La grande ceinture des canaux est creusée pour accueillir les grandes demeures patriciennes.

© WIKIMEDIA COMMONS

« Herengracht, Amsterdam » de Jan van der Heyden, XVIIe siècle.

DÉCOUVRIR

1602 La Compagnie des Indes orientales (VOC) est fondée. Celle-ci met en place la prospérité du pays dans la zone.

1607 Naissance de la Bourse d'Amsterdam, la première au monde, elle fait d'Amsterdam la capitale financière mondiale.

1606-1669

© TVGD - SHUTTERSTOCK.COM

La maison de Rembrandt.

Rembrandt van Rijn

Né à Leyde en 1606, ce fils de meunier fait son apprentissage des techniques picturales dans l'atelier de Jacob van Swanenburg. En 1624, il gagne Amsterdam et l'atelier de Pieter Lastman. Rembrandt se met à son compte à Leyde, son atelier devient célèbre. À 24 ans il retourne à Amsterdam. Il signe *La Leçon d'anatomie du docteur Tulp*, toile qui rompt avec les lois du genre. Ce tableau lance Rembrandt sur la scène amstellodamoise. Les commandes affluent.

Parmi les premiers portraits peints à Amsterdam, figurent deux de la jeune Saskia, fille de bourgmestre, qu'il épouse en 1634. À 33 ans, riche et célèbre, il achète une grande maison bourgeoise, la Rambrandthuis, dans le quartier juif au milieu de sa magnifique collection de tableaux et d'objets d'art et d'un atelier rempli d'élèves.

Sa femme meurt en 1642. Rembrandt affronte des difficultés financières. Il s'adonne à des recherches formelles, avec de nombreuses scènes bibliques ou errant dans les environs d'Amsterdam. Son public est dérouté par une œuvre devenue trop audacieuse. Le peintre avec ses maîtresses successives, s'attire les foudres de l'Église calviniste.

En 1657, ruiné, il emménage dans sa discrète maison du Rozengracht où il continue de peindre avec le même acharnement (*Saül et David*, *Le Retour du fils prodigue*...).

Son fils et sa compagne fondent un commerce d'art qui a du succès et le maître retrouve une certaine prospérité. En 1664, Hendrickje, sa seconde femme, disparaît à son tour, suivie, quatre ans plus tard, par Titus, son seul enfant. Le maître peint alors sa dernière toile d'importance, *La Fiancée juive*. Il meurt dans la solitude le 4 octobre 1669.

1629 René Descartes s'installe à Amsterdam. Pendant plusieurs années il oscillera entre différentes villes et régions des Pays-Bas où il écrira et publiera différents ouvrages, parfois anonymement.

1672 Angleterre et France en guerre contre la République, début du déclin.

1642 Rembrandt van Rijn peint *La Ronde de nuit*, probablement le tableau le plus emblématique du siècle d'or.

© WIKIMEDIA COMMONS

Portrait de Jan Six par Rembrandt en 1654.

(1618-1700)

Jan Six

À la fois bourgmestre, écrivain et collectionneur d'art, il est une figure clef de la période florissante qu'est le siècle d'or néerlandais. Ami du poète Joost van Vondel et de Rembrandt, il a écrit des pièces de théâtre, dont la plus célèbre, *Médée*, est illustrée par Rembrandt. Son portrait par Rembrandt est une œuvre-phare. La collection de la famille (Collection Six) est en partie visible au Rijksmuseum lors d'expositions temporaires sinon dans une magnifique demeure sur l'Amstel visible uniquement sur inscription des mois à l'avance.

1810 La République est rattachée à l'Empire napoléonien.

1900 Le club de football de l'Ajax d'Amsterdam est fondé.

1914 - 1918 Les Pays-Bas restent neutres durant la Première Guerre mondiale, Amsterdam renouvelle son architecture qui sera préservée par l'occupation allemande durant la Seconde Guerre mondiale.

© STEVEN BOSTOCK - SHUTTERSTOCK.COM

1929-1945

Anne Frank

Née Annelies Marie Frank à Francfort, cette enfant allemande est venue vivre à Amsterdam à 1933 pour échapper aux persécutions antisémites. Alors qu'en 1940 Amsterdam subit l'occupation allemande, la famille se cache dans un appartement secret à l'arrière de l'entreprise du père sur le Prinsengracht, la Maison d'Anne Frank. De là elle écrit son journal intime connu de par le monde et qui couvre la période entre juin 1942 et août 1944. Toute la famille est déportée et Anne meurt du typhus dans le camp de Bergen-Belsen.

1940 L'Allemagne envahit les Pays-Bas. Plus de 100 000 juifs seront déportés d'Amsterdam puis décéderont.

1945 Anne Frank meurt suite à sa déportation en provenance d'Amsterdam.

1947 Le livre *Het Achterhuis* (*Le Journal d'Anne Frank*) paraît.

1965-1966 Le mouvement Provo est en plein essor et un vent de liberté souffle sur la capitale.

1971-1973 Ajax obtient trois titres de champion d'Europe.

1980 Beatrix devient reine des Pays-Bas alors que des émeutes de squatteurs adviennent lors de son intronisation dans la nouvelle église de la place du Dam.

1ER AVRIL 2001 Le premier mariage entre personnes du même sexe est célébré à Amsterdam par le maire Job Cohen. Les Pays-Bas sont le premier pays au monde à légaliser le mariage entre personnes du même sexe.

2004 Le réalisateur Theo Van Gogh, arrière-petit-fils du marchand d'art Theo Van Gogh, le frère de Vincent Van Gogh est assassiné en pleine rue à Amsterdam par Mohammed B. Ce dernier est condamné à la prison à vie, peine rarement infligée aux Pays-Bas.

2005 Les Pays-Bas votent non au référendum sur le traité établissant une constitution européenne.

30 AVRIL 2013 Willem Alexander devient le nouveau roi des Pays-Bas. Beatrix redevient princesse.

© MAUVRIES - SHUTTERSTOCK.COM

Le roi Willem-Alexander et la reine Maxima le 30 avril 2013.

2013 Le Rijksmuseum rouvre après plus de 10 ans de travaux. L'architecte français Jean-Michel Wilmotte fut chargé notamment du réaménagement des galeries.

Johan Cruijff

Attaquant de légende surnommé le Hollandais volant, il a placé l'Ajax d'Amsterdam au firmament du football mondial. Charismatique sur et hors du terrain, il fut nommé 3 fois Ballon d'or, il a gagné 3 coupes d'Europe des clubs de suite en 1971, 1972 et 1973, et il est finaliste de la Coupe du monde de 1974 en Argentine. En tant qu'entraîneur, il a fait briller le FC Barcelone dans les années 1990. Cette décennie, il s'implique dans le caritatif et le journalisme. Il meurt en 2016 d'un cancer du poumon, lui l'ex-fumeur invétéré impliqué depuis pour la lutte contre le tabac.

1947-2016

© MAYKOVA GALINA - SHUTTERSTOCK.COM

Le stade Johan Cruijff en hommage au joueur légendaire.

MARS 2017 Lors des élections législatives, le VVD de Mark Rutte gagne mais met plus de huit mois à former un gouvernement…

JUILLET 2017 Les joueuses des Pays-Bas deviennent championnes d'Europe de football lors d'un euro organisé aux Pays-Bas.

OCTOBRE 2017 Le maire d'Amsterdam Eberhard van der Laan meurt après un combat public et médiatisé contre un cancer des poumons.

2018 Lors des élections municipales, les Verts gagnent et Femke Halsema, ancienne cheffe du parti, devient la première mairesse de la capitale à 52 ans.

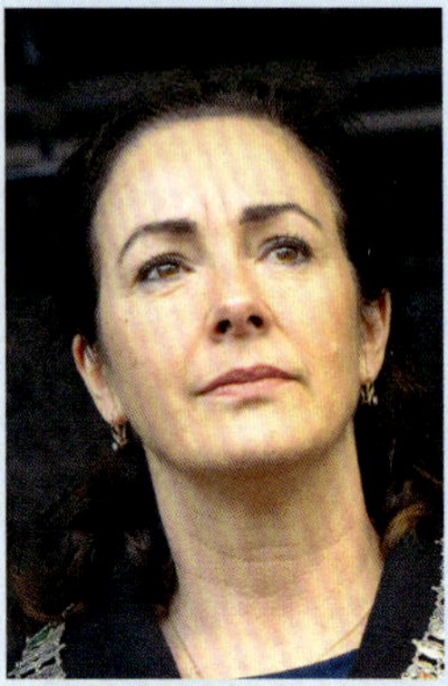
© DUTCHMEN - SHUTTERSTOCK.COM

Femke Halsema

Cheffe du parti écologiste de gauche entre 2002 et 2010, elle devient maire d'Amsterdam en 2018 suite au décès d'Eberhard van der Laan. Elle vient du PVDA qu'elle quitta en 1997 suite à la gestion musclée de la sécurité lors du sommet européen qui se tenait à Amsterdam. Elle quitte la politique en 2011 et travaille ensuite en free-lance en tant qu'auteur et journaliste notamment. Son retour en politique était annoncé à la mairie d'Amsterdam. Elle est officiellement assermentée en juillet 2018 et devient la première mairesse de la ville.

JUILLET 2019

La « Noord-Zuid lijn », la nouvelle ligne de métro qui relie le nord et le sud de la capitale est inaugurée. Ceci après de gigantesques et controversés travaux qui durèrent plus de 15 ans. La ligne est une véritable prouesse technique compte tenu de la complexité du sol de la ville.

SEPT-EMBRE 2019

L'avocat Derk Wiersum, qui défendait un témoin-clef dans le procès de deux criminels accusés de meurtre et trafic de drogue, est assassiné en pleine rue d'un quartier paisible de la capitale. Une crise nationale importante s'ensuit. La municipalité d'Amsterdam publie le rapport « Het achterkant van Amsterdam » (les dessous d'Amsterdam) qui révèle l'ampleur du trafic de drogues dans la capitale.

2019

La ville et le pays célèbrent l'année Rembrandt à l'occasion des 350 ans de sa mort. De magnifiques expositions sont organisées dans tout le pays mais en particulier à Amsterdam au Rijksmuseum et à la Rembrandthuis.

MARS 2021

Le premier ministre sortant Mark Rutte gagne les élections législatives et prépare une coalition avec le parti D66 (centre gauche).

2020 - 2022

Covid et cannabis

La crise Covid a été gérée à la néerlandaise avec un dialogue constant et la culture du compromis. D'un confinement « intelligent » à la première vague, le pays a dû passer à un confinement plus strict avec couvre-feu (une hérésie dans le pays) ce qui donna lieu à des violences inédites en janvier 2021. L'impact sur le tourisme était immense. Toutefois, les retombées du Brexit semblent déjà porter leurs fruits avec beaucoup d'entreprises qui s'installent à Amsterdam.

Au sortir de la crise, le tourisme lié au cannabis et à la prostitution est reparti de plus belle avec son lot de nuisances. Pour faire face à la hausse de la violence, Femke Halsema, la maire de la ville, a proposé que la vente de cannabis soit réservée aux uniquement aux résidents de la ville. Mais devant la colère des commerçants soucieux de voir leurs établissements fermés (66 *coffee shops* suffiraient à répondre à la demande locale, or, on en compte 166 dans la ville...) et la peur de voir un marché noir se développer, elle a pris les devants en proposant une alternative, celui de délocaliser le quartier rouge en dehors de la ville. Ce plan est en cours d'étude. A suivre.

LE SIÈCLE D'OR

Coup de tonnerre à l'automne 2019, l'Amsterdam Museum venait d'annoncer sa décision de débaptiser cette période. Le musée affirme que ce siècle (Gouden Eeuw en néerlandais) ne fut pas doré pour tout le monde et qu'il fut même synonyme d'exploitation humaine et de beaucoup de souffrances. Par conséquent, le musée proposa de renommer la fabuleuse exposition fixe au musée de l'Hermitage qui présente les tableaux des gardes civiques dans le style de *La Ronde de nuit*... Tout le pays était pris par cette discussion... Comment une notion qui définit une nation tout entière pouvait-elle ainsi être remise en question ?

Alors si l'on peut s'interroger sur cette volonté constante de réécrire l'histoire passée à la lumière du présent, il est bon redéfinir ce que fut le Siècle d'or qui a tant façonné Amsterdam et qui nous fascine aujourd'hui encore.

Officiellement, le Siècle d'or désigne une période qui débute en 1584 et s'étend jusqu'en 1702.Cette période au XVIIe siècle est synonyme de prospérité globale. La base de cette prospérité est toutefois clairement l'établissement d'Amsterdam comme centre d'échanges commerciaux de premier plan. Cette prospérité commerciale et financière a engendré la prospérité globale (culturelle, sociale, religieuse) et fit d'Amsterdam la capitale mondiale durant ces années. Son rayonnement est encore sensible de nos jours :

- **Le pays devient puissance** coloniale de premier plan avec la fondation, en 1602, du VOC, la Compagnie néerlandaise des Indes orientales,
- **Le pays est une grande puissance** financière avec la fondation de la Bourse d'Amsterdam, la première au monde,
- **Les Pays-Bas connaissent** une apogée culturelle et scientifique avec Rembrandt, Vermeer et notamment Van Leeuwenhoek (inventeur du microscope) et Huygens qui découvrit les anneaux de Saturne,

Cette période est en outre une apogée de la philosophie et de la liberté de pensée avec Baruch Spinoza (qui éprouva les limites de la tolérance religieuse avec son œuvre *L'Éthique*), et Diderot, Descartes et Locke qui y sont venus étudier et publier. Amsterdam promeut la liberté de culte et de nombreux huguenots y trouvent refuge après l'édit de Nantes. Amsterdam est alors capitale mondiale de la tolérance. Au début du XVIIe siècle le pays connaît un afflux d'immigrants de deux origines différentes : les juifs séfarades qui fuient les persécutions d'Espagne et du Portugal et les réfugiés en provenance des Flandres (notamment Anvers). À noter que beaucoup de marchands, savants et intellectuels en provenance d'Europe s'installent à Amsterdam et dans d'autres villes, comme Haarlem. Le Siècle d'or, c'est aussi grâce à ces personnes, car en 1600, un habitant sur trois était un immigrant !

Voici les plus symboliques endroits du Siècle d'or à Amsterdam :

Le grand hall du Palais royal de la place du Dam. On y trouve 3 fresques en marbre, les hémisphères est et ouest ainsi qu'une constellation. Et ensuite la Boucle d'Or (De Gouden Bocht) du Herengracht, cette portion du magnifique canal comprend les plus belles demeures patriciennes des grands dirigeants de cette époque. Le tout exsude un luxe maîtrisé. Pour pénétrer dans les trésors de cette période, il est possible de visiter le musée Van Loon, exemple typique de demeure bourgeoise du Siècle d'or, construite en 1672, qui appartient depuis le XIXe siècle à la famille Van Loon.

La synagogue portugaise, construite en 1675 par Elias Bouman, est le symbole de la prospérité de la communauté juive de l'époque, c'est la plus grande synagogue au monde. Elle a miraculeusement été épargnée lors de la Seconde Guerre mondiale par Hitler qui souhaitait en faire un musée. Pas de chauffage ni d'électricité, du sable par terre destiné à absorber l'humidité, l'atmosphère de cet endroit est hors du temps. Cette synagogue possède aussi une des bibliothèques judaïques les plus importantes au monde mais malheureusement non accessible au public.

Le Rijksmuseum est le musée national des Pays-Bas. S'il date du XIXe siècle, il se distingue par ses œuvres du Siècle d'or exposées dans l'incroyable galerie d'honneur. Celle-ci compte les plus magnifiques tableaux du Siècle d'or (Rembrandt, Vermeer, Frans Hals et Jan Steen) avec comme point d'orgue *La Ronde de nuit* de Rembrandt.

Le musée Het Grachtenhuis, s'il n'est ouvert que depuis quelques années, permet toutefois une plongée magnifique dans la capitale. Il constitue une ode aux canaux du Siècle d'or et nous présente « 400 ans d'histoire en 40 minutes ».

LA VILLE VERTE

Les Pays-Bas sont l'un des pays européens les plus vulnérables aux effets du réchauffement climatique. Un quart de leur territoire se situe en dessous du niveau de la mer. Pourtant, ils sont à la traîne sur ce sujet. La faute à leur politique énergétique reposant essentiellement sur des énergies fossiles, leur agriculture intensive et leur industrie polluante. Les Pays-Bas n'ont pas réussi à remplir leur objectif de réduction des émissions gaz à effet de serre pour 2020. Ils se sont donc fixé pour nouvel objectif de les réduire de 50 % d'ici à 2030. Pour cela, ils miseront notamment sur l'énergie éolienne. La ville a de précieux atouts *green* : ses infrastructures pour vélo, ses nombreux parcs et jardins, ses canaux… Mais face à un flux de touristes toujours plus important – il y a parfois plus de touristes que d'habitants à Amsterdam – tout le défi est de réussir à jouer de ces atouts.

Par ici la verdure et l'air pur…

La population est sensible aux questions environnementales : la mairesse d'Amsterdam, Femke Halsema, élue en juillet 2018, appartient d'ailleurs au parti la Gauche Verte (GroenLinks). Amsterdam reste tout de même la 2e capitale européenne où la qualité et de l'air et les transports sont les meilleurs, après Copenhague, selon un classement de Greenpeace en 2018. Elle doit surtout cela à ses nombreux aménagements pour le vélo : pistes séparées dans la majorité des rues, signalisation spécifique, et d'immenses garages à deux-roues un peu partout dans la ville – impossible de passer à côté ! Mais la ville n'échappe pas totalement au problème de la pollution atmosphérique. Les taux de dioxyde d'azote et de particules fines y sont supérieurs aux limites légales européennes. Comme d'autres capitales, elle souhaite réduire la place des véhicules polluants. Depuis 2020, les voitures diesel de plus de 15 ans ne sont plus autorisées à circuler sur l'autoroute périphérique A10 autour de la ville. À partir de 2022, aucun bus public à essence ou diesel ne sera autorisé dans le centre-ville. En 2025, cette interdiction sera étendue aux cyclomoteurs. Les ministres européens de l'Environnement des 27 pays de l'Union ont voté la fin des moteurs thermiques d'ici à 2035. Amsterdam veut prendre les devants et y arriver d'ici à 2030 dans la ville.

© TRAVNIKOVSTUDIO - SHUTTERSTOCK.COM

A Amsterdam, le vélo contribue à la bonne qualité de l'air.

Où prendre l'air ?

Il n'est pas difficile de trouver un endroit où échapper aux bruits de la ville à Amsterdam. Il y a une trentaine de parcs. Le plus connu, **Vondelpark** (p.139), près du **Rijksmuseum** (p.136), fait 48 hectares. On y trouve de jolis lacs, des arbres centenaires ainsi qu'une charmante roseraie (*rozentuin*) qui abrite 70 sortes de rose. C'est aussi un lieu où sont organisés régulièrement des événements, des concerts l'été, de la danse, des cours de sport… Pour les fans de plantes, il faut voir le **Hortus Botanicus** (p.144), l'un des plus anciens jardins botaniques au monde, créé en 1683, qui abrite plus de 4 000 espèces de plantes différentes. À la périphérie de la ville, se trouve le bois d'Amsterdam, l'**Amsterdamse Bos** (p.213), 1 000 hectares de nature et cours d'eau. Il est possible d'y pratiquer différentes activités nautiques. On y trouve également un camping et la ferme Ridammerhoeve, spécialisée dans l'élevage de chèvres.

La Hollande est le pays de la tulipe. Cette fleur est très populaire dans le pays depuis la fin du XVIe siècle, grâce aux travaux du botaniste Carolus Clusius. Depuis, la « tulipomania » est redescendue, mais les Hollandais restent très friands de cette fleur. Chaque année, en janvier, à Amsterdam, à l'occasion de la Journée nationale de la tulipe, un jardin éphémère est installé sur la place du Dam. En avril, la ville se pare de rouge à l'occasion du festival de la tulipe. Il y a aussi un musée des Tulipes, sur le côté opposé du canal Prinsengracht, en face de la Maison d'Anne Frank.

© KIT LEONG - SHUTTERSTOCK.COM

Festival des tulipes.

DÉCOUVRIR

Une faune... exotique !

La faune amstellodamoise ne se limite pas aux pigeons de la place du Dam. Il n'est pas rare de voir, perchées en groupe dans les arbres, des perruches à collier de roses. Elles ont été repérées à partir des années 1980, mais l'origine de leur arrivée n'est pas claire – probablement des animaux domestiques qui se sont échappés. On en a dénombré 3 700 à Amsterdam et 10 000 dans tout le pays. Autres résidents remarqués : les hérons cendrés. On peut en voir à **Oosterpark** (p.146). Plus surprenant encore, il arrive parfois que des phoques, venus de la mer du Nord, viennent jusque dans les canaux d'Amsterdam. En tout, 10 000 espèces d'animaux ont été recensées dans la ville.

Le recyclage à l'abordage

Amsterdam possède un système de tri et de collecte des déchets efficace. Des conteneurs sont installés sur les trottoirs pour accueillir les déchets selon chaque type : verre, papier, emballages en plastique, textiles et « déchets résiduels » (c'est-à-dire le reste). Pourtant, comme partout ailleurs, la pollution plastique reste une grande menace pour les écosystèmes. C'est pourquoi l'association **Plastic Whale** (p.112) propose aux touristes des sorties solidaires originales : embarquer sur l'un de ses bateaux en plastique recyclé pour faire la pêche aux déchets dans les canaux. D'autres expériences solidaires ou écologiques, du même type sont à découvrir sur le site www.untouristguide.com. Cette plateforme lancée par la ville vise à encourager un tourisme différent de celui orienté sur la drogue et la prostitution, qui prend de plus en plus de place, au grand dam des locaux.

À propos de recyclage, « the place to be », pour ceux qui sont intéressés par cette thématique, est l'ancienne zone portuaire de Buiksloterham. Dans cet éco-quartier, on teste de nouvelles manières de se loger, de consommer et d'échanger. On y trouve des start-up spécialisées dans le recyclage, des bureaux et habitations fabriqués à partir de matériaux de récupération, alimentés par des panneaux solaires, un restaurant végétarien en circuit court, un marché bio hebdomadaire... bref un modèle de village écologique qui risque fort de grandir dans les prochaines années.

Bien manger

Pour s'approvisionner en produits bio, rendez-vous dans le quartier du Jordaan au Noordermarkt. Ce marché paysan historique a lieu tous les samedis. Un marché aux puces est organisé tous les lundis au même endroit. Il n'est pas difficile de trouver des restaurants où manger sainement dans la ville. D'ailleurs, pour montrer l'exemple, tous les repas servis à la mairie d'Amsterdam sont végétariens.

Faire le plein de nature dans les environs

Les Pays-Bas comptent 20 parcs nationaux. Certains peuvent constituer de belles escapades au départ d'Amsterdam. Le plus proche est le parc national Zuid-Kennemerland, à l'ouest de la petite ville d'Haarlem. Dunes et marais constituent un décor idyllique pour une balade avant de poursuivre la promenade par une soirée à la plage, celle de Bloemendaal étant particulièrement recommandée. À une centaine de kilomètres d'Amsterdam, le parc national De Hoge Veluwe entre d'Apeldoorn et Arnhem est une zone protégée qui abrite une faune très diverse et riche (dont des mouflons) sur 5 500 hectares de forêts, de landes et de plans d'eau. Les îles des Wadden (à environ 5 heures de train ou bus) constituent quant à elles l'une des plus importantes zones ornithologiques du monde.

ARCHITECTURE

Depuis des siècles, Amsterdam se transforme en composant avec les éléments. C'est une règle ici, on ne construit pas *contre*, mais *avec* la nature. Maisons flottantes et îlots résidentiels sont là pour le prouver. Rien d'étonnant donc à ce que la capitale néerlandaise soit devenue l'un des fleurons de l'architecture et de l'urbanisme durables. La municipalité d'Amsterdam a toujours joué un grand rôle dans la gestion des projets urbains, dotant ainsi la ville d'une cohérence architecturale qui n'est pas étrangère au charme qui y règne. Les alignements de superbes demeures le long des canaux en sont un bel exemple et prouvent que si la ville n'a jamais recherché les grands effets, elle a toujours développé de nombreux petits détails qu'il faut prendre le temps d'observer. S'y sont également développés des courants et mouvements étonnants de modernité, telle l'École d'Amsterdam, qui ont contribué à redessiner les faubourgs de la ville. Osez donc vous y aventurer ! Aujourd'hui, la ville témoigne de la vitalité de la création contemporaine avec des édifices futuristes parfois, détonants toujours, et des collectifs de designers s'amusant avec les codes de la tradition. Alors à vous maintenant de découvrir tous les trésors de cette cité unique !

Du gothique à la Renaissance hollandaise

Partout en Europe, les églises gothiques, véritables géants de pierres, impressionnent par leur hauteur. Mais à Amsterdam, le sol marécageux ne peut soutenir de tels édifices. On remplace alors la pierre par la brique, et l'on compense l'absence de hauteur en développant davantage longueur et largeur. La *Nieuwe Kerk* (p.120), dont la construction s'inspirant de la Cathédrale d'Amiens commença en 1408, en est un bel exemple. C'est également à cette période que naissent les premières grandes réformes urbaines impulsées par la municipalité. En effet, alors que la ville subit à plusieurs reprises de terribles incendies, on interdit toute construction en bois, rendant obligatoire l'usage de la brique et de la tuile.

De 1550 à 1650, un nouveau style se développe : le maniérisme, que certains appelleront Renaissance hollandaise. Ce style conserve certains attributs du baroque, comme les courbes et l'ornementation, tout en y ajoutant des éléments de style gréco-romain classique et d'autres issus de la tradition hollandaise. Hans Vredeman de Vries est l'un des grands maîtres de ce style résolument décoratif. Ce dernier orne ses façades de rouleaux, bandes de pierre et autres masques. Tandis qu'Hendrick de Keyser, lui, joue sur l'alternance de pierre et de brique, tout en y apportant une touche de couleurs. C'est à lui que l'on doit les trois grands temples protestants de la ville, *Noorderkerk*, *Westerkerk* (p.133) et *Zuiderkerk* (p.142).

Maisons bateaux du quartier IJburg.

Architecture traditionnelle d'Amsterdam.
© SBORISOV - ISTOCKPHOTO.COM

Le Siècle d'or

En entrant dans le XVIIe siècle, la ville accède à une période de prospérité économique inégalée. Pour faire face à l'augmentation de la population, elle doit s'agrandir. Pour cela, la municipalité fait creuser trois nouveaux canaux enserrant le port et la vieille ville et lance un nouveau plan d'urbanisme. Les habitants seront regroupés selon leur statut et leur origine dans des édifices dont la ville contrôle les matériaux et les dimensions. De ce dirigisme naît une grande cohérence architecturale. Le long du *Herengracht*, le canal des seigneurs, et du *Prinsengracht*, le canal des princes, on retrouve de superbes maisons bourgeoises. Parmi les plus beaux édifices se trouvent le *Bartolotti Huis* et *la Maison des Têtes*. Construite en 1622, cette demeure est un bel exemple de Renaissance hollandaise avec sa façade décorée de niches et de colonnes de grès blanc contrastant avec le marron de la brique. À l'époque, la taxe foncière était calculée sur la largeur des façades, ce qui explique l'étroitesse apparente de ces bâtisses, souvent compensée par une profondeur travaillée. Au premier coup d'œil, ces maisons de brique semblent toutes identiques, et pourtant de nombreux détails traduisent leur caractère profondément unique. Voyez là des portes richement travaillées, ici des balustrades et vérandas, mais surtout observez bien les pignons de ces maisons. Simples, à redents, en cloche ou chantourné (rappelant le col d'une bouteille), ces frontons sont un élément décoratif essentiel. Certains pignons furent produits en série, voilà pourquoi vous les retrouvez un peu partout dans la ville. Enfin, si vous regardez bien ces maisons, vous remarquerez une étonnante particularité. Nombreuses sont celles à avoir une façade penchée. Cette inclinaison permettait de protéger la façade des intempéries et de limiter ainsi l'humidité en intérieur. Mais si certaines sont penchées, c'est aussi bien souvent parce que leurs pilotis sont à bout de souffle ! Le sol marécageux d'Amsterdam nécessite l'utilisation de pilotis perçant le sol jusqu'à 7 m et servant de base à la plateforme soutenant les édifices. Aujourd'hui, ils sont en béton armé, mais à l'époque ils étaient en bois… bois qui finissait par pourrir. Les grands architectes de ce Siècle d'or sont Justus Vingboons et les Frères Philips à qui l'on doit de magnifiques demeures le long des canaux s'inspirant des styles antiques avec pilastres et colonnes, et bien sûr Jacob van Campen à qui l'on doit le *Palais Royal ou Hôtel de Ville*. La construction de l'édifice débuta en 1648 et dura 17 ans. Rien d'étonnant lorsque l'on sait que cet imposant bâtiment, très classique dans ses lignes et ses formes, repose sur 13 659 pilotis : une véritable prouesse technique.

Influence française et nostalgie

Au XVIIIe siècle, les commerçants-voyageurs se « sédentarisent » et passent davantage de

Maison Bartolotti.

temps dans leurs demeures, ce qui explique le soin tout particulier apporté à la décoration intérieure, qui doit être à la fois agréable à vivre et refléter le statut du propriétaire. À cette époque, les riches familles succombent à la mode française. Daniel Marot, architecte et décorateur français, huguenot exilé à Amsterdam, est alors extrêmement populaire et dote les grandes demeures de mobilier Louis XV. Son objectif est de trouver l'équilibre entre intérieur et extérieur. Les créations du peintre et décorateur d'intérieur Jacob de Wit sont également très populaires.

À la fin du XIXe siècle, alors que la ville connaît un regain de prospérité, un certain vent de nostalgie souffle sur l'architecture et nombreux sont ceux à s'inspirer de la grandeur du Siècle d'Or et de la renaissance hollandaise initiée par De Keyser. C'est l'avènement des styles néo-gothique et néo-Renaissance. L'un des grands architectes de cette période est Pierre Cuypers. Ses deux bâtiments les plus connus à Amsterdam sont le Rijksmuseum (p.136), construit en 1885 dans un style mêlant Renaissance et baroque, et la *Centraal Station* (p.116), étonnant édifice de briques construit sur des milliers de pilotis. C'est à cette époque que se développe également une riche architecture industrielle dont les grands entrepôts des sociétés de transport sont les témoins.

Rupture et modernité

En 1903, un nouvel édifice voit le jour à Amsterdam, *la Bourse*. Simple et prônant une utilisation rationnelle des matériaux anciens (briques) et nouveaux (acier, verre), ce bâtiment est en quelque sorte le manifeste architectural de Hendrik Petrus Berlage, considéré par beaucoup comme le père de l'architecture néerlandaise moderne.

Ce nouveau langage architectural dépasse la simple structure du bâtiment et concerne l'édifice dans sa totalité, y compris sa décoration. Berlage travaille ainsi en étroite collaboration avec tous les corps de métier pour obtenir une décoration intérieure qui accompagne et souligne la structure sans la masquer. C'est à Berlage que la municipalité confie également la charge de concevoir un nouveau plan d'urbanisme afin de faire face à l'expansion croissante de la ville. À cette occasion, Berlage imagine des quartiers résidentiels conçus comme des ensembles homogènes, souvent organisés autour de cours intérieures, mais aussi des grandes avenues et des places favorisant la sociabilité.

S'ils reprennent certaines des idées de Berlage, les fondateurs de *l'École d'Amsterdam* – Piet Kramer, Michel De Klerk et Johan van der Mey – rejettent son rationalisme qu'ils jugent austère et prônent au contraire plus de créativité. Politique et esthétique, ce mouvement est autant un rejet de la nostalgie des siècles passés qu'une envie de permettre aux plus démunis de vivre dans des logements décents. Le premier bâtiment estampillé *École d'Amsterdam* est la *Maison de la Navigation*. Avec la multiplication d'ornements, de sculptures et de petites frises sur la façade, rompant ainsi avec la monotonie, l'édifice fait figure de manifeste de ce que certains appelleront l'expressionnisme hollandais. Les architectes de ce mouvement conçoivent leurs bâtiments comme des sculptures dont il faut ciseler les moindres détails. Parmi les plus beaux témoins de cette architecture, on trouve le *Het Schip* de Michel De Klerk. Ce complexe locatif, véritable palais pour les ouvriers, détonne avec ses effets chromatiques entre bandes de briques et tuiles de couleurs. Tout en courbes, le bâtiment donne l'impression d'onduler. Le complexe possède une école, un jardin et même une poste dont Michel De Klerk a imaginé jusqu'aux boiseries, ferronneries et faïences. Une œuvre totale. Autre bel exemple, le complexe *De Dageraad* (p.147) qui multiplie les formes et les motifs dans un élan vers le haut, transformant le bâtiment en temple de la modernité.

De même que les membres de *l'École d'Amsterdam* s'étaient placés en opposition à Berlage, certaines voix s'élèvent contre le mouvement, lui reprochant les coûts exorbitants de construction et surtout l'aspect très peu pratique de ses créations dans lesquelles la forme prime sur la fonction. C'est ainsi que se développe un certain fonctionnalisme dans les nouveaux faubourgs de la ville. Acier, verre et béton sont utilisés dans des édifices où cette fois la forme se plie à la fonction. Les agencements sont plus spacieux et surtout plus pratiques.

Architecture contemporaine

Aujourd'hui, Amsterdam est devenue une vitrine de la vitalité architecturale contemporaine et les créations les plus novatrices jalonnent la ville. En 1997, Renzo Piano dote la ville d'une étonnante coque verte : c'est *NEMO, le musée scientifique* (p.145). Renzo Piano rappelle ici le passé maritime de la ville en offrant une architecture originale et une vue imprenable sur la capitale. Les rives de l'IJ accueillent, elles aussi, d'incroyables réalisations, à l'image du *EYE, le musée du film* (p.118), qui tel un vaisseau à l'élégant aérodynamisme, symbolise l'image en mouvement. Près de la station Bijlmer-Arena se dresse depuis 2002 une étrange créature de métal, c'est *l'ING House* qui semble comme prête à bondir grâce à ses 16 pattes élancées. En 2005, Amsterdam ouvre un nouveau temple de la musique, le *Muziekgebouw aan't IJ* (p.222), cube d'acier fermé par une verrière de 24 m de haut, dans lequel vient s'emboîter un cube noir, celui du *Bimhuis* dédié au jazz,

NEMO

DÉCOUVRIR

Maison de Gerrit Rietveld, architecte et père du design hollandais.

l'ensemble étant unifié par un vaste toit avançant vers l'horizon. En 2012, l'architecte hollandais Mels Crouwel dote le *Stedelijk Museum* (p.138) d'une nouvelle aile que beaucoup appellent « la baignoire » du fait de sa structure géométrique comme posée sur un grand hall lumineux.

Parmi les éléments indissociables de la ville, on trouve également les maisons flottantes. Du superbe voilier à la cabane aquatique, ces maisons étaient, dans les années 60, très prisées des « provos », ces anticonformistes luttant contre la spéculation immobilière. Aujourd'hui, y habiter coûte très cher, d'autant que la mairie a interdit de nouveaux arrimages, faisant grimper en flèche le prix des logements existants. Mais ces dernières restent malgré tout très représentatives d'un certain art de vivre amstellodamois. La municipalité le sait bien, d'ailleurs elle prévoit de loger près de 75 000 personnes dans des centaines de navires de croisière arrimés au port ! Depuis des siècles, architectes et urbanistes développent des trésors d'ingéniosité pour faire face aux éléments. Les nouveaux quartiers qui sortent de terre, telles des îles artificielles, en sont aujourd'hui encore la preuve. Les îles du quartier d'IJburg sont reliées au continent par cette élégante virgule d'acier qu'est le pont Enneüs Heerma. Quant au quartier flottant de Waterbuurt, sur l'île de Steigereiland, il est un des plus beaux témoins de l'engagement pris par la ville pour promouvoir une architecture durable. Il est en effet composé de 150 maisons flottantes construites en matériaux non polluants. Sur l'eau, mais aussi en cœur de ville, la municipalité incite à l'emploi de structures bois et toits végétalisés. Parmi les grands projets d'avenir : la construction d'un tunnel de 50 km accueillant zones de stationnement et services où serait détournée la circulation de l'actuel périphérique, afin de limiter la pollution de l'air en ville.

Le dutch design

Aujourd'hui célébré dans le monde entier, le design hollandais est l'héritier de l'artisanat d'art dans lequel le pays a excellé à travers les siècles, notamment au XVIIe avec l'essor de *la faïence de Delft* et de la marqueterie de luxe. Berlage, tout comme les membres de *l'Ecole d'Amsterdam*, furent, également très influencés par le mouvement *Arts and Crafts* de l'anglais William Morris, prônant le retour à la tradition artisanale contre la production de masse. Produisant des œuvres totales, ils ont en quelque sorte anticipé le design. Mais le vrai père du design hollandais est sans conteste l'architecte et ébéniste Gerrit Rietveld. S'inscrivant dans la mouvance *De Stijl* influencée par la géométrie du peintre Mondrian, Rietveld conçoit des objets simples, épurés, très géométriques, visant au pragmatisme et au rationalisme. Sa première grande réalisation, devenue culte, est le *Fauteuil rouge et bleu* de 1919, qu'il recouvre d'aplats de couleurs primaires en 1923. C'est aussi à lui que l'on doit la *Chaise Zig-Zag*, en 1934. Aujourd'hui, de nouveaux créateurs se placent dans cette lignée tout en défendant une modernité assumée. Le collectif *Droog Design* (p.141) met à l'honneur l'utilisation de matériaux de récupération et une économie de ressource en créant un mobilier novateur et plein d'humour. De ce collectif a émergé une figure clé du design contemporain : Marcel Wanders. Connu dans le monde entier, le designer fait le lien entre traditionnel et industriel en mettant au goût du jour des techniques parfois un peu oubliées, comme avec sa *Knotted Chair*, de 1996, qui allie esthétisme et robustesse en reprenant la technique du macramé. Marcel Wanders a créé le studio-galerie *MOOI* qui s'est donné pour but d'aider les designers à réaliser leurs œuvres rêvées. Résultat : des créations étonnantes, colorées, parfois surréalistes et surdimensionnées, mais toujours totalement décomplexées. Ce *MOOI* est devenu l'un des temples du design à Amsterdam.

BEAUX-ARTS

Amsterdam est dotée d'une longue et passionnante histoire culturelle, et reste aujourd'hui un centre artistique important avec une population diverse et dynamique. En effet, la ville ne s'est pas reposée sur son héritage exceptionnel et continue de se réinventer chaque jour. On y trouve ainsi des musées historiques majeurs, mais aussi de nombreuses galeries, centres culturels et écoles d'art qui rayonnent bien au-delà des frontières néerlandaises et assurent une vie artistique foisonnante. Nous avons donc choisi ici de présenter les expressions artistiques néerlandaises contemporaines tout comme les lieux centraux et représentatifs des grandes périodes de l'histoire culturelle du pays. Nous mettrons notamment en lumière trois représentatifs de la peinture hollandaise, qui font rayonner les Pays-Bas partout dans le monde et justifient à eux seuls une visite d'Amsterdam.

Un centre historique de l'art moderne et classique néerlandais

Deux périodes prospères caractérisent l'art néerlandais : le XIXe siècle et ses peintres réalistes, et le XXe siècle et ses artistes, designers et sculpteurs modernes. Pour admirer leurs travaux, la plupart des grands musées se concentrent dans le Museumkwartier, sur la place du Musée (**Museumplein** (p.134)), créée à la fin du XIXe siècle après l'Exposition coloniale internationale de 1883, véritable cœur culturel de la ville. On y trouve, au nord, le fameux **Rijksmuseum** (p.136), bâtiment néogothique achevé en 1885 et consacré aux beaux-arts, à l'artisanat et à l'histoire du pays. Il est le plus important musée des Pays-Bas en termes de fréquentation et de collection, avec chaque année plus de 2 millions de visiteurs et un fond d'un million de pièces environ, dont les plus grands chefs-d'œuvre de la peinture hollandaise du XVIIe siècle. Le nord-ouest de la place abrite le musée Van Gogh, un bâtiment moderne dessiné par Gerrit Rietveld, architecte hollandais majeur qui a aussi conçu l'école d'art et de design d'Amsterdam qui porte son nom. Tout entier dédié à Van Gogh, il met en valeur une œuvre majeure dans l'histoire de la peinture européenne (et comptant plus de 2 000 travaux !), bien que peu considérée du vivant de l'artiste. Enfin, jouxtant le musée Van Gogh, on trouve le plus important musée d'art moderne de la ville : le fameux **Stedelijk Museum** (p.138), rénové et agrandi en 2012. On peut admirer au sein de ce bâtiment étonnant les œuvres de grands artistes et designer néerlandais – de Piet Mondrian à Karel Appel –, mais aussi internationaux.

L'âge d'or hollandais

C'est en grande partie pour admirer la peinture hollandaise du XVIIe siècle que les foules de visiteurs envahissent chaque année le Museu-

DÉCOUVRIR

© DENNIS VAN DE WATER - SHUTTERSTOCK.COM

Stedeljik Museum.

« La Fille au Chapeau rouge » par Johannes Vermeer, huile sur toile, 1665-66.

mkwartier d'Amsterdam. En effet, c'est à cette époque de prospérité économique que la république des Provinces-Unies, futur état de Hollande, naît et se développe, entraînant avec elle toute une génération d'artistes qui participent au rayonnement de leur patrie bien au-delà du XVIe siècle, en dépeignant ses paysages, ses habitants et leur vie quotidienne avec un naturel et une sensibilité jamais vus jusqu'alors. En effet, grâce au développement du marché de l'art, les peintres n'ont plus besoin d'attendre les commandes pour travailler, mais préparent à l'avance des tableaux aux sujets divers, prêts à être vendus, d'où cette production considérable avec plus de deux mille peintres répertoriés, dont Rembrandt van Rijn (1606-1669) et Johannes Vermeer (1632-1675) sont les deux figures les plus marquantes.

Rembrandt van Rijn (1606-1669)

La carrière de Rembrandt, né à Leyde (Leiden) en 1606, suit l'histoire de sa patrie, puisque le sommet de son succès coïncide à une période de croissance économique, puis s'amenuise avec le déclin du pays. Après un passage à l'université, ce fils de meunier fait son apprentissage des techniques picturales dans l'atelier de Jakob Van Swanenburgh. Son talent l'amène à Amsterdam en 1624, où il devient pendant six mois l'élève d'un peintre d'histoire renommé, Pieter Lastman, qui lui transmet une technique d'expression de la lumière inspirée de la peinture italienne. Après avoir fondé son propre atelier dans sa ville natale, le jeune peintre s'installe définitivement à Amsterdam où il peut jouir pleinement de son succès. Il reçoit alors sa première commande d'importance de la part de la corporation des chirurgiens : le tableau intitulé *La Leçon d'anatomie du docteur Tulp,* aujourd'hui exposé au Cabinet Royal de peintures de La Haye (ou Mauritshuis). Son style novateur remporte un succès considérable et lance l'artiste sur la scène amstellodamoise. Parmi les premiers portraits peints à Amsterdam (une cinquantaine entre 1932 et 1934), figurent également deux de la jeune Saskia, fille de bourgmestre qu'il épouse en 1634. Cinq ans plus tard, il s'installe avec elle dans une maison bourgeoise du quartier juif, où il monte un atelier prospère. Mais une avalanche de drames bouscule sa vie familiale, à commencer par la mort de Saskia en 1642. Il se renferme alors dans la solitude pour s'adonner pleinement à sa pratique, incompris de ses contemporains, déroutés par la facture de plus en plus audacieuse d'une œuvre libérée des conventions artistiques et toute tournée vers la spiritualité et l'émotion. En 1657, ruiné, il quitte sa demeure pour la discrète maison du Rozengracht, où il continue à peindre avec acharnement (*Saül et David, L'Enfant prodigue*…). Il voit sa seconde femme et son fils disparaître tour à tour en 1664 et 1668 et peint sa dernière toile d'importance, *La Fiancée juive*, exposée au **Rijksmuseum** (p.136), avant de s'éteindre en octobre 1669 dans la solitude et l'indifférence.

Johannes Vermeer (1632-1675)

Vermeer eut une certaine notoriété de son vivant, mais il tombe rapidement dans l'oubli pour n'être redécouvert qu'à la fin du XIXe siècle. En 1866, Étienne Thoré, critique d'art français, écrit sous pseudonyme une étude passionnée qui suscite l'intérêt des historiens d'art. À la fin du siècle, Vermeer inspire les impressionnistes, ou encore Paul Claudel et Marcel Proust. Sa renommée est définitivement consacrée en 1947 grâce au procès retentissant de Van Meegeren, un faussaire habile qui parvint à vendre des copies d'œuvres célèbres à plusieurs grands musées !

La Laitière par Johannes Vermeer, huile sur toile, 1660.

Si sa postérité est mouvementée, la vie de Vermeer est des plus sobre, du peu que nous en savons. Né à Delft en 1632, l'artiste aurait été formé par Carel Fabritius, disciple de Rembrandt. Il se marie en 1653, puis est reçu maître à la guilde de Saint-Luc à Anvers dans les années 1960. En 1672, des difficultés financières l'obligent à regagner sa ville natale, où il meurt à 43 ans. Cette courte carrière ne nous laisse aujourd'hui qu'une quarantaine de toiles, principalement conservées au **Rijksmuseum** (p.136) et au **Mauritshuis** (p.256). Mais cette lenteur est corrélative à la finesse d'une œuvre dont le réalisme est d'une tout autre nature que celui de ses contemporains : les gestes sont simples ; les expressions sont retenues et paisibles ; les détails, nombreux, sont toujours traités avec une même économie. Ces peintures, malgré leur retenue et la sobriété de leur composition (qui suit des rapports géométriques stricts), sont baignées d'une atmosphère harmonieuse qui leur confère une forte dimension symbolique et morale. Et cela n'est en rien dû à ses sujets, car là aussi Vermeer reste le peintre de la simplicité. On retrouve principalement des intérieurs intimes et, dans ceux-ci, des femmes dont la présence, d'une grande densité, s'imposent par leur absence. Concentration dans *La Laitière*, sommeil de *La Jeune Femme endormie*, oisiveté rêveuse de *La Femme à la fenêtre*. Pour atteindre ce sublime, deux secrets, outre une technique incomparable : l'utilisation d'une chambre noire et des sujets en pleine clarté (contrairement à la mode du clair-obscur venu d'Italie), dans une lumière dont Vermeer dépeint le caractère variable selon les matières sur lesquelles elle se reflète.

Vincent van Gogh (1853-1890)

Vincent Van Gogh naît le 30 mars 1853 au presbytère de Groot Zundert, dans le Brabant. Fils de pasteur calviniste et neveu de trois oncles marchands de tableaux, il est destiné au commerce des œuvres d'art et fait donc ses débuts dans la galerie Goupil à La Haye (1869), à Londres (1873-1874), puis à Paris (1874-1875). Personnage angoissé et profondément mystique, il se charge d'une mission évangélique chez les mineurs du bassin houiller du Borinage, mission qui se solde par un douloureux échec : sa générosité, son approche fraternelle des mineurs, dont les conditions de vie, le bouleversent ainsi que son interprétation plutôt libre des Évangiles provoquent l'ire des autorités. En 1880, Van Gogh étudie le dessin à Anvers et réalise des croquis de mineurs inspirés de Millet, pour lequel il éprouve toujours une grande admiration (« le seul peintre qui ouvre un horizon pour beaucoup de gens », se plaît-il à répéter). Il commence à étudier la peinture grâce à l'aide matérielle de son frère Théo et à celle, psychologique, de son cousin Anton Mauve, peintre déjà connu de l'école de La Haye. Chez son père, au presbytère

« Jeune fille debout devant un champ de blé », huile sur toile peinte par Vincent Van Gogh en 1890 à Auvers-sur-Oise.

de Nuenen (1883-1885), il peint inlassablement des paysages, des natures mortes et des scènes de la vie paysanne d'un réalisme tourmenté où se lit une sensibilité déchirée (*Les Mangeurs de pommes de terre*, 1885, en est un bon exemple). Venu rejoindre son frère à Paris, Van Gogh suit des cours à l'atelier Cormon, où il rencontre notamment Toulouse-Lautrec et Gauguin. De cette période datent différents autoportraits, réalisés avec des couleurs très claires et une touche fragmentée. L'année 1888 marque le début d'une époque particulièrement créatrice. Installé à Arles, Van Gogh travaille fiévreusement : *Vue d'Arles aux iris*, *Les Tournesols*, *Les Barques sur la plage*, *L'Arlésienne*… Il s'affranchit de la représentation traditionnelle au profit d'une simplification des formes et d'une palette aux tons vibrants. C'est à cette époque que sa relation avec Gauguin, venu le rejoindre à Arles, devient tumultueuse. Au cours d'une crise de délire, il se coupe un morceau d'oreille. Suivent deux séjours à la maison de santé de Saint-Rémy où il poursuit son travail : *Les Blés jaunes au cyprès*, *Champs d'oliviers*. En 1890, il revient à Paris, puis s'installe à Auvers-sur-Oise, surveillé par le docteur Gachet, ami de Pissaro et de Cézanne. De cette période datent *La Mairie à Auvers* et *le Champ de blé aux corbeaux* où s'exprime un lyrisme dramatique. Il se suicide par balle le 27 juillet 1890. Précurseur des fauves et de l'expressionnisme, ce visionnaire presque ignoré de son temps est devenu, au XXe siècle, une figure légendaire. Son œuvre, dont il souhaitait qu'elle exprime les terribles passions humaines, a trouvé de nos jours une audience rarement égalée. En 2011, l'œuvre *Van Gogh : The Life* remet en question sa mort par suicide et apporte un nouvel éclairage sur la vie de l'artiste. Une biographie à lire, recommandée par le musée Van Gogh.

© FOKKE BAARSSEN - SHUTTERSTOCK.COM

NDSM-werf.

Une capitale culturelle dynamique pour apprécier l'art contemporain

Outre ses grands musées, Amsterdam compte une centaine de lieux indépendants qu'il serait dommage d'ignorer, de De Appel au Mediamatic. On recommande tout particulièrement le Foam Photography museum, un excellent repère pour les férus de photographie, qui s'attache à mettre en valeur la création émergente dans un pays où les jeunes générations de photographes ont particulièrement le vent en poupe depuis une dizaine d'années. On pense par exemple à Rineke Dijkstra, Désirée Dolron, Dustin Thierry ou Erwin Olaf, artistes dont le succès est international et qui savent jouer avec la lumière avec autant de grâce que les grands peintres qui les ont précédés.

Chacun à leur manière, ces lieux se font un devoir d'exposer la fine fleur de la création artistique contemporaine, aussi sont-ils le meilleur moyen de se familiariser avec la production actuelle. Ces établissements comprennent souvent plusieurs plateformes contenant des espaces dédiés aux expositions ou aux concerts, mais aussi des cafés et des restaurants. Pour les visiter, on sera fort bien conseillé par un excellent mensuel, Art Alert, disponible dans tous les bons kiosques. Cette revue met à disposition le programme de chaque galerie (des grandes villes néerlandaises) ainsi qu'une foule de renseignements : adresse, téléphone, horaires et jours d'ouverture, et même le nom du galeriste et des cartes détaillées de la ville. Vous y trouverez également quelques articles de fond (en néerlandais !) ainsi que la liste exhaustive de tous les musées et autres manifestations picturales du moment, accompagnée de tous les renseignements utiles.

Le street art subtil et coloré des rues amstellodamoises

L'art d'Amsterdam ne se trouve pas seulement dans les musées et galeries, mais aussi sur les murs de la ville ! Il suffit de se promener dans les rues et au bord des canaux pour découvrir ses œuvres de toute taille – du petit « space invader » caché dans un recoin aux fresques murales. Mais comparé au street art des autres capitales européennes, cet art de la rue amstellodamois est subtil et modeste. Les œuvres interagissent souvent avec leur environnement de manière humoristique, elles ne cherchent pas à imposer une image spectaculaire, mais plutôt à se fondre dans le paysage urbain, pour inviter les promeneurs à mieux le ressentir. C'est le long de la Spuistraat, une rue pittoresque qui débouche sur la fameuse Place Spui et compte de nombreux lieux historiques, que l'on peut admirer la plus grande concentration de graffitis. Presque entièrement recouverte de peintures, cette artère du centre-ville vaut le détour. Et pour preuve : certaines compagnies en proposent même des visites guidées ! On compte parmi les artistes les plus célèbres Alice Pasquini, Space Invader, Stinkfish ou encore Zaira et FAKE. Un autre lieu clé du street art à Amsterdam est le NDSM-werf, ancien chantier naval transformé en centre culturel qui accueille tout au long de l'année des manifestations artistiques et musicales. Après un petit trajet en ferry, rien de tel qu'une promenade au bord de l'eau pour admirer cet art jeune et coloré ! Et pour ceux qui veulent approfondir leur connaissance du street art, on recommande bien sûr le SAMA, un écomusée tout entier dédié à cette pratique, qui s'attache à mettre en valeur son environnement immédiat, en utilisant l'art comme outil de dialogue social.

MUSIQUES ET SCÈNES

Passé les images surannées d'une capitale-musée somnolant dans la brume et inondées de touristes, Amsterdam apparaît rapidement telle qu'elle est : une terre d'accueil pour l'innovation. Dans ce corps classique palpite un cœur très moderne. Parfaite illustration, elle est depuis les années 1980 une des places privilégiées pour la musique électronique dans le monde. Le genre est d'ailleurs tellement ancré dans le patrimoine local qu'il est enseigné au conservatoire de la ville. Avec des événements internationaux – les festivals Dekmantel et ADE – des acteurs importants sur la scène mondiale – le label Rush Hour –, Amsterdam se pose sans cesse comme une des capitales mondiales de l'innovation musicale. Et ce qui est vrai pour la musique ne l'est pas moins pour les autres arts vivants : danse, théâtre, opéra… Dira-t-on que la création amstellodamoise va plus vite que le reste du monde ? Ce qui en fait une des plus courues.

Le classique et l'opéra

Il est courant d'entendre qu'Amsterdam est une ville de musiciens plutôt que de compositeurs. C'est particulièrement vrai dans le classique. Avec Alphons Diepenbrock, Hendrik et Louis Andriessen ou Jan Sweelinck comme figures de proue, les Pays-Bas n'ont pas offert de compositeurs « majeurs » à l'histoire du classique. Mais par un juste équilibre des choses, la capitale conserve néanmoins une place particulière dans le cœur et l'estime des mélomanes. Si vous leur demandez pourquoi, ils vous répondront sans doute par un nom : le Concertgebouw. Ce temple du classique s'est bâti une aura mondiale en conjuguant plusieurs atouts : une beauté néoclassique, une acoustique parfaite et une programmation d'exception. Surtout, l'endroit est la résidence de l'Orchestre Royal néerlandais, un des plus prestigieux au monde, réputé pour ses interprétations d'un éclat inouï et dont la liste de directeurs donne le vertige : Mengelberg, Haitink, Chailly, Jansons ou encore Daniele Gatti. Qui plus est installé à quelques pas du quartier des musées et du **Vondelpark** (p.139), c'est un plaisir de s'y rendre.

Les amoureux de classique sont unanimes : on n'a pas complètement vu Amsterdam si l'on n'a rien entendu au Concertgebouw. Les amateurs d'art lyrique, eux, peuvent trouver quelques merveilles dans la programmation du Muziektheater. Seul Opéra des Pays-Bas, ce gigantesque complexe (1 600 places) à l'acoustique parfaite est un de ces édifices que les locaux adorent détester. En cause ? Son architecture austère signée du « moderniste pragmatique » Wilhelm Holzbauer. Le Muziektheater est la résidence du « DNO » (De Nederlandse Opera), compagnie qui sous l'impulsion de Pierre Audi – son audacieux directeur artistique pendant trente ans – a pris une envergure internationale. La relecture contemporaine de classiques, l'ouverture aux autres arts et une grande place accordée à l'innovation sont les trois piliers de la mise en scène du DNO.

© V_E-SHUTTERSTOCK.COM

Muziektheater.

Si votre séjour se déroule aux alentours de la mi-août, il serait dommage de rater le Grachten Festival (« Festival des canaux »). Chaque année, à la même période, Amsterdam met la musique classique à l'honneur via quelque 250 concerts et célébrations dans toute la ville – y compris sur les bateaux et rives de canaux – pour un prix souvent dérisoire (parfois même pour rien). Une des plus douces façons d'apprécier la capitale.

Le théâtre et la danse

Dans l'imaginaire commun, la danse aux Pays-Bas, c'est un pas de deux entre l'hyper contemporain Nederlands Dans Theater de La Haye et le très classique Ballet National néerlandais d'Amsterdam. Si ç'a été vrai, ça l'est de moins en moins. Sous l'impulsion de Ted Brandsen, directeur depuis 2012, le Ballet national néerlandais porte un regard très moderne sur des œuvres classiques (environ deux à trois ballets par an). Un virage payant, la compagnie est maintenant considérée comme une des cinq meilleures du monde. Une merveille qui a trouvé son écrin dans le **Muziektheater,** (p.222) un des plus grands et fastueux théâtres d'Europe où l'on peut aussi apprécier les représentations de l'Opéra national. La tradition d'avant-garde néerlandaise est omniprésente dans le théâtre du pays. Symbole vivant de cet esprit, le Toneelgroep Amsterdam, équivalent de la Comédie-Française, et son directeur artistique Ivo van Hove. Internationalement reconnue, la compagnie s'illustre par des productions innovantes (même franchement avant-gardiste) du répertoire classique et moderne. C'est la troupe attitrée du Stadsschouwburg Amsterdam, magnifique bâtiment néo-Renaissance, inratable sur Leidseplein. Les amateurs de danse contemporaine aussi y trouveront leur bonheur, l'endroit accueille des créations contemporaines chorégraphiées par des artistes majeurs (William Forsythe, pour ne citer que lui). Les Pays-Bas aiment le cabaret, c'est d'ailleurs une grande tradition locale. Pour en voir, direction le **Théâtre Carré** (p.223), sur les rives de l'Amstel où l'on peut aussi apprécier des comédies musicales, des concerts, de la danse ou du stand-up.

Jazz à Amsterdam

Grâce au North Sea Jazz Festival, un des plus grands événements jazz européens se tenant annuellement depuis 1976 à Rotterdam, les Pays-Bas ont accueilli en quarante ans la crème mondiale du genre. Enhardie au contact de ces nombreux artistes internationaux, la scène jazz néerlandaise s'est elle-même garnie de beaux noms à la solide réputation. Parmi eux, Misha Mengelberg, pianiste proche de Fluxus et collaborateur de Derek Bailey et Eric Dolphy ou encore le batteur Han Bennink, sommité du free jazz. Aujourd'hui, le jazz néerlandais grimpe souvent en tête des ventes, porté par de grandes voix féminines : Caro Emerald, star mondiale, Fay Claassen, multi-récompensée ou Denise Jannah, signée chez Blue Note – le label le plus prestigieux au monde.

Amsterdam est par nature une ville de jazz. Peut-être est-ce la brume, le jour. Ou les néons réfléchissant sur les pavés la nuit. Mais dans les rues d'Amsterdam flotte un spleen assez doux, très propice au jazz. Aucun hasard si la capitale propose de nombreux lieux où le goûter en *live*. Le moins intimiste, mais le plus impressionnant est sans conteste **Het Bimhuis** (p.220). Ouvert en 2005 et situé dans le complexe ultra-contemporain Muziekgebouw, ce repaire de tous les jazz a néanmoins un petit faible pour l'avant-garde et l'improvisation. Plus classique, une option pour s'extraire de la très touristique Leidseplein est de s'engouffrer dans le Jazz Café Alto, la seule bonne adresse de la rue et l'assurance d'écouter du jazz en *live* (souvent *easy listening*). Enfin, à proximité de l'Université se niche « Engelbewaarder » petit café littéraire, avec vue, très cosy, où l'on se perd dans le free jazz et les bavardages enflammés.

Pop et rock

Lorsque l'on parle de pop aux Pays-Bas, difficile de ne pas aborder le cas de la « nederpop ». Pur produit local – contraction de Nederland (Pays-Bas) et « pop » – ce mouvement des années 1960 et 1970 a poussé sur le devant de la scène internationale des groupes comme Golden Earring, Shocking Blue ou Herman Brood. Côté rock, comme toute l'Europe du Nord, les Pays-Bas proposent une scène très fournie en groupes de metal. Sans surprise, la jeune création néerlandaise est en ébullition et de nombreux artistes de la scène contemporaine brille à l'internationale. L'exemple le plus criant est Altin Gün, groupe de « pop anatolienne » basé à Amsterdam. Issus de la diaspora turque, ses membres reprennent les grands standards de la pop et rock psychédélique qu'écoutaient leurs parents ou grands-parents pour en donner une lecture moderne. Mais ils sont loin d'être les seuls : Rimon, la Jorja Smith néerlandaise, ou encore De Ambassade, du post-punk dans la droite lignée des cultissimes The Ex ne sont que quelques exemples de l'hyperactivité de la scène locale. Les amateurs trouveront toujours un concert du genre durant leur séjour. En bonne capitale, Amsterdam est un centre névralgique de la musique *live*. Bien que la ville abrite son lot d'institutions, deux se détachent nettement : le **Paradiso** (p.222) ou le **Melkweg** (p.220). Le premier est considéré comme un temple de la pop. Lieu historique de la contre-culture locale des années 1970, le Paradiso est toujours un passage obligé. Ancienne église dont la décoration raconte joliment son passé (superbe vitrail, voûtes, etc.), cette salle de concert présente le meilleur de la musique actuelle. Les lecteurs du magazine *Pitchfork* y trouveront leur bonheur. À deux pas d'ici, en traversant Leidseplein, on gagne en un clin d'œil le **Melkweg** (p.220). Lieu pionnier de l'électronique (elle fut la première salle du pays à diffuser de la house), le Melkweg (« voie lactée » en français) convie aujourd'hui toute une constellation de genres – du jazz à la pop en passant par le rap ou le rock'n'roll – avec une seule constante : la qualité. Plus alternatif ? Amsterdam compte au moins autant de sentiers battus que de manières d'en sortir. Parmi son lot d'adresses surprenantes, une s'avère particulièrement piquante : Het HEM. Situé dans une ancienne usine de munitions de la banlieue nord-ouest, le lieu est aussi excentré qu'excentrique, il accueille le tranchant de la création contemporaine. Arts visuels, théâtre ou musique, quel que soit le domaine, on a la certitude d'assister à quelque chose d'étonnant et culotté.

Collectionneur ou amoureux du vinyle, n'oubliez pas d'aller chiner chez **Concerto** (p.209) ainsi que chez Rush Hour. Le premier est le meilleur disquaire de la ville. Dans ses quelque 1 000 m², l'endroit vend des perles de tous genres confondus et dispose aussi d'une partie café. Le second se situe non loin du quartier rouge et cumule les trésors house, funk ou soul.

La musique électronique

Au même titre que Berlin, Amsterdam est une capitale mondiale de la techno et autres musiques électroniques. La ville est le refuge d'innombrables artistes et labels et propose un réseau dense de bonnes adresses pour apprécier le genre dans son élément naturel : le club. L'endroit le plus étonnant pour écouter de la musique électronique à Amsterdam est De School. Cette ancienne école technique est LE nouveau temple de la musique électronique. Excentré à l'ouest de la capitale, ce bijou brutaliste vaut le détour pour le raffinement de sa programmation, son amour du design et son atmosphère crue et *arty* très berlinoise. Une expérience unique à vivre à n'importe quelle heure du jour ou de la nuit, puisque le lieu détient le permis 24h/24. Petits plus : on y trouve un jardin agréable et un restaurant étonnant. Envie d'aller plus loin encore ? Direction « Amsterdam Noord ». L'aventure commence dès que l'on embarque sur le ferry (15 minutes de trajet, départs depuis la gare centrale) direction NSDM, un ancien quartier naval reconverti en village underground et créatif. Dès le débarquement, on est accueilli par des grues, des graffs et une architecture restée intégralement industrielle. C'est austère, intimidant, c'est vrai. Mais c'est ici que l'on croise des incontournables comme **Pllek** (p.157), ex-hangar devenu bar (et club la nuit tombée), les pieds dans le sable, les yeux dans l'eau. Une autre planète. Un autre Amsterdam incarné aussi par le club « Garage noord ». Lui aussi situé sur la rive nord de l'IJ, cet espace petit, mais *arty* couve des fêtes de poche aussi intimistes qu'underground. À conseiller en sortant de chez « De Goudfazan », une des tables les plus en vue de la ville, à proximité. Un Amsterdam alternatif, on peut en trouver sans même quitter le centre. Direction le nord de Vondelpark où est nichée une petite pépite : OT301. Ancien squat devenu plateforme artistique, OT301 a conservé son esprit libertaire – une programmation d'avant-garde et des prix libres – tout en devenant un incontournable de la nuit amstellodamoise.

DÉCOUVRIR

© DUTCHMEN PHOTOGRAPHY - SHUTTERSTOCK.COM

Le Paradiso.

LITTÉRATURE

Réputé pour être l'un des pays les plus démocratiques au monde, les Pays-Bas affichent une ouverture et une tolérance qui se ressentent jusque dans la littérature. Longtemps sous l'influence des courants européens, il faudra attendre le XIXe siècle pour que les écrivains s'expriment pleinement dans leur individualité, manifestant clairement une vraie condamnation de la colonisation, extériorisant les sentiments les plus intimes ou affichant le réalisme le plus cru après les affres de la Seconde Guerre mondiale. Paradoxalement, ce qui symbolise le mieux la littérature néerlandaise tient en même temps dans une véritable envie de se réunir. Chambres de rhétorique, cercles, académies, troupes théâtrales, toutes les occasions sont bonnes pour échanger à plusieurs autour de l'écriture et de la lecture. Puis viendront les générations, qui aiment à se définir par décennies, et les nombreux manifestes auxquels les auteurs adhèrent publiquement. Très représentatifs de ce plaisir d'être ensemble et de laisser la parole libre à qui veut s'en emparer, les revues, périodiques et autres suppléments littéraires fleurissent depuis quasiment deux siècles. Ce moyen d'expression est encore actuellement très prisé par les écrivains, novices et confirmés.

Chambres de rhétorique et autres cercles

Si le petit village de pêcheurs est devenu lieu de pèlerinage puis ville d'importance par la grâce du miracle de 1345, c'est par la ferveur des Chambres de Rhétorique que la littérature néerlandaise dépassa le cadre de la tradition orale et des récits de chevalerie. Dans ces assemblées se jouaient des tableaux vivants, les troupes théâtrales s'affrontaient lors de concours, des chansons de Nouvel An étaient écrites. Mais c'est au travail réalisé sur la langue que revient tout le mérite de ces sociétés dont l'une des plus célèbres fut L'Églantier créée à Amsterdam à la toute fin du XVe siècle. Après un temps d'interdiction par le gouvernement espagnol, son prestige ne fit qu'augmenter suite à l'indépendance acquise en 1581. L'humaniste Hendrik Spiegel (1549-1612) la dirigea, il laisse à la postérité ses poèmes et des traités prônant l'embellissement du néerlandais, jusque-là parasité par de nombreux emprunts linguistiques. Son ami, Dirck Coornhert, majordome devenu notaire, théologien, graveur et homme politique, signa la préface de l'un de ces ouvrages et œuvra également à

« Les Rhétoriciens » par Jan Steen, 1655.

© WIKIMEDIA COMMONS

Les Tachtigers - Willem Witsen, Willem Kloos, Hein Boeken et Maurits van der Valk vers 1888 par Mesquita.

l'enrichissement culturel en donnant traduction de la Bible et de divers auteurs classiques, dont Homère, Sénèque ou Érasme.

Le dramaturge Samuel Coster, auteur de la pièce *Teeuwis de boer* (Teeuwis le paysan), fréquenta également assidûment l'Églantier, et lorsque quelques dissensions internes apparurent, il décida de créer la Première Académie néerlandaise le 1er août 1617. La farce était à l'honneur dans cette institution dont la devise était « zèle », mais un enseignement des sciences était aussi dispensé, ce qui ne plut pas du tout aux prédicateurs. Une école préparatoire fut quand même montée, elle est à l'origine de l'actuelle Université d'Amsterdam. Finalement, en 1635, l'Églantier et l'Académie fusionnèrent et le terrain qui accueillait cette dernière vit la construction du premier Théâtre de la ville. L'art dramatique connaissait son âge d'or et la nécessité d'un lieu permanent s'imposait à l'architecte Jacob Van Campen. Là aussi, les controverses religieuses réussirent à repousser l'inauguration, mais la pièce *Gijsbrecht van Aemstel* fut quand même jouée le 3 janvier 1638. Elle avait été commandée à Joost Van Den Vondel, poète né à Cologne en 1587, dont les tragédies sont restées ancrées dans les mémoires tout autant que son humour mordant ou sa conversion au catholicisme qui défraya la chronique. Sa dépouille repose à la Nieuwe Kerk d'Amsterdam, non loin de celle de son contemporain, Pieter Hooft (1581-1647). Amstellodamois de naissance, ce dernier voyagea en Italie et en France, puis devint haut fonctionnaire et s'établit au château de Muiderslot. C'est là qu'il avait l'habitude de réunir esprits éclairés, intellectuels et artistes, dans le mythique « cercle de Muiden ». Historien d'envergure, il s'adonna par ailleurs à la poésie, parfois érotique, et représente parfaitement la Renaissance aux Pays-Bas.

L'époque se nourrit des influences européennes, peut-être au détriment de la création d'œuvres originales, bien que ce XVIIe siècle fut marqué par la courte vie de Baruch Spinoza. Né à Amsterdam en 1632, ce fils de commerçant se destinait à devenir rabbin, mais reprit l'affaire de son père à la mort de celui-ci. Initié à la philosophie, particulièrement à celle de Descartes, il sera exclu de la communauté juive et décidera de quitter la ville. Fortement décrié au cours de sa courte existence, il écrivit notamment *L'Éthique* qui fait désormais partie de nos classiques et constitue une bonne approche de ses travaux.

En 1669, l'association Nil Volentibus Arduum se forme autour de la francophilie, puis ce sont les lettres anglaises qui inspirent au début du XVIIIe, avant que le romantisme allemand n'influence les auteurs de la fin du siècle. Ainsi, en 1783 est publié *Julia*, drame sentimental de Rhijinvis Feith dans lequel une jeune femme se refuse aux avances de son prétendant, craignant le péché des liens hors mariage. Quand celui-ci lui est enfin accordé par son père, la mort vient la faucher dans la fleur de l'âge. Le pays entre dans un certain chaos politique, les écrits se teintent de nationalisme, ce qui se ressent sous la plume de Jan Frederik Helmers ou sous celle de Hendrik Tollens. Le très prolixe poète Willem Bilderdijk donne à partir de 1817 un cours d'histoire néerlandaise et fait de Leyde le nouveau centre littéraire. Il aura pour élève Isaäc da Costa, né à Amsterdam en 1796, qui deviendra son digne successeur, tant dans le domaine des lettres, que dans celui de la religion.

Place à la réalité

Le réalisme côtoie le romantisme, c'est d'autant plus vrai avec l'autobiographie romancée que fait paraître Multatuli en 1860. De son vrai nom Eduard Douwes Dekker, l'homme a vu le jour à Amsterdam en 1820, mais c'est en Indonésie, alors colonie des Pays-Bas, qu'il mena sa carrière jusqu'à sa démission en 1856. Dans *Max Havelaar ou les ventes de café de la compagnie commerciale des Pays-Bas* (éditions Babel), l'auteur dénonce vigoureusement le traitement infligé aux Javanais et l'oppression financière qu'ils doivent supporter. Bien qu'il ait fini sa vie en Allemagne, la maison de Multatuli se visite toujours Korsjesportsteeg 20.

Le ton s'affirme aussi du côté de la poésie, les Tachtigers s'opposent aux écrivains révérends pour lesquels le message spirituel constituait l'objectif suprême. Si la Génération 1880 s'apparente au naturalisme, elle reste proche du romantisme dans son rapport à la nature et son intention de n'exprimer que les sentiments les plus intimes. Ce mouvement s'inspire largement du jeune Jacques Perk, décédé en 1881 alors qu'il n'avait que 22 ans, dont les amours malheureuses lui ont soufflé ses plus beaux vers. Ses œuvres furent publiées par Willem Kloos, chef de file du courant, qui cofonda également en 1885 la revue *De Nieuwe Gids* (Le Nouveau guide). Ce bimensuel se pensait comme manifeste où chacun exprimerait ses conceptions modernes d'une poésie pleinement sensitive. Ce fut le cas d'Herman Gorter (1864-1927) dont le poème *Mai* suscita de vives réactions. La transformation qu'était en train de vivre la littérature se résumait en une phrase de Kloos : « l'expression la plus individuelle de l'émotion la plus individuelle ». Des brouilles internes marquent le départ d'Albert Verwey qui se sépare de son mentor et poursuit sa propre voie en créant en 1905 *De Beweging* (Le Mouvement), revue dans laquelle écriront J.C. Bloem, Maurits Uyldert, mais aussi Adriaan Roland Holst, « le prince des poètes néerlandais », qui donna libre cours à son penchant pour le symbolisme.

Le changement de siècle voit l'émergence de plusieurs courants du côté de la prose. Arthur Van Schendel s'essaye au néo-romantisme dans ses premiers livres qu'il campe au Moyen Âge, Louis Couperus s'attelle aux romans historiques et au naturalisme bien que *La Force des ténèbres* (1900), nouvelle dénonciation de la colonisation à Java, se teinte d'irrationnel. Quant à Nescio (J.H.F. Grönloh), il initie le mouvement de la Nouvelle objectivité aux Pays-Bas. Ses petits contes se mâtinent d'un sentiment d'absurdité face aux questions existentielles, ils ont été pour certains traduits par Gallimard en 2005 sous le titre *Le Pique-assiette et autres récits*. En 1932, Simon Vestdijk prend une décision radicale : abandonner la médecine et se consacrer uniquement à l'écriture. Bien lui en prend puisqu'il devient rapidement un auteur reconnu dont la productivité lui donne la réputation d'écrire « plus vite que Dieu ne peut lire ». Couronné par de nombreux prix néerlandais, il n'a été que rarement publié en français, chez Gallimard et chez Phébus. À ses débuts, il avait par ailleurs collaboré à *Forum* – les périodiques occupant toujours une place importante dans la vie intellectuelle comme le confirme la pérennité de *De Vrije Blade* – revue fondée par ses amis Eddy du Perron, né à Jakarta en 1899, et Menno ter Braak, éminent critique littéraire. Aucun des deux ne survivra à la Seconde Guerre mondiale, le premier succombant lors de l'invasion par les troupes allemandes des Pays-Bas en 1940, le deuxième optant la même année pour le suicide. Si le pays avait réussi à rester neutre durant la Grande Guerre, ce nouveau conflit mondial ne devait pas l'épargner.

De cette sombre période d'occupation nous est parvenu le plus émouvant et le plus tragique des témoignages, *Le Journal d'Anne Frank*. De 1942 à 1944, la jeune fille de 13 ans trouva refuge dans une cache sommairement aménagée pour échapper aux rafles des nazis. Peut-être dénoncée, la famille fut déportée à Auschwitz-Birkeneau et Anne Frank périt du typhus à Bergen-Belsen quelques mois plus tard. Seul survivant, son père décida de publier ces écrits intimes. Un musée porte aujourd'hui le nom de l'adolescente et se visite dans les locaux où se trouvait *L'Annexe*.

La littérature contemporaine

Les écrivains rescapés n'ont pas de mots trop durs pour raconter ce qu'ils ont vécu, la littérature entre dans l'ère du réalisme choquant qui ne manque pas non plus d'égratigner la désillusion des années qui suivent. Gerard Reve (1923-2006) publie en 1947 *De Avonden, Les Soirs* (Gallimard). Dans ce pur roman existentialiste, le lecteur s'attache durant dix chapitres, et autant de jours, aux pas d'un parfait anti-héros, Fritz van Egters, qui semble n'avoir d'autres ambitions que de porter un regard acéré sur sa famille. Un livre qui joue de la provocation, à l'image de son auteur, qui aura profondément impacté le mouvement contestataire Provo des années 70. Cynisme aussi chez Willem Frederik Hermans, né à Amsterdam en 1921, dont *La Chambre noire de Damoclès* se déroule pendant le conflit mondial et se lit comme un thriller tant on se demande si le personnage principal, Henri Osewoudt, est coupable ou victime. Mais le romancier qui aura le plus été touché par les évènements est certainement Harry Mulisch (1927-2010) qui ira jusqu'à déclarer : « C'est moi la Seconde Guerre mondiale ». Né d'une mère juive et d'un père qui a collaboré, il écrira *L'Affaire 40/61* après avoir assisté au procès du nazi Eichmann, mais c'est surtout pour ses romans, notamment *La Découverte du ciel* qui raconte la rencontre improbable entre deux hommes que tout sépare, qu'Harry Mulisch a gagné sa réputation d'écrivain, certes parfois hermétique, mais toujours brillant.

La fin de siècle se montre généreuse, les revues et suppléments littéraires fleurissent, les auteurs signataires du Manifeste des années 70 prônent l'ouverture au grand public et les femmes s'émancipent. Le postmodernisme et l'ultra-réalisme favorisent l'émergence des voix individuelles, les frontières entre réalité et fiction deviennent poreuses, et la littérature s'ouvre au monde. Cees Nooteboom fait son entrée sur la scène internationale et ne la quittera plus. Éclectique, l'homme se réalise dans ses romans et nouvelles (*Le Matelot sans lèvres*, 1958 ; *Rituels*, 1980), mais ne dédaigne ni la poésie ni les essais inclassables (*533 Le livre des jours*, Actes Sud, 2019). Poétesse de talent, Anna Enquist, née en 1945, l'est également, mais c'est la traduction de son premier roman, *Le Chef-d'œuvre*, qui la fait connaître en France. La musique et la perte d'un enfant, drame qu'elle a elle-même vécu, sont les thèmes récurrents de ses livres dont le succès ne se dément pas. Un autre nom nous est devenu familier, celui d'Arnon Grunberg dont les *Lundis bleus* ont émaillé la fin du millénaire. Bien que vivant désormais à New York, il est régulièrement couronné par des prix élogieux dans son pays natal.

En matière de bandes dessinées, les Pays-Bas n'ont peut-être pas la renommée de leur cousin belge, mais ils peuvent se targuer que Gustave Verbeck (1867-1937), l'un des pères du neuvième art, ait été de nationalité néerlandaise, bien qu'il soit né à Nagasaki et mort à New York. Considéré comme le premier auteur de bande dessinée du pays, Henk Backer aura acquis sa popularité dans la presse, notamment grâce à sa série mettant en scène deux enfants, *Tripje en Liezeberth*. Son contemporain, Harmsen van der Beek (1897-1853) a quant à lui illustré les aventures du personnage *Oui-Oui* inventé par Enid Blyton. Mais le plus célèbre des bédéistes néerlandais est Marten Toonder, le « Walt Disney hollandais ». Fils d'un capitaine au long cours, il découvre la BD dans les illustrés américains que lui ramène son père. Né en 1912, il travaille dès 1933 pour les journaux et se fera connaître avec son *Tom Poes* (Tom Pouce), avant de fonder son propre studio. Un Prix avait été créé à son nom, mais n'a été décerné qu'à trois reprises, faute de moyens : en 2010 à Jan Kruis, en 2011 à Peter Pontiac et en 2012 à Joost Swarte.

TOP 10

LECTURE

L'ambiance si particulière d'Amsterdam, ville d'eau et de canaux, constitue la parfaite toile de fond pour des romans introspectifs. Les écrivains aiment tout particulièrement à mêler fiction et personnages historiques dans des récits dont le lecteur ne ressort jamais indemne et dans lesquels il apprend toujours quelque chose.

DESTIN D'UNE FEMME

© EDITIONS FOLIO

Miniaturiste. La jeune Nella Oortman rejoint son mari plus âgé à Amsterdam. L'accueil de sa nouvelle famille n'est pas très chaleureux…
Jessie Burton, *éditions Folio 1686.*

VISITE INTIME

© HIKARI ÉDITIONS

Portraits d'Amsterdam. Amsterdam vue par les yeux de onze de ses habitants, personnalités ou inconnus. Une vraie plongée immersive dans la ville.
Céline L'Hostis, *éditions Hikari.*

ROMAN GRAPHIQUE

Le Journal d'Anne Frank, roman graphique. Une approche dessinée d'un témoignage essentiel qui reste aujourd'hui l'un des livres les plus lus dans le monde.
Ari Folman et David Polonsky, *éditions Calman-Lévy.*

UNE ANTHOLOGIE

Le Goût d'Amsterdam. La Venise du Nord par les yeux des écrivains qui l'ont visitée. De Montesquieu à Joseph Conrad, de Marcel Proust à John Irving, une lecture qui donne envie d'en faire d'autres.
collectif, *éditions Mercure de France.*

UN ROMAN HISTORIQUE

© LE LIVRE DE POCHE

Le problème Spinoza. Quel rapport entre le célèbre philosophe et le nazi Rosenberg ? Yalom pratique l'art de la biographie romancée avec talent.
Irvin Yalom, *éditions Le Livre de poche.*

AUTOUR DE REMBRANDT

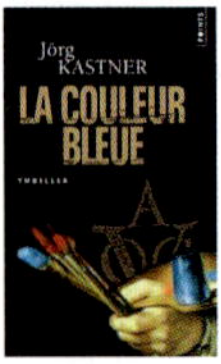

© EDITIONS POINTS

La Couleur bleue. Les Pays-Bas sont aussi le pays des peintres. Série de meurtres inexplicables au XVIIe, la peinture pourrait-elle rendre fou ?
Jörg Kastner, *éditions Points.*

RÉCIT INITIATIQUE

Lundis bleus. *Lundis bleus* d'Arnon Grunberg est aux Pays-Bas ce que *L'Attrape-cœurs* de Salinger est aux Etats-Unis, un incontournable.
Arnon Grunberg, *éditions 10-18.*

ARCHITECTURE ET URBANISME

© ÉDITIONS ACTES SUD

Amsterdam, une autre façon de voir la ville à travers son urbanisme. Un ouvrage richement illustré de photos, dessins et autres croquis dans lequel l'auteur met en avant toute l'originalité de la ville.
Marcel Bajard, *éditions Actes Sud.*

DRÔLE DE VOISINAGE

© EDITIONS FOLIO

Petits meurtres entre voisins. La reine du roman noir hollandais livre un huis-clos angoissant dans une chic banlieue amstellodamoise où s'enchainent les meurtres.
Saskia Noort, *éditions Folio.*

UN CLASSIQUE

© EDITIONS FOLIO

La Chute. Le Prix Nobel de littérature 1957 choisit Amsterdam comme décor de la confession d'un homme qui a laissé une femme se noyer.
Albert Camus, *éditions Folio.*

A L'ÉCRAN

Ville indéniablement charmante et pittoresque, Amsterdam n'a pas tout à fait connu la fortune au cinéma qu'elle méritait. En cause, son faible bassin de distribution, qui fait que le développement de l'industrie cinématographique n'a jamais été une priorité. L'un des premiers films hollandais Pluie de Joris Ivens (1929), qui offre un court portrait d'Amsterdam sous la... pluie, est considéré comme l'un des jalons du cinéma documentaire d'avant-garde. Le réalisateur inaugure alors une riche tradition du film documentaire aux Pays-Bas qui se perpétue jusqu'à aujourd'hui. Les longs-métrages de fiction, quant à eux, connaissent un bref boom dans les années 1930 avant que la guerre ne vienne y mettre un terme pour longtemps, laissant l'industrie comme au purgatoire jusqu'au début des années 1950. Au cinéma, la ville présente deux aspects, entre les films tournés par les réalisateurs étrangers, de passage, venus y chercher un décor de carte postale ou un parfum de vieille Europe, et ceux, encore clairsemés, qu'on doit aux réalisateurs locaux.

Amsterdam, loin des feux de la rampe

Adapté d'un classique de la littérature populaire, *Ciske de Rat* (Guido Pieters, 1955) est l'un des premiers grands succès du cinéma néerlandais d'après-guerre, qui n'a plus guère aujourd'hui qu'une valeur documentaire à travers les brefs aperçus qu'il présente d'un Amsterdam industriel. Il fera l'objet d'un remake en couleurs en 1984, qui connut lui aussi un franc succès. Un portrait d'enfant, intimement et tragiquement lié à l'histoire de la ville, constitue un repère important : une adaptation hollywoodienne du *Journal d'Anne Frank*, signée George Stevens, sort en 1959 dans laquelle Amsterdam, par la force des choses, ne figure qu'en arrière-fond. Délaissée par les réalisateurs néerlandais, Amsterdam fait surtout des apparitions dans des films étrangers. *La Fille dans la vitrine* (Luciano Emmer, 1961) avec Lino Ventura dresse un parallèle entre la condition de mineurs italiens immigrés, en quête de plaisir le temps d'un week-end, et celle des prostituées du célèbre quartier rouge d'Amsterdam. La série James Bond y fait escale dans *Les Diamants sont éternels* (Guy Hamilton, 1971), le temps de quelques vues de la ville, de ses canaux et du célèbre Magere Brug. On fera donc mieux de donner sa chance à la grisante comédie d'espionnage de Joseph Losey *Modesty Blaise* (1966) qui s'ouvre sur une vue d'Amsterdam du sommet des Havengebouw, les bureaux du port et nous promène à travers la ville sur les pas de Monica Vitti. La série B *Puppet from a chain* (1971) vaut essentiellement pour une spectaculaire course-poursuite en bateau.

Paul Verhoeven, l'incarnation d'un cinéma subversif et transgressif

Un cinéaste néerlandais, Verhoeven, fait une apparition fracassante sur la scène nationale à l'orée des années 70. Provocateur invétéré, il dynamite en quelques films les codes du cinéma traditionnel, avant de prendre la direction d'Hollywood. *Turkish Délices* (1971), sorte de manifeste antibourgeois et joyeusement obscène finissant en mélodrame d'une douceur surprenante parmi la verdure du Vondelpark, reste à ce jour le plus gros succès d'un film hollandais au box-office. Il révèle également Rutger Hauer dans le rôle principal, lequel sera appelé à devenir une star internationale. Verhoeven se penche ensuite sur les tribulations d'une jeune femme condamnée à se prostituer (*Katie Tippel*, 1975), les coulisses de la Seconde Guerre mondiale et de la résistance hollandaise avec le même goût pour la provocation (*Soldier of Orange*, 1977), sujet qu'il abordera de nouveau pour son retour au pays en 2006 avec *Black Book*.

© TANIAVOLOBUEVA - SHUTTERSTOCK.COM

Paul Verhoeven.

© ANIBAL TREJO - SHUTTERSTOCK.COM

On peut entrevoir le Paleis Op de Dam dans le film « La jeune fille à la perle » de Petre Webber.

Symptomatique d'une époque marquée par la révolution sexuelle, le cinéma néerlandais se distingue alors par son caractère licencieux et une grande liberté de ton qui font sauter les tabous de manière décomplexée, sans toutefois donner des films vraiment mémorables – à l'exception de ceux de Verhoeven. Dans la même décennie, mentionnons à titre de curiosité un film français, *Barocco* (1976) d'André Téchiné avec Gérard Depardieu et Isabelle Adjani, où Amsterdam joue le rôle d'une ville imaginaire du nord de l'Europe, et en offre un visage singulier et quasi fantastique. Moins intéressant d'un point de vue cinématographique, le film *Amsterdamned* (Dick Maas, 1986) est un thriller grand-guignolesque qui nous embarque sur les traces d'un tueur en série à travers les canaux d'un Amsterdam… partiellement reconstitué à Utrecht ou Leiden. *The Baby of Mâcon*, de Peter Greenaway (1994), qui a plus tard élu domicile dans la ville, est filmé en partie dans l'Oude Kerke (vieille église d'Amsterdam), et intéressera les amateurs du formalisme fastueux, parfois jusqu'à l'excès, typique du cinéaste. Entretemps, Johan Van der Keuken est devenu le principal représentant de l'école documentaire néerlandais, notamment à travers *Amsterdam Global Village* (1996), documentaire-fleuve et expérimental sur une Amsterdam cosmopolite et bigarrée.

Essor du cinéma néerlandais

Ces dernières années n'ont pas apporté de changement notable autre qu'un léger renouveau du cinéma hollandais dont témoigne par exemple *De Heineken ontvoering* (Maarten Treurniet, 2011), inspiré d'un fait divers qui passionna la Hollande, l'enlèvement d'un des membres de la famille Heineken. *Riphagen* (2016), portrait d'un célèbre gangster néerlandais et collaborateur nazi, confirme un certain savoir-faire chez Pieter Kuijpers, qui s'était distingué auparavant avec un thriller nerveux *TBS* (2008). Les productions internationales continuent de venir chercher à Amsterdam un décor pittoresque ou égrillard : les comédies sur de jeunes étrangers en goguette ou les films sur le trafic du genre constituent presque des sous-genres propres à la ville. *Ocean's Twelve* (Steven Soderbergh, 2004), *Layer Cake* (Matthew Vaughn, 2005) y font successivement un saut. *La Jeune Fille à la perle* (Peter Webber, 2003), qui se passe surtout à Delft, mais où l'on peut entrevoir le Paleis op de Dam et autres coins illustres, atteste d'un regain d'intérêt du cinéma pour les riches heures de la peinture flamande. Charles Matton est notamment l'auteur d'un biopic sur Rembrandt en 1999 et Greenaway consacre en 2007 à la célèbre « Ronde de nuit » une fiction du même titre. Le Rijksmuseum, qui abrite le tableau, apparaît dans l'adaptation du best-seller pour adolescents *Nos étoiles contraires* (Josh Boone, 2014), ainsi que la maison d'Anne Frank, ou un banc du Leidsegracht, qui depuis fait office de lieu de pèlerinage pour les amoureux. On assiste ainsi à une redécouverte progressive de la capitale batave et, signe de cette vitalité retrouvée, qui va de pair avec son caractère international, des séries venues du monde entier la choisissent comme décor, comme la deuxième saison de *Sense 8* ou *Baptiste* avec Tchéky Karyo, dérivée de la série anglaise *The Missing*. Les amateurs de Bollywood voudront jeter un œil sur *Queen* (Vikas Bahl, 2013), où le voyage initiatique d'une jeune Indienne issue d'une famille traditionnelle se termine à Amsterdam. Alex Van Warmerdam, l'un des cinéastes néerlandais les plus représentés à l'international sur le circuit des festivals, adepte d'absurde et de cruauté, s'est jusqu'à présent tenu à l'écart de la capitale hollandaise, qui semble encore riche de découvertes futures.

GASTRONOMIE

Situé au cœur des Pays-Bas, Amsterdam rassemble les essentiels de la cuisine néerlandaise. Une gastronomie simple mais nourrissante, typique du Nord-Ouest de l'Europe. Le chou et les pommes de terre mijotent longuement avec des viandes. L'assaisonnement reste léger et les graines de genièvre, de carvi ou de cumin parfument souvent les plats, ainsi que les fromages. En effet, si la France peut se targuer d'une production d'excellence, les Pays-Bas ne sont pas en reste avec de nombreux fromages de qualité. Enfin les desserts se composent souvent des tartes, des entremets et autres beignets consommés avec beaucoup de café, les Néerlandais étant les cinquièmes plus gros consommateurs au monde par habitant. Au-delà de son terroir propre, les Pays-Bas ont un visage cosmopolite grâce à plusieurs siècles d'échanges, notamment avec l'Indonésie qui ont permis de mêler cuisine traditionnelle et influences plus exotiques.

Que manger à Amsterdam?

On retrouve aux Pays-Bas une grande variété de charcuterie et fromages servis en guise d'apéritif avec de la bière le plus souvent. Parmi les spécialités les plus appréciées, on peut citer le metworst, un saucisson sec originaire du nord du pays ou le ossenworst, une saucisse de bœuf épicée et fumée. Ces en-cas sont souvent accompagnés d'un pain de seigle dense et sombre appelé roggebrood. Les bitterballen sont de petites boulettes frites à base de bœuf ou de veau, servies avec de la moutarde. Dans le même genre les kroketten, des croquettes panées se présentent sous la forme de saucisses garnies de bœuf, de poisson ou de crevettes et liées avec une sauce béchamel. Le kibbeling est fait de cubes de poisson frit façon *fish & chips* et servis avec de la sauce tartare. C'est l'une des street foods les plus communes aux Pays-Bas. En effet les Néerlandais raffolent des fruits de mer et du poisson, ce qui est peu étonnant avec un territoire majoritairement entouré par la mer et les estuaires. Huîtres de Zélande, anguilles fumées, crevettes grises, moules, poissons en tout genre et surtout la friandise pour laquelle tout Néerlandais se damnerait, le fameux hareng en saumure appelé maatje ou Hollandse nieuwe. Ils sont souvent servis avec des petits pains, un peu de cornichon et beaucoup d'oignons crus ciselés. Mais on peut encore le manger à la hollandaise en le prenant par la queue et en engloutissant d'un coup, la tête penchée en arrière.

Le stamppot est un plat traditionnel hollandais constitué de saucisses fumées servies avec un écrasé de pomme de terre, d'épinards et de choucroute. Un plat riche, parfait pour les froides journées d'hiver à Amsterdam. L'erwtensoep – ou *snert* – est la soupe nationale à base de pois cassés, presque aussi épaisse qu'une purée, souvent agrémentée de rondelles de saucisses. Si les Français et les Belges se disputent souvent la paternité des frites, les Pays-Bas ne semblent pas en reste. En effet on trouve des baraques à frites aux quatre coins d'Amsterdam. Souvent servies telles quelles, elles existent aussi sous une forme encore plus consistante : les patatjes oorlog. Ces « *Frites de guerre* » – littéralement traduit – sont noyées sous la mayonnaise et la sauce satay, puis généreusement garnies d'oignon ciselé.

Autre recette nourrissante, les slavink sont de savoureuses croquettes de porc et de bœuf hachés bardées de bacon.

Bitterballen.

DÉCOUVRIR

© JUSTHAVEALOOK - ISTOCKPHOTO.COM

Fromages hollandais.

Bières hollandaises et gourmandises

La plupart de ces plats sont accompagnés de bière. En effet, la réputation des bières hollandaises n'est plus à faire. Dans la plupart des cafés, les bières à la pression sont servies en pinte dite *een grote pils*. Pour une contenance moindre commandez *een pils* ou encore plus petit *een fluitje*. À Amsterdam, on peut visiter l'emblématique brasserie Heineken (Heineken Experience), mais les marques Grolsch et Amstel sont très appréciées des autochtones. La bière blanche se boit en été et est particulièrement rafraîchissante. Les bières brunes plus fortes sont plus communes dans le sud du pays, comme dans la province de Limbourg, entre la Belgique et l'Allemagne.

Côté sucré, Amsterdam offre une belle diversité de gâteaux, de viennoiseries, d'entremets et autres confiseries comme les réglisses salées appelées zoute drop. Le plus emblématique de tous est certainement la stroopwafel, constituée de deux gaufrettes croustillantes qui cachent un cœur de caramel au sucre roux parfumé à la cannelle. Même s'il est difficile de déguster cet en-cas sans se faire couler du caramel dessus, ces gaufrettes sont divines. Dans un autre style, les poffertjes sont de petits pancakes dodus saupoudrés de sucre glace et souvent accompagnés de fruits rouges ou de pâte à tartiner. Plus consistants, les oliebollen, qui pourraient se traduire par le très explicite « *boule d'huile* », sont des petits beignets aux raisins secs traditionnellement servis pour le Jour de l'An et plus largement en hiver. Ils seraient à l'origine des fameux donuts américains, importés par les Hollandais dans la région de New York au XVIIe siècle. Plus sophistiqué, le bossche bol est originaire de la ville de 's-Hertogenbosch, même si on le trouve dans toutes les pâtisseries d'Amsterdam. Cette grosse profiterole est remplie de crème fouettée avant d'être recouverte d'une couche de chocolat noir. Les Néerlandais utilisent peu d'épices en cuisine, toutefois certaines pâtisseries sont très généreusement parfumées de cannelle, de clou de girofle, de noix de muscade et autre poivre blanc. C'est notamment le cas des spéculoos, servis avec n'importe quelle boisson chaude à Amsterdam. Si en soi la très appréciée appeltaart n'est qu'une tarte aux pommes, elle diffère beaucoup de ce qu'on retrouve en France. Plus épaisse, elle est richement garnie de raisins secs et d'épices. Dans un autre style la Limburgse vlaai est une tarte originaire du sud des Pays-Bas, bien que commune à Amsterdam. Elle est fourrée de cerises, de prunes ou d'abricots puis couverte de croisillons de pâte qui lui donnent tout son croustillant.

VOC, épices et rijsttafel

Si certaines recettes néerlandaises empruntent un savoir-faire et une multitude d'épices à un pays aussi lointain que l'Indonésie c'est à cause de leur histoire commune. Les Pays-Bas et notamment Amsterdam connurent un boom économique sans précédent au XVIIe siècle, connu sous le nom de Gouden Eeuw ou Âge d'or néerlandais. Grâce à une marine marchande efficace et moderne, les Pays-Bas sillonnent les mers et créent alors des comptoirs coloniaux à travers le monde et notamment en Asie grâce à l'inébranlable VOC ou Compagnie néerlandaise des Indes orientales. Cet essor économique se traduit par la mainmise des Pays-Bas sur le très lucratif commerce des épices qui se vendent alors à prix d'or en Europe. L'Indonésie restera sous le giron néerlandais jusqu'en 1949. Il est donc peu étonnant de voir à quel point la cuisine indonésienne a pu se mélanger avec des spécialités locales créant une cuisine fusion souvent étonnante.

Le nasibal en est le parfait exemple. Cette recette est constituée de riz cuit à la vapeur auquel on mélange du porc, des légumes, des épices, dont de la pâte de piment appelée sambal. Le tout est moulé sous forme de croquettes puis pané et frit. Il est si commun qu'on le retrouve à Amsterdam dans des distributeurs automatiques appelés *snackautomaten*. Le bamischijf est un snack similaire, mais préparé avec des nouilles. La plus emblématique de ces spécialités fusion est probablement le rijsttafel, que l'on peut traduire par *table de riz*. Plus qu'un plat il s'agit en fait d'un banquet pouvant contenir jusqu'à 50 plats différents. Si les recettes proposées sont indéniablement asiatiques, l'origine de ce genre de buffet est d'origine coloniale, créé par les riches propriétaires terriens hollandais en Indonésie pour faire montre de leur aisance financière. Enfin le spekkoek est un gâteau d'influence indonésienne à la cannelle, constitué d'une multitude de couches de pâte de différentes couleurs qui demande une préparation minutieuse.

D'autres plats bien que purement indonésiens sont extrêmement populaires à Amsterdam et sont devenus presque une forme de cuisine locale. On peut citer le *rendang*, un ragoût de bœuf très épicé au lait de coco, les *satays* de petites brochettes de poulet servis avec une sauce aux cacahuètes ou encore le *nasi goreng*, un riz sauté garni d'omelette et de légumes.

Les fromages du marché

Avec une production qui avoisine les 800 000 tonnes par an, les Pays-Bas sont l'un des plus gros producteurs et exportateurs de fromage au monde. Et également l'un des plus grands consommateurs avec en moyenne 22 kg de fromage consommés par an et par habitant. La réputation des fromages hollandais n'est donc plus à faire.

Si en France on pense souvent à la production fromagère néerlandaise comme légèrement ennuyeuse souvent à cause de produits sous vide peu goûteux que l'on retrouve au supermarché, c'est une grave méprise et beaucoup de fromages affinés ont un goût totalement différent de ce à quoi on est habitué. La plupart des fromages aux Pays-Bas sont à pâte dure et confectionnés à partir de lait de vache. Appelés *kaas* en néerlandais, les principales variétés de fromages comme le gouda ou l'édam sont les spécialités les plus connues, mais il en existe évidemment bien d'autres comme le beemster, proche du gouda ou le limburger, plus crémeux, qui est produit également en Allemagne et en Belgique. Son goût se rapproche de notre munster. Les Néerlandais raffolent également de fromages parfumés de cumin, de carvi, de graines de moutardes et d'autres épices. C'est le cas du leidse ou du kanterkaas, qui font partie du groupe de *komijnekaas* ou fromage au cumin. Le nagelkaas originaire de Frise, dans le nord du pays, est parfumé de clous de girofle. Quant au brandnetelkaas, il est garni d'orties qui lui donnent un goût piquant et presque aillé. Enfin le delfts blauw est l'un des rares fromages hollandais à pâte persillée. D'autres fromages comme le *maasdam* ou le *leerdammer*, malgré leurs noms en apparence authentiques, sont des productions industrielles.

Une meule de fromage pèse entre 10 kg et 25 kg, plus la taille de la meule est importante mieux le fromage vieillira. Le terme boerenkaas, qui peut se traduire par *fromage paysan*, englobe divers types de préparations qui par contre ont pour particularité commune d'être préparées avec du lait cru non pasteurisé. Pour les fins palais, il est recommandé de tester un *boeren gatenkaas* et un *overjarige boerenkaas*, des fromages vieux au goût puissant et plein de caractère.

La mimolette n'est pas hollandaise comme on le croit souvent, mais originaire de Lille bien qu'elle fût créée pour imiter l'édam hollandais, dont le commerce fut interdit au XVIIe siècle sous Colbert, pour favoriser les produits français. En effet, les fromages hollandais étaient déjà très appréciés en Europe notamment pour leur bonne conservation, ce qui s'explique par l'épaisse couche de cire qui les recouvre souvent et qui permet de les préserver plus longtemps. Mais les artisans fromagers des Pays-Bas n'ont pas attendu cette époque pour développer leur savoir-faire, déjà 200 av. J.-C. la confection du fromage était maîtrisée en Hollande comme en attestent des découvertes archéologiques. Au Moyen Âge, le fromage, dans sa fabrication et sa commercialisation, animait la vie quotidienne, les marchés aux fromages s'exposaient et certaines cités avaient le droit de pesée qui s'exerçait dans les maisons de pesage (*Waag* en néerlandais). Haarlem, dans les environs d'Amsterdam, fut la première ville à recevoir le droit de tenir un marché de fromages en 1266. Aujourd'hui, pour les amateurs de fromage qui découvrent Amsterdam une visite au **Albert Cuypmarkt** (p.203) s'impose. Ce marché situé dans le quartier de De Pijp, créé officiellement en 1906, offre une grande palette de spécialités néerlandaises en plus des fromages, que l'on retrouve sous toutes les formes et variétés imaginables dont certaines variations plus modernes, parfumées au basilic, au piment ou même à la spiruline. Et si cela ne suffit pas aux passionnés il existe également à Amsterdam, des tours guidés autour du fromage avec par exemple **Reypenaer** (p.112) ou **Old Amsterdam Cheese Store** (p.112) et de nombreux fromagers au rang desquels le célèbre De Kaaskamer où acheter les yeux fermés quelques savoureux produits locaux.

AGENDA

Les Pays-Bas en général et Amsterdam en particulier sont festifs et ont de nombreux événements folkloriques et typiques auxquels se sont ajoutés de nouveaux événements devenus souvent des classiques instantanés. Les deux plus importants événements sont sans conteste la fête du roi qu'il faut absolument vivre une fois dans sa vie. S'il est une fête nationale en osmose avec sa population, c'est bien celle-ci ! Il existe beaucoup d'événements gratuits et en extérieur dont toute la population profite (Tulpenfestival, Openmonumentendag, etc.) mais aussi d'autres plus exclusifs et pour lesquels il faut réserver des billets à l'avance (Museumnacht notamment et tous les grands concerts et expositions événements de type Holland Festival). Ainsi est faite la vie à Amsterdam, un équilibre entre popularité et exclusivité.

AMSTERDAM LIGHT FESTIVAL

https://amsterdamlightfestival.com

Chaque année à cheval sur décembre et janvier.

Depuis quelques années, ce festival de lumière éclaire la capitale batave au cœur de l'hiver. Le programme varié permet de découvrir la ville sous un jour nouveau et est vraiment impressionnant. Lors des précédentes éditions, le festival nous a fait découvrir les quartiers hors du centre. Fini le Herengracht finalement bien classique pour un itinéraire plus original. À noter les œuvres d'art sont illuminées chaque jour de 17h à 23h (le 31 décembre jusqu'à 20h).

CHINEES NIEUWJAAR – NOUVEL AN CHINOIS

Habituellement en février.

La nouvelle année chinoise est fêtée en grande pompe dans le quartier rouge, notamment où se situe le quartier chinois. Les festivités se déroulent autour de la place du Dam et autour du Nieuwmarkt et de Zeedijk. Il peut être judicieux de prendre un repas dans le quartier pour prolonger la fête. Habituellement, une parade est organisée dans le quartier et des événements spéciaux ont également lieu dans certains temples. Alors ne manquez pas cet événement ! *Gong Xi Fa Cai*, bonne année !

NATIONALE TULPENDAG – JOURNÉE NATIONALE DE LA TULIPE

Dam

21 janvier 2023.

Chaque année, au cœur de l'hiver, la place du Dam, écrin du palais royal, se transforme en jardin de tulipes incroyable de photogénie. Cette fête cocasse attire de nombreux touristes et locaux qui peuvent tout d'abord admirer le spectacle d'un pont inédit créé pour l'occasion ! À 13h, le jardin est officiellement inauguré par un invité prestigieux et ensuite le public peut y accéder et composer un bouquet d'une vingtaine de tulipes par personne.

FEBRUARISTAKING – COMMÉMORATION DE LA GRÈVE DES DOCKERS

Février.

Cette grève générale de deux jours fut organisée par le parti communiste néerlandais. Elle constitue une protestation de masse contre la ségrégation de la population juive et fut la plus grande manifestation contre l'occupation allemande. Elle eut lieu le 25 février 1941 et fut brisée dans la violence par les Allemands (9 morts et 24 blessés graves). La cérémonie se déroule autour de la statue du Docker, à côté de l'immanquable synagogue portugaise.

FESTIVAL DE LA TULIPE

De fin mars à mi-mai.

Chaque année, à la fin mars, la ville d'Amsterdam fête la plus emblématique des fleurs néerlandaises, celle qui a fait la réputation de la ville et du pays depuis de nombreux siècles. La devise du festival est « Une tulipe par habitant ». Eh oui ! Ce festival expose des tulipes dans absolument tous les quartiers de la ville, également dans les moins touristiques et photogéniques. Plus de 80 points d'expositions sont ainsi prévus à travers toute la ville constituant un itinéraire de choix pour locaux et touristes. À ne pas manquer !

WORLD PRESS PHOTO

www.worldpressphoto.org

Mi-avril. Le billet à 12,50 €.

Chaque année, Amsterdam accueille l'exposition de photo de journalisme World Press Photo. Les photographes de presse, les agences, les journaux et les magazines du monde entier sont invités les mois qui précèdent à soumettre leurs contributions de photos d'actualité. Les meilleurs clichés composent cette exposition-événement qui ne laissera personne indifférent. L'écrin fabuleux en est la Nieuwe Kerk sur la place du Dam. Cette exposition constitue un événement poignant qui met en exergue les grandes thématiques et les conflits mondiaux.

KEUKENHOF

Stationsweg 166-A

LISSE

www.keukenhof.nl

Du 23/03 au 14/05/2023 7j/7 8h-19h30. 18,50 € en ligne. 4-7 ans 9 €. Groupes + 20 pers. 17 €.

Le Keukenhof est un incroyable parc floral proche d'Amsterdam, entre Haarlem et Leyde, dans la région de la bulbiculture. Chaque année, des milliers de personnes s'y pressent (1,4 million en 2018). Sur 32 hectares, il s'agit du plus grand parc floral au monde. Le travail se fait en amont et les bulbes sont plantés entre octobre et décembre. Le parc est un réel plaisir pour les yeux et de nombreux détails sont à pour séduire les visiteurs du monde entier. Le Keukenhof est un musée à ciel ouvert du monde à Lisse. Une visite impérative au printemps.

BEVRIJDINGSDAG - JOUR DE LA LIBÉRATION

5 mai.

Le 5 mai est le jour de la commémoration de la fin de la Seconde Guerre mondiale. La veille, c'est la commémoration des morts avec une minute de silence total (les trains et trams s'arrêtent également) et la pose d'une gerbe par le roi sur le monument de la place du Dam. La cérémonie qui se déroule autour du Homomonument est également très poignante. Le 5 mai a lieu un énorme concert sur le Museumplein. A noter, le pays commémore en cette date tous les conflits, même les plus récents.

KONINGSDAG - JOURNÉE DU ROI

Le 27 avril.

Depuis 2013, le roi Willem-Alexander a succédé à sa mère Beatrix et la fête nationale a depuis lieu le 27 avril. Sur le principe, rien n'a changé : c'est une grande fête populaire, la plus prisée de toutes. Tout le pays se transforme en un gigantesque carnaval, avec concerts, bals populaires et, surtout, immenses marchés aux puces. L'ambiance, particulièrement joyeuse, se prête à tous les excès. Les festivités commencent la veille et se poursuivent pendant 24 heures. À ne pas manquer !

LONDON CALLING

www.londoncalling.nl

Mai.

2 fois par an, Amsterdam vibre aux sons du rock et de la pop qui vient de l'autre côté de la Manche. Ce festival (chaque année en mai et en octobre) est une véritable institution. Le Paradiso, la mythique salle historique, ancienne église qui accueille depuis longtemps ce festival, contribue à l'ambiance légendaire du festival. C'est ici qu'il faut venir pour croiser les grands noms de demain. Une valeur plus que sûre depuis 1992 ! La grande salle accueille 1 500 personnes, la petite 300. Un cadre intimiste donc pour un beau festival.

DAG VAN DE ARCHITECTUUR – JOURNÉE DE L'ARCHITECTURE

Mi-juin.

Si Amsterdam doit sa réputation actuelle à son architecture du Siècle d'or, elle compte également des créations d'architecture bien plus récente qui ancre la capitale dans la modernité. Lors de ces journées de l'architecture, vous entrez frontalement dans l'architecture actuelle de la ville par le biais d'Arcam, le centre d'architecture de la ville. Ces cabinets d'architectes ouvrent leurs portes, des itinéraires spéciaux sont proposés pour une découverte inédite de la ville.

JULIDANS

Leidseplein 26

www.julidans.com

Première moitié de juillet.

Il s'agit d'un réputé festival de danse contemporaine. Il accueille des compagnies venant du monde entier, avec une préférence pour la chorégraphie contemporaine. Le festival se joue dans divers lieux de spectacle, certains connus et plutôt grand public comme l'ITA ou le Melkweg, d'autres moins attendus comme le Stedelijk museum ou le Podium Mozaïek. Parfois des spectacles ont même lieu dans la rue. La programmation s'accompagne d'ateliers, de discussions et d'échanges avec les artistes. Un beau festival toujours synonyme de découvertes.

HOLLAND FESTIVAL

Piet Heinkade 5

✆ +31 20 523 77 87

www.hollandfestival.nl

Chaque année pendant le mois de juin.

Holland Festival est le plus ancien festival d'arts scéniques du pays. Ce festival propose une programmation de qualité supérieure avec concerts, pièces de théâtre, danse etc. Toute la ville vibre dans une ambiance survoltée et le festival prévoit également des spectacles gratuits, les parcs notamment. Holland Festival prend d'assaut les différentes salles de spectacle de la ville et en fait un événement total en symbiose avec la capitale. La programmation est annoncée dès mars, donc soyez prévoyant si vous voulez être certain d'avoir des billets.

GRACHTENFESTIVAL

Prinsengracht 583

www.grachtenfestival.nl

Mi-août.

Chaque année, vers la mi-août, la musique classique est à l'honneur dans tout le centre de la belle ville d'Amsterdam avec divers concerts et célébrations pour un prix dérisoire (parfois même pour rien et ce n'est pas courant). Ambiance agréable et très sereine, notamment le long des canaux (le samedi soir l'événement est le concert du Prinsengracht qui a lieu face à l'hôtel Pulitzer). Ce concert semble attiser les dieux du ciel, car il est ces dernières années synonyme de pluies diluviennes… On croise les doigts pour les prochaines éditions…

AMSTERDAM PRIDE

www.amsterdamgaypride.nl

Dernier week-end de juillet.

La Pride, autrefois appelé Gay Pride, est un ensemble de journées ouvertes à tous, trans ou queer. Durant ces quelques journées, ce sont plus de 170 fêtes et événements divers qui sont organisés dans la ville. Plusieurs communautés sont ciblées avec notamment une « senior pride » et une « youth pride ». Le point d'orgue de la pride et la Canal Parade, un magnifique défilé de bateaux sur le Prinsengracht où toute la communauté LGBTQ se réunit dans une célébration de tolérance et d'acceptation dans la couleur, la joie et la bonne humeur.

PARADE

www.deparade.nl

Début août, Amsterdam sinon avant à Eindhoven, La Haye et Utrecht.

Chaque année, vers le 15 du mois, le Martin Luther King Park, au sud de la ville, non loin de la Ferdinand Bolstraat et de la gare Amstel, est le théâtre d'une longue parade dans le style des vieux carnavals à l'européenne. Des spectacles se donnent ici et là, dans une ambiance électrique. L'entrée est libre jusqu'à 18h, après quoi il faut mettre la main à la poche. Un événement à ne pas manquer. L'ambiance y est internationale et foraine. Il fait bon y passer la soirée même si c'est aussi et avant tout pour passer une soirée entre amis.

UITMARKT

www.uitmarkt.nl

Dernier week-end d'août.

Le Uitmarkt : pour célébrer le commencement de la nouvelle saison culturelle, Amsterdam accueille, pendant le dernier week-end du mois d'août, une foule d'événements artistiques (concerts, représentations, ballets...), qui se déroulent le long des canaux et même, parfois, à la surface de l'eau. Ces événements permettent de découvrir l'essentiel de la saison culturelle à venir et d'acheter en avant-première des billets pour les spectacles à venir. Un événement à ne pas manquer sur le Museumplein et un véritable festin culturel.

AMSTERDAM DANCE EVENT

www.amsterdam-dance-event.nl

Octobre.

Durant quelques jours, Amsterdam devient la capitale mondiale de la musique électronique. Cet événement autrefois destiné uniquement aux professionnels de la musique électro est désormais la grand messe de la discipline et s'adresse à un public large : ateliers, concerts et divers événements sont ainsi organisés de main de maître au cœur d'Amsterdam. La programmation est très pointue et se répartit dans toute la ville. ADE est un événement de classe mondiale qui attire un public international. Veillez à réserver vos billets bien à l'avance.

JORDAAN FESTIVAL

www.jordaanfestival.nl

Fin septembre.

Le Jordaan, l'un des quartiers les plus populaires et les plus charmants de la capitale, est en septembre le cadre de deux festivals importants qui célèbrent le « levenslied », la chanson populaire et traditionnelle qui est née dans ce quartier. Le Elandsgrachtfestival (le festival du Café de Jordaan) et le Jordaanfestival sont des manifestations (très alcoolisées) à ne pas manquer pour les amateurs du genre. Les autres s'abstiendront ou regarderont cela avec une certaine distance critique. Ces événements sont assez typiques toutefois.

TCS AMSTERDAM MARATHON

www.tcsamsterdammarathon.nl

15 octobre 2023. Se tient toujours le 3e dimanche d'octobre.

Depuis 1978 a lieu chaque année le marathon d'Amsterdam, reconnu comme l'un des meilleurs au monde et ayant obtenu le Gold Label en 2013, plaçant ce marathon aux côtés de ceux de New York, Paris, Londres, Boston et Berlin. Le parcours débute dans le mythique et historique stade olympique au sud de la ville et passe le long des plus belles attractions de la capitale. Pour les spectateurs, le métro est gratuit ce jour-là. Une belle course unique à suivre ou à faire. Pour les courageux : n'hésitez pas à vous inscrire en ligne bien en amont...

OPEN MONUMENTENDAG – JOURNÉES DU PATRIMOINE

www.openmonumentendag.nl

Septembre.

Cette manifestation a lieu dans tout le pays, souvent le second week-end de septembre. Le temps d'un week-end, tous les monuments historiques et nationaux du pays sont gratuits et ouverts au public. A Amsterdam, un programme thématique spécial est concocté et la liste des monuments accessibles au public varie chaque année. Aucun risque de lassitude donc ! A noter, il est conseillé de se procurer le programme sur le site à l'avance pour organiser au mieux sa visite. Débutez tôt !

IDFA – FESTIVAL INTERNATIONAL DU DOCUMENTAIRE

www.idfa.nl

Novembre.

Depuis plus de 30 ans, Amsterdam accueille ce réputé festival international du documentaire. C'est un énorme événement qui transforme quelques jours durant Amsterdam en capitale mondiale du documentaire. Le festival comprend plus de 300 films du monde entier, des présentations et des ateliers. Les documentaires sont de tous les genres et sont organisés dans plusieurs cinés de la ville. IDFA est un incontournable pour les cinéphiles et l'occasion de découvrir les cinémas de la ville.

Besoin
de nature ?
Par ici
la sortie !
petit futé.com
Avis et conseils
rédigés par des
auteurs du cru
depuis 45 ans
© PILAT666 - ISTOCKPHOTO.COM
SELJALANDSFOSS - ISLANDE

PASSEPORT

Étendu, pratique et rapide, le réseau de transports en commun est riche de ses 4 lignes de métro (mais le métro vous servira surtout si vous êtes garé en dehors de la ville), de 15 lignes de tramway et près de 30 bus qui circulent de 6h à minuit (il y a en outre 8 bus de nuit qui desservent le centre et la périphérie). Pour monter dans un tramway ou un bus, il faut appuyer sur le bouton *deur open*.

Les tramways, les bus et le métro circulent tous les jours de 6h à 0h30, les bus de nuit de 0h30 à 7h du matin. Le plan complet des réseaux de transport et des lignes est disponible au siège de la GVB juste en face de la gare, vous pouvez aussi télécharger l'app de GVB mais celle-ci n'est pas très conviviale. Le moyen de transport à privilégier reste bien évidemment le vélo ou alors la marche. Si vous êtes valide et vaillant, vous pourrez parfaitement découvrir la ville sans prendre le métro ni le tram.

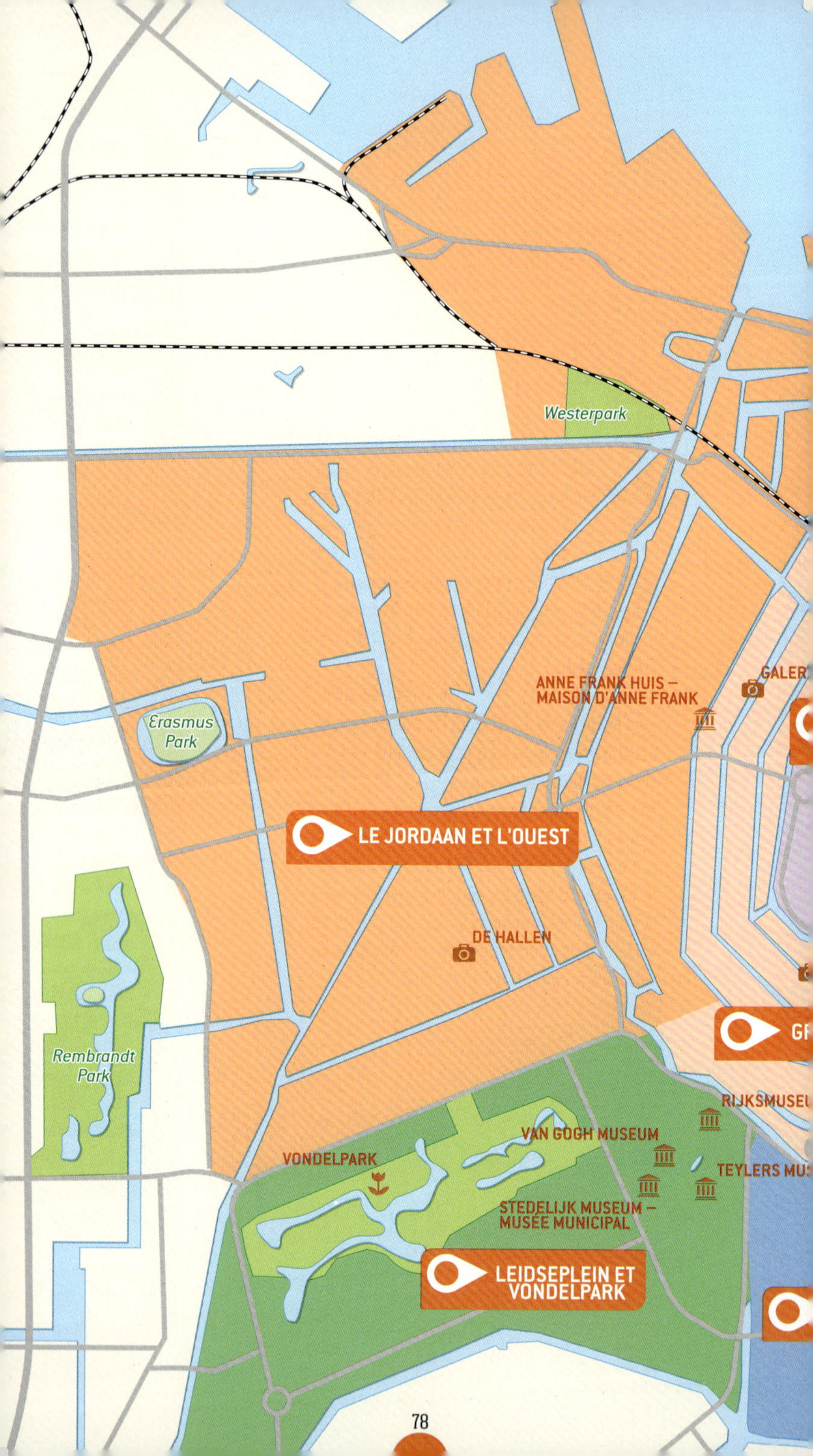
Westerpark
ANNE FRANK HUIS – MAISON D'ANNE FRANK
GALER
Erasmus Park
LE JORDAAN ET L'OUEST
DE HALLEN
GR
Rembrandt Park
RIJKSMUSEU
VAN GOGH MUSEUM
VONDELPARK
TEYLERS MU
STEDELIJK MUSEUM – MUSÉE MUNICIPAL
LEIDSEPLEIN ET VONDELPARK

QuartiersAmsterdam
Florapark
WH
Vliegenbos
– CINÉMATHÈQUE NÉERLANDAISE
CENTRAAL STATION –
GARE CENTRALE
ORD, CENTRE ET
UARTIER ROUGE
NIEUWMARKT ET
WATERLOOPLEIN
REMBRANDTHUIS – MAISON DE
REMBRANDT - AMSTERDAM
EN BOCHT -
LE D'OR
Artis
PLANTAGE, ARTIS ET L'EST
ANAUX
MAGERE BRUG
TROPENMUSEUM –
MUSÉE DES TROPIQUES
Oosterpark
JP ET RIVIERENBUURT
1 KM

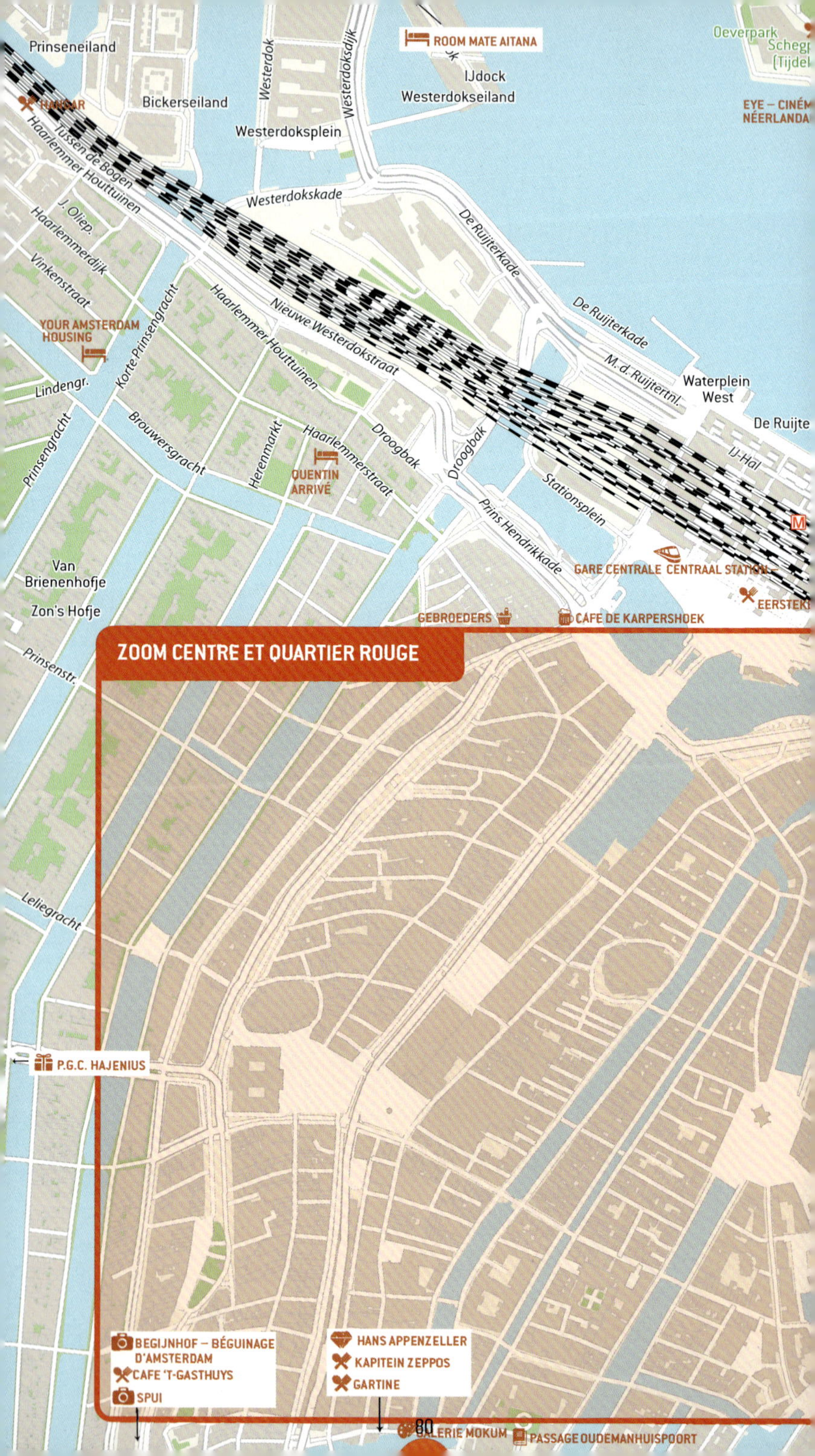

Prinseneiland
ROOM MATE AITANA
IJdock
Westerdokseiland
Oeverpark
HANGAR
Bickerseiland
Westerdok
Westerdoksdijk
EYE – CINÉM
NÉERLANDA
Westerdoksplein
Tussen de Bogen
Haarlemmer Houttuinen
Westerdokskade
De Ruijterkade
J. Oliep.
Haarlemmerdijk
Vinkenstraat
YOUR AMSTERDAM HOUSING
Korte Prinsengracht
Haarlemmer Houttuinen
Nieuwe Westerdokstraat
De Ruijterkade
M. d. Ruijtertnl.
Waterplein West
De Ruijte
Lindengr.
Brouwersgracht
Herenmarkt
Haarlemmerstraat
Droogbak
Droogbak
IJ-Hal
Prinsengracht
QUENTIN ARRIVÉ
Stationsplein
Prins Hendrikkade
Van Brienenhofje
GARE CENTRALE CENTRAAL STATION
Zon's Hofje
EERSTEK
GEBROEDERS
CAFE DE KARPERSHOEK
ZOOM CENTRE ET QUARTIER ROUGE
Prinsenstr.
Leliegracht
P.G.C. HAJENIUS
BEGIJNHOF – BÉGUINAGE D'AMSTERDAM
CAFE 'T-GASTHUYS
SPUI
HANS APPENZELLER
KAPITEIN ZEPPOS
GARTINE
GALERIE MOKUM
PASSAGE OUDEMANHUISPOORT

Nord, Centre et Quartier Rouge
CLINKNOORD
TOLHUISTUIN
THIS IS HOLLAND
PARALLEL CLUB
MADAM
A'DAM LOOKOUT
Tolhuistuin
Buiksloterweg
Sixhaven
MANDELAHUISJE
Pontplein
IJplein
IJ-Tunnel
Adelaarsweg
Nachtegaalstraat
Reigerweg
Spreeuwenpark
Spreeuwenpk.
Leeuwerikstr.
Meeuwenlaan
Gedempte Insteekhaven
Het Dok
Smederij
Koperslagerij
Gieterij
Noordwal
S116
S100
De Ruijterkade
HET BIMHUIS
AMSTERBIKE
Piet Heinkade
Oosterdoksstraat
Shaffy's Tuin
MEDIAMATIC ETEN
Dijksgracht
Hella Haasseplein
Oosterdokskade
Dijksgrachtkade
Oosterdok
Kade West
Kattenburg
Parkje 's Gravenhekje
Prins Hendrikkade
Peperstraat
Rapenburg
Foeliestr.
Nwe. Foeliestr.
Schippersgr.
Kadijksplein
Kattenburgerstr.
Kattenburgerplein
Rapenbg.
Anne Frankstr.
Nwe. Herengr.
ECOMAMA
200 M

Vue sur Amsterdam.

Grands Canaux
100 KM
Open Havenfront
HÔTEL SEBASTIAN'S
Lindenstraat
Boomstraat
Karthuizerhof
Westerstraat
Van Brienenhofje
Zon's Hofje
Anjeliersstraat
Claes Claesz Hofje
THE PANCAKE BAKERY
Tuinstraat
86 SOUS
Egelantiersstraat
Egelantiersgracht
Herenstr.
Langestraat
Koggestr.
'T-ARENDSNEST
EMBASSY OF THE FREE MIND
SAUNA DECO
Nieuwezijds Kolk
Nieuwendijk
Nwe. Leliestr.
THE TOREN
Nieuwezijds Voorburgwal
Spuistraat
LUNCH CAFE DIALOOG
CAFÉ BRANDON
ANNE FRANK HUIS – HOMOMONUMENT
MAISON D'ANNE FRANK
St. Nicolaasstr.
Beursplein
Damrak
Beursstr.
Warmoesstraat
Oudekerksplein
Westermarkt
REYPENAER
Gravenstraat
Rozengr.
HÔTEL CLEMENS
PRIVATE CANAL CRUISES
Dam
PULITZER AMSTERDAM
BLOEMENMARKT – MARCHÉ AUX FLEURS
REE7
HET PALEIS
HESTER VAN EEGHEN
Damstraat
Oudezijds Voorburgwal
Oudezijds Achterburgwal
Barndest.
Koestraat
POLABERRY
CECCONI'S
Rokin-Plein
Spuistr.
Zone des Canaux Concentriques à Amsterdam
Herengracht
Singel
Postzegelmarkt
Nesplein
Rokin
Nes
Walenpleintje
J.W. Siebbel
HAMPSHIRE INN - AMSTERDAM PRINSENGRACHT
Zuiderker
St. Luciënst.
STRUISVOGEL
LS LOVESTORIES
Berenstr.
LAURA DOLS
Rusland
Zandstr.
Kloveniersburgwal
FELIX MERITIS
Raamgracht
TOASTABLE
Runstr.
POMPADOUR
KAASKAMER VAN DYLAN AMSTERDAM
BRASSERIE AMBASSADE
DOFFER
MARIE-STELLA-MARIS
Turfmarkt
Groenburgwal
Verversstraat
Zwanenburgwal
Nwe. Doelenstr.
ÉGLISE DE KRIJTBERG
TORTURE MUSEUM
SUPPERCLUB
SAMPURNA
HET GRACHTENHUIS – MAISON DES CANAUX
FROZEN FOUNTAIN
MULLIGANS
HERENGRACHT
RESTAURANT JOHANNES
Molenpad
Leidsegracht
XTRACOLD ICE BA
ESCAPE
TUSCHINSKI
BAGELS&BEANS
SOHO HOUSE AMSTERDAM
GOUDEN BOCHT - LA BOUCLE D'OR
BAZEL
WILLET HOLTHUYSEN MUSEUM
CORA DELICATESSEN
IMPERIAL HOTEL
TEMPS RETROUVÉ
HÔTEL 717 (SEVEN ONE SEVEN)
STADSBOEKWINKEL
SPECTRUM
Lange Leidsedwarsstraat
Korte Leidsedwarsstr.
FOAM
SEVEN BRIDGES HOTEL
Leidseplein
HANS BRINKER HOSTEL
MUSEUM VAN LOON
CONCERTO
Deutzenhofje
Utrechtsestr.
MAISON DE L'ÉCHAPPÉE BELLE
MAGERE BRUG
Leidsebosje
Lijnbaansgracht
SPIEGELKWARTIER
GOODIES
JOHN DORY
Amstelveld
Max Euweplein
Zieseniskade
BUFFET VAN ODETTE
MEAT & GREEK
BRASSERIE NEL
PÂTISSERIE KUYT
Weteringschans
MAISON NI
Vondelpark
HOLTKAMP
Noorderstraat
Hobbemastr.
Stadhouderskade
REFLEX AMSTERDAM
EUPHEMIA HOTEL
J. Luijkenstr.
Eerste Weteringplantsoen
Vijzelgracht
GALERIE LUMEN TRAVO
Falckstraat
Frederik

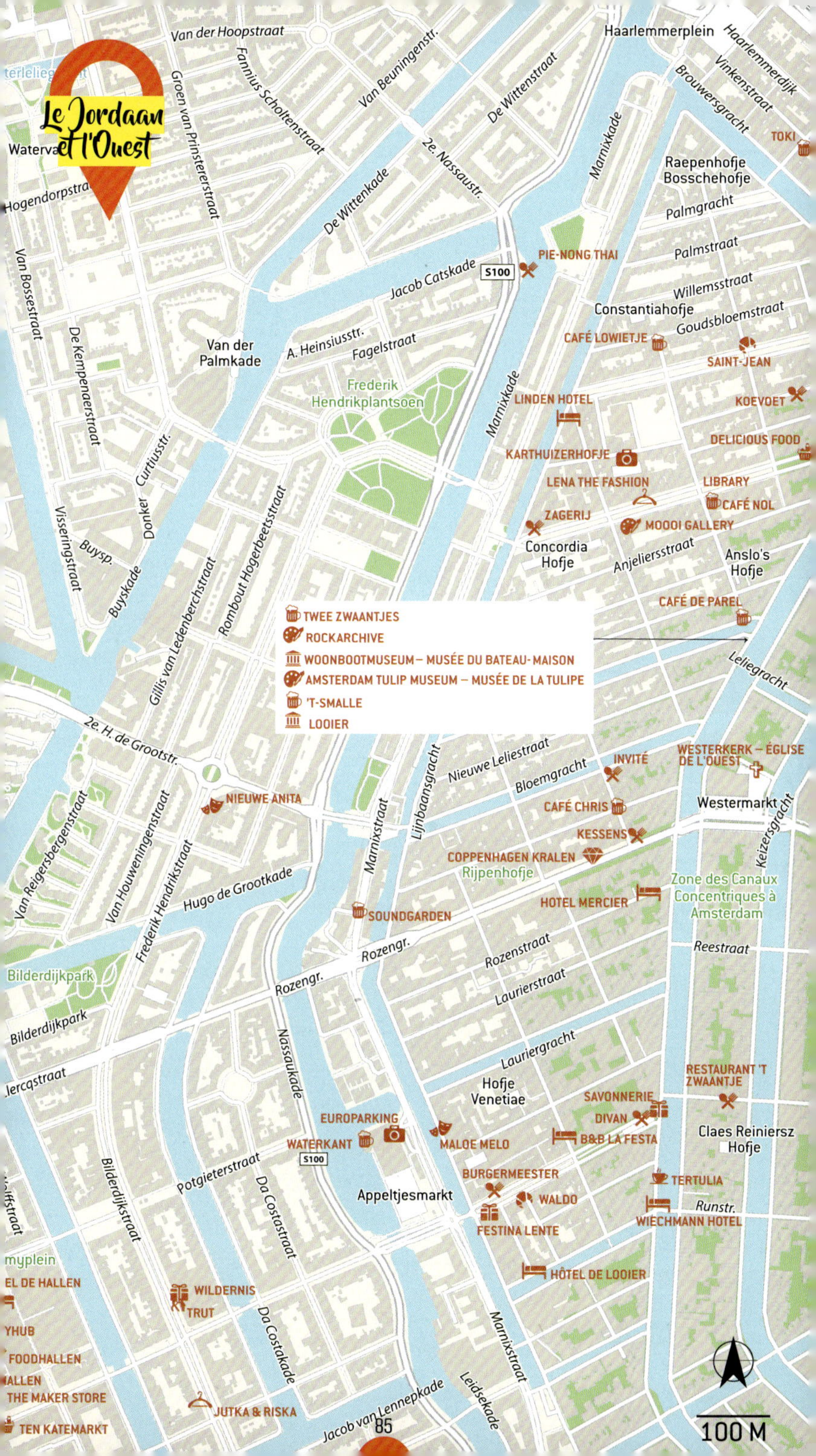

Le Jordaan et l'Ouest
TWEE ZWAANTJES
ROCKARCHIVE
WOONBOOTMUSEUM – MUSÉE DU BATEAU-MAISON
AMSTERDAM TULIP MUSEUM – MUSÉE DE LA TULIPE
'T-SMALLE
LOOIER
TOKI
PIE-NONG THAI
CAFÉ LOWIETJE
SAINT-JEAN
LINDEN HOTEL
KOEVOET
KARTHUIZERHOFJE
DELICIOUS FOOD
LENA THE FASHION
LIBRARY
CAFÉ NOL
ZAGERIJ
MOOOI GALLERY
CAFÉ DE PAREL
WESTERKERK – ÉGLISE DE L'OUEST
INVITÉ
CAFÉ CHRIS
KESSENS
COPPENHAGEN KRALEN
HOTEL MERCIER
NIEUWE ANITA
SOUNDGARDEN
RESTAURANT 'T ZWAANTJE
SAVONNERIE
DIVAN
B&B LA FESTA
EUROPARKING
WATERKANT
MALOE MELO
BURGERMEESTER
WALDO
TERTULIA
FESTINA LENTE
WIECHMANN HOTEL
HÔTEL DE LOOIER
WILDERNIS
TRUT
JUTKA & RISKA
EL DE HALLEN
YHUB
FOODHALLEN
ALLEN
THE MAKER STORE
TEN KATEMARKT
Zone des Canaux Concentriques à Amsterdam
Frederik Hendrikplantsoen
Bilderdijkpark
Haarlemmerplein
Raepenhofje
Bosschehofje
Constantiahofje
Concordia Hofje
Anslo's Hofje
Rijpenhofje
Hofje Venetiae
Claes Reiniersz Hofje
Westermarkt
Appeltjesmarkt
Van der Palmkade
S100
100 M

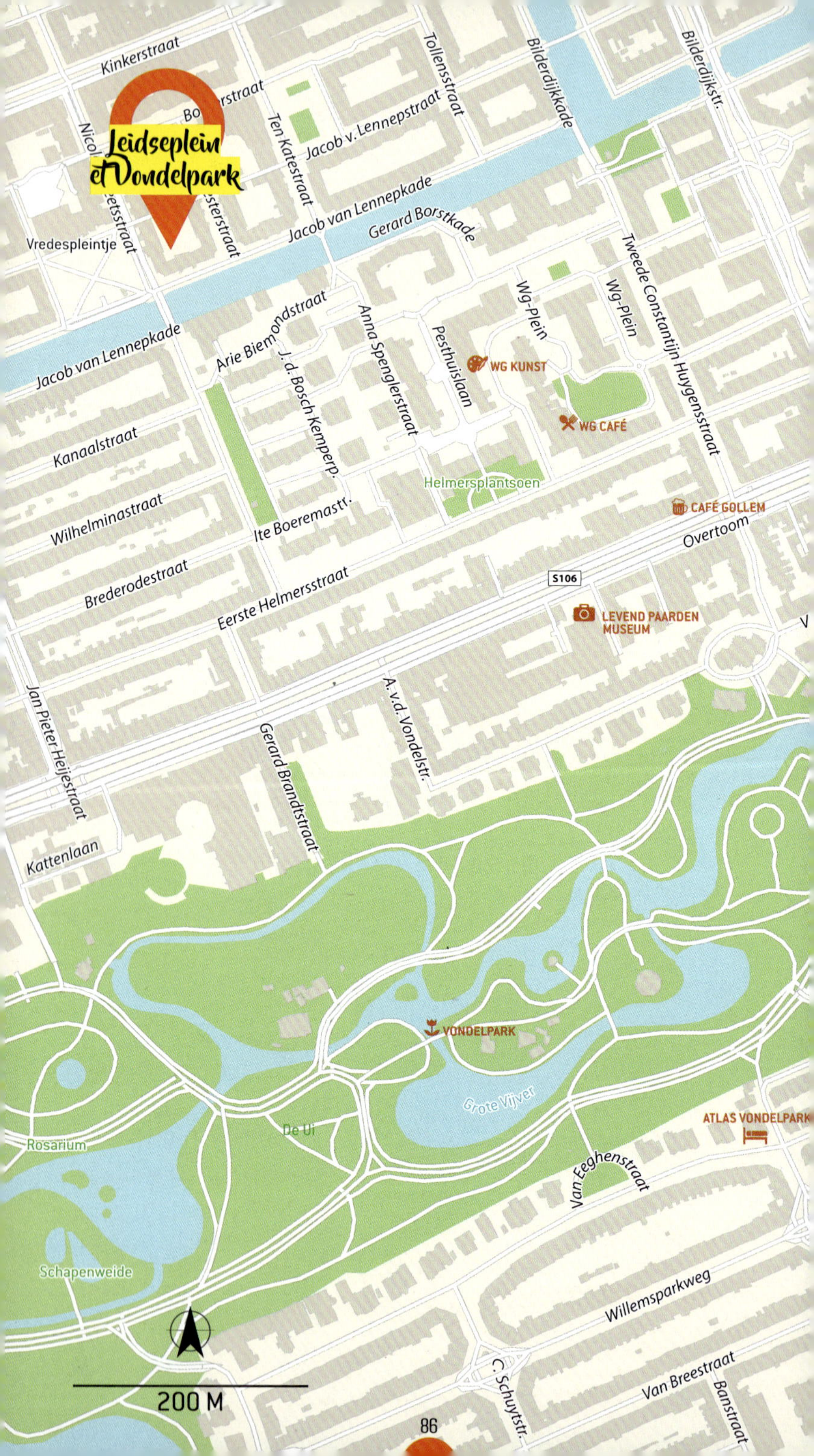
Leidseplein et Vondelpark
Kinkerstraat
Tollensstraat
Bilderdijkkade
Bilderdijkstr.
Jacob v. Lennepstraat
Ten Katestraat
Vredespleintje
Jacob van Lennepkade
Gerard Borstkade
Tweede Constantijn Huygensstraat
Wg-Plein
Wg-Plein
Arie Biemondstraat
Anna Spenglerstraat
Pesthuislaan
WG KUNST
WG CAFÉ
J. d. Bosch Kemperp.
Jacob van Lennepkade
Kanaalstraat
Helmersplantsoen
CAFÉ GOLLEM
Wilhelminastraat
Ite Boeremastr.
Overtoom
Brederodestraat
S106
Eerste Helmersstraat
LEVEND PAARDEN MUSEUM
A. v.d. Vondelstr.
Jan Pieter Heijestraat
Gerard Brandtstraat
Kattenlaan
VONDELPARK
Grote Vijver
ATLAS VONDELPARK
De Ui
Rosarium
Van Eeghenstraat
Schapenweide
Willemsparkweg
C. Schuytstr.
Van Breestraat
Banstraat
200 M

BLUE PEPPER
CAFÉ DE KOE
BACKSTAGE HOTEL
Leidsekade
Leidsegracht
Korte Leidsedwarsstr.
Zone des Canaux Concentriques à Amsterdam
De Genestetstraat
3e. Helmersstr.
Nassaukade
BAR WEBER
MELKWEG
BOMBAY INN
MARCEL'S CREATIVE EXCHANGE
Leidsestr.
Prinsengracht
EIJLDERS
JIMMY WOO
Tweede Helmersstraat
Thijmstraat
BOHÈME
Leidseplein
Leidse- plein
CAFÉ AMÉRICAIN
BOJO
THE PANTRY
JAZZ CAFÉ ALTO
Leidsebosje
Leidsepln.
Kl.-Gartmanplantsoen
Kleine-Gartmanplantsoen
BALIE
Lijnbaansgracht
COMMON
Max Euweplein
Max Euweplein
Zieseniskade
WAGAMAMA
PARADISO
REMBRANDTS AMSTERDAM EXPERIENCE
RECORD PALACE
Tesselschadestraat
Stadhouderskade
BLUE BOAT COMPANY
S100
MOMO
PARK CENTRAAL AMSTERDAM
Constantijn Huygensstraat
Roemer Visscherstraat
Zandpad
STAYOKAY HOSTEL AMSTERDAM VONDELPARK
Hobbemastraat
PARK 3
Vossiusstraat
Vondelpark
Schapenburgerpad
THE FLYING PIG UPTOWN
Jan Luijkenstraat
Honthorststraat
ROYAL COSTER DIAMONDS
RIJKSMUSEUMTUINEN RIJKSMUSEUM – JARDINS DU RIJKSMUSEUM
Van de Veldestraat
DIAMOND MUSEUM AMSTERDAM
Pieter Cornelisz. Hooftstraat
Scotusln.
HOUSE OF BOLS
COBRA CAFE
Paulus Potterstraat
Museumplein
Alexander Boersstr.
Van Baerlestraat
MOCO MUSEUM
CONSERVATORIUM HOTEL AMSTERDAM
VAN GOGH MUSEUM
STEDELIJK MUSEUM – MUSÉE MUNICIPAL
Honthorststr.
Museumplein
Museumplein
RIJKS
Wanningstraat
Van Miereveldstraat
Johannes Vermeerstraat
Teniersstr.
Jan Willem Brouwersstraat
Palestrinastraat
KIOSK REMBRANDT VAN GOGH
Gabriël Metsustraat
Van Baerlestraat
CONCERTGEBOUW
J. Verhulststr.
Nicolaas Maesstr.

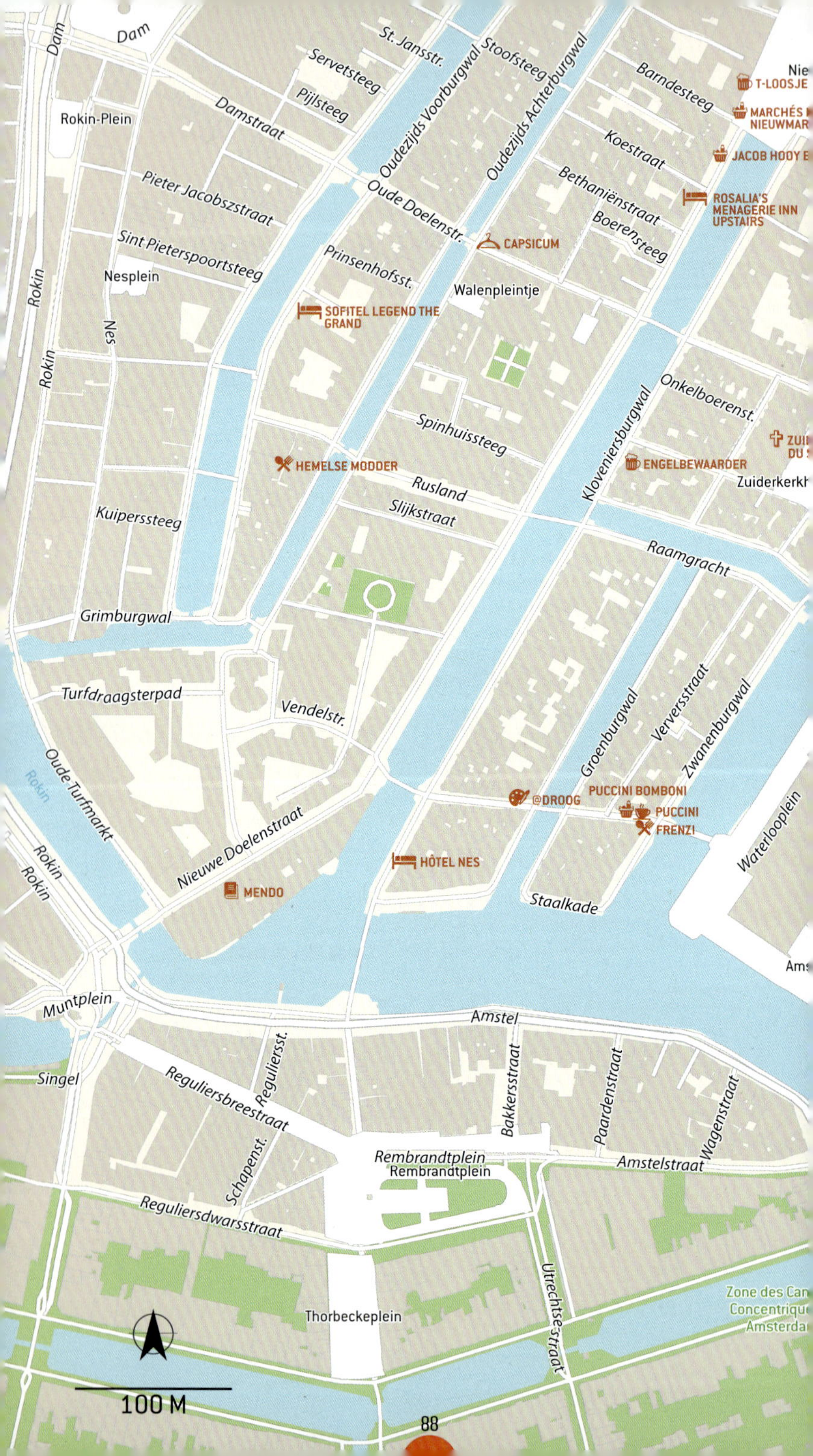
Dam
St. Jansstr.
Servetsteeg
Stoofsteeg
Pijlsteeg
Oudezijds Voorburgwal
Oudezijds Achterburgwal
Barndesteeg
T-LOOSJE
MARCHÉS
NIEUWMAR
Rokin-Plein
Damstraat
Koestraat
JACOB HOOY
Bethaniënstraat
Pieter Jacobszstraat
Oude Doelenstr.
ROSALIA'S MENAGERIE INN UPSTAIRS
Boerensteeg
CAPSICUM
Sint Pieterspoortsteeg
Prinsenhofsst.
Nesplein
Walenpleintje
Rokin
SOFITEL LEGEND THE GRAND
Nes
Rokin
Onkelboerenst.
Spinhuissteeg
Kloveniersburgwal
HEMELSE MODDER
ENGELBEWAARDER
Rusland
Zuiderkerk
Slijkstraat
Kuipersteeg
Raamgracht
Grimburgwal
Turfdraagsterpad
Vendelstr.
Groenburgwal
Verversstraat
Zwanenburgwal
Oude Turfmarkt
Rokin
Rokin
Rokin
Waterlooplein
@DROOG
PUCCINI BOMBONI
PUCCINI
FRENZI
Nieuwe Doelenstraat
HÔTEL NES
MENDO
Staalkade
Muntplein
Amstel
Singel
Reguliersst.
Bakkersstraat
Paardenstraat
Wagenstraat
Reguliersbreestraat
Rembrandtplein
Rembrandtplein
Amstelstraat
Schapenst.
Reguliersdwarsstraat
Utrechtsestraat
Thorbeckeplein
100 M

CAFÉ STEVENS
Koningsstraat
Zakslootje
Montelbaanstraat
Oude Waal
Binnenkant
Kalkmarkt
Oosterdok
VAN BEEREN
Keizersstraat
Dijkstraat
Kleersloot
Korte Koningsstraat
Parkje
's Gravenhekje
's-Gravenhekje
Peperstraat
Rapenburg
Oostersekade
Nieuwmarkt
J.W.
Siebbeleshof
Korte Keizersstr.
Oudeschans
Krom Boomssloot
Nieuwe Uilenburgerstraat
Nieuwmarkt et Waterlooplein
kjesst.
SE
Snoekjesgr.
Sint
Antoniesluis
SFRIS
GASSAN DIAMONDS
REMBRANDTHUIS – MAISON DE REMBRANDT
Uilenburgersteeg
Valkenburgerstraat
aterlooplein
MOAK PANCAKES
Valkenburgerstraat
Markenplein
Rapenburgerstraat
Meester
Visserplein
SYNAGOGUE PORTUGAISE
Waterlooplein
Mr. Visserpln.
Mr. Visserplein
Muiderstraat
Muiderstraat
Nieuwe Herengracht
Wertheimpark
THEATER -
ALE OPERA &
Waterlooplein
Turfsteeg
JOODS HISTORISCH MUSEUM – MUSÉE HISTORIQUE JUIF
QUARTIER CULTUREL JUIF
A.S. Onderwijzerhof
Jonas Daniël
Meijerplein
Snippendaaltuin
Halfrond
Hortus
Botanicus
Nieuwe Amstelstraat
Hortusvijver
brug
brug
Hortusplantsoen
J.W. van
Overloopplantsoen
Nieuwe Herengracht
Amstel
Hoftuin
Weesperstraat
Nieuwe Keizersgracht
Nieuwe Keizersgracht
HERMITAGE AMSTERDAM

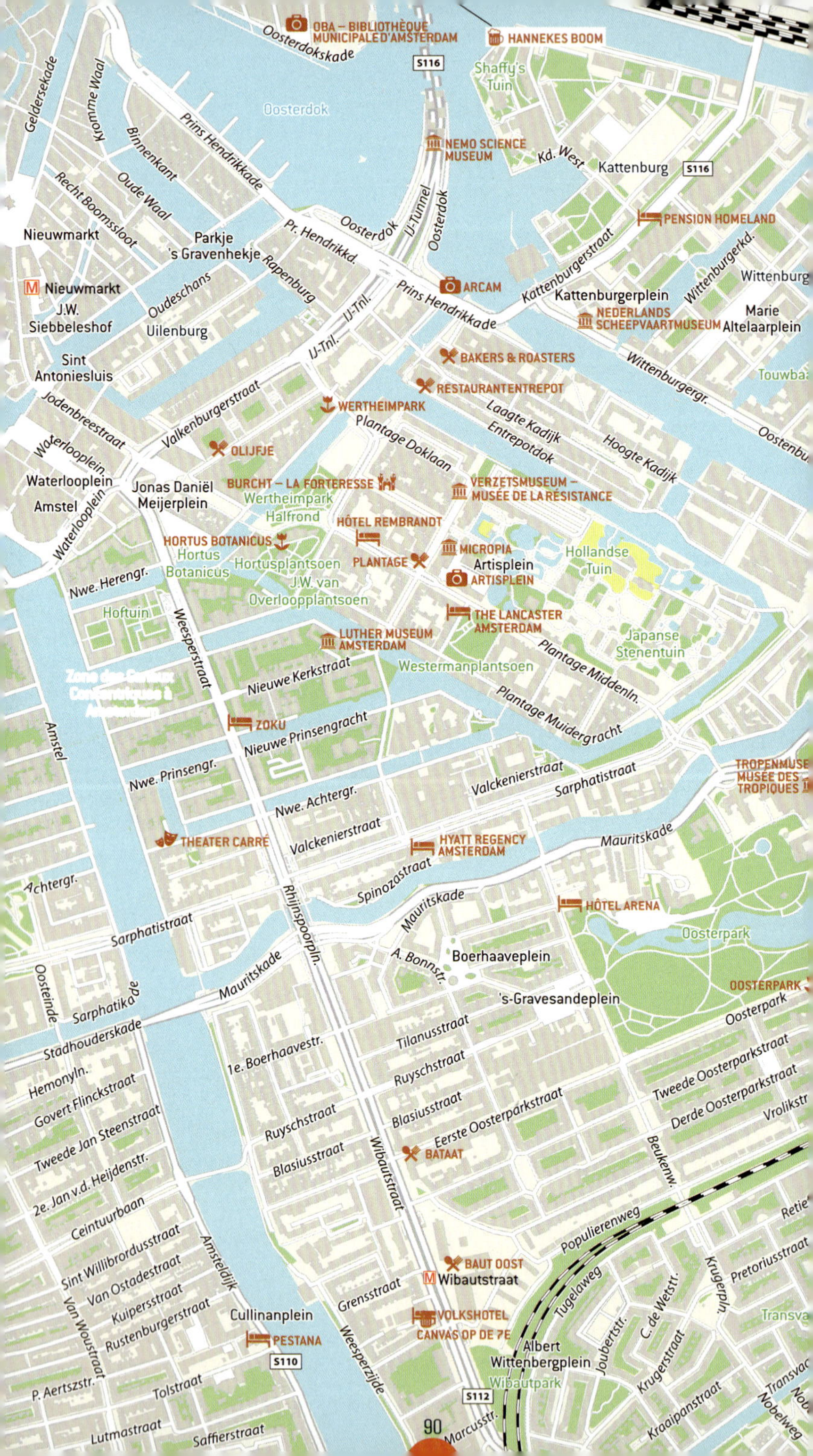

OBA – BIBLIOTHÈQUE MUNICIPALE D'AMSTERDAM
Oosterdokskade
HANNEKES BOOM
S116
Shaffy's Tuin
Oosterdok
NEMO SCIENCE MUSEUM
Kd. West
Kattenburg
S116
Geldersekade
Kromme Waal
Binnenkant
Prins Hendrikkade
Recht Boomssloot
Oude Waal
Oosterdok
IJ-Tunnel
Oosterdok
PENSION HOMELAND
Nieuwmarkt
Parkje 's Gravenhekje
Pr. Hendrikkd.
Rapenburg
Kattenburgerstraat
Wittenburgerkd.
Wittenburg
ARCAM
Nieuwmarkt
J.W. Siebbeleshof
Oudeschans
Uilenburg
IJ-Tnl.
Prins Hendrikkade
Kattenburgerplein
NEDERLANDS SCHEEPVAARTMUSEUM
Marie Altelaarplein
IJ-Tnl.
BAKERS & ROASTERS
Sint Antoniesluis
Wittenburgergr.
Touwbaa
RESTAURANTENTREPOT
Jodenbreestraat
Valkenburgerstraat
WERTHEIMPARK
Laagte Kadijk
Plantage Doklaan
Entrepotdok
Hoogte Kadijk
Oostenbu
Waterlooplein
OLIJFJE
Waterlooplein
Jonas Daniël Meijerplein
BURCHT – LA FORTERESSE
VERZETSMUSEUM – MUSÉE DE LA RÉSISTANCE
Wertheimpark
Amstel
Waterlooplein
Halfrond
HÔTEL REMBRANDT
HORTUS BOTANICUS
Hortus Botanicus
MICROPIA
Hollandse Tuin
Hortusplantsoen
PLANTAGE
Artisplein
ARTISPLEIN
Nwe. Herengr.
J.W. van Overlooppl antsoen
Hoftuin
THE LANCASTER AMSTERDAM
LUTHER MUSEUM AMSTERDAM
Japanse Stenentuin
Weesperstraat
Nieuwe Kerkstraat
Westermanplantsoen
Plantage Middenln.
Plantage Muidergracht
ZOKU
Nieuwe Prinsengracht
Amstel
TROPENMUSE MUSÉE DES TROPIQUES
Nwe. Prinsengr.
Valckenierstraat
Sarphatistraat
Nwe. Achtergr.
THEATER CARRÉ
Valckenierstraat
HYATT REGENCY AMSTERDAM
Mauritskade
Achtergr.
Spinozastraat
Mauritskade
HÔTEL ARENA
Rhijnspoorpln.
Oosterpark
Sarphatistraat
A. Bonnstr.
Boerhaaveplein
Mauritskade
OOSTERPARK
Oosteinde
Sarphatikade
's-Gravesandeplein
Oosterpark
Stadhouderskade
Tilanusstraat
1e. Boerhaavestr.
Hemonyln.
Ruyschstraat
Tweede Oosterparkstraat
Govert Flinckstraat
Derde Oosterparkstraat
Blasiusstraat
Vrolikstr
Eerste Oosterparkstraat
Ruyschstraat
Tweede Jan Steenstraat
BATAAT
Blasiusstraat
Beukenw.
2e. Jan v.d. Heijdenstr.
Wibautstraat
Ceintuurbaan
Populierenweg
Retie
Amsteldijk
Sint Willibrordusstraat
Krugerpln.
Pretoriusstraat
BAUT OOST
Van Ostadestraat
Wibautstraat
Tugelaweg
C. de Wetstr.
Van Woustraat
Kuipersstraat
Grensstraat
Transva
Cullinanplein
Rustenburgerstraat
VOLKSHOTEL
CANVAS OP DE 7E
Joubertstr.
Krugerstraat
PESTANA
Albert Wittenbergplein
S110
Weesperzijde
Wibautpark
P. Aertszstr.
Tolstraat
S112
Transvaa
Kraaipanstraat
Nobelweg
Lutmastraat
Saffierstraat
Marcusstr.

Plantage, Artis et l'Est
MEZRAB
PANAMA
LLOYD RESTAURANT
LLOYD HOTEL
BROUWERIJ HET IJ
STAYOKAY AMSTERDAM OOST
STUDIO K
CAFÉ JOOST
CAFÉ GIJS DE ROOY
BAR BOTANIQUE
FYRRE
DIMITRI'S AMSTERDAM
DAPPERMARKT
DOORDEWEEKS
MR.& MRS. WATSON
CAFÉ CLICHÉ
KAS
MERKELBACH
Java-Eiland
Knsm-Eiland
Lloydplein
Piet Heinkade
Veemkade
Verbindingsdam
Ertskade
J.F. v. Hengelstr.
Sporenburg
Keesje Brijdeplantsoen
Rietlandpark
Dijksgracht
Hendrik Alkemaplein
D.L. Hudigstr.
Panamakade
Piet Heintunnel
S114
Stuurmankade
Oostenburgereiland
Rietlandterras
Borneolaan
Feike de Boerlaan
Borneo-Eiland
R.J.H. Fortuynplein
C. van Eesterenlaan
Borneokade
Oostenburgerkade
Conradstraat
Czaar Peterstraat
Blankenstraat
Panamalaan
Keerwal
Funenpark
Zeeburgerkade
Cruquiusweg
Veemarkt
Cruquius-Eiland
J.M. van der Meylaan
Th. K. v. Lohuizenln.
S100
Cruquiuskade
H.A.J. Baanderskade
Veelaan
Zeeburgerpad
Zeeburgerdijk
Timorplein
Djambistraat
Molukkenstraat
Kramatweg
Niasstraat
Vlamingstr.
Zesenstraat
Bankastraat
Borneostraat
Pontanusstraat
Madurastraat
Makassarstraat
Boetonstr.
Javastraat
Javaplein
Balistraat
Flevoweg
Eerste Atjehstraat
Ceramplein
Eerste van Swindenstraat
Tweede van Swindenstraat
2e. Atjehstr.
Riouwstraat
Insulindeweg
Pieter Nieuwlandstraat
Bataviastraat
Flevopark
Reinwardtstraat
Halmaheirastraat
Solostr.
Joodse Begraafplaats Zeeburg
Wijttenbachstraat
Domselaerstraat
Oosterspoorplein
Linnaeusstraat
Van d. Vijverstr.
Celebesstraat
Sumatrastraat
Polderweg
Valentijnkade
Waldenln.
Carolina Macgillavrylaan
Land van Cocagneplein
Oranje-Vrijstaatkade
Archimedesw.
Nirwana
Linnaeuskade
Newtonstraat
Archimedesweg
Hogeweg
Mr. P.N. Arntzeniusw.
Pythagorasstr.
Copernicusstr.
Molenwetering
Linnaeusparkweg
Galileïplantsoen
S. Stevinstr.
Wakkerstraat
Zacharias Jansestr.
Middenweg
Linnaeushof
Kamerlingh Onneslaan
Park Frankendael
300 M

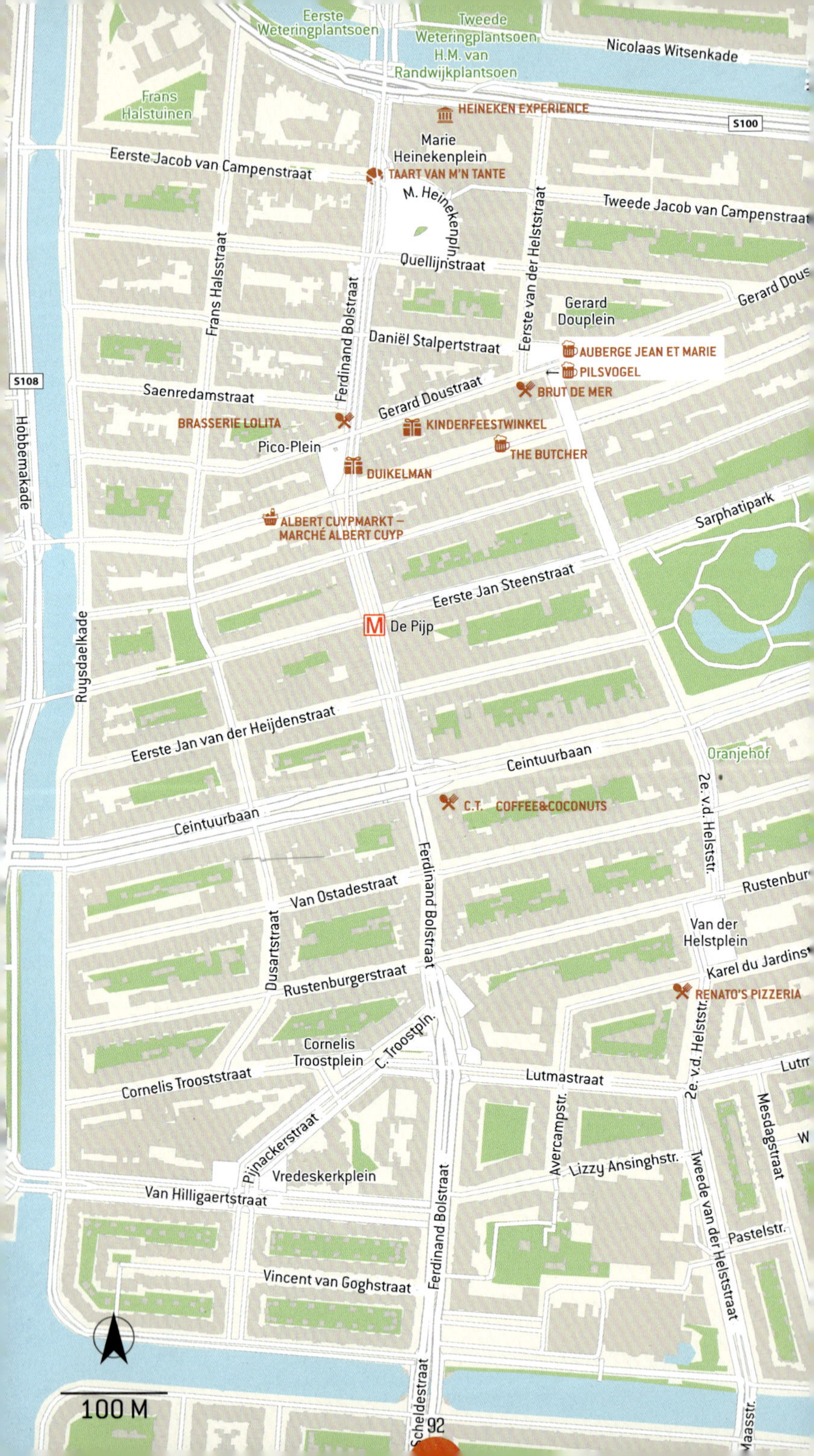
Eerste Weteringplantsoen
Tweede Weteringplantsoen
H.M. van Randwijkplantsoen
Nicolaas Witsenkade
Frans Halstuinen
HEINEKEN EXPERIENCE
S100
Marie Heinekenplein
Eerste Jacob van Campenstraat
TAART VAN M'N TANTE
M. Heinekenpln.
Tweede Jacob van Campenstraat
Frans Halsstraat
Quellijnstraat
Ferdinand Bolstraat
Eerste van der Helststraat
Gerard Douplein
Gerard Dou
Daniël Stalpertstraat
AUBERGE JEAN ET MARIE
PILSVOGEL
S108
BRUT DE MER
Saenredamstraat
Gerard Doustraat
Hobbemakade
BRASSERIE LOLITA
KINDERFEESTWINKEL
Pico-Plein
THE BUTCHER
DUIKELMAN
ALBERT CUYPMARKT – MARCHÉ ALBERT CUYP
Sarphatipark
Eerste Jan Steenstraat
M De Pijp
Ruysdaelkade
Eerste Jan van der Heijdenstraat
Oranjehof
Ceintuurbaan
C.T. COFFEE&COCONUTS
Ceintuurbaan
2e. v.d. Helststr.
Ferdinand Bolstraat
Van Ostadestraat
Rustenbur
Van der Helstplein
Dusartstraat
Karel du Jardins
Rustenburgerstraat
RENATO'S PIZZERIA
C. Troostpln.
Cornelis Troostplein
2e. v.d. Helststr.
Cornelis Trooststraat
Lutmastraat
Lutm
Mesdagstraat
Avercampstr.
Pijnackerstraat
Vredeskerkplein
Lizzy Ansinghstr.
W
Van Hilligaertstraat
Tweede van der Helststraat
Pastelstr.
Ferdinand Bolstraat
Vincent van Goghstraat
100 M
Scheldestraat
Maasstr.

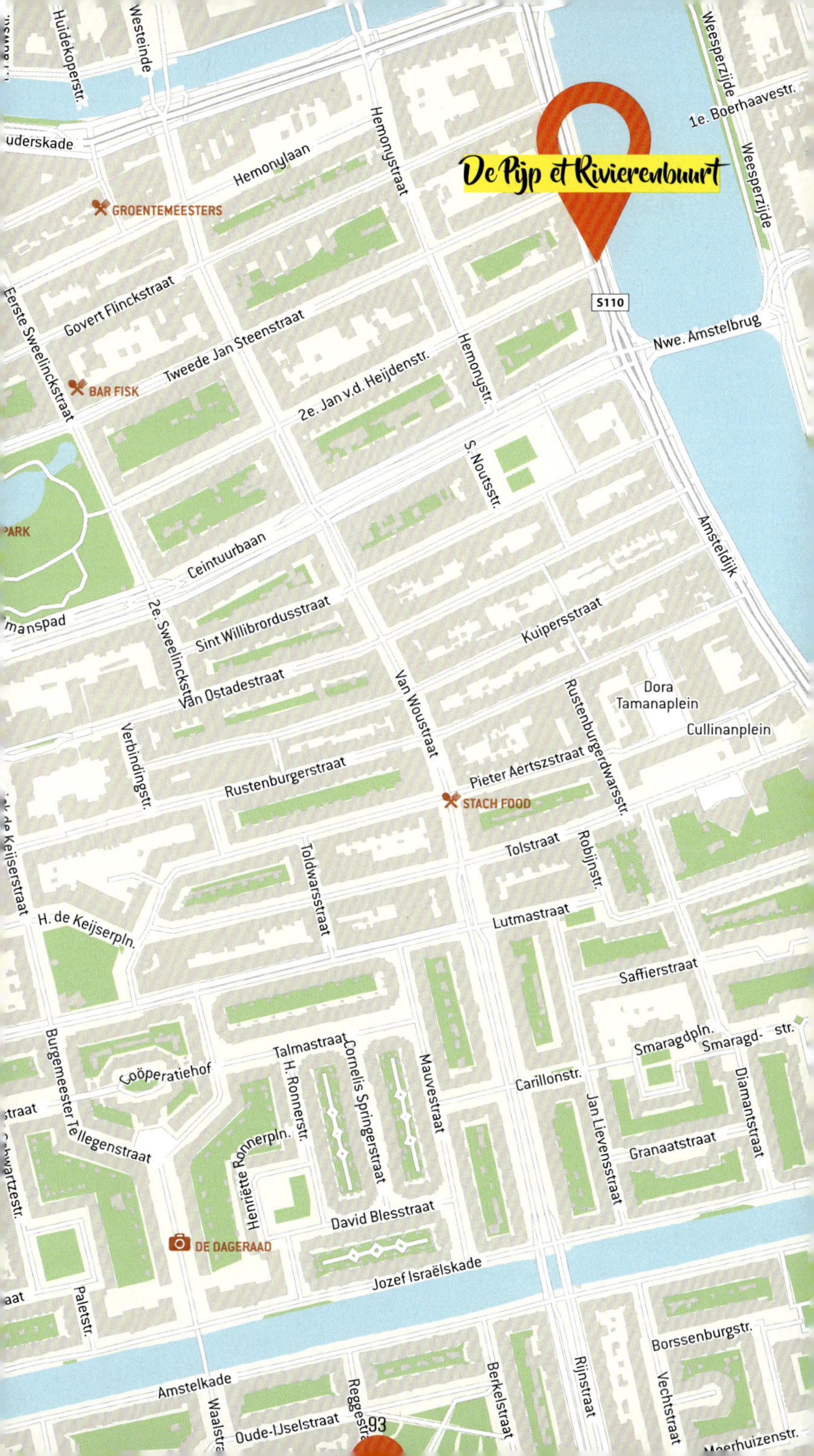

De Pijp et Rivierenbuurt
Huidekoperstr.
Westeinde
uderskade
Hemonylaan
Hemonystraat
1e. Boerhaavestr.
Weesperzijde
GROENTEMEESTERS
Govert Flinckstraat
Eerste Sweelinckstraat
Tweede Jan Steenstraat
2e. Jan v.d. Heijdenstr.
Hemonystr.
S110
Nwe. Amstelbrug
BAR FISK
S. Noutsstr.
PARK
Ceintuurbaan
Amsteldijk
manspad
2e. Sweelinckstr.
Sint Willibrordusstraat
Kuipersstraat
Van Ostadestraat
Van Woustraat
Rustenburgerdwarsstr.
Dora
Tamanaplein
Cullinanplein
Verbindingstr.
Rustenburgerstraat
Pieter Aertszstraat
STACH FOOD
Toldwarsstraat
Tolstraat
Robijnstr.
H. de Keijserpln.
Lutmastraat
Saffierstraat
Burgemeester Tellegenstraat
Coöperatiehof
Talmastraat
H. Ronnerstr.
Cornelis Springerstraat
Mauvestraat
Carillonstr.
Smaragdpln.
Smaragd- str.
Diamantstraat
Jan Lievensstraat
Granaatstraat
Henriëtte Ronnerpln.
David Blesstraat
DE DAGERAAD
Jozef Israëlskade
Paletstr.
Borssenburgstr.
Amstelkade
Waalstr.
Oude-IJselstraat
Berkelstraat
Rijnstraat
Vechtstraat
Moerhuizenstr.

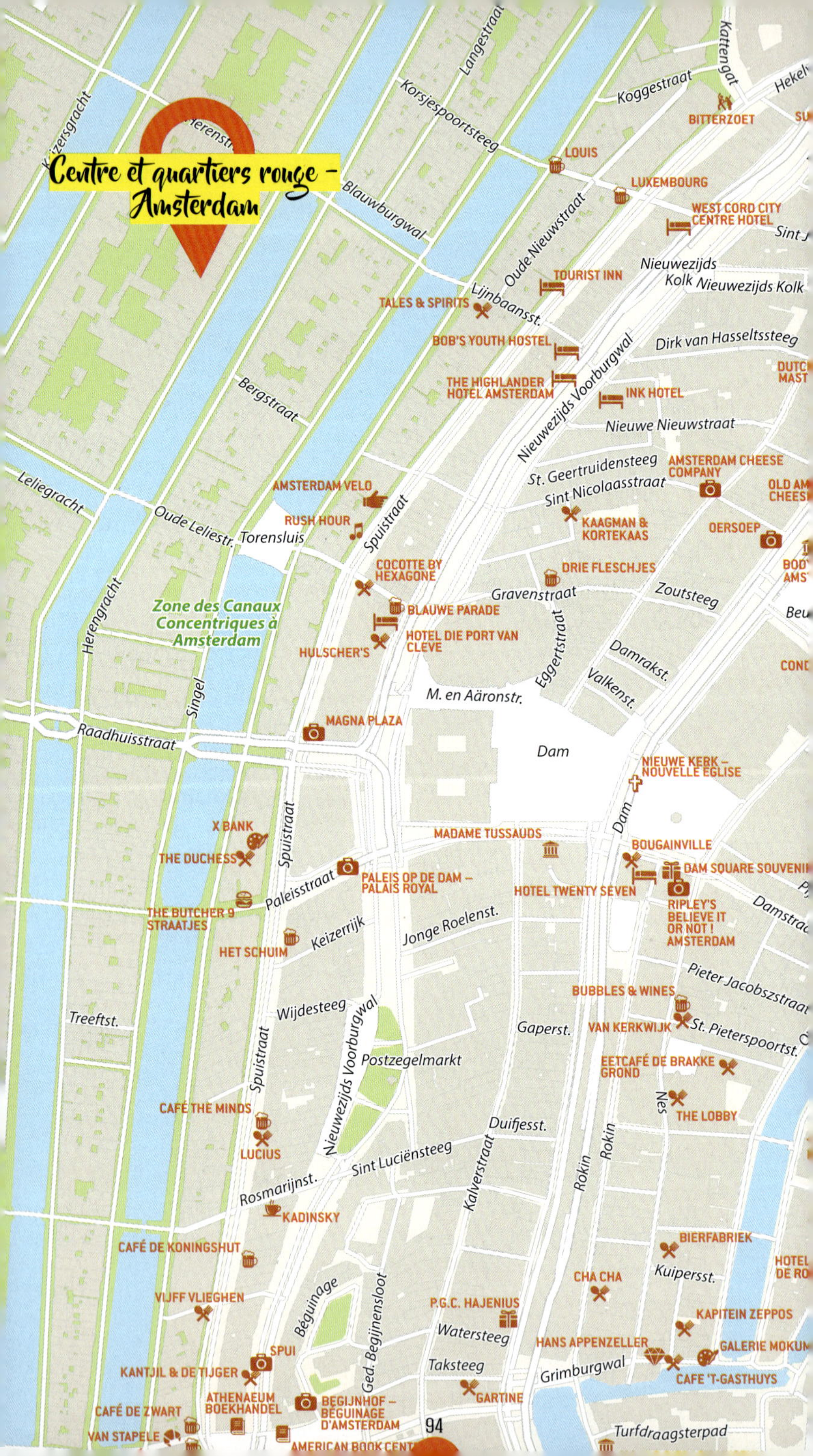
Centre et quartiers rouge - Amsterdam
Keizersgracht
Herenstr.
Langestraat
Korsjespoortsteeg
Koggestraat
Kattengat
Hekel
BITTERZOET
LOUIS
LUXEMBOURG
WEST CORD CITY CENTRE HOTEL
Blauwburgwal
Oude Nieuwstraat
Sint
Nieuwezijds Kolk
Nieuwezijds Kolk
TOURIST INN
TALES & SPIRITS
Lijnbaansst.
BOB'S YOUTH HOSTEL
Dirk van Hasseltssteeg
DUTCH MAST
THE HIGHLANDER HOTEL AMSTERDAM
INK HOTEL
Bergstraat
Nieuwezijds Voorburgwal
Nieuwe Nieuwstraat
St. Geertruidensteeg
AMSTERDAM CHEESE COMPANY
OLD AM CHEES
Sint Nicolaasstraat
Leliegracht
AMSTERDAM VELO
RUSH HOUR
Spuistraat
KAAGMAN & KORTEKAAS
OERSOEP
Oude Leliestr.
Torensluis
COCOTTE BY HEXAGONE
DRIE FLESCHJES
BOD AMS
Gravenstraat
Zoutsteeg
BLAUWE PARADE
Beu
Zone des Canaux Concentriques à Amsterdam
Herengracht
HOTEL DIE PORT VAN CLEVE
HULSCHER'S
Eggertstraat
Damrakst.
Valkenst.
COND
Singel
M. en Aäronstr.
MAGNA PLAZA
Raadhuisstraat
Dam
NIEUWE KERK – NOUVELLE EGLISE
Spuistraat
X BANK
MADAME TUSSAUDS
Dam
BOUGAINVILLE
THE DUCHESS
PALEIS OP DE DAM – PALAIS ROYAL
DAM SQUARE SOUVENI
Paleisstraat
HOTEL TWENTY SEVEN
THE BUTCHER 9 STRAATJES
RIPLEY'S BELIEVE IT OR NOT ! AMSTERDAM
Damstrac
Keizerrijk
Jonge Roelenst.
HET SCHUIM
Pieter Jacobszstraat
BUBBLES & WINES
Treeftst.
Wijdesteeg
VAN KERKWIJK
St. Pieterspoortst.
Gaperst.
Postzegelmarkt
EETCAFÉ DE BRAKKE GROND
Spuistraat
Nieuwezijds Voorburgwal
Nes
CAFE THE MINDS
THE LOBBY
Duifjesst.
Rokin
Rokin
LUCIUS
Sint Luciënsteeg
Rosmarijnst.
Kalverstraat
KADINSKY
BIERFABRIEK
CAFÉ DE KONINGSHUT
HOTEL DE RO
Kuipersst.
CHA CHA
Béguinage
Ged. Begijnensloot
VIJFF VLIEGHEN
P.G.C. HAJENIUS
KAPITEIN ZEPPOS
Watersteeg
HANS APPENZELLER
GALERIE MOKUM
SPUI
Taksteeg
Grimburgwal
KANTJIL & DE TIJGER
CAFE 'T-GASTHUYS
ATHENAEUM BOEKHANDEL
BEGIJNHOF – BÉGUINAGE D'AMSTERDAM
GARTINE
CAFÉ DE ZWART
VAN STAPELE
Turfdraagsterpad
AMERICAN BOOK CENT

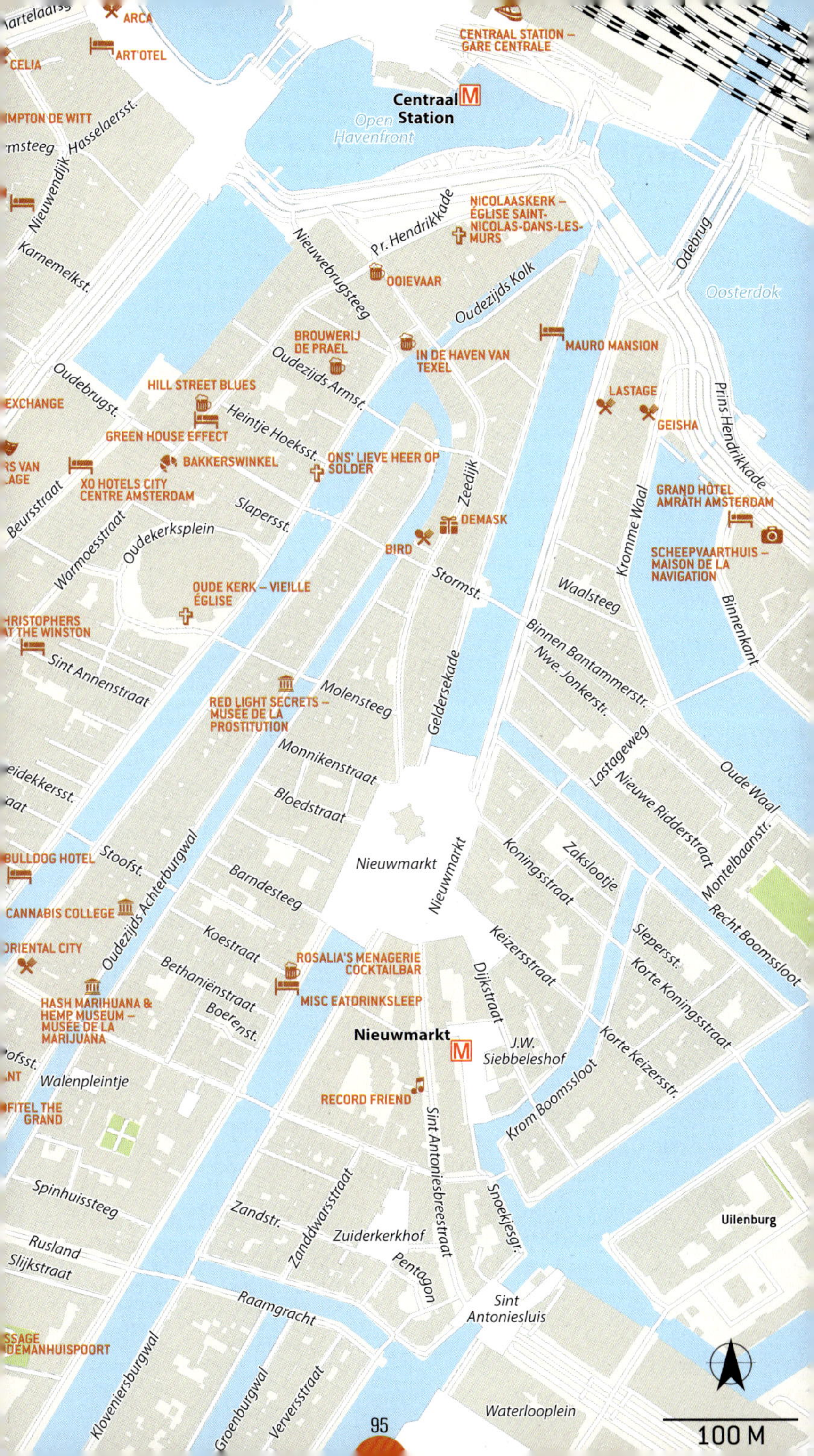
ARCA
ART'OTEL
CELIA
IMPTON DE WITT
Hasselaerssteeg
Nieuwendijk
Karnemelkst.
CENTRAAL STATION – GARE CENTRALE
Centraal Station
Open Havenfront
Pr. Hendrikkade
NICOLAASKERK – ÉGLISE SAINT-NICOLAS-DANS-LES-MURS
OOIEVAAR
Nieuwebrugsteeg
Oudezijds Kolk
Odebrug
Oosterdok
BROUWERIJ DE PRAEL
IN DE HAVEN VAN TEXEL
MAURO MANSION
Oudezijds Armst.
Oudebrugst.
EXCHANGE
HILL STREET BLUES
GREEN HOUSE EFFECT
Heintje Hoeksst.
LASTAGE
GEISHA
Prins Hendrikkade
BAKKERSWINKEL
ONS' LIEVE HEER OP SOLDER
XO HOTELS CITY CENTRE AMSTERDAM
Beursstraat
Zeedijk
GRAND HÔTEL AMRÂTH AMSTERDAM
Kromme Waal
Slapersst.
DEMASK
BIRD
SCHEEPVAARTHUIS – MAISON DE LA NAVIGATION
Warmoesstraat
Oudekerksplein
Stormst.
Waalsteeg
OUDE KERK – VIEILLE ÉGLISE
Binnenkant
HRISTOPHERS AT THE WINSTON
Binnen Bantammerstr.
Nwe. Jonkerstr.
Sint Annenstraat
Molensteeg
Geldersekade
RED LIGHT SECRETS – MUSÉE DE LA PROSTITUTION
Lastageweg
Oude Waal
Monnikenstraat
Nieuwe Ridderstraat
Bloedstraat
Montelbaanstr.
BULLDOG HOTEL
Stoofst.
Nieuwmarkt
Zakslootje
Koningsstraat
Barndesteeg
CANNABIS COLLEGE
Oudezijds Achterburgwal
Recht Boomssloot
ORIENTAL CITY
Koestraat
Keizersstraat
Slepersst.
ROSALIA'S MENAGERIE COCKTAILBAR
Korte Koningsstraat
Bethaniënstraat
MISC EATDRINKSLEEP
HASH MARIHUANA & HEMP MUSEUM – MUSÉE DE LA MARIJUANA
Boerenst.
Dijkstraat
Nieuwmarkt
J.W. Siebbeleshof
Korte Keizersstr.
Walenpleintje
RECORD FRIEND
Krom Boomssloot
Sint Antoniesbreestraat
Spinhuissteeg
Snoekjesgr.
Uilenburg
Zandstr.
Zanddwarsstraat
Zuiderkerkhof
Rusland
Slijkstraat
Pentagon
Raamgracht
Sint Antoniesluis
SSAGE DEMANHUISPOORT
Kloveniersburgwal
Groenburgwal
Verversstraat
Waterlooplein
100 M

SE REPÉRER / SE DÉPLACER

DE L'AÉROPORT AU CENTRE-VILLE

- **Le bus.** Les liaisons en bus sont assurées par les compagnies Schiphol Sternet, Zuidtangent et Interliner. Les lignes (197/370 et N72 en soirée) vous conduiront au centre d'Amsterdam en un temps variable selon l'état du trafic.
- **Le service de navette par bus** vers les hôtels d'Amsterdam : les bus Connexxion vous conduisent directement à votre hôtel. Toutes les 10 minutes environ, entre 6h du matin et 21h, un minibus (jusqu'à 8 personnes) quitte Schiphol à l'arrêt A7, situé juste à côté du hall des arrivées 2. Pensez cependant à réserver votre billet de retour à l'avance. Renseignez-vous au sujet des lignes et des horaires en vous adressant au guichet de Connexxion à Schiphol Plaza. Des bus de la compagnie KLM partent toutes les demi-heures (devant la sortie principale) à destination de six grands hôtels de la ville et vous mèneront à proximité de votre éventuel lieu de résidence (mais trajet plus long et plus cher).
- **Le train** ensuite, le plus simple, le plus rapide (15 minutes) et le moins cher (5,70 € environ), qui assure une liaison avec la gare centrale environ toutes les 20 minutes (de 6h à 1h), à partir du sous-sol du terminal.

© FRANCKREPORTER-ISTOCKPHOTO.COM

- **Enfin, le taxi** qui mettra entre une demi-heure et une heure, selon la circulation, pour vous déposer au pied de votre hôtel et vous coûtera la bagatelle de 45 €.

ARRIVÉE EN TRAIN

Le Thalys s'arrête en gare Amsterdam Centraal, de là trams et bus vous attendent pour rejoindre votre hôtel. Il s'arrête aussi à Schiphol.

ARRIVÉE EN BATEAU

Les grands bateaux de croisière arrivent au Passenger Terminal Amsterdam, proche de la gare centrale.

TRANSPORTS EN COMMUN

Si vous ne pédalez pas, vous aurez surtout besoin du réseau de tram qui compte une quinzaine de lignes. La ligne de métro Noord Zuid récemment inaugurée pourra vous rendre service également. Les transports en commun sont coûteux, compter 3,20 € pour un billet horaire sinon 8 € un billet journée. Les trams et métros roulent à partir de 6h et jusqu'à 00h30 environ.

- **La Iamsterdam City Card** qui inclut les entrées de nombreuses attractions, comprend également l'accès aux transports (65 € par 24h, 90 € par 48h).
- **OV-chipkaart** : cette carte à puce rechargeable permet de voyager en tram, métro, bus, train dans l'ensemble du pays et de bénéficier de certaines réductions mais attention elle n'est vraiment valable que pour un long séjour. Le touriste préfèrera les tickets à l'unité ou les cartes traditionnelles à la journée ou à la semaine (de 7,50 € à 31 €).
Avec cette carte magnétique, il faut s'enregistrer en entrant dans le bus/tram/métro/train et puis se désenregistrer en sortant en plaçant sa carte sur des bornes bien visibles. Renseignez-vous auprès de l'office de tourisme et auprès du GVB Tickets et Info Service Points.

VÉLO, TROTTINETTE & CO

Les vélos ont naturellement le pouvoir à Amsterdam et rendent les trottinettes totalement inutiles, vous n'en trouverez donc pas en libre-service. Les OV fiets (vélo transports en commun) sont à louer à votre arrivée à la gare sur abonnement et au prix de 4,15 €. Les touristes eux se tourneront vers les sociétés de location qui ont

Visitez Nxt Museum, la maison de l'art des nouveaux médias.
Découvrez dès aujourd'hui comment les pionniers des nouveaux médias utilisent des technologies modernes pour dépeindre l'art de demain.
La dernière exposition du Nxt Museum, "UFO – Unidentified Fluid Other", présente des œuvres d'artistes tels que:
– Jacolby Satterwhite (également présenté à la Tate Modern et au MoMA PS1)
– Lu Yang (Vainqueur du prix de l'artiste de l'année – 2022 de la Deutsche Bank)
– Audrey Large
– Julius Horsthuis
Nxt Museum
HOME OF NEW MEDIA ART
DÉCOUVREZ L'EXPOSITION
Oeuvre: Great Adventure of Material World par Lu Yang

l'avantage de proposer des itinéraires souvent thématiques en plus. Swapfiets est également une possibilité d'avoir un vélo d'appoint pour 18,90 € par mois.

AVEC UN CHAUFFEUR

À Amsterdam, vous trouverez facilement des taxis qui sont stationnés aux endroits stratégiques. Les prix sont toutefois prohibitifs... Pensez à prendre uniquement un taxi agréé ! Le service Uber (uber.com/nl) est disponible dans la capitale.

EN VOITURE

Se garer dans le centre-ville coûte cher. Le quartier des grands canaux est le plus cher : 7,50 € par heure (du lundi au samedi de 9h à minuit et le dimanche de 12h à minuit). Des cartes valables la journée entière ou la nuit sont disponibles dans les distributeurs automatiques. Plus avantageux, le système « Park & Ride » permet pour 8 € par tranche de 24h de se garer en périphérie de la ville et de bénéficier de 5 tickets de transports gratuits aller et retour. Les garages souterrains sont souvent complets et ne sont pas moins bon marché (parking souterrain sous le Museumplein, près du Leidseplein par exemple). L'idéal serait de ne pas s'embarrasser d'un véhicule à Amsterdam.

ACCESSIBILITÉ

Amsterdam est confrontée à divers problèmes d'accessibilité qui pourront rendre votre voyage difficile. La ville a, depuis plusieurs années, mis en place un programme pour améliorer ses infrastructures, et plusieurs mouvements et fondations sont très actifs. La Stichting Gehandicapten Overleg Amsterdam (SGOA) travaille ainsi intensément à l'élaboration d'un guide complet recensant toutes les attractions accessibles aux personnes handicapées.

LES ATTRAPE-TOURISTES

Il convient de ne jamais acheter de billets de transport dans la rue, de toujours s'adresser à des taxis agréés (sigle taxi présent) et de ne jamais suivre les chauffeurs et rabatteurs qui officient parfois autour de la gare centrale.

LES PHRASES CLÉS

Bonjour, comment puis-je me rendre à...
Hallo, hoe ga ik naar...?

Est-ce loin à pied ? Y a-t-il le métro ou un bus... pour y aller ?
Is het ver lopen? Is er een metro of een bus... om er naartoe te gaan?

Pouvez-vous me montrer cet endroit sur la carte s'il vous plait ?
Kunt u me deze plek op de kaart aanwijzen alstublieft?

Où puis-je acheter les tickets de transport ? Est-ce que je peux payer en carte de crédit ?
Waar kan ik de kaartjes voor het vervoer kopen? Kan ik met creditcard betalen?

Où est la sortie ? A gauche, à droite ou tout droit ?
Waar is de uitgang? Naar links, naar rechts of rechtdoor?

Je suis perdu et je suis en retard, s'il vous plait, aidez-moi ! Merci beaucoup !
Ik ben verdwaald en ik ben te laat, help me alstublieft! Hartelijk dank!

LES QUARTIERS D'AMSTERDAM

Pour découvrir au mieux Amsterdam, nous vous conseillons de vous promener en marchant ou en pédalant dans le dédale des rues, au gré de vos découvertes et là où votre curiosité vous portera. L'idéal consiste à fuir au plus vite le quartier autour de la gare qui donne une impression tronquée de la ville, même si le quartier connaît un lifting ces dernières années. Amsterdam déploie sa structure, à la manière d'une toile d'araignée, à partir de la gare centrale. Toutefois, la ville est concentrée et vous ne pourrez jamais vraiment vous perdre. En outre, les Amstellodamois sont des gens charmants et se feront un plaisir de vous renseigner et de démontrer leur maîtrise des langues étrangères. Pour des raisons pratiques, nous avons opéré un découpage artificiel de la ville, qui respecte au possible la diversité des quartiers. La ville évolue énormément ces dernières années, ce qui peut amener à une émergence rapide de certains quartiers !

Nord, Centre et Quartier rouge

▶ **Nord.** Le nord est situé de l'autre côté de l'IJ, on y accède par une traversée gratuite en bac (24h/24 pour le principal). C'est le quartier de EYE, la cinémathèque néerlandaise, superbe vaisseau spatial. Ces dernières années, le quartier prend de l'envergure et de nombreux restaurants, cafés et galeries y ouvrent et font l'événement. Il y a quelques années, la Amsterdam Toren a ouvert et a dynamisé encore plus le coin avec des hôtels, restaurants et une discothèque. La ligne de Métro « Noord-Zuid Lijn » poursuit l'élan du quartier. À ne pas manquer aussi sur la rive nord, le quartier NDSM, ancien chantier naval devenu zone qui bouge ! C'est là qu'a récemment ouvert Straat, le musée d'art urbain.

▶ **Centre.** Cette longue bande de terre qui n'est traversée par aucun canal est prise entre la gare centrale au nord, l'axe Damrak-Rokin à l'est, Muntplein au sud et Singel, le premier des grands canaux, à l'ouest. Ce quartier compte parmi les moins intéressants de la ville, ce qui ne l'empêche pas de réserver quelques perles qui vous surprendront. Essentiellement commerçant, il offre l'avantage de centraliser de nombreux services, ce qui peut être pratique pour les voyageurs fraîchement arrivés. Il serait cependant dommage de trop vous y attarder. Depuis l'ouverture du Kimpton De Witt, superbe hôtel du quartier, la zone commence à reprendre des couleurs !

▶ **Le Quartier rouge.** À l'est du centre, avec lequel il partage la plupart de ses frontières, s'étend le fameux Quartier rouge, limité à l'ouest par

© NIKADA - ISTOCKPHOTO

Vélo sur les canaux d'Amsterdam.

Damrak et par le Kloveniersburgwal à l'est. Ce district, le plus vieux de la ville, est traversé par deux longs canaux que croisent d'innombrables ruelles étriquées. Si le quartier est aussi commerçant que le précédent, il ne s'agit pas des mêmes échoppes. Sorte d'Eroticland géant, il draine à sa suite une population interlope qui répond aux attentes d'un tourisme de masse en quête de jouissances faciles. Au sud de cette division, se situe le quartier étudiant, l'un des plus authentiques de la ville, où il serait dommage de ne pas passer quelques heures. La Zeedijk, rue qui commence à gauche de la gare et se finit au Nieuwmarkt, a connu l'établissement des premières enseignes ouvertement gays dans les années 1930. La rue tomba progressivement dans la misère et devint le symbole de la drogue avec groupes de dealers et junkies qui la hantaient. Ces dernières années, la ville s'efforce de nettoyer et d'embellir la Zeedijk. C'est ici qu'il faut se rendre pour de très bons restaurants asiatiques. La place du Nieuwmarkt est le cœur du quartier avec au centre un imposant bâtiment de pierre, de Waag, l'ancienne balance publique qui accueille aujourd'hui un café-restaurant. Les restaurants et les cafés sont très nombreux sur cette place et le marché (tous les jours marché normal et bio le samedi) donne à cette place une allure hors du temps. La partie du quartier située autour de la vieille église est la plus symbolique du quartier rouge ; c'est là où les sex-shops et les prostituées sont les plus nombreux, dans des ruelles parfois tellement étriquées qu'elles peuvent être oppressantes. Autour de ce spectacle trône la vieille église. Pour finir, il sera difficile de penser que la Warmoestraat, la rue gay cuir du moment fut un jour une rue chic où le poète Vondel possédait un magasin de chapeaux et de bas. Depuis ces dernières années, la rue se diversifie avec l'ouverture de nouvelles enseignes plus grand public et de quelques galeries. La scandaleuse zone rouge semble connaître une nouvelle vie, plus sage et plus inspirée, et disparaitra probablement d'ici à quelques années en raison des protestations liées au respect de la vie des femmes.

Grands canaux

Se jetant dans l'Amstel, les quatre grands canaux que sont le Singel, le Herengracht, le Keizersgracht et le Prinsengracht constituent l'ossature d'un quartier qui se développe autour du centre et qui est indéniablement la partie la plus majestueuse de la ville. Au nord de la Raadhuisstraat s'étend la partie la plus populaire et la plus verte du quartier ; on y croisera parmi les plus belles péniches à quai sous d'anciens entrepôts réaffectés. Une fois au cœur du quartier, on se laissera charmer par cette tranquille vie bourgeoise s'écoulant au rythme de l'eau. C'est par ailleurs ici que se trouve le fameux quartier des Negen Straatjes. C'est-à-dire les neuf rues

© PIDJOE - ISTOCKPHOTO.COM

Vue sur Prisengracht.

perpendiculaires aux canaux que sont la Reestraat, la Hartenstraat, Gasthuismolensteeg, Berenstraat, Wolvenstraat, Oude Spiegelstraat, Runstraat, Huidenstraat et Wijde Heisteeg. Ces rues charmantes et (trop ?) animées sont le nouveau centre de la branchitude chic d'Amsterdam avec pléthore de bonnes adresses pour manger, boire et faire son shopping. Attention, le week-end, ce quartier est très prisé et il sera parfois difficile d'avancer.

Le Jordaan et l'Ouest

Si le Jordaan est le principal quartier de cette zone, nous y incluons aussi le véritable quartier Ouest (West) de la ville ainsi que, au nord du Jordaan, les Westerlijk Eilanden (Bickerseiland, Prinseneiland et Realeneiland), quartier des docks de l'ouest où se retrouve la fonction maritime de la ville, de nos jours quartier chic principalement résidentiel, et également le quartier Westerpark avec la Westergasfabriek, ancienne usine de houille devenue terrain culturel animé et le fascinant musée Het Schip, exemple parfait de l'école d'Amsterdam. Le Jordaan doit sa naissance au percement de la ceinture des canaux au XVIIe siècle et son origine est purement populaire et ouvrière. Il fut le théâtre de nombreux soulèvements et resta longtemps un quartier mal famé. Le Jordaan est limité par le Prinsengracht à l'est et le Lijnbaansgracht à l'ouest et le Brouwersgracht au nord et le Leidsegracht au sud (certains puristes lui préfèrent le Passeerdersgracht comme frontière sud) et son nom viendrait du français « jardin ». Ce quartier populaire à la riche histoire tourmentée donna naissance au *Levenslied*, chanson populaire et émouvante. Le quartier, réputé pour sa présence d'eau et son réseau serré de ruelles, comprenait autrefois 11 canaux. Au XIXe siècle, 6 d'entre eux furent comblés pour des raisons d'hygiène et surtout pour créer des axes de circulation.

SE REPÉRER / SE DÉPLACER

Attention donc, le nom *gracht* qui indique normalement un canal n'en désigne plus forcément un aujourd'hui (Lindengracht, Palmgracht, Rozengracht et Elandsgracht sont des exemples de canaux comblés). Ce quartier est immanquable lors d'un séjour à Amsterdam, et c'est dans son ensemble qu'il constitue une attraction touristique typique de la ville. On y flâne avec plaisir au gré des canaux, en admirant les petites boutiques charmantes et les galeries intéressantes, on y admire des intérieurs kitsch ou design.

Leidseplein et Vondelpark

Si ce quartier est dépourvu de délimitations topographiques précises, il n'en possède pas moins une âme propre. Centre méridional de la ville, Leidseplein concentre la majeure partie de la vie nocturne d'Amsterdam, des salles de cinéma ou de concert aux bars branchés ou touristiques. Au-delà du Singelgracht (à ne pas confondre avec cet autre canal qu'est le Singel), se trouvent les grands musées de la ville ainsi que le Vondelpark, partie où sont localisées de nombreuses administrations. Un peu plus à l'est, après Boeren Wetering, un quartier résidentiel et de commerces de proximité entoure le Sarphatipark.

Nieuwmarkt et Waterlooplein

Il s'agit d'une zone de transition plus moderne entre le centre historique et le quartier rouge d'un côté, le quartier du Plantage et l'Est de l'autre et le quartier des Grands Canaux au sud.

La place du Nieuwmarkt se situe au bout de la Zeedijk, cœur du quartier chinois de la ville. Cette place imposante, photogénique et hors du temps, se distingue par le grand bâtiment historique qui trône en son centre, De Waag. Cette ancienne porte est de la ville (nommée à l'origine Sint Antoniespoort) construite en 1488, fit ensuite office de balance publique. L'édifice accueillit par la suite les sièges de diverses corporations et c'est ici que Rembrandt y esquissa, en 1632, l'ébauche de son tableau *La Leçon d'anatomie du professeur Tulp*. Aujourd'hui le bâtiment accueille un café-restaurant prisé. Le Nieuwmarkt, s'il forme avec le Waterlooplein une zone de sorties intéressantes avec de nombreux restaurants, cafés ainsi que l'opéra, donne cependant une impression tronquée et bâtarde. Dans cette zone, également nommée quartier juif, ne subsistent que quelques monuments témoins de cette grandeur passée. Le coin a en effet été en grande partie défiguré lors de la controversée construction du métro dans les années 1980. Les nombreuses protestations ne permirent pas de contrer la destruction presque complète des maisons historiques et la construction d'habitations de style peu inspiré. Quelques perles historiques, la maison de Rembrandt, la synagogue portugaise, le musée d'Histoire juive, De Waag, l'opéra ainsi que le superbe musée Hermitage Amsterdam justifient une visite de ce coin. Il est conseillé de se perdre dans les rues adjacentes au Nieuwmarkt côté est, notamment la Koningstraat pour atteindre le Krom Boomsloot, le calme qui y règne est remarquable et la photogénie y est indéniable.

La Jodenbreestraat, entre Nieuwmarkt et Waterlooplein, est le réel passage d'entrée du quartier juif, elle abrite la somptueuse Rembrandthuis. Le Waterlooplein accueille un célèbre marché aux puces quotidien (sauf le dimanche) en perte de vitesse ces dernières années. Cette place réunit dans le même complexe l'opéra de la ville construit dans les années 1980 et haineusement baptisé Stopera tant sa naissance ne fut pas désirée, et l'hôtel de ville.

Vue aérienne du Vondelpark.

Le quartier du Plantage.

Plantage, Artis et l'Est

Au-delà de la Synagogue portugaise et à partir du jardin botanique de la ville commence le quartier du Plantage, autrefois le quartier où les habitants riches de la ville avaient leur jardin. Ce quartier dégage toujours aujourd'hui un air de richesse tout en modération. Les rues sont larges, bordées d'arbres et le temps semble s'y écouler plus paisiblement qu'ailleurs. Le quartier du Plantage s'étend jusqu'au sublime musée des Tropiques en passant par Artis, le zoo de la ville. Il faut y passer quelque temps et passer devant la forteresse de Berlage, qui, en plus d'être un musée intéressant et d'avoir été conçu par Berlage, a l'avantage de se trouver sur la Henri Polaklaan, une des plus belles rues de la ville.

Nous avons aussi inclus le port et les docks de l'est. Cette zone qui débute à l'est de la gare centrale est en pleine mutation actuellement et est en passe de devenir une sorte de nouveau centre culturel de la ville. Le musée Nemo fut le premier pavé de cet édifice alors que l'OBA, la bibliothèque nationale et le superbe Muziekgebouw aan het IJ poursuivent la tendance. C'est ici aussi que se situe le Lloyd Hôtel, sur l'Oostelijke Handelskade où se trouvaient jadis les entrepôts du port de la ville. Ces trois quartiers divers forment une mosaïque d'une richesse indéniable. Cette zone qui n'est pas l'une des plus touristiques est cependant l'une des plus emblématiques des tendances actuelles de la ville, et intégration, écologie et architecture sont des thèmes majeurs qui y sont exposés. Ces dernières années ont vu l'évolution du quartier est de la ville autour du Oosterpark (tout juste rénové) notamment et de l'axe Wibautstraat, cette zone pas franchement glamour ni photogénique qui donne à Amsterdam des airs de Berlin. C'est une zone de sorties avec le Volkshotel qui comprend un hôtel, plusieurs bars (dont Doka) et un restaurant (Canvas). Ces dernières années, la zone au-delà du Tropenmuseum bouge de plus en plus autour de Linnaeustraat, Javastraat, Eerste van Swindenstraat et toute la zone autour du Dappermarkt. La gentrification y fait son œuvre. Au-delà du quartier est, le quartier IJburg est un véritable laboratoire architectural et social à découvrir d'urgence.

De Pijp et Rivierenbuurt

Le quartier de De Pijp n'est pas un des plus populaires auprès des touristes, mais c'est une valeur sûre auprès des Amstellodamois. Le quartier vit le jour lors du boom démographique de la fin du XIXe siècle où il fut décidé de construire le plus d'habitations possible dans le moins d'espace de manière à loger tout le monde. Cette politique fait que le quartier est aujourd'hui encore connu pour ses rues très longues et très étroites. Le quartier est aujourd'hui prisé par les jeunes professionnels et certaines populations étrangères s'y sont installées et donnent au quartier des multiples saveurs. Le plus grand marché des Pays-Bas, le Albert Cuyp markt, s'y tient du lundi au samedi et l'ambiance y est spéciale. Il fait bon s'y perdre pour goûter à une atmosphère différente. Tout le quartier est également un repaire pour les artistes de la ville et leurs créations sont visibles dans de nombreuses enseignes. Le musée Heineken se trouve aussi dans ce quartier. Ce quartier contient une très haute densité de cafés et restaurants. C'est le quartier qu'il faut explorer pour découvrir les populations jeunes et branchées. Nous avons ajouté le quartier Rivierenbuurt, principalement résidentiel qui a le mérite d'être l'exposé architectural de Berlage qui en a composé la plus grande partie. Ce quartier se prête donc aux longues balades.

Bateaux sur les canaux d'Amsterdam.

AÉROPORT DE SCHIPHOL

Evert v/d Beekstraat 202
✆ +31 20 794 0800
www.schiphol.nl
Train du quai 2 Amsterdam CS toutes les 20 minutes.

À 3 mètres sous le niveau de la mer, Schiphol, l'aéroport d'Amsterdam, est un lieu de visite à part entière. En plus des services pratiques mis à votre disposition (office de tourisme, Holland Tourist Information, bureau de change ouvert de 6h à 2h du matin…), s'y trouve une filiale du Rijksmuseum ! Situé à 18 km au sud-ouest du centre-ville, il est facile de s'y rendre. Pour cela, il vous faudra opter pour l'une des possibilités, à savoir en bus, en navette, en train ou en taxi. Récemment, Schiphol a annoncé réduire le nombre de ses vols jusqu'à la fin mars 2023.

CENTRAAL STATION – GARE CENTRALE

Stationplein 9
✆ +31 20 344 50 74
www.ns.nl

La gare centrale d'Amsterdam dessert toutes les plus grandes et touristiques villes du pays. Rotterdam, Utrecht, Maastricht, la belle Delft, La Haye et les autres villes des environs. Les rotations sont très fréquentes et des trains ponctuels vous déposent aux portes des villes. Les tarifs sont malheureusement aussi élevés qu'en France. C'est devant cette gare que vous trouverez le fameux Parking à vélos d'Amsterdam, il constitue une attraction touristique en lui-même.

BLUE BOAT COMPANY

Stadhouderskade 30
✆ +31 20 679 1370
www.blueboat.nl
Adulte : 22,50 €, enfant de 5 à 12 ans : 16,50 €

À l'intérieur et en terrasse, visitez Amsterdam en bateau. Six bateaux sont à votre disposition pour des excursions de 75 minutes très agréables. Certaines visites sont adaptées pour les enfants, avec une thématique pirates. Nous recommandons cette société qui a fait ses preuves depuis de longues années. À noter, la compagnie propose également une app, pour une expérience en croisière encore plus totale. En cas de pluie, de neige ou de forts vents, le bateau peut être fermé et vous pourrez observer la féerie d'Amsterdam bien au sec.

BIKE CITY

Bloemgracht 68-70
✆ +31 20 626 37 21 - www.bikecity.nl
Tous les jours de 9h à 18h (location jusqu'à 17h30). Tarif à partir de 17 € la journée. Accessible aux PMR.

Bike City est une des meilleures options pour louer un vélo à Amsterdam. Situé à l'entrée du Jordaan, à quelques encablures de la gare Centrale, c'est une charmante boutique au bord du Bloemgracht (canal de la fleur). Les vélos sont de très bonne qualité, tout équipés ; et plusieurs choix sont proposés : notamment pour le système de freins (rétropédalage ou freins sur jantes). A noter, c'est une des rares agences de la ville à proposer des vélos banalisés, ce qui vous permettra de visiter la ville en vous fondant dans la population locale.

BLACK BIKES

Lijnbaansgracht 283
✆ +31 85 273 7454
www.black-bikes.com
Vélo hollandais standard : 12 € pour 3 heures, 17 € par jour. Tandem : 17,50 € pour 3h.

Ouvert 7j/7 et avec 13 emplacements en ville, louer un vélo devient un jeu d'enfant avec Black Bikes ! Centraal Station, Amsterdam Zuid, Amsterdam RAI et n'importe quel quartier du centre, vous trouverez toujours une boutique près de vous. Cette enseigne professionnelle a plus de 10 ans d'expérience et un personnel qualifié pour vous orienter vers le type de vélo optimal pour votre visite aux Pays-Bas. L'équipement est aussi disponible à la location et il si vous êtes satisfait du matériel, vous pourrez même acheter sur place un exemplaire.

CONNEXXION SCHIPHOL HOTEL SHUTTLE

✆ +31 88 339 47 41
schipholtraveltaxi.nl
De 6h à 21h. 6,50 € l'aller vers Schiphol.

Ce service de taxi (rotation toutes les 30 minutes) relie l'aéroport à plus de 100 hôtels situés dans le centre. Les tickets s'achètent en ligne. C'est la navette de choix pour les trajets de et en direction de l'aéroport d'Amsterdam (Schiphol). Cela vous permettra d'éviter les taxis classiques, qui sont souvent hors de prix, et en plus cette navette dessert la plupart des grands hôtels et axes de la ville, ce qui en fait un service très pratique !

I AMSTERDAM CITY CARD

De Ruijterkade 28 B t/m D
www.iamsterdam.com/fr
Achat en ligne ou au IAmsterdam Store, dans la gare Centrale. Plusieurs formules à partir de 65 € pour 24 heures.

L'I Amsterdam City Card propose un billet tout-en-un très intéressant : via cette carte, vous avez accès gratuitement à plus de 70 musées, activités et attractions majeures, aux transports publics de la ville (métro, tram, bus et ferry), à une croisière sur les canaux ainsi qu'à une location vélo. C'est une très bonne affaire : on économise des euros et on gagne du temps ! Le plus simple est de commander la carte en ligne, puis d'installer l'application I Amsterdam City Card pour réserver vos visites directement. On recommande chaudement !

STARBIKES RENTAL

De Ruijterkade 143
✆ +31 20 62 03 215
www.starbikesrental.com
5 € les deux heures, 7 € la journée. Ouvert de 8h à 19h en semaine et de 9h à 19h le week-end.

Adresse idéale pour commencer votre périple à deux roues. On peut y louer facilement différentes sortes de vélos de bonne qualité pour arpenter la ville en toute sécurité. Et cela à prix plutôt doux et c'est bien agréable. À noter, on peut également y siroter un café et manger un panini avant d'attaquer la route, ce qui est quand même bien agréable. On saura bien vous conseiller pour découvrir de manière proactive la ville dans sa richesse et diversité. L'enseigne propose également des visites en groupe, notamment une visite qui vous mènera aux fermes du coin.

MACBIKE

Waterlooplein 199
✆ +31 20 620 09 85
www.macbike.nl
Location dès 5 € pour 1 heure, vente et réparation de vélos.

En plus des locations de vélos, l'enseigne propose aussi des visites d'Amsterdam en anglais avec guide. Un départ quotidien pour un tour organisé à 10h et 14h (en haute saison). Il y a maintenant 5 points de locations : Waterlooplein (marché aux puces), la gare (côté nord), Museum District/ Leidseplein (Weteringschans 2), Vondelpark (Overtoom 45), et Oosterdok 63a (souterrain garage pour vélos). Il y a toujours un MacBike près de soi à Amsterdam. Il est également possible de louer des vélos pour enfants, des tandems et des vélos cargos.

TAXI ELECTRIC

✆ +31 881 00 44 44
www.taxielectric.nl
Navette aéroport entre 34 € et 69 €.

Cette compagnie est la première en Europe a avoir implémenté le concept de taxis fonctionnant avec un moteur électrique, un succès qui a été depuis repris dans de nombreux pays. La compagnie propose des services à la fois écologiques et économiques : le coût d'une course, alimentée à l'électricité, est ainsi réduit (25 % moins cher !), et donc plus compétitif que ceux de toutes les compagnies de taxi « classiques » tout en étant très propre pour l'environnement, ce qui correspond tout à fait à la mentalité verte d'Amsterdam et ses innombrables vélos.

RECYCLE

Hannie Dankbaarpassage 27
✆ +31 204897029
Ouvert du mardi au vendredi de 10h à 18h, le samedi de 10h à 17h.

Une adresse idéale pour tous vos pépins de vélo, idéale aussi pour investir dans un modèle d'occasion. Recycle se distingue dans la réparation et la rénovation de vélos anciens et se targue d'être un employeur « social » faisant appel à des chômeurs longue durée et leur offrant une nouvelle entrée sur le marché du travail. Le cadre, au cœur du nouveau centre De Hallen, vaut à lui seul le déplacement. Une adresse typiquement amstellodamoise, intéressante à plusieurs titres donc. N'hésitez pas à prendre un verre aux Hallen qui se trouvent juste en face !

TIP AMSTERDAM-NOORD

IJpromenade 2
✆ +31 61 399 86 75
www.bikerentalamsterdamnorth.nl
Du lundi au vendredi de 9h à 17h, le week-end 10h-17h. Excursions thématiques très intéressantes de 3h à 34,95 €.

Oui, vous serez bien sur un vélo bleu, ou alors avec une autre couleur, très visible aussi. Cette société loue de nombreux vélos, du moderne au cruiser de plage, en passant par le traditionnel vélo hollandais ou même hybride... Bref le choix ne manque pas. Des vélos enfant sont disponibles ainsi qu'un grand nombre de circuits de visites guidées avec de nombreux thèmes, la plupart étant sur réservation. L'accueil est chaleureux et les prix sont parmi les moins chers de la ville. Des accessoires sont à votre disposition (siège bébé, imperméable jetable).

À VOIR / À FAIRE

Ville aux mille facettes et mille contrastes, Amsterdam ne laisse personne indifférent. La capitale offre des possibilités de visites pour tous les âges et toutes les bourses. Avec plus de cinquante musées auxquels viennent s'ajouter des dizaines de galeries, Amsterdam s'affirme comme l'une des capitales artistiques majeures d'Europe. Outre les grands musées, parmi lesquels le Rijksmuseum, le musée Van Gogh et le Stedelijk Museum, nous pouvons aussi citer le musée des tropiques, un musée sur le street art ou même sur le selfie en mode Instagram… Moins connus que les précédents, ils méritent quelquefois un détour en famille aussi. Tous offrent une bonne occasion de se divertir, sinon de se cultiver. Les parcs et les canaux offrent quant à eux la possibilité de se promener dans la détente… Découvrez la ville à vélo pour une expérience unique. N'oubliez pas de vous fondre dans la circulation pour ne pas agacer les habitants.

HORAIRES

Les musées d'État ouvrent habituellement de 10h à 17h et ont parfois des nocturnes le vendredi soir. Les autres musées ont des horaires plus libres. Les musées sont habituellement ouverts tous les jours et ferment juste pour Noël et le jour du roi, et encore…

A RÉSERVER

En général, nous conseillons de réserver le plus possible vos visites à l'avance, les attractions ont des sites web très bien conçus, toujours en anglais, parfois même en français. Pour les expositions qui font l'événement, vous devrez même réserver un créneau.

BUDGET / BONS PLANS

La réservation en ligne permet souvent de payer 1 € en moins par billet. Les grands musées coûtent souvent autour de 18 €-20 €.

- **La Iamsterdam City Card** est intéressante si l'on souhaite visiter de nombreux musées et attractions. Des réductions sont prévues pour les étudiants et les seniors et la gratuité est souvent de mise pour les mineurs. Cette carte, qui donne accès à de nombreuses attractions et musées, comprend également l'accès aux transports (65 € par 24h, 85 € par 48h).

LES ÉVÉNEMENTS

Amsterdam est une ville d'événements et de festivals. Musique, sport, cuisine, chaque week-end ou presque présente un programme culturel varié. Pour la plupart des événements, vous pourrez vous laisser surprendre en fonction de votre visite. Pour les événements plus courus (Formule 1 à Zandvoort, ADE, Holland Festival et autres festivals de musique) ; il est conseillé de vous y prendre des mois à l'avance.

VISITES GUIDÉES

Diverses sortes de visites guidées, parfois thématiques, sont proposées à Amsterdam, parfois organisées par les musées, même à travers la ville. Vous pourrez ainsi découvrir la ville sous une thématique artistique, découvrir les bars bruns et blancs, découvrir les secrets du quartier rouge, etc. Le registre officiel des guides agréés aux Pays-Bas est Guidor (www.guidor.nl/en).

FUMEURS

Il est interdit de fumer dans les cafés, restaurants et dans les lieux publics ou ouverts (aéroports, hôpitaux et salles de concerts). Les espaces fumeurs dans le secteur semi-public ont quant à eux disparu à l'été 2021.

LES ATTRAPE-TOURISTES

Les promenades en calèche sont vraiment une aberration tandis que les visites de la ville en bus sont aussi un non-sens.

LES PHRASES CLÉS

Bonjour, puis-je avoir deux entrées adultes et un enfant s'il vous plait ?
Hallo, mag ik kaartjes voor twee volwassenen en één kind alstublieft?

Le tarif enfant est jusqu'à quel âge ? Et pour les seniors, est-ce qu'il y a une réduction ?
Tot welke leeftijd is het kindertarief? Is er korting voor senioren?

Est-ce qu'il y a des visites guidées en français ou un audioguide ?
Zijn er rondleidingen of is er een audiogids in het Frans?

Combien de temps faut-il pour faire la visite ?
Hoe lang duurt een bezichtiging?

J'ai du mal à monter les escaliers, avez-vous un ascenseur ?
Ik heb moeite met traplopen, is er een lift?

Excusez-moi, pouvez-vous me dire où sont les toilettes ? Merci beaucoup.
Pardon, kunt u mij vertellen waar de toiletten zijn? Hartelijk dank.

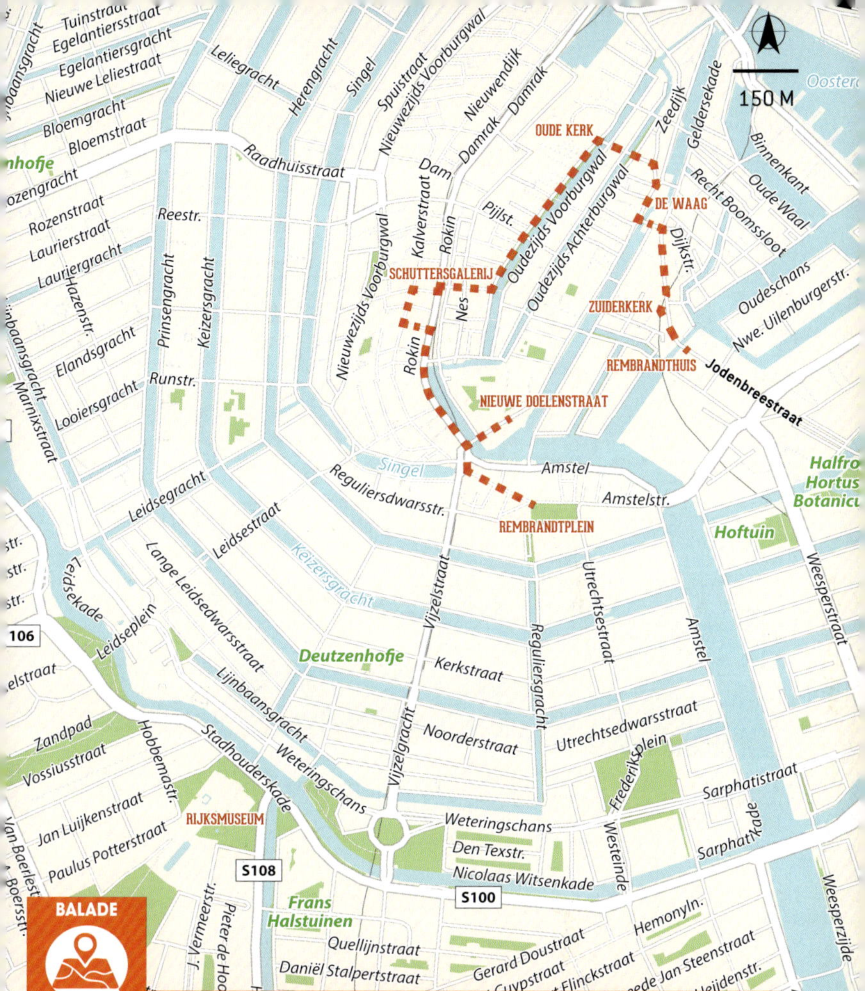

L'AMSTERDAM DE REMBRANDT

Amsterdam a révélé Rembrandt ; il y connut son apogée artistique puis son déclin personnel. La Rembrandthuis, Jodenbreestraat 4-6. Cette maison fut un lieu d'inspiration, cadre de moments forts avec la naissance des enfants Titus et Cornelia et la mort de sa femme Saskia. La Zuiderkerk, l'église du Sud. Rembrandt et sa femme Saskia eurent quatre enfants mais trois moururent peu après leur naissance et furent enterrés dans la Zuiderkerk. De Waag (balance publique). Ce bâtiment hébergea la balance publique. De nombreuses guildes s'y installèrent : la guilde des chirurgiens notamment qui fut représentées dans la leçon d'anatomie. Oude Kerk (la Vieille Eglise). C'est ici que Rembrandt épousa Saskia. A la mort de Saskia, Rembrandt acheta une tombe (toujours visible) dans la Weitkopers-kapel (chapelle de l'Acheteur de Froment). Rendez-vous dans la sublime Schuttersgalerij où les cimaises sont parées de tableaux des cordes XVIe et XVIIe siècles. L'exemple le plus illustre est bien sûr La Ronde de Nuit exposé au Rijksmuseum. La Nieuwe Doelenstraat. Au 42 se trouvait l'espace d'entraînement des gardes civiques. Rembrandt travailla quatre ans (de 1638 à 1642) à la réalisation de La Ronde de Nuit. Rembrandtplein. Cette place s'appelait autrefois le Botermarkt (marché au beurre). En 1876 la statue de Rembrandt fut inaugurée et la place fut rebaptisée.

INTERVIEW

LA CITY CARD I AMSTERDAM

AVEC TIM GRADUSSEN

Qu'est-ce que la I amsterdam City Card ?

C'est un pass urbain pour les visiteurs qui donne accès aux meilleures visites et activités d'Amsterdam pour une durée de 24, 48, 72, 96 ou 120 heures. La I amsterdam City Card permet d'économiser du temps et de l'argent en regroupant tous les billets d'entrée en une seule carte, également disponible sous forme numérique. Mieux encore, le projet City Card réinvestit l'argent dans la ville, ce qui en fait une excellente option pour un voyage durable !

Que comprend la I amsterdam City Card ?

L'accès à plus de 70 musées et attractions, aux transports publics de la ville, à une croisière sur les canaux et à la location de vélos pour 24h. Vous pouvez donc visiter les principaux lieux d'intérêt, explorer les trésors cachés d'Amsterdam et découvrir les moulins à vent de Zaanse Schans.

Quels sont vos lieux secrets préférés à Amsterdam ?

C'est très difficile de choisir ! Personnellement, je suis émerveillé par l'église Our Lord in the Attic. La chambre forte des archives de la ville est pleine d'Histoire et d'informations. Et enfin, le Musée Van Loon, qui est une ancienne maison dans son état d'origine. La visite de ces trois lieux est gratuite avec la I amsterdam City Card !

Comment décririez-vous Amsterdam en 3 mots ?

Authentique : Amsterdam est une ville unique située sous le niveau de la mer, construite sur des poteaux et offrant l'expérience authentique d'une croisière le long des canaux !

Tolérante : Tout le monde est le bienvenu à Amsterdam, peu importe ce que vous aimez, quelles sont vos passions...

Centre culturel : Amsterdam est la capitale qui a la plus forte densité de musées au monde ! Il y en a pour tous les goûts : arts, photographie, cinéma, graffitis, beaux-arts...

I AMSTERDAM CITY CARD

De Ruijterkade 28 B t/m D
www.iamsterdam.com/fr

HOLLAND PASS

✆ +31 20 419 32 20
www.hollandpass.com
A partir de 45 €.

Le Holland Pass est un très bon plan pour visiter les différentes villes de Hollande et le large choix de musées et d'attractions à Amsterdam, Utrecht, La Haye, ou Rotterdam ! Le pass existe sous trois formats, petit, medium ou grand et vous permet de découvrir Amsterdam, la région ou le pays. Ce pass vous permettra par exemple visiter gratuitement le musée Van Gogh, le Rijksmuseum mais aussi de faire un tour en bateau sur les canaux, des circuits en ville, visiter l'ancienne brasserie Heineken Experience. En plus il s'agit d'un coupe-file.

AMSTERJAN

✆ +31 6 30 06 71 50
www.amsterjan.nl
A partir de 12 € par personne pour un groupe de 6 minimum. Tarif dégressif ensuite.

Pour un moment pas comme les autres, Jan est un guide enthousiaste qui propose des balades, souvent en chantant ! Les balades peuvent être classiques « Rembrandt et Amsterdam », « Amsterdam la Juive », ou plus impertinentes « Les coffee shops de la ville », « Meurtres, violence et répression »... C'est le type d'excursion qui sort un peu des sentiers battus et vous fait découvrir la ville et son histoire d'une façon différente et ludique. L'option qui permet de personnaliser sa visite est très appréciable particulièrement pour un moment entre amis ou en famille.

AMSTERBIKE

Piet Heinkade 25
✆ +31 20 419 90 63
www.amsterbike.eu
Tours a vélo tous les jours, départ à 14h30 (durée : 3h) pour 32 € par personne.

Cette agence, idéalement située non loin de Centraal Station où se font les départs, est gérée par une équipe dynamique dont quelques francophones. L'enseigne propose la location de vélos, mais surtout des tours guidés, notamment en français. Les départs se font de la boutique, point de départ idéal, car il y a peu de circulation. Pour ceux qui ne voudraient pas pédaler, Mona et son équipe ont tout prévu grâce aux *tuktuk* électriques, une alternative tout aussi amusante. Un spécialiste du secteur qui a fait ses preuves depuis plusieurs années.

FLOATING AMSTERDAM

Oudezijds Voorburgwal 30a
✆ +3120 2618 999
www.floating-amsterdam.nl/en/
Croisière d'une heure, à partir de 18 €/adulte. Croisière avec boissons incluses à partir de 37,50 €.

Depuis 2017, cette compagnie propose des croisières haut de gamme sur les canaux d'Amsterdam. Au départ de l'Oudezijds Voorburgwal, en plein cœur du quartier rouge, le parcours dure une heure et vous fera découvrir les plus beaux lieux du centre de la ville depuis l'eau. Les bateaux sont 100 % électriques, très bien entretenus et convertibles en fonction des saisons. Mais ce qui différencie Floating Amsterdam des autres compagnies, c'est le positionnement « exclusif » avec maximum 15 personnes par bateau, et un service impeccable à bord.

AMSTERDAM VELO

Spuistraat 110
✆ +31 6 41 17 60 32
www.amsterdam-velo.com
7j/7 dès 9h. Tours : départs à 10h30 et à 14h. Location : 9,50 € : 3h, 14,50 € : 24h, 1 journée : 13 €, 3 jours : 32 €.

Visitez Amsterdam à vélo grâce à des guides francophones ! Le meilleur moyen de visiter Amsterdam est bien sûr à vélo. Vous serez guidés pendant 2h30 dans le centre ville d'Amsterdam, longerez tous les grands monuments. Contactez-les pour organiser votre visite personnalisée et thématique si vous le voulez. Vous pourrez découvrir les alentours d'Amsterdam à travers différentes thématiques comme les moulins ou encore l'architecture moderne ou encore le street art. Ils fournissent le vélo, un guide francophone et leur bonne humeur.

GILDE AMSTERDAM

Keizersgracht 346
✆ +31 20 625 44 50
www.gildeamsterdam.nl
Visite guidée de 3h (café inclus). Adulte : 12,50 €, enfant jusqu'à 12 ans : 6 €. Groupe entre 4 et 8 personnes.

Il s'agit d'une association de retraités (dynamiques) ou de bénévoles tout court qui organise des promenades destinées à vous faire découvrir Amsterdam sous un angle original. Il est indispensable de réserver. Les départs, au restaurant Luciëns, ont lieu du mardi au dimanche à 11h et 14h. Mee in Mokum, ensemble à Amsterdam est une superbe initiative porteuse de cohésion et qui est plus destinée aux Bataves, mais pourquoi ne pas en profiter ? D'ailleurs depuis quelques années, les visites sont également disponibles en anglais et en allemand.

GUIDOR

Leidseplein, 33
✆ +31 20 624 60 72
www.guidor.nl
Balade d'une demi-journée : 175 € et 1 journée : 285 € (TVA néerlandaise non comprise).

Guidor est une organisation néerlandaise réunissant 160 guides touristiques plurilingues et en plus de 20 langues sont disponibles ! Guidor vous mettra en contact avec un guide diplômé francophone et vous établirez ensuite le programme précis de votre journée. Un organisme de référence. Le site est plutôt austère mais bien fait et vous pourrez facilement trouver le guide qui correspond à vos souhaits. A noter, Guidor est la seule association de guides certifiés du pays ! Vous pourrez en choisir pour les grandes villes mais aussi selon des thèmes.

HAVENSAFARI

La zone d'embarquement est précisée sur le site Web.
www.havensafari.nl
Les visites en néerlandais ont lieu tous les vendredis et samedis soir entre début août et mi-septembre.

Ce Havensafari nous emmène, en bateau, en visite dans le port d'Amsterdam, véritable ville dans la ville. La visite, qui dure 3 heures, est un spectacle à la fois visuel et intellectuel. On y apprend beaucoup sur la vie du port, sur la formation de la ville, sur l'histoire (parfois très sombre avec l'esclavage) du pays. On en prend plein les yeux et plein les oreilles. La visite alterne en effet des explications du guide, des passages musicaux (avec, si vous avez de la chance, un excellent guitariste à bord). Incroyable de poésie.

JOHAN CRUIJFF ARENA STADIUMTOUR

Amsterdam ArenA
✆ +31 20 31 113 33
www.johancruijffarena.nl/stadiumtour
Adulte 18 €, enfants 5-12 ans : 13 €.

L'ultra-moderne Johan Cruijff ArenA accueille l'Ajax depuis 1996. Le stade est équipé de panneaux solaires et possède un toit rétractable que l'on peut ouvrir ou fermer en moins d'une demi-heure. Dans sa configuration « spectacle », il peut accueillir près de 53 000 personnes pendant un match ! La visite guidée de 75 minutes, en néerlandais ou anglais seulement, vous familiarisera l'équipe et son histoire. Ne manquez pas l'Ajax Gallery of Fame, riche en trophées.

WHO IS AMSTERDAM TOURS

Marnixstraat 66-1-R
www.whoisamsterdam.com/
Visite guidée d'Amsterdam, 4 heures, 79 €. Plusieurs autres expériences sont proposées sur le site, à partir de 12,50 €.

Who is Amsterdam, fondée en 2018, propose des expériences pour plonger dans le quotidien et la réalité d'Amsterdam, via la rencontre de ses habitants. On découvre le caractère éclectique et inclusif de la ville en rencontrant des locaux et en écoutant leurs histoires uniques. Un entrepreneur, une travailleuse du sexe, le vélo-fleuriste d'Amsterdam, un propriétaire de coffee-shop… Sur leur site, Who is Amsterdam propose aussi une sélection d'expériences locales et indépendantes : visites thématiques ou en autonomie, marches à impact positif, ou chasses au trésor !

© WHO IS AMSTERDAM

© WHO IS AMSTERDAM

LOVERS CANAL CRUISES

Prins Hendrikkade 20B
✆ +31 20 214 3111
https://www.lovers.nl/fr/
Croisières au départ de la gare centrale ou du musée Anne Frank, toutes les 30 min. Ticket 12,50 €, 7,50 € -7 ans.

Une croisière sur les canaux est évidemment un des incontournables d'une visite à Amsterdam. Cette compagnie, dont vous croiserez un point d'accueil en sortant de la gare centrale, est une valeur sûre. Leur croisière phare, très bien conçue, dure une heure et vous fera découvrir tous les immanquables de la ville. Les bateaux sont très confortables, à motorisation tout électrique, et avec toit amovible. L'offre comprend aussi des croisières culinaires thématiques, de nuit, ou à groupes plus restreints, sur des petits bateaux sans toit.

PRIVATE CANAL CRUISES

Singel 235hs
✆ +31 6 53993066
www.privatecanalcruises.nl
Croisière en bateau privé à partir de 235 € l'heure, 180 € l'heure supplémentaire. Capacités : 7/12 ou 30 personnes.

C'est une compagnie boutique haut de gamme qui propose des croisières privées sur mesure avec d'excellentes prestations. Tous leurs bateaux sont des navires historiques magnifiques et parfaitement restaurés : bois d'acajou, laiton, intérieur très confortable et bien sûr, des moteurs 100 % électriques pour une croisière silencieuse. Tout est fait sur mesure selon vos envies, notamment le parcours et les prestations associées. La spécialité maison est le dîner privé sur l'eau : des menus gastronomiques servis pendant la croisière. Inoubliable !

OLD AMSTERDAM CHEESE STORE

Damrak 62
✆ +31 62 522 89 78
www.oldamsterdamcheesestore.com
Tous les jours de 10h à 22h. 20 € par personne, 15 € jusqu'à 18 ans (pas d'alcool).

Une adresse qui surfe sur la tendance « tourisme » du fromage. Pendant 1 h, 5 fromages se succèdent, accompagnés de vins spécialement choisis. Saurez-vous distinguer les différentes saveurs, les herbes et les textures ? Si cela ne paraît pas évident au début, vous ressortirez avec plus de connaissances sur les processus de fabrication des fromages, et un palais bien rôdé. Vous découvrirez ici toute la richesse et la diversité des fromages hollandais.

REYPENAER ★

Singel 182
✆ +31 20 320 63 33
www.reypenaercheese.com
Ouvert le lundi de 12h à 18h, du mardi au samedi de 10h à 18h, le dimanche de 11h à 18h.

Chers lecteurs amateurs de fromages, vous souhaitez vous réconcilier avec le gouda ? Eh bien voici une petite parenthèse savoureuse de la ville. Si vous pensez déjà avoir dégusté du véritable gouda en France, c'était probablement du faux… En effet, la législation est bien plus sévère aux Pays-Bas et ce fromage y est donc de meilleure qualité. Ici, on respire, on pense gouda, dans sa plus pure tradition. Toute l'équipe vous fera découvrir les secrets du gouda pendant une heure, accompagné de vin et vous deviendrez un expert du fromage néerlandais.

PLASTIC WHALE

Le Mairekade 33a
✆ +31 20 737 3049
https://plasticwhale.com/

Cette entreprise a pour objectif un monde sans plastique et surtout des eaux sans plastique. Le concept est simple, la société emmène des entreprises, des groupes et des écoles sur les canaux de la ville et d'y extraire les déchets en plastique. Quand on pense que chaque année ce sont plus de 8 millions de tonnes de plastique qui sont déversées dans les eaux, le travail reste immense. L'entreprise existe depuis 2011 et ses actions sont très médiatiques. Contactez-les pour organiser un événement pas comme les autres qui marquera.

STROMMA

Weteringschans 26-1hg
✆ +31 20 217 05 01
www.stromma.nl/amsterdam
Dès 20 € par personne.

Stromma est l'une des sociétés qui gèrent les bateaux qui vous font découvrir les canaux de la capitale. Elle dispose d'une flotte de treize navires pour vous faire découvrir la ville de manière différente selon l'occasion. A noter vous pourrez parfois aussi y boire et manger et même y organiser une fête... Visiter Amsterdam par les canaux est un des classiques de la ville qui est aussi ludique que photogénique ! Stromma propose des programmes thématiques complets en phase avec l'actualité touristique et culturelle de la ville.

© REDERIJ DE NEDERLANDEN

© REDERIJ DE NEDERLANDEN

© REDERIJ DE NEDERLANDEN

REDERIJ DE NEDERLANDEN

Singel 287-E
✆ +31 20 42 33 006
http://www.denederlanden.com/en/

Croisières all inclusive, différentes formules à partir de 35 € par personne. Bateaux privés à partir de 225 € l'heure.

Basée en plein centre d'Amsterdam, sur le Singel et à deux pas de Dam Square, c'est une compagnie spécialisée dans les croisières 4 étoiles sur mesure. Tous leurs bateaux ont été récemment rénovés et sont très bien équipés. Les prestations offertes et le personnel sont d'un excellent niveau : déjeuner, dîner assis ou en formule buffet, cocktail pour une occasion spéciale… L'équipe de Rederij de Nederlanden a une expertise sans faille et répondra à toutes vos demandes avec professionnalisme. À noter que les réservations se font à l'heure.

© REDERIJ DE NEDERLANDEN

© REDERIJ DE NEDERLANDEN

AMSTERDAM CIRCLE LINE

Westermarkt 64 © +31 20 237 4322
www.amsterdamcircleline.nl/fr
Croisière de 75 minutes : adultes 18,50 €, -12 ans 9,50 €. Tickets famille (2 enfants et 2 adultes) à 39 €.

Depuis plus de 20 ans, cette compagnie propose des croisières de 75 minutes sur les canaux de la capitale. Le parcours vous fera découvrir les endroits les plus emblématiques de la ville. Les bateaux, très agréables, sont tous équipés d'un toit amovible s'adaptant aux saisons, de 80 sièges confortables et d'une motorisation 100 % électrique. Les visites en audio-guide sont proposées en de nombreuses langues, dont le français, et des activités sont prévues pour les enfants. Embarquement en face de la maison Anne Frank. Nous recommandons !

VISITE DE KEUKENHOF PAR TOURS & TICKETS

Damrak 6
© +31 20 420 40 00
Plusieurs tours proposés, entre 99 € et 37,50 €. Toutes les informations sur le site de Tours & Tickets.

L'opérateur Tours & Tickets, incontournable à Amsterdam, vous propose d'organiser votre visite au parc Keukenhof. Plusieurs choix possibles. Pour ceux qui manquent de temps, la visite couplée de Keukenhof avec une croisière dans les canaux d'Amsterdam est une très bonne option. En une journée, cela vous permettra de découvrir les immanquables de la ville. Attention, en 2023, le Keukenhof sera ouvert du 23 mars au 14 mai. Ne manquez pas le coche !

TIP AMSTERDAM-NOORD

IJpromenade 2
© +31 61 399 86 75
www.bikerentalamsterdamnorth.nl
Du lundi au vendredi 9h-18h, le samedi 10h-17h. Différentes excursions, compter 34,95 € pour 3 heures.

Si la caution demandée est équivalente à de nombreux loueurs, les prix sont ici imbattables. Cette société loue de nombreux vélos, du moderne au *cruiser* de plage, en passant par le traditionnel vélo hollandais ou même hybride... Des vélos « enfants » sont disponibles ainsi qu'un grand nombre de circuits de visites guidées avec de nombreux thèmes, la plupart étant cependant sur réservation. L'accueil est chaleureux et les prix sont très compétitifs. À noter : des accessoires sont à votre disposition (siège bébé, imperméable jetable...).

VISITE DES MOULINS À VENTS PAR TOURS & TICKETS

Damrak 6
© +31 20 420 40 00
Départ tous les jours à 8h45 et 13h45 depuis la gare centrale. Adulte : 27,50 €, moins de 13 ans : 13,75 €.

Les environs d'Amsterdam ont beaucoup à offrir ! À commencer par les localités rurales Au nord, connues pour leurs villages traditionnels et leurs magnifiques moulins à vent. Cette visite vous permet d'en découvrir les incontournables en une journée. Le circuit commence par de Zaanse Schans et ses célèbres moulins à vent, pour ensuite visiter l'ancien village de pêcheurs de Volendam, avant d'atteindre la presqu'île de Marken en bateau. Déjeuner et visites thématiques sont compris.

TOURS & TICKETS

IJ-hal Central Station
© +31 20 420 40000
www.tours-tickets.com
Croisières le long des canaux à partir de 16 €, croisière culinaire 33 €.

Cet organisme propose de nombreuses visites guidées à travers Amsterdam et ses environs. Outre les trajets, les accompagnateurs partageront leurs connaissances des environs pour rendre vos visites intéressantes. Cette société propose des tarifs avantageux pour les attractions : croisière le long des canaux, virées en vélo ou en bateau, musées et salles de concert. Il existe également des séjours organisés, notamment vers le parc Keukenhof. Vous pouvez également demander un séjour taillé sur mesure pour vous en choisissant vous-même vos visites et vos activités.

YELLOW BIKE

Nieuwezijds Kolk 29
© +31 20 620 69 40
www.yellowbike.nl
Joignable par téléphone chaque jour de 9h30 à 18h. City Bike Tour de 3h : 31 € par personne (sans les boissons).

Cette enseigne spécialisée dans la location de vélo propose également des visites guidées de la ville à vélo, des visites du Waterland (parc naturel au nord d'Amsterdam) à un prix raisonnable. Il est également possible de louer et de se déplacer soi-même et de faire son propre circuit. C'est une adresse réputée et reconnue parmi les touristes et les locaux qui y envoient leurs amis en visites. A noter la société propose également des visites spéciales pour les enfants ou pour les groupes de copines. Vous ne pouvez pas les rater !

A'DAM LOOKOUT

Overhoeksplein 5
✆ +31 20 242 0100
www.adamlookout.com
7j/7 de 10h à 22h (dernière entrée à 21h). 14,50 € par adulte, 8,50 € par enfant. Balançoire « Over the edge » à 5 €.

Amsterdam Lookout est une plateforme d'observation incroyable située sur l'autre rive de l'IJ, en face de la gare centrale. Le projet osé est une réussite incontestable. Le spectacle commence dès l'ascenseur qui vous amène au 20e étage. La vue, à 360 degrés, est stupéfiante de beauté et de dynamisme. Il faut laisser parler l'enfant en soi et profiter au maximum de la vue, de la balançoire qui vous permettra de vous balancer au-dessus du vide. Des animations interactives permettent de découvrir la ville, son histoire et sa structure de manière différente.

ALLARD PIERSON MUSEUM ★★

Oude Turfmarkt 127
✆ +31 20 525 25 56
www.allardpiersonmuseum.nl
Mardi au vendredi de 10h à 17h et le samedi et le dimanche de 13h à 17h. Entrée : 14,50 €, enfants 2 € ou gratuit.

Il s'agit du musée d'Archéologie de l'université d'Amsterdam qui présente une imposante collection d'antiquités de manière didactique. Le premier étage est consacré à l'Egypte ancienne, la Mésopotamie et l'Iran, le second étage au monde gréco-romain. Ce musée a l'avantage de proposer une collection variée et intéressante, mais qui a aussi le mérite d'être à taille humaine et donc très digeste pour le visiteur déjà un peu fatigué. Possibilité de réserver des visites guidées dont se chargent des étudiants en archéologie. Intéressant !

AMSTERDAM MUSEUM - MUSÉE HISTORIQUE D'AMSTERDAM ★★

Amstel 51
✆ +31 20 523 18 22
www.amsterdammuseum.nl
Ouvert tous les jours de 10h à 17h. Entrée : 18 € gratuit pour les mineurs.

Ce vaste musée, installé dans un ancien orphelinat, retrace au gré de ses vingt salles, le long cheminement de la ville à travers les différentes époques, avec une attention accordée aux XVIIe et XVIIIe siècles, alors qu'Amsterdam vivait ses heures de gloire. Le musée subit actuellement une rénovation profonde et complète. La collection principale est accueillie au musée Hermitage avant de rouvrir ses portes en 2026. En attendant, rendez-vous dans une partie de l'Hermitage.

BEGIJNHOF - BÉGUINAGE D'AMSTERDAM ★★

Begijnhof 30
✆ +31 20 622 19 18
www.begijnhofamsterdam.nl
Ouvert de 8h à 17h. Chapelle ouverte jusqu'à 18h30 en semaine et 18h le week-end.

Le *begijnhof*, fondé en 1346, fut plusieurs fois détruit par le feu et reconstruit. On note la petite église médiévale. Au n°34 se trouve la plus vieille demeure de la ville en bois. A noter, l'église catholique dissimulée au n° 29 depuis 1665, en face de l'église anglicane, à visiter lors de la messe en français, dimanche 11h. Ce lieu touche au sublime et ne laisse personne indifférent. En le visitant on baisse la voix pour la tranquillité des habitants.

À VOIR / À FAIRE

Le Béguinage.

BEURS VAN BERLAGE ★

Damraak 243

✆ +31 20 530 41 41

www.beursvanberlage.nl

Entrée en fonction de la programmation.

C'est le bâtiment symbole qui a longtemps racheté la première impression du visiteur qui sort de la gare et descend le Damrak. Sur cette avenue se dresse un intrigant bloc de briques rouges. Celle-ci est l'œuvre majeure de l'architecte Hendrik van Berlage qui la conçut entre 1897 et 1903. Ce bâtiment contient tous les éléments de l'architecture moderne comme elle sera ensuite abordée par l'école d'Amsterdam. Depuis 1987, la Bourse fait office de centre culturel où de nombreuses expositions et événements divers sont organisés. Endroit unique à ne pas manquer.

BODY WORLDS AMSTERDAM

Damrak 66

✆ +31 20 216 0601

www.bodyworlds.nl/

Ouvert tous les jours de 11h à 19h. Entrée adultes : 20,50 €, -17 ans : 12,50 €, gratuit pour les - de 5 ans.

La genèse de cette exposition date de 1995, avec des expositions itinérantes éducatives dédiées au corps humain. À l'origine, l'anatomiste Allemand Gunther von Hagens, inventeur 20 ans plus tôt de la technique de la plastination : un processus de conversation du corps humain pour l'enseignement médical et la recherche. Après des expositions dans plus de 100 villes dans le monde, le musée Body Worlds s'est installé à Amsterdam de façon permanente. La visite, sur 6 niveaux et d'une durée d'environ 1h30, est à la fois intéressante et pédagogique.

CANNABIS COLLEGE ★

Oudezijds Achterburgwal 124

✆ +31 020 4234 420

Ouvert tous les jours de 11h à 19h. Entrée gratuite. Accès au jardin de cannabis biologique : 3 €

Célèbre pour son superbe jardin de cannabis biologique ouvert au public, le seul au monde, le Cannabis Collège est un centre d'information unique en son genre. A but non lucratif, son seul objectif est la sensibilisation et l'éducation du public sur la consommation propre du cannabis récréatif et des multiples usages du chanvre. Vous y découvrirez en effet comment le cannabis et le chanvre, qui sont une seule et même plante, ont été longtemps utilisés à travers l'histoire à de nombreuses fins, qu'elles soient thérapeutiques, nutritionnelles et industrielles.

CENTRAAL STATION - GARE CENTRALE ★★★★

Stationplein 9

✆ +31 20 344 50 74

www.ns.nl

La gare centrale d'Amsterdam est un symbole de la ville. Ces dernières années, elle fut rongée par de très importants travaux pour la construction d'une ligne de métro et d'une nouvelle gare de bus, mais resta tout de même bien visible de l'extérieur. Elle fut construite entre 1881 et 1889 d'après les plans de P.H. Cuypers également auteur du Rijksmuseum inauguré en 1885 qui lui ressemble beaucoup. Il s'agit d'ailleurs de la première gare néerlandaise qui fut conçue par un architecte célèbre. La gare fut installée sur 3 îles artificielles avec presque 9 000 pilotis. Cela ferma le port mais évita que les lignes ferroviaires ne traversent la ville. Les deux tours présentes dans la gare devaient faire de cette gare une nouvelle porte d'entrée de la ville. La gare s'est rapidement avérée trop petite et de nombreux ajouts ont été apportés depuis sa construction. Elle est actuellement en pleine mutation et révèle petit à petit son nouveau visage ! Ne manquez pas le garage à vélos flottant, à droite en sortant de la gare. Le nouveau tunnel à vélo avec ses carreaux de faïence de Delft vaut le déplacement. La partie arrière de la gare autrefois très interlope est désormais une vraie ouverture vers les quartiers nord de la ville avec le *shared space*, un espace inédit de circulation sans feu. Les galeries marchandes, dont la Lil'Amsterdam, valent le détour. Actuellement c'est le côté ville de la gare qui est repensé et reconstruit pour permettre une entrée élégante dans la ville.

© ACC

© ACC

© ACC

AMSTERDAM CHEESE COMPANY

Nieuwendijk 180
✆ +31 20 422 7028
www.amsterdamcheesecompany.com
Ouvert tous les jours de 10h à 21h.

L'Amsterdam Cheese Company est une marque de CONO Kaasmakers, un fabricant emblématique de fromage hollandais avec 5 boutiques à Amsterdam. Celle-ci est située dans un magnifique bâtiment historique au coeur de Nieuwendijk, la plus ancienne rue commerçante de la ville. À l'intérieur, vous trouverez toutes sortes de goudas hollandais (dégustation gratuite), mais aussi des souvenirs, cadeaux et même de la bière maison. À noter la possibilité de réserver des dégustations privées, 45 minutes de découvertes gustatives ! À ne pas rater !

© ACC

© ACC

DE CEUVEL ★

Korte Papaverweg 2
www.deceuvel.nl
7j/7 en principe, le mieux est de réserver une visite guidée par l'un des initiateurs du projet (250 € pour 20 pers.).

De Ceuvel est un terrain à réhabiliter, prêté par la ville pendant 10 ans. Sa réhabilitation a plusieurs buts : purifier le sol, infesté par des années d'utilisation comme chantier naval, et créer un nouveau centre urbain vert, modèle d'un nouvel art de vivre. De Ceuvel, pépinière d'entreprises novatrices, se veut le plus possible autosuffisant, chaque entreprise se loge dans des bateaux promis au démantèlement. Les planches sont de récup', les panneaux solaires pullulent, les toilettes sont sèches. Un lieu unique qu'il faut connaitre.

EYE - CINÉMATHÈQUE NÉERLANDAISE ★★★

IJpromenade 1 ✆ +31 20 589 14 00
www.eyefilm.nl
Zones en accès libre 7j/7, 10h-21h, caisses du dimanche au jeudi 10h-22h, vendredi et samedi 10h-23h. Cartes uniquement.

Eye, la cinémathèque néerlandaise est logée dans un bâtiment devenu un classique instantané, symbole d'une ère nouvelle pour cette rive autrefois délaissée. L'ouvrage, sorte de vaisseau spatial d'une blancheur immaculée aux perspectives multiples, a été conçu par le cabinet d'architecte viennois Delugan-Meissl. Avec 4 salles de cinéma ayant chacune une thématique et un décor unique, une salle d'expo (4 expositions par an) de plus de 1 200 mètres carrés, un magasin-librairie, Eye se veut une cinémathèque d'un genre nouveau, portant l'idée d'ouverture et de spectacle total, ouvert sur le monde et transgénérationnel.

Les espaces en sous-sol sont en libre accès. On peut se laisser transporter dans des *pods*, cabines futuristes où l'on visionne des films, on peut aussi expérimenter un « Mobile thrill » en chargeant un film sur son portable. Nous conseillons d'au moins boire un café dans le foyer offrant une ouverture saisissante sur l'eau, l'intérieur est une sorte de forum avec marches qui mène au café-restaurant, l'extérieur est une magnifique terrasse qui, si le temps le permet, offre une vue incroyable sur Amsterdam. Eye rassemble une riche collection composé de 46 000 films, 500 000 photos, 41 500 affiches, des scénarios et archives diverses. Eye organise régulièrement des festivals et rencontres thématiques et constitue un nouveau repère monumental de la ville. C'est l'une des nos adresses fétiches de capitale. Une adresse à ne pas manquer où l'on peut même se marier !

GALERIE MOKUM

Oudezijds Voorburgwal 334
✆ +31 681 090 934
www.galeriemokum.com
Ouverte du mercredi au samedi de 12h à 17h. Du dimanche au mardi sur RDV. Fermé au mois d'août.

Depuis plus de 60 ans, la Galerie Mokum œuvre à exposer et à promouvoir la peinture figurative. Juste derrière l'université, cette belle galerie est devenue un lieu de rendez-vous incontournable pour les adeptes de ce style qui a fait la renommée des Pays-Bas tout au long de l'histoire, avec Rembrandt ou Vermeer. À ses débuts, la galerie représentait une trentaine d'artistes néerlandais, mais depuis quelques années, elle s'ouvre aux artistes des quatre coins du monde, ce qui enrichit son catalogue qui reste cependant dans une facture assez classique.

MAGNA PLAZA ★

Nieuwezijds Voorburgwal 182
www.magnaplaza.nl
Ouvert de 10h à 19h, le jeudi jusqu'à 21h, le lundi de 11h à 19h, le dimanche à partir de midi.

Magna Plaza est une ancienne poste centrale reconvertie en un vaste centre commercial de luxe. Construit à la fin du XIXe siècle, ce bâtiment de style Renaissance hollandaise et néo-gothique, prétentieux par son exubérance et son souci du détail, valut bien des critiques à son architecte Cornelis Peters. La cage d'escalier mérite vraiment le coup d'œil. À Noël, un énorme sapin constitue un incroyable spectacle. Depuis quelques années, ce lieu peine à accueillir du public et son sort est incertain, un hôtel sera peut-être créé !

MARIHUANA & HEMP MUSEUM - MUSÉE DE LA MARIJUANA

Oudezijds Achterburgwal 148
✆ +31 20 624 89 26
www.hashmuseum.com
Ouvert tous les jours de 10h à 22h. Entrée 9 €.

Tout ce que vous avez toujours voulu savoir sur le chanvre sans jamais avoir osé le demander ! Ce musée, met en scène photos, documents, vidéos et divers objets concernant tous les aspects de cette plante étonnante, le tout dans une perspective globale. Une petite serre permet d'observer quelques spécimens impressionnants. Avec votre entrée vous pourrez également avoir accès à quelques pas du musée à la galerie d'art du musée nommée « Hemp Gallery ».

FLOATING AMSTERDAM

Oudezijds Voorburgwal 30a
✆ +3120 2618 999
www.floating-amsterdam.nl/en/
Croisière d'une heure, à partir de 18 €/adulte. Croisière avec boissons incluses à partir de 37,50 €.

Depuis 2017, cette compagnie propose des croisières haut de gamme sur les canaux d'Amsterdam. Au départ de l'Oudezijds Voorburgwal, en plein cœur du quartier rouge, le parcours dure une heure et vous fera découvrir les plus beaux lieux du centre de la ville depuis l'eau. Les bateaux sont 100 % électriques, très bien entretenus et convertibles en fonction des saisons. Mais ce qui différencie Floating Amsterdam des autres compagnies, c'est le positionnement « exclusif » avec maximum 15 personnes par bateau, et un service impeccable à bord.

MYSTERY CITY GAMES

Zwanenburgwal 178
✆ +31 6 47799524
www.mystery.city

2 scénarios possibles qui changent régulièrement. 25 € par personne pour environ 3h.

Qui ne s'est jamais pris pour Indiana Jones ? Qui n'a jamais rêvé de découvrir un trésor, dévoiler un secret ? C'est ce que vous propose l'équipe dynamique et adorable du Mystery City Games. Au travers d'une enquête historique basée sur des faits réels, vous allez devoir, à l'aide de votre intelligence et de vos aptitudes, révéler un mystère ayant trait à l'histoire de la ville. Cette façon ludique et prenante de découvrir et visiter la ville et ses monuments est un véritable bonheur. En famille, en groupe, en amoureux ou même seul, préparez-vous à l'aventure !

NICOLAASKERK - ÉGLISE SAINT-NICOLAS-DANS-LES-MURS ★

Prins Hendrikkade 73
www.nicolaas-parochie.nl

Ouvert le lundi et samedi de 12h à 15h et du mardi au vendredi de 11h à 16h.

Cette église (une basilique) catholique est officiellement intitulée Saint-Nicolas-dans-les-Murs, puisqu'elle a été construite au XIXe siècle au cœur même de la cité, au sein des plus anciens remparts d'Amsterdam. Elle est dédiée au saint patron de la ville, Nicolas. Elle présente le double intérêt d'être visible de nombre d'endroits de la ville et d'être composée de différents styles architecturaux (néo-baroque et néo-renaissance notamment) engendrant un ensemble assez remarquable.

NIEUW DAKOTA

Ms. van Riemsdijkweg 41b
✆ +31 20 331 83 11
www.nieuwdakota.com

Ouvert du mercredi au vendredi de 11h à 18h et le samedi et dimanche de 12h à 17h. Entrée gratuite.

Galerie qui se veut une plateforme internationale, un pionnier en matière de collaboration artistique entre les collectionneurs, les galeries les instituts et tous les autres acteurs du monde de l'art. Le cadre, dans des entrepôts modernes, se prête à divers types d'expositions. Un endroit novateur dans un quartier qui l'est tout autant. On y accède par un bac derrière la gare centrale. NDSM accueillait jadis un chantier naval et est depuis une zone alternative (elles ne sont plus nombreuses à Amsterdam) avec galeries, restaurants et cafés.

NIEUWE KERK - NOUVELLE ÉGLISE ★

Dam ✆ +31 20 638 69 09
www.nieuwekerk.nl

Entrée gratuite avec la carte IAMsterdam, tarif adulte (entre 10 € et 15 €) selon l'exposition en cours.

La Nieuwe Kerk est célèbre pour ses expositions-événements sur l'art, la photos et la culture notamment, c'est un lieu très prisé et renommé. La Nieuwe Kerk, construite en 1408, joue également un rôle de premier plan pour le pays en accueillant les cérémonies royales ainsi que des réunions et rassemblements majeurs. Son histoire est riche et c'est à ses pieds qu'ont lieu des commémorations et célébrations nationales, sur la place du Dam, vrai cœur de la ville.

Vue sur Nicolaaskerk, église Saint-Nicolas-Dans-Les-Murs.

MADAME TUSSAUDS

Dam 20
✆ +31 20 522 10 10
www.madametussauds.com
Ouvert tous les jours de 10h à 19h, parfois 20h. Adultes : 25 €, 22 € en ligne).

Conçu sur le même principe que le musée Grévin de Paris, ce musée retrace l'histoire du pays en mettant en scène divers personnages célèbres, Rembrandt notamment, dont les mannequins de cire évoluent dans des décors élaborés. Dans ce musée, vous reconnaitrez les grandes figures historiques ainsi que la famille royale et certaines figures de la culture pop. Vous ferez également connaissance avec des personnes de rayonnement national comme Sven Kramer, Rico Verhoeven ou Michiel Huisman. Qui sont-ils ? Rendez-vous chez Madame Tussauds pour le savoir.

ROLLER DREAMS BY WONDR

Meeuwenlaan 88-B
✆ +31 85 888 02 61
www.rollerdreams.nl/
Du lundi au mercredi ; 14h-22h jeudi, vendredi 14h-20h, samedi 13h-22h et dimanche 13h-20h. Ticket d'entrée : 19,50 €.

Voici le nouveau projet de Wondr Experience, trublion du nord d'Amsterdam et roi des lieux instagrammables. C'est une activité tout droit sortie des années 1980 : une salle de danse sur patins à roulettes remplie de néons, boules à facettes et autres lumières roses. C'est très réussi, avec une décoration soignée et une esthétique très forte, entre paillettes, flashs et clins d'œil disco. Le ticket vous donne un droit d'accès pendant 1h30 ainsi qu'à une paire de patins à roulettes à votre taille. Une activité qui sort de l'ordinaire !

© WONDR

© WONDR

OERSOEP ★★

Beurspassage
www.beurspassageamsterdam.nl

Il s'agit d'une récente attraction urbaine, un passage, autrefois glauque, entre des rues trop touristiques et insipides, qui vaut le déplacement. Il est le symbole du renouveau de la ville et du centre. Le duo Arno Coenen et Iris Roskam (auteurs du sublimissime plafond du Markthal de Rotterdam) y formule une véritable ode aux canaux et à la riche histoire de la ville. Avec ses matériaux illustres et une photogénie sans limites, ce passage n'a pas fini de faire parler de lui. Il est difficile d'exprimer verbalement une beauté si unique et visuelle.

ONS' LIEVE HEER OP SOLDER ★★

Oudezijds Voorburgwal 40 ✆ +31 20 624 66 04
www.opsolder.nl
Du mardi au vendredi de 10h à 17h, samedi jusqu'à 18h, dimanche et jours fériés de 13h à 18h. 15,50 €, sinon 7 €.

En plein cœur du quartier rouge, cette demeure du XVIIe siècle accueille au grenier une église clandestine remarquablement conservée. C'est ici que bon nombre de catholiques, persécutés par les protestants, venaient célébrer leur culte au XVIIe siècle, aidés en cela par le propriétaire des lieux, Jan Hartman, riche marchand de la ville. Symbole de la tolérance *made in NL*, il y règne une atmosphère sublime. Attention, ce musée connaît des problèmes financiers et sa survie est menacée.

OUDE KERK – VIEILLE ÉGLISE ★

Oudekerksplein
www.oudekerk.nl
Lundi-samedi de 10h à 18h, le dimanche de 13h à 17h30. Entrée gratuite avec la carte IAMsterdam, tarif adulte : 12 €.

Certaines parties de la vieille église datent du XIVe siècle. C'est ici que Rembrandt épousa Saskia. A la mort de Saskia en 1641, Rembrandt acheta une tombe (toujours visible) dans la Weitkoperskapel (chapelle de l'Acheteur de Froment). Cette église unit les styles gothique et renaissance. Plusieurs illustres personnes y sont enterrées : Saskia van Uylenburgh donc, mais aussi Jan Pietersoon Sweelinck, un illustre organiste et compositeur néerlandais.

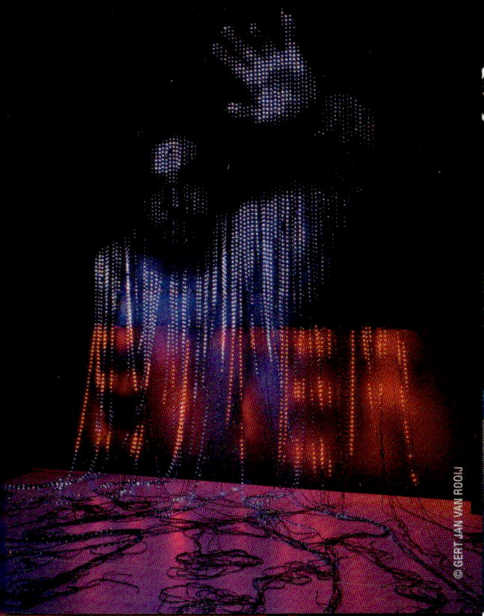

© GERT JAN VAN ROOIJ

© GERT JAN VAN ROOIJ

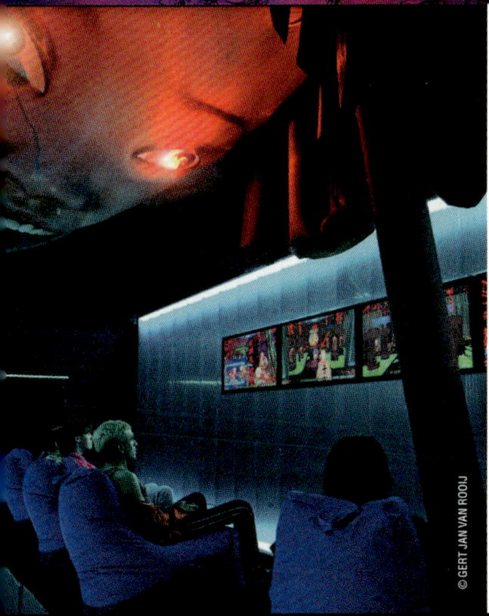

© GERT JAN VAN ROOIJ

NXT MUSEUM

Asterweg 22
www.nxtmuseum.com
Lun et mer 10h-20h30, mar, jeu et vend 10h-22h30, sam 9h30-22h30 et dim 9h30-20h30.
Adulte 24,50 €, - de 17 ans 14,50 €.

Ouvert à l'été 2020 dans un ancien studio de télévision d'Amsterdam Noord, Nxt Museum est le premier musée d'Amsterdam dédié aux arts médiatiques. Dans un espace de plus de 2 100 m^2, 7 salles présentent des installations multi-sensorielles variées et toutes très stimulantes. La visite est une expérience captivante et immersive. On passe de salle en salle dans un mélange d'émerveillement et d'interrogation, fasciné devant ces œuvres à grande échelle. Il est impossible de rester indifférent, tant c'est une expérience à ne pas négliger.

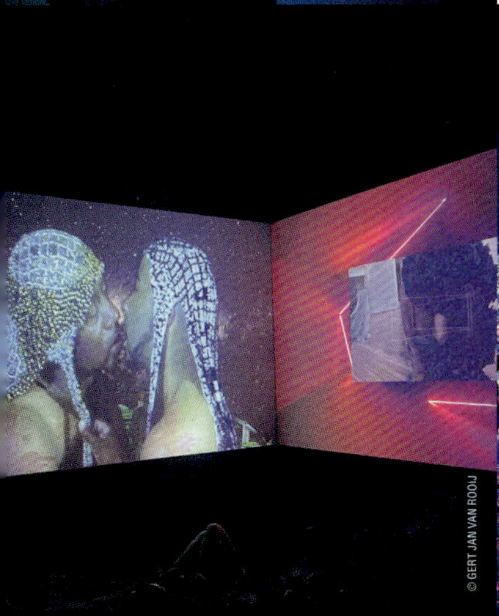

© GERT JAN VAN ROOIJ

© GERT JAN VAN ROOIJ

PALEIS OP DE DAM - PALAIS ROYAL ★★

Paleisstraat
✆ +31 20 620 40 60
www.paleisamsterdam.nl
10h-17h, le palais n'est pas accessible lors des visites officielles. 12,50 € par adulte, gratuit pour les mineurs.

Construit par Jacob van Campen au XVIIe siècle dans un style classique et austère, il faisait office d'hôtel de ville au Siècle d'or. Louis Bonaparte le transforma en résidence royale. De nos jours, il appartient toujours à la couronne, mais le roi (pas très fan d'Amsterdam) n'y fait que de brèves apparitions lors de réceptions officielles. Une visite du monument est possible, et est plutôt intéressante. Dans la Burgerzaal, le superbe dallage représentant une mappemonde.

SCHEEPVAARTHUIS - MAISON DE LA NAVIGATION ★★

Prins Hendrikkade 108
Très accessible en journée du fait de l'hôtel qui s'y loge.

Premier édifice représentatif de l'école d'Amsterdam, et réalisée selon les plans de J. van der Mey, cette construction de brique comporte de nombreux caractères typiques. Le bâtiment regorge d'éléments référence au glorieux passé des Pays-Bas et les sublimes vitraux et l'escalier valent absolument le détour. Nous pouvons citer les fabuleux vitraux retraçant le passé maritime des Pays-Bas. Un endroit unique, à ne pas manquer donc. Visite guidée possible.

RED LIGHT SECRETS - MUSÉE DE LA PROSTITUTION

Oudezijds Achterburgwal 60h
✆ +31 20 846 70 20
www.redlightsecrets.com
Ouvert tous les jours de 10h à 20h. Entrée 13 €. Âge minimum : 16 ans.

Tout simplement le seul musée de la prostitution au monde. La visite vous propose de comprendre l'histoire de ce métier à Amsterdam, qui a rendu célèbre le quartier rouge. Grâce à un audio-guide et à des salles bien construites, on plonge dans le quotidien d'une travailleuse du sexe. Le musée propose aussi de découvrir l'histoire mouvementée de ce quartier, via un court-métrage. C'est une visite intéressante pour appréhender ce sujet toujours très tabou en France.

SPUI ★

Spui

Le Spui est la place littéraire de la ville. Trois excellentes librairies y sont installées. Cette place fut le centre de la contestation du mouvement Provo dans les années 1960 et un esprit de liberté semble y être resté. Rendez-vous dans un des cafés de la place (Hoppe, de Zwart ou Luxembourg) pour vous imprégner de l'air de vivre à la hollandaise. Ici, tous les soirs de semaine, et notamment le jeudi, c'est l'heure du *borrel,* le sacro-saint pot à la sortie du bureau. Dommage que le *food truck* de hot-dogs trouble régulièrement la photogénie du lieu.

RIPLEY'S BELIEVE IT OR NOT ! AMSTERDAM

Dam 21
www.ripleysamsterdam.com
Adulte : 21,50 €, enfant : 13,50 € en ligne. Ouvert tous les jours de 10h à 22h.

Récente attraction géante, l'étrange et le merveilleux sont les maîtres mots. Préparez-vous à être époustouflés par le théâtre vivant en 7 dimensions ! Lors de cette visite à la découverte du monde fantastique de Robert Ripley, vous découvrirez des personnages et des objets aussi bizarres qu'extraordinaires, présentés à travers de multiples animations très interactives, illusions d'optique, vidéos et autres innombrables surprises… Expérience étonnante !

X BANK

Spuistraat 172
✆ +31 20 811 33 20
Du lundi au samedi 10h-18h, jeudi 10h-21h, dimanche 12h-17h. Large panel de prix : de 3,95 € à 80 000 €.

Attention sensation, X-Bank est un superbe épicentre culturel de la capitale. A la fois boutique, galerie, espace créatif, X-Bank a la particularité de ne présenter que des artistes et créateurs néerlandais ou actifs aux Pays-Bas. La X-Bank présente environ 180 designers dans un superbe espace de 750 m² sur deux niveaux. La fourchette des prix est très large donc tout le monde peut trouver quelque chose. X-Bank est aussi le lieu où il faut être avec deux événements culturels et artistiques par semaine. Belle collection qui change souvent.

© THIS IS HOLLAND

© THIS IS HOLLAND

© THIS IS HOLLAND

THIS IS HOLLAND

Overhoeksplein 51
✆ +31 20 215 30 08
www.thisisholland.com

Ouvert tous les jours de 10h à 22h. 22 € par adulte et 18 € enfant de moins de 13 ans.

En plein boom de la VR (Virtual Reality), This is Holland est une attraction récente située sur la rive nord de l'IJ entre le Eye et Amsterdam Lookout, This is Holland décoiffe et vous fait découvrir le pays en une simulation de vol. Une expérience inédite pour découvrir tout le pays (d'accord il n'est pas si grand que cela déjà mais quand même) en 1 heure top chrono seulement. Amusant si vous êtes en famille et si vous aimez les sensations fortes. Vos enfants aimeront à coup sûr ! Situation idéale sur l'autre rive de l'IJ, prendre le bac de la gare centrale.

© THIS IS HOLLAND

© THIS IS HOLLAND

© WONDR

© WONDR

WONDR EXPERIENCE

Meeuwenlaan 88 ✆ +31 20 244 3700
www.wondrexperience.com

Ouvert tous les jours 11h-19h, dimanche dès 9h. Billets uniquement en ligne 24,50 €, enfants -10 ans 14,50 €.

Wondr est une expérience qui vous emmène dans un monde joyeux, acidulé et photogénique. C'est une visite qui se compose de 15 espaces tous plus colorés les uns que les autres : murs colorés, tableaux vivants où l'on entre dans le décor, jungle dingue, piscine géante de chamallows, douche de confettis, piscines… L'ambiance est unique et même les plus réticents au concept très instagrammable céderont dès la première salle. Grâce à un QR code, on peut faire 5 photos différentes à l'aide des appareils présents sur place. Une visite à ne pas manquer !

© WONDR

© WONDR

© WONDR

ANNE FRANK HUIS - MAISON D'ANNE FRANK ★★★

Prinsengracht 263-267
✆ +31 20 626 45 33
www.annefrank.org
Les horaires varient selon la saison. Billets en ligne uniquement avec créneau à réserver. 14 €/ adulte, sinon 7 €.

C'est ici que la famille Frank trouva refuge après sa fuite d'Allemagne, en 1933, et où elle vécut dans la plus totale clandestinité à partir de 1941, entourée de quelques amis, dont le couple Van Daan, menacés eux aussi de mort en raison des rafles de juifs devenues quotidiennes. Le récit de cette existence dissimulée aux regards des hommes, consigné au jour le jour par la jeune Anne Frank dans son bouleversant journal, fera le tour du monde et deviendra le symbole de l'innocence assassinée. Car il prend tragiquement fin le 4 août 1944, après que les Frank et leurs compagnons d'infortune, au total huit personnes, eurent été arrêtés sur dénonciation anonyme et déportés dans les camps de la mort. Anne et sa sœur Margot moururent du typhus à Bergen-Belsen, en mars 1945, et seul Otto, le père, en réchappa. C'est pour rappeler ce destin tragique, mais aussi pour répondre à une forte pression populaire, que cette maison fut sauvée de la démolition et resta, pour une bonne part, intacte, comme figée au seuil d'un moment d'horreur infranchissable.

Ouverte au public depuis 1960, la maison est divisée par une cour intérieure, avec la *voorhuis*, en façade, et l'*achterhuis* à l'arrière. C'est donc au 2e et au 3e étages de l'*achterhuis* qu'Otto Frank aménage une cachette de fortune, composée de trois pièces et d'un grenier auxquels on accédait par une bibliothèque tournante. La nuit, toutes les fenêtres étaient recouvertes de toile noire, pratique imposée aux Amstellodamois par les Allemands afin que les Alliés ne puissent s'orienter. L'absolu dénuement des lieux renforce le sentiment de vide et d'absence de ses derniers occupants. Dans la chambre d'Anne Frank, sur les tapisseries défraîchies, on peut encore voir quelques photographies de stars de cinéma découpées dans les magazines de l'époque, petites fenêtres sur le rêve et l'innocence dans un monde brutal en voie de perdition. La famille Van Daan habitait l'étage supérieur. Une passerelle, installée après la guerre, permet de rejoindre la maison de devant, siège de la fondation Anne Frank destinée à la lutte contre le racisme, qui regroupe dans plusieurs pièces, divers documents et photographies sur ce thème. Le journal de la jeune fille est disponible en plusieurs langues. Ce musée-mémorial a gagné au fil du temps une importance incommensurable, il détient d'ailleurs en moyenne la file d'attente la plus longue (en taille et non en durée heureusement) de tous les musées des Pays-Bas. Un lieu émouvant...

MUSEUM VAN LOON ★★

Keizersgracht 672
✆ +31 20 624 52 55
www.museumvanloon.nl
Ouvert tous les jours de 10h à 17h. Entrée : 12,50 €.

© MUSEUM VAN LOON

Cette très belle demeure bourgeoise fut construite en 1672 sur les plans du célèbre architecte Adriaan Dortsman et est depuis le XIXe siècle, propriété de la famille Van Loon, dont l'un des membres participa à la fondation de la Compagnie néerlandaise des Indes orientales, en 1602. L'intérieur propose huit pièces décorées avec goût, dans le style Louis XV, et rehaussées de nombreuses œuvres d'art, dont plusieurs portraits. Le jardin est superbe et les anciennes écuries accueillent les expositions temporaires. Une belle adresse.

DE BAZEL ★★

Vijzelstraat 32
✆ +31 20 251 15 11
www.stadsarchief.amsterdam.nl
Ouvert du mardi au vendredi de 10h à 17h, le samedi et dimanche de 11h à 17h.

Cet édifice imposant s'inspire du temple Borobudur en Indonésie. De Bazel est une forteresse impénétrable, sombre et immense, et, de l'intérieur, il ravit le visiteur par sa richesse, son raffinement et surtout par la clarté qui s'en dégage. Des expositions temporaires diverses avec Amsterdam comme point commun sont organisées. Il faut au moins aller au sous-sol pour admirer le trésor caché derrière de solides portes blindées. Cet espace présente 12 icônes de la ville (notamment Theo Van Gogh et Freddy Heineken) sous de magnifiques fresques Art déco.

BLOEMENMARKT - MARCHÉ AUX FLEURS ★

Singel

Ouvert tous les jours de la semaine de 8h30 à 19h, le week-end de 8h30 à 19h30.

Ce marché, très touristique, vend malheureusement de plus en plus de souvenirs bas de gamme mais les bulbes, plantes, orchidées sont également là. Pour une symphonie chromatique d'une grande photogénie. Les différentes échoppes sont flottantes. Ces dernières années la vente de souvenirs a pris le dessus sur les fleurs et le tout dégage parfois une ambiance bien trop touristique.. Il faut au moins y passer rapidement même si la visite décevra probablement...

ÉGLISE DE KRIJTBERG ★

Singel 448

✆ +31 20 623 19 23

www.krijtberg.nl

Ouvert en principe en journée.

Cette église fut bâtie sur les restes d'une église clandestine datant du XVIIe siècle. L'église date de la fin du XIXe siècle et son intérieur riche, les splendides vitraux ou les superbes statues impressionnent. Dans cette église, paroisse des Jésuites, on célèbre encore la messe en latin et parfois, elle accueille des concerts, impromptus ou non. À deux pas du marché aux fleurs et des rues piétonnes, il s'agit d'un havre de paix à ne pas manquer. L'ambiance y est vraiment unique, à deux pas des zones commerçantes et de la place littéraire Spui.

EMBASSY OF THE FREE MIND

Keizersgracht 123

✆ +31 20 625 80 79

www.embassyofthefreemind.com

Du mercredi au dimanche de 10h à 17h. 12,50 €/adulte, 8,50 € étudiants, 6 € enfants entre 11 et 18 ans.

Ce musée ouvre les portes d'un savoir varié et ésotérique. Le bâtiment en lui-même vaut le déplacement, il s'agit de la Maison aux têtes (Huis met de Hoofden), une illustre demeure construite au XVIIe siècle et qui comprend 6 magnifiques statues. Cette maison accueille désormais le musée et la bibliothèque Ritman, une des plus riches collections au monde de livres sur la philosophie et l'ésotérisme au sens large. La visite s'articule autour d'impressions issues de la collection d'ouvrages et d'objets divers, notamment l'incroyable graal d'Amsterdam.

FOAM ★

Keizersgracht 609

✆ +31 20 551 65 00

www.foam.nl

Ouvert de 10h à 17h, le jeudi et le vendredi jusqu'à 21h. Entrée : 12,50 €, étudiant : 9,50 €.

Foam présente des expositions de photographes internationaux et néerlandais fréquemment renouvelées et qui font souvent l'événement. L'intérieur, moderne et lumineux, est l'œuvre du cabinet d'architectes Benthem-Crouwel. Foam combine des artistes actuels et des rétrospectives des grands noms d'antan. Consultez le site Internet pour le calendrier des expositions. La brasserie en sous-sol permet de consulter diverses revues internationales et le Foam Magazine édité par le musée. Un endroit à ne pas manquer pour prendre le pouls culturel de la capitale.

GALERIE LUMEN TRAVO

Lijnbaansgracht 314

✆ +31 20 627 08 83

www.lumentravo.nl

Ouvert du jeudi au samedi de 13h à 18h.

Dans une ancienne usine désaffectée, des galeristes exposent leurs protégés. Ils ont le même amour pour l'art contemporain dans sa version la plus engagée. Ces espaces uniformes, tout en longueur et d'une simplicité toute minimaliste, se prêtent particulièrement bien à la présentation d'artistes contemporains. Un endroit privilégié où découvrir la production d'une génération marquée par un art conceptuel, où les problématiques politiques jouent au premier plan. Une galerie connue des Bataves, mais qui a aussi un rayonnement plus grand.

HET GRACHTENHUIS - MAISON DES CANAUX ★

Herengracht 386 ✆ +31 20 421 16 56

www.hetgrachtenhuis.nl

Ouvert du mardi au dimanche de 11h à 17h. Entrée : 15 €, tarif réduit : 7,50 € pour les enfants de 5 à 18 ans.

Idéalement située sur le magnifique Herengracht, elle nous attire par un habile slogan « 400 ans d'histoire en 40 minutes ». Nous invitons pourtant le visiteur à prendre son temps et à se promener dans les magnifiques salles du bel-étage, théâtre d'expositions temporaires, et à admirer le beau jardin. L'exposition à l'étage supérieur s'articule autour de quatre grandes pièces que l'on parcourt avec un audiophone. La présentation fait appel à une technologie moderne, inédite et cocasse.

DE GOUDEN BOCHT - LA BOUCLE D'OR ★★★★

Herengracht 469-483

C'est ainsi qu'on appelle la plus prestigieuse partie du Herengracht, le canal des Seigneurs. Celle-ci se situe entre la Leidsestraat (rue commerçante agréable) et la Vijzelstraat. C'est dans cette portion du canal que s'établirent les riches, très riches familles de marchands lors du Siècle d'or dans de somptueux hôtels particuliers, œuvres de grands architectes qui témoignent aujourd'hui encore de la prospérité d'antan. C'est notamment au niveau du Nieuwe Spiegelstraat que ce luxe était jadis le plus grand. C'est dans les années 1660 que le canal, qui s'arrêtait au Leidsegracht, fut prolongé. Les fameuses parcelles convoitées furent vendues entre 1664 et 1665. La ville encourageait l'achat de parcelles doubles. C'est ainsi que les familles les plus riches firent construire de somptueuses maisons, œuvres d'architectes de renom comme Philippe Vingboons et Adriaan Dortsman. Ces maisons se distinguent par des façades classiques somptueusement ornées avec des plafonds ornés, eux aussi, et des jardins avec des statues et des pavillons de jardin. Aux numéros 475 et 476 se situe le plus bel hôtel particulier du canal et même de la ville, la Huis van Neuville. Aux n°s 516 et 518 du canal, un imposant entrepôt porte le nom d'Harmonie (vous comprendrez pourquoi). Au n° 497 se trouve l'attachant Kattenkabinet. Le n° 502 abrite une superbe bâtisse où loge la bourgmestre, Femke Halsema. Le Goethe Institut se situe également sur ce canal, au numéro 470.

HOMOMONUMENT ★

Westermarkt

www.homomonument.nl

Le symbole gay de la ville est l'Homomonument, le monument en l'honneur des victimes homosexuelles du nazisme. L'Homomonument est désormais devenu le symbole de toutes les persécutions subies par les homosexuels. Ce monument fut conçu par Karin Daan en 1987 et se compose de triangles en granit rose partant du Keizersgracht. Ils rappellent les triangles roses que les homosexuels devaient porter sur leurs vêtements dans les camps nazis. Une commémoration a lieu tous les ans le 4 mai. Des activités son, organisées lors de la Gay Pride et Koningsdag.

TORTURE MUSEUM

Singel 449

✆ +31 20 320 66 42

www.torturemuseum.org

Ouvert tous les jours de 10h à 23h. Entrée : 9,50 €, enfant (moins de 12 ans) : 5 €.

A deux pas du Rokin et sur le Singel, c'est une visite atypique à l'atmosphère particulière ! L'entrée se fait par un couloir sombre aux allures théâtrales qui mène vers différentes petites pièces agrémentées de murs en pierres et de poutres apparentes savamment éclairées. Loin de faire dans le voyeurisme, le musée propose une approche historique et pédagogique du sujet. La collection est bien documentée, ce qui permet d'avoir un aperçu de la cruauté humaine et de son évolution au fil des siècles... Prévoir 45 minutes pour la visite.

© TORTURE MUSEUM

© TORTURE MUSEUM

MAGERE BRUG ★★★

Kerkstraat

© STÉPHAN SZEREMETA

Le Magere Brug est sans doute l'édifice le plus connu de la ville. Construit en 1670, ce pont qui surplombe l'Amsterdam est un pont basculant qui relie les deux rives de la rivière Amstel à hauteur de la Kerkstraat (entre le Keizersgracht et le Prinsengracht). Pendant l'Avent il se pare de mille lumières et fait encore plus le bonheur des photographes. En 1971, il est immortalisé par le film James Bond *Les Diamants sont éternels*. Il est doté de 1 800 lampes LED qui le rendent encore plus photogénique, tout en restant « vert ».

LA MAISON DE L'ÉCHAPPÉE BELLE

Spiegelgracht 2A
✆ +31 611 38 02 91
www.echappeebelle.nl
De mercredi à samedi de 12h à 17h.

Véritable coin de France au cœur d'Amsterdam, on y vient pour siroter une limonade, lire la presse en français et assister à des soirées culturelles très accessibles. On peut aussi y venir échanger ses livres. Ce lieu est le jumeau de la librairie française Le temps retrouvé, à quelques mètres de là sur le Keizersgracht. Vous pourrez emprunter quelques ouvrages et venir les remettre plus tard, le partage étant une notion fondatrice de l'adresse et de ses initiateurs et bénévoles.

REFLEX AMSTERDAM

Weteringschans 79A
✆ +31 20 627 28 32
www.reflexamsterdam.com
Ouvert du mardi au samedi de 11h à 18h.

Cette galerie, c'est un peu l'esprit de New York à Amsterdam ! Reflex, c'est tout d'abord le groupe Cobra avec des expositions régulières consacrées à Appel et Luceberg. Si elle met en avant la scène d'artistes bien installés, elle n'hésite pas à faire la part belle à la jeune génération et s'est imposée à travers les années comme un véritable découvreur de talents, locaux comme internationaux. Vous pourrez également passer également au magasin qui se trouve de l'autre côté de la rue pour acheter des éditions limitées de vos artistes favoris...

SPIEGELKWARTIER ★★

Spiegelgracht
www.spiegelkwartier.nl

Le Spielgelkwartier est un endroit bien connu des amateurs de belles pièces. Ses vieilles maisons hollandaises abritent les marchands d'art et leurs murs recèlent bien des trésors. Il vous suffit de traverser le pont juste en face du Rijksmuseum pour pénétrer au cœur du quartier des antiquités. Montres anciennes, bijoux, lampes style Art nouveau, verre de Delft, objets antiques, etc. Ces dernières années, la zone s'est enrichie de boutiques hipsters (de nourriture et de mode) le tout forme un patchwork créatif à ne pas manquer.

WILLET HOLTHUYSEN MUSEUM ★

Herengracht 605
✆ +31 20 523 18 22
www.willetholthuysen.nl
Tous les jours de 10h à 17h, 12,50 €.

Cette maison, qui fut construite entre 1685 et 1687, fut habitée par diverses familles nanties et la dernière d'entre elles, la famille Willet-Holthuysen, définit le style Louis XV qui y règne. À sa mort m^me^ Holthuysen légua l'édifice à la ville d'Amsterdam pour qu'elle devienne un musée aux noms des époux. La visite est intéressante. À noter, les collections du musée d'Histoire de la ville y sont logées durant ses travaux de rénovation. Derrière la maison, le grand jardin a été aménagé à la française, dans le style des jardins citadins du début du XVIIIe siècle.

AMSTERDAM TULIP MUSEUM - MUSÉE DE LA TULIPE

Prinsengracht 112
✆ +31 20 421 00 95
www.amsterdamtulipmuseum.com
Ouvert tous les jours de 10h à 18h. Visite : 5 €, étudiants : 3 €, entrée libre pour les enfants, tarif famille à 10 €.

Attention appellation trompeuse, plutôt une boutique qu'un musée, le long du Prinsengracht et pas loin de la maison d'Anne Frank. Les passionnés d'horticulture y apprendront comment déplanter les oignons de tulipe après la floraison et se rappelleront que les sols argileux ne conviennent pas à ces fleurs. On peut également se laisser tenter par quelques outils de jardinage ou des bibelots de décoration. En sous-sol l'histoire de la tulipe vous sera contée.

AMAZE AMSTERDAM

Elementenstraat 25 ✆ +31208510600
www.amaze-amsterdam.nl
Ouvert mercredi : 13h-22h, jeudi-vendredi : 15h-22h, samedi : 12h à minuit et dimanche : 12h-19h. Entrée 26,95 €.

Une nouvelle attraction qui fait du bruit à Amsterdam ! À l'initiative du groupe événementiel et label ID&T, qui a organisé parmi les plus grands festivals musicaux d'Europe depuis 30 ans, Amaze Amsterdam a été conçue comme un voyage sensoriel dans le monde des sons et lumières. En groupe, on avance pas à pas en traversant 7 salles immersives équipées de lasers, installations lumineuses et systèmes sonores ultra performants. La visite ravira les amateurs de musique électronique et de technologies en général. En un mot : spectaculaire !

DE APPEL ★★

Schipluidenlaan 12
✆ +31 20 625 56 51
www.deappel.nl
Ouvert du mercredi au dimanche de 12h à 18h. Entrée : 5 €.

Cette galerie est une institution, historique et qui a beaucoup évolué depuis sa création il y a plusieurs décennies. Traitant l'art contemporain sous toutes ses formes, elle fut d'ailleurs la première galerie de la capitale à s'intéresser à l'art vidéo. Endroit novateur et source d'inspiration. Attention, ce lieu, en manque cruel de subvention, est menacé de fermeture et a dû changer de quartier et de lieu il y a quelques années pour pouvoir survivre. On sent une belle énergie constante chez De Appel. A voir et soutenir sans hésiter !

FABRIQUE DES LUMIÈRES ★★

Pazzanistraat 37
www.fabrique-lumieres.com
Du dimanche au jeudi de 9h à 17h, vendredi et samedi jusque 21h.Billet à partir de 17 € (12€ pour les mineurs).

Ouverte au printemps 2022, cette fabrique est un centre d'art numérique. Située dans Westergasfabriek, ancienne usine à gaz à l'ouest d'Amsterdam, la fabrique est conçue sur le modèle des Carrières des lumières des Baux-de-Provence et de l'Atelier des Lumières. Elle compte 2 espaces d'exposition. On y vient pour un impressionnant spectacle inédit : le son, les lumières tout est fait pour un spectacle en immersion totale que l'on observe de plusieurs endroits de la salle ou d'une plateforme. L'exposition inaugurale met à l'honneur Klimt et ses contemporains.

EUROPARKING

Marnixstraat 250
Ouvert 24h/24, 7j/7.

Ce parking tout blanc est une silhouette emblématique de la capitale. Hideux selon certains, véritable œuvre d'art selon d'autres qui n'hésitent pas à le qualifier de Guggenheim amstellodamois, il a été conçu par l'architecte batave Piet Zanstra, et il fut inauguré en 1972. Spencer Tunick y photographia 2 000 personnes nues. Depuis quelques années, le bar tropical Waterkant a ouvert ses portes dans un container en bas du parking, d'autres containers accueillant des personnes sans abri. Ce bâtiment est devenu iconique presque malgré lui !

DE HALLEN ★★★

Hannie Dankbaar Passage 33
www.dehallen-Amsterdam.nl
Ouvert de 7h à 23h et le week-end jusqu'à 3h.

Il s'agit ici de l'ancienne remise de trams devenue complexe culturel avec aussi restaurants, un cinéma, une bibliothèque, un marché alimentaire couvert Foodhallen… C'est devenu un classique incontournable, à ne pas manquer donc ! De Hallen est parvenu à devenir en quelques années un lieu touristique mais aussi un lieu de culture et de vie pour les Amstellodamois. Il constitue la preuve flagrante de l'agrandissement de la ville vers l'ouest. Nous aimons particulièrement venir y faire un tour le midi en semaine et le samedi lors du Local Goods market.

KARTHUIZERHOFJE ★★

Karthuizersstraat 89-171

www.amsterdamsehofjes.nl

Ce *hofje* fut construit en 1650 à l'emplacement d'un cloître et sur ordre de riches marchands. Il fut aménagé par Daniël Stalpaert, architecte officiel de la ville. Il s'agit peut-être du plus bel exemplaire d'Hofje (cour) de la ville avec ses deux jardins qui respirent le calme et la sérénité. L'endroit, qui accueillait autrefois des veuves, est aujourd'hui réservé à la location dans le secteur public. Superbe endroit à ne pas manquer. N'oubliez cependant pas d'être discret et de garder un volume sonore limité pour garantir la tranquillité des lieux. Magique.

NOORDERMARKT / BOERENMARKT ★

Noordermarkt

www.biologischenoordermarkt.nl

Marché bio ouvert le samedi de 9h à 16h.

Cette grande place de marché au début du Prinsengracht s'anime 2 fois par semaine. Le lundi d'abord, jour des puces et le samedi pour le Boerenmarkt, un marché fermier et bio où les petits producteurs des environs viennent vendre leurs produits. Locaux, touristes, bobos, gourmets et gourmands sont ici en quête de produits de qualité. Ne soyez pas timides, les marchands n'hésiteront pas à vous faire déguster avant d'acheter. Ne manquez pas le stand des champignons !

MOOOI GALLERY ★★

Westerstraat 187

✆ +31 20 528 77 60

www.moooi.com

Ouvert du mardi au samedi de 10h à 18h. Entrée gratuite.

Nous voici dans une galerie qui décoiffe et qui présente sur plus de 850 m², les collections de la marque Moooi (avec notamment les créations de Marcel Wanders, le prodige du design néerlandais). L'espace, une ancienne école technique, est lumineux et beau et met parfaitement en valeur des objets aussi hétéroclites qu'intéressants : meubles modernes et insolites, meubles suédois anciens, gadgets venus du Japon, livres Taschen. Notre pièce préférée est sans conteste la lampe cheval (grandeur nature) qui accueille fièrement les visiteurs.

ROCKARCHIVE ★

Prinsengracht 110 HS

✆ +31 20 423 04 89

www.rockarchive.com

Ouvert du mercredi au samedi de 11h à 18h.

A deux pas de la maison d'Anne Frank se trouve cette galerie spécialisée dans les photographies de rock stars ou de manière plus générale d'icônes de la musique. La collection se divise en deux parties : des photos prises par Jill Furmanovsky, illustre photographe (qui créa le Rockarchive de Londres) tirées à trente exemplaires seulement et d'autres photos par divers artistes tirées à cent exemplaires. Chaque photo comprend un certificat d'authenticité et le logo Rockarchive, est numérotée et dotée de la signature du photographe.

MUSEUM HET SCHIP - MUSÉE LE NAVIRE ★★

Oostzaanstraat 45

✆ +31 20 418 28 85

www.hetschip.nl

Ouvert du mardi au dimanche de 11h à 17h. Entrée : 15 €, étudiants : 7,50 €.

Het Schip est l'un des plus beaux exemples de réalisation architecturale de l'école d'Amsterdam et fut conçu par Michel de Klerk. Il s'agit en fait de logements d'habitation, véritables palais pour les travailleurs. Une visite de ce musée vous emmènera dans un ancien bureau de poste, dans un logement ouvrier rénové. A noter, ce musée organise tous les samedis des visites guidées (11h) en anglais de la Scheepvaarthuis, aujourd'hui le cadre du sublime Grand Hôtel Amrâth.

WOONBOOTMUSEUM - MUSÉE DU BATEAU-MAISON

Prinsengracht 296

✆ +31 20 427 07 50

www.houseboatmuseum.nl

De 10h à 17h. De fin janvier à juin et de septembre à décembre du mardi au dimanche, en juillet et août tous les jours.

Cette visite d'un bateau-logement permet de se faire une idée de ce mode particulier d'habitat, bien amstellodamois. Le musée se trouve à bord du *Henrika Maria*, un ancien bateau à voile industriel, construit en 1914. Le petit rouf, où vivait à l'époque la famille du batelier, est toujours intact, lit alcôve, inclus. La cale du bateau a été transformée en salle de séjour intime, pourvue de tout le confort. Maquettes de navires, photos et diapos complètent la visite.

WESTERKERK – ÉGLISE DE L'OUEST ★

Westermarkt

✆ +31 20 624 77 66

www.westerkerk.nl

Visites du lundi au samedi de 11h à 15h. Fermée aux visites le dimanche.

Cette église fut construite en 1631 par Pieter de Keyser sur les plans de son père, Hendrick de Keyser. Devenue symbole du quartier du Jordaan, bien qu'elle soit située juste en dehors. Rembrandt y est enterré, mais on ignore où exactement. L'intérieur sobre de l'église prête à l'introspection. Le clocher, haut de 85 mètres, offre une sublime vue du Jordaan et le carillon est réputé. La place Westermarkt abrite également une statue d'Anne Frank (le musée est juste à côté).

DIAMOND MUSEUM AMSTERDAM

Paulus Potterstraat 8

✆ +31 20 305 53 00

www.diamantmuseumamsterdam.nl

Ouvert tous les jours de 9h à 17h. Entrée : 11 €, tarif réduit : 8 €.

Tout au long de votre visite, vous plongerez dans la fascinante histoire de cet atome de carbone, qui un jour fut transformé en joyau et entraîna de nombreuses convoitises. Vous découvrirez Amsterdam en tant que ville du diamant et serez également mis à l'épreuve afin de différencier les vrais de faux diamants. Des expositions temporaires sont également organisées. Honnêtement, il s'agit d'une visite plus que dispensable, mais nous nous devions toutefois de la nommer. A proximité préférez le Rijksmuseum et le musée Van Gogh si votre temps est limité.

LEVEND PAARDEN MUSEUM

Vondelstraat 140

✆ +31 20 618 09 42

www.levendpaardenmuseum.nl

Ouvert du mardi au dimanche de 11h à 17h. Enfant de 3 à 12 ans 8 €, visiteurs dès 12 ans 12,50 €.

Superbe manège équestre situé en bordure du Vondelpark, il vaut le déplacement. On y découvre au sein d'un bâtiment datant de 1882, la plus ancienne école d'équitation des Pays-Bas remontant elle à 1744. Le bâtiment est l'œuvre de A.L. van Gendt également architecte du Concertgebouw et du Stadsschouwburg. Une établissement unique et historique peu connu même des habitants de la ville. Parfois des expositions uniques y sont même organisées. A ne pas manquer en passant lors d'une promenade dans le parc. Belle photogénie en plus.

MOCO MUSEUM

Museumplein, Honthorststraat 20

✆ +31 20 3701997

www.mocomuseum.nl

Ouvert tous les jours de 9h à 19h. Entrée dès 15,50 €, étudiants et enfants (de plus de 12 ans) 12,50 €.

Moco (moderne contemporain) est un musée créé par Lionel et Kim Logchies. Leur but, présenter de manière différente l'art moderne en offrant au public des œuvres des *rockstars* de l'art contemporain. La première exposition fut consacrée à Warhol et Banksy et connut un énorme succès. Le musée est situé sur Museumplein entre le musée Van Gogh et le Rijksmuseum, dans la sublime villa Alsberg, œuvre du neveu de Pierre Cuypers, architecte du Rijksmuseum, Eduard Cuypers. Malheureusement, ce musée aux prix très élevés laisse un goût d'inachevé...

MUSEUMPLEIN ★

Museumplein

Le Museumplein est, comme son nom l'indique, la place des différents grands musées d'Amsterdam. C'est ici que se trouvent le Rijksmuseum, le musée Van Gogh et le Stedelijk Museum. La place est en fait une étendue de gazon géante, point de convergence de plusieurs quartiers d'Amsterdam. L'été c'est le théâtre de matchs de foot et une piscine accueille même les bambins. L'hiver c'est une patinoire qui fait le bonheur des petits et des grands. A noter les lettres géantes IAMSTERDAM n'y sont plus présentes et ont été déplacées pour limiter le tourisme de masse.

RIJKSMUSEUMTUINEN - JARDINS DU RIJKSMUSEUM ★★

Museumstraat 1

✆ +31 20 674 70 00

www.rijksmuseum.nl

Jardins ouverts tous les jours de 9h à 18h. Entrée gratuite.

© HÉLÈNE DEGRYSE

Ces jardins sont un véritable joyau. Rénovés selon les plans de Pierre Cuypers, ils comptent divers styles horticoles et éléments architecturaux d'époque. On découvre une serre du XIXe siècle où poussent des légumes oubliés, on admire une aire de jeux pour enfants avec des modules historiques de l'architecte néerlandais Aldo van Eijck. Le clou est le « labyrinthe aquatique » conçu par l'architecte danois Jeppe Hein. Les jardins accueillent des expos de sculptures qui font l'événement.

© HOUSE OF BOLS

© HOUSE OF BOLS

© HOUSE OF BOLS

HOUSE OF BOLS

Paulus Potterstraat 14
✆ +31 20 570 85 75
www.houseofbols.com

Ouvert du dimanche au jeudi de 13h à 18h30, le vendredi et samedi de 13h à 21h. Entrée à 16 €. Extra cocktail à 5 €.

Découvrez les secrets de la plus vieille distillerie au monde. Testez vos goûts, dans un décor moderne explosif aux multiples couleurs qui vaut à lui seul le détour. Vous pourrez mettre à l'épreuve votre odorat à travers la palette des 36 saveurs de la distillerie lors d'une expérience unique. On appréciera également le côté interactif de la visite. Pour finir, testez vos talents de « barman jongleur » et repartez avec votre vidéo. L'entrée comprend aussi un cocktail offert. L'établissement vient de s'agrandir et de se moderniser !

© HOUSE OF BOLS

© HOUSE OF BOLS

RIJKSMUSEUM ★★★★

Museumstraat 1 ✆ +31 20 674 70 00
www.rijksmuseum.nl
7J/7 de 9h à 17h. Entrée 20 € (19 € en ligne), gratuit pour les mineurs. Audioguide à 5 €. Visite guidée à réserver.

Un voyage à travers la beauté et le temps. Après plus de 10 ans de travaux laborieux mais oubliés depuis, le Rijksmuseum (prononcez [Raïksmuséum]) a rouvert ses portes en avril 2013, inauguré par la reine Beatrix lors de l'une de ses dernières interventions publiques en tant que souveraine. Ce musée justifie à lui seul une visite d'Amsterdam et il faut lui consacrer au moins 4 heures voire, de préférence, une journée entière. Pour vous guider dans votre visite, nous avons procédé à un aperçu des moments forts du musée à ne manquer sous aucun prétexte. Avec sa nouvelle présentation, le Rijksmuseum est synonyme d'un voyage à travers l'histoire (artistique) des Pays-Bas, du Moyen Âge au XXe siècle. Cette histoire se déploie dans un contexte international et sur 4 étages... Certains disent d'ailleurs qu'il s'agit du vrai musée d'histoire des Pays-Bas et ils n'ont certainement pas tort... Avec plus de 8 000 tableaux, des dessins, estampes, photos, de l'argenterie, de la porcelaine de Delft des meubles et objets divers, le visiteur du Rijksmuseum fait une expérience totale de la beauté dans un contexte historique. Sa rénovation spectaculaire qui a révélé des plafonds ornés est de toute beauté et a encore plus placé ce musée sur la carte muséale mondiale justifiant à lui seul une visite autant par sa collection que ses expositions.

▸ **Moyen Âge et Renaissance (1100-1600)**. Superbes salles aux murs sombres, on y retrouve tableaux et objet divers, notamment Jan van Scorel, *Maria Magdalena,* environ 1530 ; *Mater Dolorosa,* environ 1500-1510 ; *Les Pleurants*, dix figures en bronze.

▸ **Le Siècle d'or (1600-1700)**. Plus de 30 salles sont consacrées à cette époque d'essor total des Pays-Bas. Le paroxysme de cette partie est la Galerie d'Honneur présentant les œuvres de Frans Hals, Jan Steen, Johannes Vermeer et Rembrandt. La salle finale est consacrée à la *Ronde de nuit* de Rembrandt. À ne pas manquer : Rembrandt van Rijn, *La Ronde de nuit*, 1642 ; Rembrandt van Rijn, *La Fiancée juive*, v. 1665-1669 ; Johannes Vermeer, *La Laitière*, 1660 ; Johannes Vermeer, *La femme en bleu lisant une lettre,* v. 1663 ; Gerrit Berckheyde, *La Courbure d'Or dans le Herengracht*, 1671 ; Jan Steen, *Le Maire de Delft et sa fille*, 1655 ; Frans Hals, *Portrait d'Isaac Massa et Beatrix van der Laan*, v. 1622 ; *Maisons de poupées* de Petronella Oortman, v. 1686-1710.

▸ **XVIIIe siècle (1700-1800)**. Les Pays-Bas n'étaient plus une nation forte et l'argent gagné fut transformé dans l'habitation. Au XVIIIe siècle, l'intérieur des maisons est d'une importance capitale. Cette période se distingue par son raffinement et l'élaboration d'un bon goût. À ne pas manquer : *L' Amour menaçant*, Étienne-Maurice Falconet (commande de Madame de Pompadour), 1757 ; *De Beuningkamer*, chambre de style en acajou d'une maison patricienne, 1748 ; Jean-Étienne Liotard, *Portrait de Marie Fargues*, 1765-1768.

▸ **XIXe siècle (1800-1900)**. Début de la royauté et époque ayant connu d'importantes découvertes scientifique, elle est symbolisée par une grande modernisation. À ne pas manquer : Jan Willem Pieneman, *Waterloo*, 1824 ; *Cassette avec pistolets de Napoléon,* v. 1813-1815 ; Vincent van Gogh, *Autoportrait*, 1887 ; George Breitner, *Fille au kimono blanc*, 1894.

▸ **XXe siècle (1900-2000)**. Présentation totalement nouvelle pour ce siècle avec meubles, tableaux, photographies, affiches, films, objets historiques et des nombreux prêts d'autres musées permettant de dresser un portrait de l'histoire culturelle et artistique des Pays-Bas modernes du siècle dernier. À ne pas manquer : Gerrit Rietveld, *Fauteuil blanc*, 1923 ; Piet Mon-

Rijksmuseum.

driaan, *Trafalgar Square*, 1942 ; Frits Koolhoven, ***Dubbeldekker F.K.23, nommé ' Bantam'***, 1917 ; Karel Appel, ***De vierkante man***, 1951 ; Le Corbusier, Maquette du pavillon Philips, pour l'Exposition universelle de Bruxelles, 1958.

Arts asiatiques. Cette collection est présentée dans un nouveau pavillon conçu par les architectes Cruz et Ortiz gemaakt tout de béton et entouré d'eau. Sur deux étages on y retrouve la réflexion la magie, la beauté et l'émerveillement. Divers objets venant de Chine, Japon, Indonésie, Inde, Vietnam et Thaïlande y sont présentés. Les objets (de 2000 av. J.-C. à 2000) y sont présentés par pays.

La bibliothèque Cuypers. Il s'agit de la plus ancienne bibliothèque d'art des Pays-Bas qui a été remise en état après d'intenses travaux. La superbe salle de lecture est visible et il faut vraiment y passer.

Collections spéciales. Le musée dispose également des collections spéciales d'argenterie, d'instruments de musique, de reliques diverses, d'armes et de bateaux miniatures tous présentés de manière sublime.

Collections divers, mode, photos dessins. Le musée montre une partie de sa très riche collection avec une présentation qui change régulièrement. Celle des costumes change tous les six mois.

Petite histoire du Rijksmuseum. Le Rijksmuseum a ouvert ses portes en tant que galerie nationale en 1800. À l'époque, il se situait à la Huis ten Bosch de La Haye. Sa collection contenait principalement des peintures et des objets historiques. Le musée déménagea à Amsterdam en 1808, sur ordre de Napoléon, au palais royal de la place du Dam. Napoléon souhaitait qu'Amsterdam devienne un centre culturel et artistique de premier rang. Le musée fut ensuite transféré en 1816, par Guillaume Ier, dans la Trippenhuis, sorte de palais vénitien que deux frères commerçants avaient fait construire dans la Kloveniersbugwal, et prit le nom de Rijksmuseum. Le bâtiment actuel ouvrit en 1885 en intégrant les collections du musée d'histoire et des arts de La Haye.

La cathédrale de Cuypers. Le besoin d'un véritable musée national se faisant sentir, la construction débuta en 1876 après de longues tractations. L'architecte, Pierre Cuypers (1827-1921), créa un bâtiment de briques mélange de gothique et de renaissance. Son inauguration officielle se fit le 13 juillet 1885. La collection rassemblait les peintures et estampes de la Trippenhuis ainsi que toutes les peintures de la ville d'Amsterdam notamment les célèbres Rembrandt. La collection du XIXe siècle venant de Haarlem fut ajoutée au musée et une grande partie du Cabinet des curiosités qui avait été intégrée au musée national d'histoire et des arts y fut ajoutée.

Rénovations. Comme les collections se faisaient de plus en plus importantes, l'espace manqua rapidement et des opérations d'agrandissement furent menées au cours des ans. Des salles furent ainsi ajoutées entre 1904 et 1916 du côté sud (actuelle aile Philips) destinées à présenter les collections de tableaux léguées par le couple Drucker-Fraser. Les cours intérieures furent ajoutées dans les années 1950 et 1960 pour agrandir l'espace de présentation. Les années 1950 virent également la naissance de la collection asiatique suite à l'intégration de la collection de l'association des amis des arts asiatiques.

Les années 1970 furent synonymes de fréquentations très importantes, soulignant le besoin de normes modernes. Ce besoin se fit de plus en plus sentir jusque dans les années 1990 rendant inévitables les travaux qui se sont achevés (en totalité) en 2015 suivant la grande réouverture de 2013.

Rijksmuseum.

En 2023, du 10 février au 4 juin, une grande exposition sur Vermeer fera l'événement dans le monde. Et le Rijksmuseum est en effervescence. Conservateurs et restaurateurs travaillent de concert pour rassembler les œuvres de l'artiste disséminées dans les plus grandes collections du monde. Qui est Johannes Vermeer ? Ce peintre naît en 1632 à Delft, il y vit jusqu'à sa mort en 1675. Célèbre pour ses scènes d'intérieur paisibles et son utilisation sans précédent d'une lumière vive et colorée, il laisse une œuvre relativement modeste (37 toiles), au regard d'artistes comme Rembrandt. Mais il ne faut pas s'y fier. En effet, cette œuvre, aussi restreinte soit-elle, renferme certains des plus grands chefs-d'œuvre de la peinture. Cette exposition est une occasion unique de retrouver dans un même lieu les plus grands chefs-d'œuvre de l'artiste, tels *La Jeune Fille à la perle*, *Le Géographe*, des tableaux restaurés comme *La Femme lisant une lettre* et même certaines toiles n'ayant jamais été vues aux Pays-Bas.

Cette exposition étant très attendue, nous vous conseillons de prendre vos places le plus tôt possible.

REMBRANDTS AMSTERDAM EXPERIENCE

Weteringschans 2
✆ +31 20 226 9094
www.rembrandtsamsterdam.com/
Ouvert tous les jours de 11h à 19h. 14,50 € pour les + de 12 ans, 11,50 € pour les 4-11 ans et gratuit pour les -4 ans.

© REMBRANDTS AMSTERDAM EXPERIENCE

Cette nouvelle attraction, en plein Leidseplein, vous propose de découvrir la vie de Rembrandt d'une manière originale. C'est une expérience immersive, créée par une équipe chevronnée qui a notamment travaillé pour Vulcania, Le Parc du Hameau Dubœuf, et le Parc Astérix. Le parcours, d'environ 25 minutes, vous plonge 350 ans dans le passé pour une reconstruction de la vie de Rembrandt. C'est une excellente visite, à la fois éducative et ludique. Audioguides disponibles en français.

ROYAL COSTER DIAMONDS

Paulus Potterstraat 2-8
✆ +31 20 305 55 55
www.costerdiamonds.com
Ouvert tous les jours de 9h à 17h.

Situé sur le Museumplein, vous pourrez découvrir chez Coster Diamonds tout le processus (découpage, polissage, etc.) du diamant, pour arriver au produit fini. Vous pourrez visiter librement, ou alors participer à la visite guidée gratuite, assurée par le personnel du musée et disponible dans 25 langues différentes (dont le français). Après avoir tout découvert sur le diamant, vous pourrez, si l'envie vous en prend, faire vos petits achats. Une visite intéressante, mais pas indispensable, à faire en passant en direction du Rijksmuseum.

STEDELIJK MUSEUM - MUSÉE MUNICIPAL ★★★

Museumplein 10
✆ +31 20 573 29 11
www.stedelijk.nl
Ouvert tous les jours de 10h à 18h et le jeudi de 10h à 22h. Entrée : 20 €. Tarif réduit : 10 €.

Relifté, habillé de blanc et agrandi (d'une surprenante construction baptisée la baignoire) par l'architecte Mels Crouwel, le nouveau Stedelijk Museum a rouvert il y a une décennie après neuf années de travaux. Le musée attire désormais autant pour son audacieuse architecture moderne que pour ses toiles de maître. Situé juste à côté du Van Gogh, il a pris ses quartiers dans un vaste édifice de style néo-Renaissance, construit en 1895 et doté d'une aile supplémentaire en 1954. Il présente une collection impressionnante d'œuvres de la fin du siècle dernier et surtout du début du XXe. La collection étant constamment enrichie par de nouvelles acquisitions, le musée s'apparente à un véritable laboratoire de la production artistique contemporaine, et tient lieu d'institut d'art contemporain vivant, avec, pour vocation assumée, de refléter toutes les tendances graphiques et picturales du moment. Il accueille plus de trente expositions différentes chaque année, ce qui rend vaine toute tentative de vous les décrire. Cependant, les noms qu'elles comportent parlent d'eux-mêmes. Ainsi, on y trouvera représentés depuis les peintres modernes français et néerlandais (Braque, Cézanne, Chagall, Dufy, Ernst, ou encore Gestel, Léger, Isaac Israëls, Mondrian et Picasso) jusqu'à l'Action Painting américaine (De Kooning, Pollock…). Les expressionnistes allemands, avec leur style anticonformiste et pacifiste, sont plutôt bien représentés (Kokoschka, Kandinsky, Campendonck…) ainsi que le groupe Cobra, avec son goût de la mort et du chaos. Le cinétisme, le pop'art, les tendances constructiviste ou lyrique-expressionniste néerlandaises sont également à l'honneur. Bref, il est question ici de peinture moderne, c'est-à-dire politique et engagée, violente et salutaire. La sobriété des lieux renforce encore le caractère militant des œuvres présentées. Le magasin du musée vaut également une petite visite, non seulement il propose une vaste sélection d'ouvrages, mais il vend également des petits objets de design. À noter que le musée vient de modifier complètement sa présentation pour améliorer l'accessibilité de la collection permanente. Rem Koolhaas, la superstar NL de l'architecture, est l'auteur de cette nouvelle disposition très réussie. Nous aimons particulièrement pouvoir observer en hauteur l'ensemble de la collection. Ce musée ne fera pas l'unanimité mais intriguera sans aucun doute le visiteur à la recherche d'une expérience nouvelle.

VONDELPARK ★★★

© STÉPHAN SZEREMETA

Le Vondelpark (48 hectares) est un agréable parc agrémenté de petits étangs, à visiter à vélo. Nous aimons la roseraie (*rozentuin*) qui compte 70 types de roses. Le parc séduit touristes et résidents, jeunes et moins jeunes. On y trouve aussi bien une statue (de Picasso), qu'un théâtre en plein air qu'un pavillon café restaurant et que des studios de télévision et de radio. C'est un lieu multiple et transgénérationnel. Le parc a été conçu par l'architecte paysagiste néerlandaise L. D. Zocher et nommé d'après Joost van den Vondel, l'illustre poète néerlandais.

WG KUNST

Marius van Bouwdijk Bastiaansestraat 28
✆ +31 20 616 15 15
www.wgkunst.nl
Pendant les expositions, ouvert du mardi au dimanche de 13h à 17h.

Très agréable et lumineuse galerie au sein du WG-terrein, sa programmation donne la part belle aux enfants avec de nombreux ateliers proposés. Il est agréable de découvrir cette petite et sympathique galerie qui est très appréciée pour sa programmation et le tissu social et local qu'elle unit. Les lieux sont en plus typiques, au cœur d'un ancien hôpital historique de la ville. Passez de salle en salle, en famille ou seul, puis poursuivez par un verre ou un en-cas bien Dutch au café qui se situe juste à la sortie. Belle adresse.

CONCERTGEBOUW

Concertgebouwplein 10
✆ +31 20 671 83 45
www.concertgebouw.nl
Concerts tous les jours de l'année ; prix et réservations accessibles en ligne.Accessible aux PMR.

Le Concertgebouw, c'est d'abord un bâtiment historique superbe ; de l'extérieur comme à l'intérieur. Évidemment, c'est aussi une acoustique hors du commun : la meilleure au monde selon de nombreux spécialistes ! Mais le Concertgebouw, c'est aussi une expérience de sortie « à la néerlandaise » dans un cadre feutré et élégant. La programmation se distingue par un excellent niveau et des innovations constantes. C'est l'endroit idéal pour une soirée de musique lors de votre passage à Amsterdam. A noter, des concerts gratuits sont organisés tous les mercredis midi.

© CONCERTGEBOUW

© CONCERTGEBOUW

À VOIR / À FAIRE

VAN GOGH MUSEUM ★★★★

Museumplein 6 ✆ +31 20 570 52 00
www.vangoghmuseum.nl
Tous les jours de 9h à 17h et le vendredi jusqu'à 22h. Entrée : 19 €, gratuit pour les mineurs.

Les Amstellodamois ont décidé de rendre hommage à Van Gogh en lui consacrant ce superbe musée, construit en 1973. D'allure sobre et moderne, tout en transparence, il regroupe sur plusieurs niveaux quelque 200 tableaux de l'artiste (près du quart de sa production totale) et plus de 500 dessins et esquisses, auxquels s'ajoutent divers documents et objets lui ayant appartenu. Nulle autre collection ne donne une idée aussi complète du travail de ce peintre qui produisit des centaines de toiles en quelques années seulement.

Les œuvres présentées ne sont pas toutes d'égale valeur, mais disposées dans le respect de l'évolution artistique de Van Gogh, elles permettent de suivre son cheminement. Une bibliothèque, dont les archives ne sont malheureusement pas ouvertes au public, rassemble plus de 700 lettres faisant partie de la vaste correspondance entretenue par l'artiste, avec son frère Théo notamment. Exposant par ailleurs un certain nombre de toiles des peintres de la même époque, le musée permet de se faire une idée assez précise de l'univers artistique et culturel de Van Gogh.

▸ Au rez-de-chaussée sont exposés, par roulement, les tableaux de la collection privée de Théo, qui comprend, entre autres, des œuvres de Toulouse-Lautrec, d'Émile Bernard ou encore d'Henri Fantin-Latour. La cafétéria et la librairie se trouvent au même niveau, dans le grand hall.

▸ Au premier étage, les différentes périodes de l'œuvre de Van Gogh se succèdent dans l'ordre chronologique : la période de la Drenthe (1883), de Nuenen (1883-1885), d'Anvers (1885-1886), de Paris (1886-1888). Les plus bouleversantes, les dernières œuvres de la vie de l'artiste, se répartissent en trois époques : la période arlésienne (1888-1889), probablement la plus connue, et dont *Les Tournesols* défrayèrent encore la chronique il y a quelques années ; celle de Saint-Rémy (1889-1890) et, enfin, les dernières heures à Auvers-sur-Oise (1890) dont date notamment le fameux *Champ de blé aux corbeaux*, d'un lyrisme dramatique quelque peu apaisé et où les corbeaux semblent annoncer la mort prochaine qui hante déjà l'artiste.

▸ Le deuxième étage propose des gravures et des dessins d'artistes contemporains de Van Gogh ainsi que quelques-uns de ses tableaux, moins importants. L'accent est notamment mis sur les nombreuses lettres écrites par Van Gogh (beaucoup destinées à son frère Theo). Sur la famille du peintre, mais aussi sur ses amis et sur ses très nombreux dessins réalisés au fil du temps. Une attention particulière est notamment apportée aux amis de Pont-Aven.

▸ Le dernier étage du musée présente des œuvres de Gauguin et du mouvement des Nabis (dont Bonnard, Sérusier, Vuillard...), ainsi que des expositions provisoires ou itinérantes, souvent très intéressantes.

▸ Depuis septembre 2015, une entrée a été inaugurée donnant plus d'air à un musée tellement populaire ! Elle permet de fluidifier les mouvements des visiteurs. La construction en verre est impressionnante et relie, par un sous-sol, le musée à l'aile ajoutée ensuite. À noter : la superbe boutique du bas ne comprend pas tous les livres vendus à la librairie présente dans le musée. Ce musée est tout simplement exceptionnel !

▸ **En 2023, le musée fêtera ses 50 ans** et organisera des festivités en lien avec cet événement. Ainsi, deux expositions cette année mettront en avant le parcours du peintre. En premier lieu, du **10 février au 10 avril 2023**, une exposition mettra en lumière la famille de l'artiste. Plus précisément, le rôle que celle-ci a joué dans la conservation et la mise en valeur de l'œuvre de Vincent Van Gogh. En effet, sans le soutien inconditionnel de ses membres, il y a fort à parier que son travail n'aurait pas eu la même renommée qu'il a aujourd'hui. Au travers de la correspondance avec son frère Théo dans un premier temps, le questionnement intime et artistique du peintre seront mis au jour. Ensuite, une facette moins connue et pourtant tout aussi importante est le travail de Jo, sa belle-sœur, femme de Théo. C'est son travail, réalisé après la mort du peintre, qui a essentiellement permis de faire connaître le travail de Van Gogh. Le musée lui-même n'existerait probablement pas sans elle. C'est encore elle qui, peu après la mort de Théo, se dévoue entièrement à la reconnaissance du travail de Vincent. Elle organise des expositions payantes de son travail pour piquer la curiosité des collectionneurs. Et cela marche ! Elle organise même une rétrospective et fait publier la correspondance entre les deux frères. La renommée de Van Gogh est lancée !

▸ Au printemps, **du 12 mai au 3 septembre 2023,** une exposition en collaboration avec le musée d'Orsay (dans lequel continuera l'exposition à partir du 25 septembre 2023) rendra hommage aux derniers mois du peintre à Auvers-sur-Oise. C'est dans ce petit village du sud de la France que Van Gogh passe les derniers mois de sa vie. Une période aussi tourmentée que prolifique dans la vie du peintre. C'est ici qu'il est interné jusqu'à sa mort. Cet isolement laisse à ce génie une fenêtre bien suffisante sur le monde. Il peint ici certaines de ses plus belles toiles. Cette exposition exceptionnelle permet pour la première fois de rassembler et de donner à voir une cinquantaine de ses toiles ainsi qu'une vingtaine de dessins et esquisses qui n'ont jamais été montrés ensemble au public. Ainsi, cette exposition retrace son parcours, de son arrivée ambitieuse et optimiste aux démons qui le rattrapent sur la fin de sa vie. Sublime !

SYNAGOGUE PORTUGAISE ★★

Mr. Visserplein 3 ✆ +31 20 5310380
www.jck.nl

Du dimanche ou jeudi 10h-17h. Vendredi et en hiver : voir horaires sur le site. 17 €, tarif réduit pour les enfants.

Construite en 1675, cette immense synagogue est un spectaculaire bâtiment de pierre, toujours utilisé aujourd'hui. La synagogue a été commandée par les Juifs d'Espagne et du Portugal qui ont fui leur pays sous l'Inquisition. L'édifice, orienté vers le temple de Jérusalem, est éclairé par de grandes et magnifiques verrières. L'intérieur est également inchangé depuis le XVIIe siècle : pas de chauffage ni d'électricité, mais du sable par terre pour l'humidité et des bougies.

@DROOG

Staalstraat 7a/7b
✆ +31 20 523 50 50
www.droog.com

Du lundi au vendredi de 9h à 17h. Le week-end de 11h à 17h.

Ce magnifique espace sert de magasin et de galerie au collectif d'origine néerlandaise « Droog Design ». La façade est un modèle d'architecture classique et historique et contraste avec l'espace intérieur de la galerie. Il faut absolument y passer un long moment et ensuite poursuivre à l'étage. Un des plus beaux décors pour un super déjeuner. Il s'agit d'une adresse encore un peu méconnue du grand public, mais qui offre une plongée agréable dans le design *made in NL* et international. Vous y trouverez des cadeaux uniques qui marqueront.

HERMITAGE AMSTERDAM ★★

Amstel 51 ✆ +31 20 530 87 55
www.hermitage.nl

10h à 17h. Ouvert le 1er janvier de 12h à 17h. Adulte : 15 €. Parfois majoration pour certaines expositions.

L'Hermitage Amsterdam présente diverses expositions issues de plusieurs musées : le State Hermitage Museum de Saint-Pétersbourg, bien entendu le plus grand musée au monde, mais également l'Amsterdam Museum, le Rijksmuseum. Le musée accueille aussi des expositions plus petites comme celle autour du gagnant annuel d'un célèbre prix. L'Hermitage nous plonge dans un univers à part, où créativité et culture se rencontrent. Ce musée a récemment rompu avec la Russie suite à la guerre en Ukraine et accueille l'Amsterdam Museum pendant sa rénovation. À suivre !

JOODS MUSEUM - MUSÉE JUIF ★★

Nieuwe Amstelstraat 1
✆ +31 20 5310310
www.jck.nl

Ouvert tous les jours de 10h à 17h. Adultes : 18 €, étudiants : 10 €, -17 ans : 9 €, -12 ans : 6 €, -6 ans : gratuit.

Amsterdam a été l'une des villes juives les plus importantes des XVIIe et XVIIIe siècles. Une histoire et un patrimoine qui sont aujourd'hui préservés dans le Quartier culturel juif et en particulier au Musée juif. De l'art moderne à l'histoire antique, on y découvre des peintures, présentations des rituels religieux, films et des présentations en 3D de la vie quotidienne, religieuse et culturel juive aux Pays-Bas à travers les siècles. Un parcours pour les enfants est prévu.

© JCQ

© JCQ

À VOIR / À FAIRE

REMBRANDTHUIS

Jodenbreestraat 4-6
✆ +31 20 520 04 00 - +31 20 520 04 01
www.rembrandthuis.nl
De 10h à 18h. Entrée : 15 €, jeune jusqu'à 17 ans : 6 €, gratuit pour les moins de 6 ans. Fermé jusqu'au 18 mars 2023.

C'est dans cette ravissante demeure que Rembrandt a vécu entre 1639 et 1658, années probablement les plus riches de son existence sur le plan artistique. Arrivé neuf ans plus tôt à Amsterdam, Rembrandt gagnait déjà bien sa vie lorsqu'il décide, à 33 ans, d'acheter cette maison en plein cœur du quartier juif pour la somme, considérable à l'époque, de 13 000 florins. L'atmosphère des rues, fortement imprégnée de religion, lui évoquait la Bible et l'inspirait. Certains voisins, tels que Mennasseh Ben Israël, rabbin d'Amsterdam, ou Ephraïm Bueno, médecin, comptèrent bientôt parmi ses meilleures relations. C'est ici qu'est né son fils Titus, en 1641, et qu'est morte sa femme, Saskia Uylenburgh, un an plus tard. En 1656, Rembrandt, ruiné et contraint de rembourser ses nombreuses dettes, vend ses biens puis sa maison, pour s'installer ensuite dans le quartier du Jordaan. Cette demeure, construite en 1606, fut rehaussée d'un étage supplémentaire en 1633 et surmontée d'un superbe fronton triangulaire. Elle rassemble 250 gravures, donc la quasi-totalité de son œuvre gravée et quatre planches de cuivre, réparties dans les différentes pièces et classées dans le respect des genres : scènes bibliques, autoportraits (réalisés pour la plupart à Leyde), vues d'Amsterdam et des environs, portraits de poche et nus d'après modèles. On peut également y admirer quelques toiles de peintres contemporains ou élèves du maître, de même que certains tableaux de Pieter Lastman, pour qui Rembrandt avait le plus grand respect. À noter, une démonstration quotidienne présente ses techniques de peinture.

Au rez-de-chaussée, à gauche, dans la salle dite Sijdelcaemer (autrefois la salle à manger et le salon de réception) sont exposés plusieurs dessins et eaux-fortes, dont Les Trois Croix et Le Christ montré à la foule. Sur le même niveau, au fond, l'Agtercaemer (pièce de séjour qui faisait également office de chambre) rassemble différents portraits, dont certains de Rembrandt et de sa femme.

Le premier étage se compose de deux ateliers (les Groote en Cleijne Schildercaemer) et d'une petite pièce (Kunst Caemer) réservés aux collections du peintre (peintures, dessins, estampes, armes japonaises, céramiques…) et à son travail, ainsi qu'aux œuvres de ses nombreux élèves. C'est dans ces ateliers qu'ont vu le jour les plus belles toiles de Rembrandt, comme La Ronde de nuit. Un musée qui se visite parfaitement en famille et qui apportera un éclairage unique sur l'homme derrière l'artiste.

QUARTIER CULTUREL JUIF

Nieuwe Amstelstraat 1
www.jck.nl
Musée : 7j/7, 10h-17h. Synagogue fermée le samedi (voir horaires en ligne). 17 €, -17 ans : 8,50 €, -12 ans : 4,25 €.

Le quartier culturel juif, porte d'entrée sur l'histoire et la culture juive d'Amsterdam, est une visite indispensable de la ville. À quelques encablures du centre, il regroupe quatre lieux, situés à quelques centaines de mètres les uns des autres : le Musée historique juif, le musée national de l'Holocauste, le musée interactif des enfants, et la magnifique Synagogue portugaise. Un billet permet de combiner ces quatre visites captivantes à votre rythme. Il peut être intéressant de se renseigner sur la programmation depuis le site Internet.

ZUIDERKERK - ÉGLISE DU SUD ★★

Zuiderkerkhof 72
✆ +31 20 308 03 99
Seul son clocher se visite, départ toutes les 30 min du lundi au samedi, entre 13h et 15h30. Tarif 6 €, réduit 3 €.

© MIKEINLONDON

C'est en 1578 qu'Amsterdam catholique devint une ville réformée. Toutes les églises catholiques furent alors transformées en églises protestantes et c'est au XVIIe siècle que les calvinistes firent construire 4 églises réformées dans les 4 coins de la ville : la Zuiderkerk, la Westerkerk, la Noorderkerk et la Oosterkerk. Trois des 4 enfants de Rembrandt sont enterrés ici. Trônant au bout du plus beau canal de la ville, son extérieur, somptueux, a été immortalisé par Claude Monet.

MUIDERSLOT

Herengracht 1 ✆ +31 294 256 262
www.muiderslot.nl/en/
Ouvert tous les jours 10h-17h. Entrée : 17,50 € adultes, 10 € -11 ans et gratuit pour les -4 ans.
Construit en 1285 sous ordres du Comte Florent V, le Muiderslot est l'un des châteaux les plus anciens du pays, et parmi les mieux entretenus. C'est une excellente visite à partir d'Amsterdam, accessible assez rapidement depuis la gare centrale (1h à vélo, 45 min en transports en commun ou 20 min en voiture). La visite est agréable et impressionnante : le château a conservé son pont-levis, ses remparts, ses douves, et est entouré de très beaux jardins. De multiples aménagements sont prévus pour les enfants. Audioguides disponibles en français.

DE BURCHT - LA FORTERESSE ★★

Henri Polaklaan 9
✆ +31 20 624 11 66
www.deburcht.org
Visite guidée plusieurs dimanches par mois (dates fixées sur le site web), 10 € par personne.
Autre pièce maîtresse (mais beaucoup moins connue) de l'architecte de la Bourse, Hendrik Petrus Berlage, la forteresse de Berlage fut construite pour accueillir le syndicat des diamantaires d'Amsterdam dirigé par Henri Polak au début du siècle dernier. Le bâtiment ressemble à un mini-château ou à une église entièrement en brique. Le plus impressionnant est l'intérieur avec des couleurs vives, beaucoup de variations de jaune et de bleu, un escalier monumental et des lustres originaux.

ARCAM ★★

Prins Hendrikkade 600
✆ +31 20 620 48 78
www.arcam.nl
Ouvert du mardi au dimanche de 13h à 17h. Adulte 4 €, étudiants 2 €.
L'Arcam est le centre d'information sur l'architecture de la ville d'Amsterdam et fut ouvert (à son emplacement actuel) en 2003. Le bâtiment sur trois niveaux fut conçu par l'architecte René van Zuuk. Vous y trouverez toutes les données sur les bâtiments intéressants de la ville et vous pourrez visiter des expositions temporaires. Le centre informe non seulement sur l'architecture mais aussi sur les défis urbains à venir. Une visite à ne pas manquer en sortant du Scheepvaartmuseum, de Nemo ou d'Artis avant de poursuivre dans le quartier du Plantage.

HORTUS BOTANICUS ★★

Plantage Middenlaan 2a
✆ +31 20 625 90 21
www.hortus-botanicus.nl
Ouvert tous les jours de 10h à 17h. Entrée : 12 €. Tarif réduit : 6,50 €.
On y trouve les spécimens de plantes et d'arbres les plus rares, dont une impressionnante série de palmiers, en provenance de tous les continents. Ce jardin peut faire l'objet d'une très agréable visite, surtout par temps clair, entre deux petits sommes sur les nombreuses pelouses. A noter, ce jardin très photogénique, organise toute une programmation en coopération avec le musée de l'Hermitage juste à côté. Une bien belle adresse, esthétique et historique à ne pas manquer. Le jardin dispose également d'un programme spécial enfants.

ARTISPLEIN ★★

Artisplein
Cette place a été redonnée à la ville par le zoo qui en fait un lieu de confluence. L'inspiration de la place nous vient de France et plus particulièrement du jardin du Luxembourg. On y retrouve les mêmes chaises que l'on peut placer (et déplacer) à sa guise en fonction de la lumière et du spectacle à observer. Il est possible d'observer la superbe *Watertafel*, la fontaine très *made in NL*, d'admirer les flamants roses ou de se perdre en regardant le paysage de polder. Cette place attire touristes et Amstellodamois, de tous âges et à toutes les heures.

MICROPIA ★★

Artisplein, Plantage Kerklaan 36-38
✆ +31 90 02 78 47 96
17,50 € dès 13 ans. Ouvert tous les jours de 10h à 17h.
Ouvert il y a quelques années, Micropia se consacre aux microbes ! Logé dans un très beau bâtiment à côté d'Artis, le zoo de la ville, Micropia nous plonge de manière moderne et ludique dans un monde que l'on n'imagine pas (et peut-être heureusement…). Le musée est très impressionnant tout en restant accessible et intéressant pour les plus jeunes (même si l'âge de départ est 8 ans). Une adresse qui fait l'événement et qui apporte vraiment quelque chose d'unique à ses visiteurs, on en ressort plus savant et c'est vraiment bien !

HOME OF DUTCH
MASTERPIECES
GRATUIT POUR LES MOINS DE 18 ANS
REMBRANDT,
VERMEER, VAN GOGH,
MONDRIAN ET BIEN D'AUTRES
RIJKSMUSEUM
FOUNDER
MAIN SPONSORS
PHILIPS
VRIENDENLOTERIJ
ING
kpn
MAIN PARTNER OPERATION NIGHT WATCH
AkzoNobel
SUPPORTED BY
RIJKSMUSEUM FONDS

HOME OF VERMEER
RÉSERVEZ EN LIGNE
RIJKS MUSEUM
FOUNDER
PHILIPS
MAIN SPONSORS
VRIENDENLOTERIJ
ING
kpn
BENEFACTORS EXHIBITION
RIJKS MUSEUM INTERNATIONAL CIRCLE

NEDERLANDS SCHEEPVAARTMUSEUM ★★

Kattenburgerplein 1
✆ +31 20 523 22 22
www.hetscheepvaartmuseum.nl
Tous les jours de 9h à 17h. 17,50 €, réduit 8,50 €.

Le Scheepvaartmuseum (musée maritime) a été aménagé dans l'un des plus grands édifices du Siècle d'or, construit à Amsterdam en 1656 pour servir d'entrepôt à la flotte militaire néerlandaise. Ce magnifique ensemble de pierre blanche, posé sur les eaux, abrite en son sein l'une des collections maritimes les plus importantes au monde. Elle renferme notamment des globes, des tableaux et des maquettes de navire, et organise régulièrement diverses expositions originales sur les Pays-Bas et les liens étroits et solides qui unissent ce pays à la mer. On découvre également des aspects moins romantiques de cette époque aventureuse. En effet, comme pour toutes les ex-grandes puissances européennes, le statut de colonisateur et d'oppresseur endossé alors par les Pays-Bas fait débat. C'est ici qu'est amarré l'*Amsterdam*, navire de la Compagnie des Indes orientales (VOC). Dans ce superbe trois-mâts, entièrement reconstruit par des bénévoles à partir d'une épave découverte à marée basse, ont lieu, de temps en temps, de grandes reconstitutions historiques. Les familles se plairont dans l'expo semi-virtuelle consacrée au Siècle d'or. Ne pas oublier de passer par la sublime barque royale exposée depuis quelques années dans un petit pavillon à l'extérieur. Cette barque navigua pour la dernière fois en 1962 sur les canaux d'Amsterdam pour transporter la reine Juliana. Une bien belle adresse à visiter en famille ou sans pour une plongée dans l'histoire du pays.

LUTHER MUSEUM AMSTERDAM

Nieuwe Keizersgracht 570 ✆ +31 20 214 21 12
www.luthermuseum.nl/
Ouvert du jeudi au dimanche de 11h à 17h. Adultes 7 € ; étudiants 5 €.

© LUTHER MUSEUM

Le Luther Museum se situe dans le Wintterberg, building édifié en 1772 pour prendre soin des personnes âgées. Il se nomme ainsi, car c'est sur cette place que Maarten Luther présenta ses 95 thèses à l'origine de l'Église réformée. Cette visite nous présente l'Église luthérienne et son rôle au travers des âges, particulièrement son travail auprès des nécessiteux, pauvres et personnes âgées. Aujourd'hui, cet engagement perdure notamment auprès de la communauté LGBTQ+. Ce lieu, avec ses salles impressionnantes, peut être loué pour des conventions ou des mariages.

NEMO SCIENCE MUSEUM ★★

Oosterdok 2 ✆ +31 20 531 32 33
www.nemosciencemuseum.nl
Ouvert du mardi au dimanche de 10h à 17h30. 17,50 € par personne dès 4 ans. Ticket studio 7,50 €.

Cette proue de navire géante de couleur verte accueille le musée des Sciences et Technologies. Le bâtiment, conçu par Renzo Piano, est original et reconnaissable entre tous si vous arrivez en train d'Utrecht. Le musée est conçu principalement pour les enfants entre 4 et 16 ans qui expérimenteront différents domaines scientifiques et techniques de manière concrète et ludique. Le musée est très intéressant et est conçu pour stimuler la participation des visiteurs. Le programme, très varié et dynamique, change régulièrement. Le Studio présente des expos pour adultes.

OBA - BIBLIOTHÈQUE MUNICIPALE D'AMSTERDAM ★

Oosterdokskade 143
✆ +31 20 523 09 00
www.oba.nl
Ouvert tous les jours de 10h à 22h.

Ce bâtiment moderne fait l'unanimité auprès de ses habitants ! Cette incroyable bibliothèque vaut le déplacement autant pour sa maison de toutes les langues récemment inaugurée avec un important fonds en français que pour la superbe vue qu'elle offre sur Amsterdam. Ce bâtiment a été conçu par l'illustre architecte Jo Coenen. Même si vous ne vous plongez pas dans la lecture, la vue panoramique sur Amsterdam, du haut de la terrasse de la bibliothèque, vaut bien la visite.

OOSTERPARK ★

Oosterpark

L'Oosterpark doit sa réputation à son ancien statut de point de rencontre des jeunes soixante-huitards des environs. Ce parc de 12 hectares moins embourgeoisé que le Vondelpark attire à la nuit tombée certaines populations dites marginales, imprégnant ce parc d'un esprit alternatif aux fortes odeurs de stupéfiants naturels. Cet espace vert a récemment été rénové avec goût. À noter le beau monument dédié à l'esclavage par Erwin de Vries. Ce monument se divise en trois parties : le passé, le présent et le futur. Une référence !

TROPENMUSEUM - MUSÉE DES TROPIQUES ★★★

Linnaeusstraat 2

✆ +31 20 568 82 00

www.tropenmuseum.nl

Ouvert du mardi au dimanche de 10h à 17h. Tarif adulte : 16 €, enfant de 4 à 17 ans : 8 €.

Le musée des Tropiques est installé dans une grande bâtisse autrefois siège de l'Institut colonial néerlandais, il présente aujourd'hui une imposante collection sur le thème des anciennes colonies, dont l'Indonésie, mais dans une perspective moderne. L'exposition permanente reconstitue des villages modèles dans leur contexte culturel, propose des séances photo et des documents sonores. Ce musée est trop souvent (et injustement !) oublié par les touristes qui visitent Amsterdam.

VERZETSMUSEUM - MUSÉE DE LA RÉSISTANCE ★★

Plantage Kerklaan 61 ✆ +31 20 620 25 35

www.verzetsmuseum.org

Ouvert du lundi au vendredi de 10h à 17h, le week-end de 11h à 17h. Adulte : 13 €. Enfants de 7 à 15 ans : 7 €.

Ce musée reconstitue à l'aide de photos, films, fragments sonores et de rue d'époque les années de guerre. L'exposition permanente est consacrée à la Résistance néerlandaise durant l'occupation par l'Allemagne nazie, de 1940 à 1945. Le Verzetsmuseum Junior, destiné aux enfants, est impressionnant. Il explique, de manière intelligente, la guerre en suivant quatre enfants : Eva (Juive), Jan (fils de pasteur et résistant), Nelly (fille de collaborateur) et Henk (passionné par la guerre).

WERTHEIMPARK ★

Anne Frankstraat 172

✆ +31 20 624 11 11

Ouvert tous les jours de 7h à 21h.

Ce parc est une minuscule oasis de tranquillité entre la synagogue portugaise, le jardin botanique et le zoo, au cœur d'un des plus beaux quartiers de la ville. Il accueille le monument de l'artiste néerlandais Jan Wolkers en hommage aux victimes de la Seconde Guerre mondiale. Ce mémorial se compose d'un grand miroir brisé en de nombreux morceaux qui reflète donc imparfaitement le ciel. Une stèle indique au-dessus de l'œuvre « *Nooit meer Auschwitz* » (plus jamais Auschwitz). Chaque année, se déroule à cet endroit la commémoration en hommage aux victimes.

© CHRISTOPHE CAPPELLI - SHUTTERSTOCK.COM

Oosterpark.

Sarphatipark.

DE DAGERAAD ★

Pieter Lodewijk Takstraat
✆ +31 20 686 85 95
www.hetschip.nl

Ce complexe est une dépendance du musée Het Schip. Ouvert du jeudi au dimanche de 13h à 17h. 15 €.

Magnifique complexe d'habitations créé entre 1919 et 1923 par Michel de Klerk et Piet Kramer selon les perceptions de l'école d'Amsterdam pour le compte de la coopérative immobilière socialiste De Dageraad. Il s'agit d'un vaste ensemble de 350 logements sociaux en brique, typique du travail de ces deux architectes. Sublime bâtiment, véritable poésie urbaine. Un bâtiment unique pour se plonger dans l'histoire riche et complexe de l'architecture de la ville. Les amateurs d'architecture ne doivent le manquer sous aucun prétexte !

SARPHATIPARK ★

Sarphatipark 59

Charmant parc rectangulaire de 4,5 hectares nommé d'après Samuel Sarphati, un médecin philanthrope juif dont la statue trône fièrement. Lors de l'occupation, la statue fut enlevée et les Allemands rebaptisèrent l'endroit Bolland-park, du nom d'un philosophe néerlandais. Un petit parc bien agréable pour se réoxygéner. Une idée agréable consiste à faire ses emplettes au marché Albert Cuyp et de venir faire une pause déjeuner sympa au parc. Piet Mondrian a eu son atelier juste au coin du parc au numéro 42. Un parc à chouchouter !

HEINEKEN EXPERIENCE

Stadhouderskade 78
✆ +31 20 523 92 22
www.heinekenexperience.com

Du lundi au jeudi de 10h30 à 19h30, du vendredi au dimanche jusqu'à 21h. 21 € en ligne, plus cher sur place.

Plus qu'un musée, une véritable expérience et un concept à l'américaine... Heineken Experience a été entièrement rénové il y a quelques années, et c'est franchement réussi même si le tour pourrait être plus authentique. Vous serez plongé dans l'univers de la bière la plus connue au monde à travers différentes attractions axées sur l'interactivité. Au programme, un simulateur pour suivre de très près la fabrication et l'acheminement de la bière, suivi bien sûr d'une dégustation et d'autres surprises. Une expérience on ne peut plus typique d'Amsterdam.

VROLIK MUSEUM ★★★

Meibergdreef 15 ✆ +31 20 566 49 28
www.museumvrolik.nl

Lundi au vendredi de 11h à 17h. Fermé l'été. Visite guidée possible sur rendez-vous. Entrée 7,50 €, tarif réduit 3 €.

Situé hors du centre, au sud-est de la ville au sein de la faculté de médecine (hôpital AMC), un musée qui laisse rêveur. Il donne à voir une collection d'embryons et de spécimens anatomiques rassemblée par un professeur, Gerardus Vrolik (1775-1859) et son fils Willem Vrolik (1801-1863). Cette collection s'enrichit constamment. Depuis les années 1990, 150 préparations présentant des malformations congénitales sont ainsi exposées. Ce musée est très sérieux et fait partie de la Faculté de chirurgie de l'Université d'Amsterdam. Déconseillé aux femmes enceintes.

SINGER LAREN MUSEUM

Oude Drift 1
✆ +31 35 539 3939
www.singerlaren.nl/en/
Ouvert du mardi au dimanche de 10h à 17h30. Entrée à 18,50 €, 9 € pour les -18 ans, gratuit pour les -12 ans.

Situé dans la commune de Laren, à une demi-heure d'Amsterdam, le Musée Singer Laren est une excellente option pour une sortie culturelle hors de la ville. C'est un espace culturel composé d'un théâtre, d'un très beau jardin de sculptures et d'un musée ; le tout entouré d'un cadre naturel très agréable. L'exposition permanente abrite la collection d'Anna et William Singer, qui ont fondé le lieu au début du siècle dernier, ainsi qu'une très belle sélection d'oeuvres néerlandaises notamment néo-impressionnistes, pointillistes et cubistes.

SE RÉGALER

À tous les coins de rue d'Amsterdam se trouvent des petits restaurants, des cafés et il est même possible, pour les moins regardants, de manger des plats simples et… gras choisis dans des distributeurs automatiques ! Si à la question : « que pensez-vous de la gastronomie hollandaise ? » on peut parfois être tenté de répondre : « il faudrait qu'elle existe », on ne peut nier que l'on trouve des restaurants internationaux de qualité dans toute la ville (et même quelques restaurants de cuisine hollandaise, si, si, on en a trouvé et des bons !). La cuisine indonésienne, exotique en France, fait partie intégrante de la gastronomie néerlandaise. Les cuisines du monde entier sont également largement plébiscitées dans la ville. Actuellement, la tendance est gastronomique à la déco brute, mais forte. Amsterdam compte de plus en plus de chefs renommés et des adresses de qualité supérieure, à réserver !

PRATIQUE

SE RÉGALER

HORAIRES

En général, les déjeuners sont prévus entre 12h et 14h et les dîners dès 18h. Les cuisines ferment tôt vers 22h30. Certaines adresses courues doivent être réservées tandis que d'autres, qui n'acceptent pas les réservations, vous feront patienter au bar.

BUDGET / BONS PLANS

Le secteur de la restauration connaît une inflation constante depuis une dizaine d'années et il sera difficile de trouver un menu 3 plats à moins de 35 €. Le vin est plus cher qu'en France et l'addition peut ainsi vite monter. Le bon plan consiste à se nourrir dans les stands de poisson le midi pour alléger la note. À noter qu'on ne sert pour ainsi jamais de pain à table sauf dans les restaurants gastronomiques. L'eau du robinet est excellente et seuls certains restaurants obtus refuseront de vous en servir. Certains restaurants, mais de moins en moins, n'acceptent que les paiements en liquide ou cartes de débit.

EN SUPPLÉMENT

Les prix indiqués sont TTC (TVA néerlandais de 9 %). A priori, pas d'obligation de pourboire comme dans certains pays, mais il est conseiller d'arrondir largement l'addition lorsque l'assiette et le service ont été à la hauteur ou pour remercier un serveur sympathique. Les Français ont la réputation de ne pas être très généreux (tiens, tiens…).

A ÉVITER

Les enseignes dites « Nutella » qui propose d'insipides crêpes sucrées au cœur du Quartier rouge notamment.

ENFANTS

Les enfants sont les bienvenus dans la plupart des restaurants, mais vous en verrez très peu le soir, car les Néerlandais mangent tôt à la maison. Des chaises d'appoint sont souvent à disposition et plusieurs restaurants offrent un menu spécialement concocté pour les petits, souvent peu inspiré malheureusement.

FUMEURS

Il est interdit de fumer dans les restaurants, mais cela est autorisé en terrasse, sauf mention contraire.

LES ATTRAPE-TOURISTES

Les enseignes avec rabatteurs et menu parchemin de plusieurs mètres de long. Souvent les restaurants à proximité des coffee shops ont des menus concoctés pour les fringales « post-joint » donc chères, insipides et grasses.

LES PHRASES CLÉS

Bonjour, je voudrais réserver une table pour deux personnes pour ce midi ou ce soir.
Hallo, ik wil graag een tafel reserveren voor twee personen voor vanmiddag of vanavond.

Avez-vous un menu en français ou en anglais ?
Heeft u een menukaart in het Frans of in het Engels?

Je suis végétarien, y a t-il des plats sans viande ?
Ik ben vegetariër, zijn er gerechten zonder vlees?

Je n'ai vraiment plus faim mais avez-vous une carte des desserts ?
Ik heb echt geen trek meer, maar heeft u een dessertkaart?

Puis-je avoir l'addition s'il vous plait ? Je peux payer par carte ou en espèces ?
Mag ik de rekening, alstublieft? Kan ik met bankpas of contant betalen?

C'était très bon, nous reviendrons. Merci et à bientôt.
Het was erg lekker, we komen zeker terug. Bedankt en tot ziens.

ARCA €€

Martelaarsgracht 5
✆ +31 20 820 53 33
https://arcaamsterdam.nl/
Ouvert du mercredi au dimanche de 17h30 à 22h. Le bar est ouvert tous les jours.

Restaurant portugais qui fait partie d'un hôtel (Art'otel). Récemment ouvert, il est le théâtre culinaire réputé chef Henrique Sà Pessoa. Le concept culinaire est les *petiscos*, des petits plats à partager entre amis. La carte met à l'honneur les poissons et les légumes et l'idéal est de suivre les conseils avisés des serveurs. À noter un menu spécial est également possible dès 2 personnes. Le cadre est sexy et élégant à souhait et le service attentif. DJ le week-end pour une ambiance cosmopolite non loin de la gare centrale.

BACALAR €

Chrysantenstraat 4
Ouvert le vendredi de 18h à 22h et le week-end de 12h à 22h. Tacos et quesadillas autour de 10 €.

Bacalar, c'est une véritable *taqueria* mexicaine en plein Amsterdam. Ce lieu attire les hipsters de toute la ville et propose une nourriture incroyable avec des tacos aux saveurs variées, innovantes et délicieuses. Le service est très agréable et le lieu s'anime au fur et à mesure que la soirée avance avec une programmation musicale soignée. Le bar propose de délicieux cocktails aux accents mexicains bien sûr. Le prix peut paraître élevé, mais vous aurez au moins la certitude de manger les meilleurs tacos de la ville, voire du pays !

BEULINGS €€€

Beulingstraat 9
✆ +31 20 320 61 00
www.beulings.nl
Ouvert du jeudi au samedi dès 19h. Menu dégustation dès 100 €.

Une superbe adresse intimiste entre le centre et le quartier des 9 Straatjes. On y sert une cuisine délicieuse aux parfums de France et d'Italie souvent préparée à base de produits biologiques. Enseigne très agréable qui est, depuis plusieurs années, une référence de qualité. On aime aussi cette cuisine engagée où tout est fait maison (pâtes, pain, chocolat...) et l'utilisation de produits de saison. Le cadre surprenant, le calme de la ruelle, le service aux petits oignons ; ici tout invite à se délecter. C'est un lieu à réserver pour une soirée spéciale.

BIERFABRIEK €

Nes 67
✆ +31 20 528 99 10
www.bierfabriek.com
Mercredi-jeudi 15h-00h, vendredi 15h-1h, samedi 13h-1h, dimanche 13h-23h. Compter environ 30 €.

Comme le nom de cet établissement l'indique, il s'agit bien d'une usine à bière. Ici, IPA, Porter, Pilsner et autres se dégustent à la pression. Le cadre brut et industriel, une ancienne usine de cigares, se prête plus aux repas en groupe qu'à une soirée intimiste. Mais il vous faudra laisser un peu de place dans votre estomac pour leur délicieux poulet fermier qui a fait la renommée de l'endroit. La carte propose aussi des planches très inspirées, notamment la planche poisson avec thon et hareng, mais aussi une planche végétarienne bien faite.

BIRD €

Zeedijk 72-74-77
✆ +31 20 620 14 42
www.thai-bird.nl
Ouvert tous les jours de 14h à 22h30. Snack-bar de 12h à 21h. Menu à 22,50 €.

Bird a deux adresses qui se font face, l'une est un snack-bar et l'autre un vrai restaurant. L'excellente cuisine thaïlandaise proposée par les deux enseignes est de qualité. Le restaurant offre dans un cadre soigné tout en boiseries, une cuisine thaïlandaise inspirée avec des ingrédients frais. Pour les petites faims, il suffit de traverser pour se retrouver chez... Bird, le snack. Ici, vous pourrez vous régalez avec des soupes, crevettes sautées ou un satay de tofu à tomber. Une belle adresse que l'on aime beaucoup ! À découvrir !

BOUGAINVILLE €€€

Dam 27
✆ +31 202182182
www.restaurantbougainville.com
Ouvert du lundi au samedi de 18h30 à 22h. Menu 5 plats 120 € sans le vin.

Avec la photo géante de David Bowie au mur, nous sommes prêts pour une expérience hors norme. L'équipe de ce restaurant est déjà illustre : Tim Goldsteijn, jeune chef qui s'est déjà illustré dans plusieurs adresses de renom aux Pays-Bas, est à la barre de Bougainville tandis que Lendl Mijnhijmer est « directeur des vins ». Il fut récemment élu sommelier de l'année. Bougainville offre un cadre intime (45 places seulement) pour un repas d'exception où tout atteint la perfection : cuisine, cadre, vin et le service. Pour une soirée d'extase on vous dit.

BRIDGES RESTAURANT €€€

Oudezijds Voorburgwal 197
✆ +31 20 555 35 60
www.bridgesrestaurant.nl
Menu dîner 5/6/7 plats à 90/100/110 €. Menu déjeuner de 39 € à 55 €.

C'est une ancienne cantine des fonctionnaires du Prinsenhof voisin qui sert de décor à cet excellent restaurant de spécialités de poisson, à l'ambiance animée. Il a rouvert ses portes il y a deux ans après une cure de jouvence très bénéfique puisque l'adresse a immédiatement été étoilée au *Michelin*. On y sert de la cuisine française dans une ambiance épurée et moderne. En cuisine, le chef Raoul Meuwese, réputé pour sa créativité et ses influences internationales, apporte une touche moderne en revisitant les classiques de la cuisine.

CAFÉ DE JAREN €€

Nieuwe Doelenstraat 20-22
✆ +31 20 625 57 71
www.cafedejaren.nl
Café ouvert tous les jours de 8h30 à 1h (2h le vendredi et samedi). Compter 20 € le midi et 30 € le soir.

Très beau café design d'Amsterdam, on peut y venir prendre un café autour de l'immense table de lecture où de nombreux magazines et journaux internationaux sont à la disposition du client. On peut y déguster des sandwichs chauds (hachée d'agneau, concombre, sauce aigre-douce) et de petits plats mitonnés (dont de succulentes lasagnes végétariennes) en sirotant une bière. La carte du dîner est disponible dans le restaurant qui se situe à l'étage. Très belle terrasse dès que le soleil fait une apparition. Une adresse incontournable.

CAFE 'T-GASTHUYS €

Grimburgwal 7
✆ +31 20 624 82 30
www.gasthuys.nl
Ouvert du lundi au jeudi et le dimanche de 12h à 1h. Le vendredi et le samedi 12h à 3h.

L'un des plus chaleureux repaires étudiants de la ville, juste derrière l'université. Ses bons plats roboratifs et son ambiance bon enfant réchauffent l'âme. Salades et viandes accompagnées de pommes de terre, large choix de sandwichs. La fresque naïve qui orne le bistrot donne le ton à la décoration des deux étages. Quant à l'atmosphère, rien ne la définit mieux que les interminables et folâtres discussions qui ont cours. A toute heure, on peut prendre un verre au long comptoir en merisier. Un bon endroit pour faire des rencontres…

CAFÉ MODERN €€

Meidoornweg 2
✆ +31 20 494 06 84
https://modernamsterdam.nl/
Ouvert du lundi au vendredi de 18h à 22h. Samedi à partir de 12h à 22h. Fermé le dimanche. Menu de 5 plats à 52 €.

Adresse réputée de la scène culinaire de la capitale, cet endroit qui est un restaurant et non un café (humour !) justifie presque à lui seul un déplacement dans le quartier de la ville de l'autre côté de l'IJ. L'établissement pratique le principe de la table d'hôte avec un menu qui change chaque jour et qui peut évidemment être adapté en fonction des goûts de chacun. Le restaurant, d'inspiration rétro, est abrité dans les locaux d'une ancienne banque. Le repas vous en coûtera de faire un petit dépôt, mais rassurez-vous, l'investissement en vaut le coup !

CAFÉ DE CEUVEL €

Korte Papaverweg 4
✆ +31 20 229 62 10
www.cafedeceuvel.nl
Ouvert du mardi au jeudi de 11h à minuit, le vendredi et samedi de 11h à 2h et le dimanche de 11h à minuit.

De Ceuvel est un ancien chantier naval actuellement réaffecté à un projet créatif novateur et durable. Au café Ceuvel, le cadre est fait de matériaux de récupération, les piliers proviennent du port d'Amsterdam et d'un poste de secours de La Haye. La cuisine respecte la nature ; ni poisson ni viande, mais des produits de remplacement. De Ceuvel est une adresse à ne pas manquer. Ah oui ! La programmation culturelle est elle aussi novatrice. Un petit coin de paradis, on vous dit… encore plus lorsque le soleil brille même qu'un peu !

CELIA €€

Nieuwendijk 60
✆ +31 20 521 1755
https://celiaamsterdam.com/
7j/7 de 6h30 à 10h30 pour le petit déjeuner, de 11h30 à 14h30 pour le déjeuner, de 17h à 22h pour le dîner.

Celia est le restaurant de Kimpton De Witt, la sensation hôtelière des dernières années à Amsterdam. C'est une excellente adresse (à deux pas de la gare centrale d'Amsterdam) qui propose, dans un cadre magnifique, sexy et lumineux, une cuisine savoureuse. On y déguste les classiques de la cuisine californienne donc ! Le voyage débute au petit déjeuner avec d'excellents plats chauds (à la demande). Le soir, ce sont les plats du grill, des poissons et du crabe par exemple. L'ambiance est agréable, que ce soit en groupe ou en couple.

LUCIUS €€

Spuistraat 247
✆ +31 20 624 18 31
www.lucius.nl

Ouvert tous les jours de 17h à minuit. Compter au moins 40 € les 3 plats.

À quelques mètres de la place du Spui, un restaurant de poisson qui ne paie pas de mine. Ne vous y trompez pas, c'est une véritable institution et on y sert selon l'arrivage les meilleurs poissons de la ville. Avec ses faïences, ses tables rustiques et son tableau noir où sont inscrits les plats du jour, il fait songer à quelque bistrot animé des quartiers populaires. Ici, le service est attentionné, dans une belle ambiance de brasserie. Comme il se doit, on y mange des grillades de poisson, des soupes et même des salades d'algues marines !

CHA CHA €€

Rokin 103
✆ +31 20 333 00 14
https://www.cafechacha.nl/
De 11h à 16h pour le déjeuner et de 18h à 23h pour le dîner (le bar reste ouvert jusqu'à 3h). Compter 45 €/pers.

Cha Cha est une adresse récemment remise au goût du jour sous une nouvelle identité. On y propose des steaks, des burgers et des cocktails. Située à un emplacement stratégique entre la place du Dam et le marché aux fleurs, Cha Cha saura vous séduire par sa carte aux possibilités multiples et diverses. On y vient aussi bien pour un lunch en passant, pour un cocktail de début de soirée, pour un vrai repas, en groupe ou en couple et on peut y poursuivre pour une soirée endiablée. Le Rokin est une artère récemment remise au goût du jour.

COCOTTE BY HEXAGONE €

Spuistraat 127
✆ +31 20 737 20 15
Du lundi au jeudi 9h-18h, vendredi et samedi 9h-21h, dimanche 9h-18h30. Compter environ 25 € par personne.

Depuis quelques années déjà, Cocotte régale les Français et Amstellodamois amateurs de vraies crêpes bretonnes ! Cette adresse est même devenue une référence en la matière et des événements de petite échelle y sont parfois organisés. Ici on déguste de délicieuses crêpes préparées à base de farine bio et dans un cadre charmant avec plein de détails *so french*. Le cadre est brut avec des détails venus de France comme on les aime. Une adresse charmante, idéale pour un petit déj', un brunch ou un déjeuner, à deux pas des rues commerçantes.

CORNERSTORE €€

Papaverweg 11 ✆ +31 20 2390062
www.csnoord.com
Ouvert du mardi au samedi à partir de 18h. Dernière commande à 22h. Musique jusque tard. Compter 30 € sans les boissons.

Dans un quartier Noord en plein renouveau, désormais antre de la jeunesse bobo et arty, à deux pas du café De Ceuvel et de sa démarche responsable, on trouve Cornestore. À l'angle de deux rues, dans un bâtiment industriel discret, ce lieu est pour le moins surprenant. La surprise passée, on s'attable pour consommer une délicieuse cuisine à un prix plus que raisonnable, avec en fond la musique du DJ. Quand le repas s'arrête, la fête commence. Le lieu se transforme en bar dansant et les inconnus de la table d'à côté deviennent vos amis de dancefloor. Incroyable !

DUTCH PANCAKE MASTERS €

Damrak 44
✆ +31 20 777 0177
www.dutchpancakemasters.com
Ouvert tous les jours de 9h à 22h. Pancakes classiques à partir de 10 €, spéciaux à partir de 15 €. Accessible aux PMR.

Situé à deux pas de la gare centrale, en plein centre-ville, c'est un des meilleurs endroits de la ville pour goûter les pancakes à la hollandaise. La terrasse extérieure, en plein Damrak, est très animée, mais c'est la salle intérieure qui vaut le coup d'être découverte ! Les propriétaires en ont fait un véritable musée, avec des reproductions de tous les chefs-d'œuvre classiques hollandais. On déguste son plat littéralement face à un tableau de maître ! Le menu est très complet avec une longue liste de pancakes salés, sucrés et à agrémenter d'une glace au choix.

EERSTEKLAS €

Stationsplein 15
✆ +31 20 625 01 31
www.restaurant1eklas.nl/nl/home/
Ouvert tous les jours de 9h30 à 23h (la cuisine ferme à 22h). Menu du mois à 29,50 €. Goûter 27,50 €.

Ce très beau restaurant au cadre romantique est situé sur le quai 2B de la gare centrale d'Amsterdam. Eerste klas (qui signifie première classe) est une alternative très haut de gamme à tous les lieux de restauration rapide qui pullulent dans et autour de la gare même si la qualité s'améliore depuis quelques années. La cuisine française (pour le dîner) est correcte sans plus mais l'intérieur reste inoubliable. Il faut parfois prendre son mal en patience avant d'être servi. Ne pas oublier de faire un selfie avec Elvis, le cacatoès.

EETCAFÉ DE BRAKKE GROND €€

Nes 45
✆ +31 20 422 26 66
www.brakkegrond.nl
Tous les jours à partir de 9h. Cuisine ouverte de 11h30 à 22h. Compter 20 € le midi, 30 € le soir.

Dans la tradition des brasseries belges, De Brakke Grond propose des plats simples (salades, panini, omelettes, etc.) à midi, mais une carte plus sophistiquée pour le dîner (viandes, poissons, moules-frites, risotto) et surtout des spécialités flamandes. La brasserie s'est spécialisée dans la bière belge et la carte est bien fournie. Une terrasse agréable et une salle intérieure très chaleureuse à l'image des brasseries de Bruges ou d'Anvers : une bonne adresse. À noter : il s'agit du restaurant du centre culturel flamand à deux pas de là.

EURO PIZZA €

Gedempt Hamerkanaal 79 ✆ +31 20 895 0843
www.europizza.rest

Ouvert du mardi au vendredi de 18h à 23h, le samedi de 13h à 23h et le dimanche de 13h à 21h. Environ 16 € la pizza.

Dans ce lieu épuré du bouillonnant quartier nord, les anciens propriétaires du réputé restaurant Europa se sont lancés dans une nouvelle aventure, et cela leur réussit. Ne vous fiez pas au nom, dans un décor épuré, entre la cuisine ouverte et les délicieuses odeurs émanant du four à pizza, vous dégusterez de très bonnes pizzas, mais pas que ! De nombreux plats aux saveurs méditerranéennes vous feront voyager, le tout accompagné par une belle carte de vins naturels. Le service est à l'image du lieu, animé et accueillant. Le must, la pizza au fromage d'ortie !

PINK BEACH BY WONDR €€

Meeuwenlaan 88-A ✆ +31 85 888 0261
www.pinkbeach.nl

Entrée : 14 €/personne. Ouvert tous les jours de début mai jusqu'à fin septembre : 12h-22h.

Voici un ovni sur la scène de la restauration à Amsterdam. A l'initiative et à la même adresse que le très réussi Wondr Experience, c'est un restaurant qui ne ressemble à aucun autre ! Le décor : une terrasse extérieure de 300 mètres carrés, du mobilier et du sable tout roses, une piscine à boules et une ambiance Instagrammable à souhait. Au menu, de la finger food et des cocktails très réussis. On vient ici pour passer un moment original et profiter de ce décor qui sort de l'ordinaire. A noter, la réservation est quasi obligatoire.

FC HYENA €€

Aambeeldstraat 24
✆ +31 20 363 85 02
fchyena.nl/eten

De 16h à 22h du lundi au vendredi et de 12h à 1h le samedi et dimanche. Compter environ 35 € par personne.

FC Hyena est à la fois un cinéma (à la programmation soignée), un bar à vin et un petit restaurant. Au cœur d'une zone du nord de la ville en pleine transformation, FC Hyena présente un cadre brut adouci par de superbes couleurs pastel. La carte met à l'honneur de petits plats à partager et cuisinés à base d'ingrédients bio (pour la plupart) dans le grand four. Belle carte de bières. Attention au retour si vous vous égarez, ce n'est pas la partie la plus « gezellig » de la capitale. Si le temps le permet, profitez de la superbe terrasse sur les rives de l'IJ.

GEISHA €€

Prins Hendrikkade 106A
✆ +31 20 626 24 10
www.restaurantgeisha.nl

Ouvert du lundi au samedi de 18h à 23h. Compter 36 € le menu à la carte sans les boissons.

Excellente adresse à 5 minutes de marche de la gare, Geisha est tenu par trois sœurs. L'enseigne propose un voyage à la découverte de la cuisine asiatique dans un espace très grand, tout en longueur et qui comprend plusieurs espaces à la fois élégants et mystérieux. La carte propose de nombreuses surprises et même les novices en matière de gastronomie asiatique sauront se faire guider par le personnel très accueillant. Une adresse de choix autant en couple qu'entre amis. A noter : l'établissement change régulièrement sa carte et propose des éditions thématiques.

GARTINE €

Taksteeg 7
✆ +31 20 320 41 32
www.gartine.nl

Ouvert du mercredi au samedi de 10h à 18h. Compter 12,95 € pour un « grand » petit déjeuner, 8,50 € pour un « petit ».

Une adresse très sympathique et intime à deux pas de l'agitation de la rue piétonne Kalverstraat, Gartine permet de savourer un excellent petit déjeuner. L'endroit est également réputé pour ses produits naturels et biologiques cultivés dans le potager des propriétaires. Gartine soigne sa carte et propose des plats copieux et raffinés dans un cadre agréable au romantisme très français. A noter, les propriétaires ont publié un livre de recettes. On peut également y venir déguster un délicieux *high tea*... Il est recommandé de réserver.

HANGAR €€

Aambeeldstraat 36
✆ +31 20 363 86 57

Déjeuner de 12h à 16h, dîner dès 18h. 38,50 € le menu 3 plats.

En voici un bien bel endroit, il faut prendre le bac, traverser un quartier en pleine réhabilitation pour arriver à un petit coin de paradis du quartier nord de la ville. Le cadre industriel et brut est très réussi. Idéalement, il convient d'y venir en pleine canicule pour savourer des plats d'excellente qualité sous une belle brise. La carte met à l'honneur les produits de la mer, mais le poulet grillé est, lui aussi, succulent. Le midi, vous choisirez entre divers sandwiches ! Une belle adresse à ne pas manquer tant pour le cadre que pour la carte.

HÔTEL DE GOUDFAZANT €€

Aambeeldstraat 10h
✆ +31 20 636 51 70
www.hoteldegoudfazant.nl
Ouvert du mardi au dimanche dès 17h. Compter 35 € sans le vin.

Ce restaurant de cuisine très française se situe dans le quartier nord d'Amsterdam, de l'autre côté de la gare centrale. La grande salle du déjeuner, un ancien garage au cœur d'une zone industrielle, est surprenante. Elle permet d'accueillir de grands groupes dans une ambiance conviviale. La cuisine est de qualité, mais les lieux ne séduiront pas ceux qui aiment les ambiances douillettes et feutrées. Au cas où vous penseriez pouvoir passer la nuit ici, cet endroit n'est pas un hôtel, le nom est juste un clin d'œil à la célèbre chanson Les Bourgeois de Brel.

HULSCHER'S €

Nieuwezijds Voorburgwal 176-180
✆ +31 20 714 2087
www.hulschers.com
Du mardi au samedi de 12h à 15h le midi, dîner de 17h30 à 22h. 15 € pour un plat le midi, 25 € pour le dîner.

C'est l'histoire de deux frères dont l'amour pour la bonne table a su surpasser leurs différences. Le premier aimait la viande, le second le poisson. Alors pour ravir tout le monde - y compris vos papilles - Hulscher's vous sert de délicieux plats de viandes type grill, ainsi que des produits de la mer très inspirés. Les contrastes se cachent aux quatre coins de ce restaurant historique d'Amsterdam dont chaque mets est frais et fait maison. Ambiance chic et cuisine raffinée sont au rendez-vous pour vous servir le meilleur de deux mondes !

IJVER €€

Scheepsbouwkade 72
ijveramsterdam.nl
Ouvert tous les jours de 10h à 1h, vendredi et samedi jusque 3h.

Ijver est une adresse plutôt récente de la capitale. Pour la découvrir c'est déjà un beau voyage car il faut prendre le bac pour se rendre vers l'autre rive de l'IJ. IJver est un superbe restaurant au cadre brut dans d'anciens entrepôts au nord de la ville. La cuisine est franco-néerlandaise et met à l'honneur quelques classiques des cuisines de ces pays, avec une vision nouvelle. Le midi la carte met à l'honneur des sandwiches complets et des salades. Une nouvelle valeur sûre, tout au long de la journée qu'il fait bon découvrir.

KAAGMAN & KORTEKAAS €€

Sint Nicolaastraat 43
✆ +31 20 233 65 44
www.kaagmanenkortekaas.nl
Ouvert du mardi au samedi de 18h à 22h30. Menu environ 50 €.

Ne surtout pas vous fier aux apparences. En effet, ce restaurant, situé dans une très vieille rue, ne paie pas de mine à première vue. Pourtant, c'est un endroit réputé qui est un véritable délice pour les papilles. L'objectif est de créer une ambiance « bistrot parisien » avec une « NL touch » bien sûr ! Cet établissement est le bébé d'un jeune duo néerlandais (Giel Kaagman est le chef et Bram Kortekaas l'hôte) n'a pas fini de nous étonner. Les ingrédients sont soigneusement choisis, souvent localement dans la nature proche de la capitale.

KANTJIL & DE TIJGER €

Spuistraat 291-293
✆ +31 20 620 09 94
www.kantjil.nl
Cuisine indonésienne. Ouvert de 12h à 21h30, le jeudi jusque 22h les fameuses rijsttafels dès 29 €.

Un immense restaurant qui sert une cuisine indonésienne authentique. Cette grande cantine de luxe au coin du Spui n'est pas recommandée pour un repas romantique mais le très bon rapport qualité-prix en fait une adresse idéale pour s'initier à la gastronomie indonésienne. Restaurant aussi bien fréquenté par les locaux que par les touristes qui viennent en masse goûter les *rijsttafels*. Nous aimons le décor de bois sombre et les vitraux élégants, les prix sont doux. Ce n'est pas l'adresse la plus raffinée mais une valeur sûre que l'on apprécie.

KAPITEIN ZEPPOS €€

Gebed Zonder End 5
✆ +31 20 624 20 57
www.zeppos.nl
Ouvert du dimanche au jeudi de 12h à 1h, et de 12h à 3h les vendredis et samedis. 34,50 € pour 3 plats le soir.

Ce restaurant se situe dans une petite rue introuvable ou presque à cinq minutes de la place du Dam. Le cadre idyllique (un ancien cloître) saura vous enchanter, une cuisine méditerranéenne très créative. Le personnel, en tenue s'il vous plaît, vous dépaysera. La terrasse est très agréable mais l'intérieur, une sorte de bistrot à l'ambiance caliente n'est pas mal non plus. Le service est attentif et la carte variée, plats de viandes, plats de poissons mais aussi plats végétariens, il y en a pour tous les goûts. Musique *live* régulièrement. Une adresse charmante !

LASTAGE €€€

Geldersekade 29
✆ +31 20 737 08 11
www.restaurantlastage.nl
Dîner du jeudi au dimanche dès 18h30. Menu de 3 à 8 plats de 59 € à 95 €.

Excellente adresse étoilée au Michelin où l'on savoure une cuisine raffinée française avec des inspirations scandinaves. Le décor dans une charmante maison de poupée est chaleureux et le service attentionné et précis. Le cadre, un canal à deux pas du Nieuwmarkt est un plaisir qui vous transportera. Une valeur sûre pour une soirée réussie. Et si vous n'arrivez pas à vous décider, optez pour « le survol de la carte », de petites portions qui vous feront goûter à une grande partie de la carte. Le chef Rogier van Dam est un véritable passionné qui saura vous séduire.

ORIENTAL CITY €

Oudezijds Voorburgwal 177-179
✆ +31 20 626 83 52
www.oriental-city.nl
Ouvert tous les jours de 11h30 à 22h30. Compter environ 28 € par personne.

Ne soyez pas rebuté par l'aspect cantine de ce bâtiment (plus de 200 places assises) car il s'agit selon les connaisseurs du meilleur restaurant chinois de la ville. La carte est impressionnante et il ne faut pas hésiter à se faire conseiller par les serveurs. Si ce restaurant ne se prête pas vraiment à un dîner romantique, il fera le bonheur des fins palais et des amoureux des saveurs asiatiques. À 10 minutes de marche de la gare centrale, c'est ici que l'on peut venir pour un *dim sum* mémorable. Ingrédients ultra-frais et service efficace à défaut d'être affable.

MADAM €€

Overhoeksplein 5
✆ +31 20 237 6310
Menu 2 plats 32,50 €, 3 plats 42,50 €.

Restaurant panoramique de l'Adam Toren, attraction de la capitale, on y vient d'abord et surtout pour profiter de la vue à 360 degrés sur Amsterdam. La carte n'est cependant pas mal non plus avec des soupes et salades. Le service est lent, mais pour une fois, ne nous en plaignons pas, car on voudrait rester des heures à contempler ce tableau vivant de toute beauté. Notez bien que si vous voulez juste boire un verre, vous devrez payer un droit d'entrée pour parvenir à l'étage. Seule une réservation d'un menu vous en dispensera.

PLLEK €€

Neveritaweg 59
✆ +31 20 290 00 20
www.pllek.nl
Ouvert tous les jours de 9h30 jusqu'au bout de la nuit ou presque. Compter 15 € le midi et 30 € le soir.

Notre coup de cœur au nord d'Amsterdam, dans l'île NDSM, où se trouvait un chantier naval. Le cadre, industriel et urbain, est saisissant et tellement différent de ce qu'on a l'habitude de voir à Amsterdam qu'il vaut déjà le déplacement. La cuisine, végétarienne à 75 %, est inspirée et les ingrédients sont pour la plupart produits localement et de bonne qualité. Pllek propose également des activités sportives et culturelles. Pllek est devenu, en quelques années, un nouveau classique de la ville avec une vue sur Amsterdam qui est tout simplement phénoménale.

MEDIAMATIC ETEN €€

Dijkspark 6a
✆ +31 6 31903218
www.mediamatic.net/en/ETEN
Lundi-mercredi 9h-22h, jeudi-vendredi 9h-00h, samedi 11h-00h, dimanche 11h-22h. Environ 30 €. La cuisine ouvre à 16h.

Superbe endroit au bord de l'eau dans une serre. On y propose des pizzas et plats à base d'ingrédients locaux et biologiques cuits dans le magnifique four qui trône au centre de la serre. La vue sur le musée Nemo est sublimissime et l'ambiance bucolique vous emmène hors du temps et d'Amsterdam. Ne pas oublier de goûter les excellentes bières brassées localement. Un menu table du chef sera prochainement proposé. Une belle carte de bière est proposée. Le tout parfaitement adapté à la carte vegan. Mediamatic est une adresse atypique et intéressante.

PUBLIC SPACE €

Bercylaan 301
✆ +31 20 737 0822
Ouvert du lundi au dimanche de 9h à 16h et du mercredi au samedi de 18h à 23h. Compter 20 € pour le déjeuner.

C'est sur la rive nord de l'Ij, derrière la cinémathèque à l'architecture futuriste, que le Public Space a pris ses marques. Dans un immeuble moderne, ce grand espace à la décoration minimaliste invite à la découverte. Tout au long de la journée, du petit déjeuner au dîner, cet espace de coworking se transforme au gré du temps qui passe et des gens qui le fréquentent. La carte, faite de produits de saison, change régulièrement et ressemble plus à une carte de tapas. C'est pourquoi le soir les laptops se ferment pour partager une bière bien méritée.

RESTAURANT CAFE IJ KANTINE €€

NDSM-kade 5
✆ +31 20 633 7162
www.ijkantine.nl
Ouvert tous les jours dès 9h. Plats entre 9 € et 23 €.

Accessible de la gare centrale via le bac gratuit et dépaysant en direction de NDSM. Etablissement en bord de rive avec une belle terrasse, IJ Kantine jouit d'une emplacement privilégié dans un quartier encore très authentique et brut où beaucoup d'artistes et d'artisans y ont leurs ateliers. Bâtisse immense, de caractère industriel au coeur d'un ancien chantier naval. Cuisine internationale le soir, sandwichs et burgers à l'heure du déjeuner.

SKATE CAFÉ €€

Gedempt Hamerkanaal 42
✆ +31 20 210 0232
www.skatecafe.nl
Ouvert le jeudi de 15h à 1h, le vendredi et le samedi de 15h à 3h.

Ouvert il y a un peu plus de 6 ans par Karin & Yvonne, le skate café est un véritable restau-concept qui attire la jeunesse et les hipsters du Tout-Amsterdam. C'est dans le bouillonnant quartier nord, niché dans un grand hangar que vous pourrez manger ou boire un verre en regardant les skaters évoluer sur les rampes. Le menu propose des assiettes variées aux saveurs du monde avec un petit penchant pour les plats indonésiens. Le soir, le restaurant passe en mode bar avec un large choix de bières et de cocktails. L'espace extérieur est très prisé aux beaux jours.

ROTI NOORD €

Gedempt Hamerkanaal 40
✆ +31 20 751 9990
www.garagenoord.com
Ouvert du jeudi au samedi de 17h à 23h. 14,50 € le plat avec de 1 à 3 € pour les suppléments.

C'est dans un ancien garage de voitures que se trouve cet établissement. Le mobilier est sobre, l'accueil chaleureux et souriant. La carte est courte et si elle propose la spécialité batave avec les *broodjes*, les plats sont surtout d'origine indonésienne. Les influences indonésiennes dans la gastronomie hollandaise sont nombreuses, héritage oblige. L'exemple ici avec le Roti, une généreuse portion de poulet pané avec une sauce aigre-douce ou la délicieuse soupe au saté. Une fois le repas terminé, le lieu se transforme en club avec une programmation hétéroclite.

STORK €€

Gedempt Hamerkanaal t.o. 96
✆ +31 20 634 40 00
www.restaurantstork.nl
Ouvert du mardi au dimanche dès 11h. Compter 35 € le menu sans le vin.

Excellente adresse pour un dépaysement total. On y accède en prenant un bac à la gare centrale. Au cœur d'un quartier d'entrepôts, face à l'eau, on mange dans une ancienne usine au cœur d'un impressionnant décor fait de poutres métalliques et de murs bruts. La vue est tout simplement superbe et change vraiment des images d'Épinal sur Amsterdam. La carte met le poisson et les fruits de mer à l'honneur, mais propose tout de même quelques options pour les visiteurs carnivores ou végétariens. Dès les beaux jours, la terrasse généreuse vous accueillera à bras ouverts.

SILOM €€

Voetboogstraat 13-17
✆ +31 202442894
www.silombrasserie.nl
Ouvert tous les jours de 14h à 23h. Compter 40 € le menu complet sans les boissons.

Silom a ouvert dans une rue animée qui donne sur la place du Spui. On y entre par un élégant lobby esprit bar chic pour parvenir à une belle salle à l'étage. La cuisine est raffinée et vous découvrirez des plats et saveurs qui ne sont pas courants. Le service est aux petits oignons et vous conseillera avec plaisir et précision. A noter, si vous n'aimez pas l'aventure (criquets grillés par exemple), vous vous limiterez à la carte Bird de la brasserie du même nom qui est le propriétaire des lieux. Une adresse de qualité dans un cadre soigné atypique.

TALES & SPIRITS €€

Lijnbaanssteeg 5-7
✆ +31 65 535 64 67
www.talesandspirits.com
Mardi au jeudi de 17h30 à 1h, le vendredi et le samedi de 17h30 à 3h et le dimanche de 17h30 à 1h.

Installé dans une belle demeure du XVe siècle, cet établissement propose une cuisine raffinée dans un cadre sexy et décontracté. Adresse interdite aux moins de 21 ans. Officiellement bar à cocktails on y vient toutefois également pour savourer une cuisine délicieuse. Idéalement, on peut partager des petits plats types huîtres, risotto aux truffes et petits snacks savoureux. Attention, bien respecter l'âge d'entrée car il pourra être contrôlé si votre visage est trop juvénile ! L'hôte sélectionne les entrées, faites donc un petit effort vestimentaire !

THE BUTCHER 9 STRAATJES €

Paleisstraat 14

✆ +31 20 811 33 88

Ouvert du lundi au jeudi de 11h30 à 00h30 et vendredi et samedi de 11h30 à 1h. Compter 16 € le burger avec frites.

Une adresse pratique pour commander rapidement un burger de qualité (modulable à l'infini ou presque), elle est située au sous-sol de X-Bank et à deux pas du W hotel. Mais vous pouvez aussi déguster un *fish & chips* ou un *veggie burger* succulent. Cadre froid et design, on ne s'y attarde pas mais ce n'est pas le but. Efficacité, qualité des produits, service sympathique. Nous avons aimé le veggie burger à base de pois chiches. Belle carte de bières et de cidres pour arroser le tout. À noter : quelques milkshakes alcoolisés aussi !

THE DUCHESS €€€

Spuistraat 172

✆ +31 20 811 33 22

www.the-duchess.com

Ouvert dès le petit déjeuner à 7h. Compter au moins 80 € par repas par personne le soir.

The Duchess est tout d'abord un régal pour les yeux, la grande salle est tout simplement sublime, hauts plafonds, miroirs, l'ancienne banque a une allure folle. La carte mêle habilement les saveurs venues de France et d'Italie. Le concept (pas toujours aimé ici) du *shared dining* qui consiste à commander plusieurs plats à partager entre convives. En bref, un endroit d'exception étoilé qu'il faut au moins voir. Pour les budgets plus serrés, une option peut être de savourer une boisson ou un high tea dans la superbe aile longeant le canal.

THE LOBBY €€

Nes 49

✆ +31 20 7585275

www.thelobby.nl

Compter environ 20 € le déjeuner, menu 3 plats à 39 € le soir.

Excellente adresse de style *vintage* confortable où l'on vient pour savourer un excellent petit déjeuner, un déjeuner succulent (burger ou salade composée) la carte du soir met à l'honneur des plats à base de poisson et légumes mais pas seulement. Une bonne adresse à la fois pour un rendez-vous pro ou amical. On aime siroter un cocktail sur le bar tout en longueur avec son décor ondulé propice à de belles rencontres nocturnes ou alors s'attarder près du feu. Une adresse où l'on vient avant un spectacle dans les théâtres des environs.

THT €€

IJpromenade 2

✆ +31 20 760 48 20

www.tht.nl

7j/7 dès 10h. Déjeuner de 11h à 16h et dîner de 17h30 à 22h. Compter 15 € pour un déjeuner et 35 € pour un dîner.

THT est l'adresse qui fait l'événement dans le quartier Amsterdam Noord. Situé dans l'ancienne cantine de Shell, THT a gardé une atmosphère rétro design en pleine tendance. Le concept ici est le « shared dining » où chaque convive choisit deux ou trois plats à partager en groupe. La carte privilégie les plats de saison et les ingrédients locaux. Le service n'est pas toujours au point mais c'est plutôt pour l'ambiance animée et la vue, si le temps le permet, qu'on vient ici. On peut poursuivre par un filme à la cinémathèque voisine.

VAN KERKWIJK €

Nes 41

✆ +31 20 620 33 16

www.vankerkwijk.nl

Ouvert tous les jours de 11h à minuit. Entrée/plat aux environs de 25 €.

Van Kerkwijk est un *eetcafé* comme on les aime, chaleureux, sans prétention et de qualité. Comme il est impossible de réserver et que l'endroit est réputé, on attend souvent en sirotant un apéro au bar. Pas de carte sur papier : ici, c'est le personnel qui la récite avec toujours des bonnes suggestions et souvent de l'humour. La cuisine est savoureuse et les portions généreuses. Adresse populaire auprès des jeunes et du public des théâtres environnants. Van Kerkwijk est à quelques minutes de la place du Dam et en lisière du quartier rouge.

D'VIJFF VLIEGHEN

Spuistraat 294-302

✆ +31 20 530 40 60

www.vijffvlieghen.nl

Ouvert tous les jours de 18h à 22h. Compter au moins 60 € par personne.

Ce restaurant est une véritable institution de la ville. Depuis des siècles on y savoure une cuisine néerlandaise inspirée dans une ambiance historique qui semble sortie d'un tableau de Rembrandt ou de Vermeer. Le lieu est d'un romantisme absolu et rien n'est plus agréable que de passer une soirée dans une des nombreuses « niches ». La salle Rembrandt, avec des estampes du maître, est le clou du lieu. On y retrouve aussi des œuvres de Breitner, des faïences de Delft ou des vieilles bouteilles d'alcool. En un mot : magnifique !

BAGELS&BEANS €

Keizersgracht 504
✆ +31 20 330 55 08
www.bagelsandbeans.nl
Ouvert en semaine de 8h30 à 18h, le samedi et le dimanche de 9h à 18h.

Adresse dynamique idéale pour une gourmandise sur le pouce, pour le petit déjeuner, déjeuner ou même le goûter. Bagels&Beans est situé sur le chic Keizersgracht au niveau de la Leidsestraat, une très populaire rue commerçante d'Amsterdam. Chez Bagels&Beans, il est possible de choisir entre plusieurs délicieux bagels (au sésame, le grand classique, pavot, tomates séchées, oignons, cannelle raisins, etc.) et différents fromages à tartiner (nature, ciboulette, pistou, noix et miel…) et aussi entre divers jus de fruits frais délicieux.

BRASSERIE AMBASSADE €€€

Herengracht 339
✆ +31 20 555 0255
www.brasserieambassade.nl
De 7h à 11h pour le petit déjeuner, de 12h à 15h pour le déjeuner, de 17h45 à 22h30 (dîner).

En voilà une adresse qui ne laissera personne indifférent, cette brasserie appartient à l'hôtel Ambassade, adresse de choix idéalement située sur le canal qu'on dit le plus beau de la ville. La brasserie propose, dans un cadre distingué avec une vue superbe, des classiques de la gastronomie française avec une touche spéciale apportée par le chef. Cerise sur le gâteau, on savoure l'excellente cuisine en admirant partout (même en chemin vers les toilettes) des œuvres originales du groupement artistique Cobra. Un petit bout de paradis au cœur de la capitale.

BRASSERIE NEL €€

Amstelveld 12
✆ +31 20 626 11 99
brasserienel.nl
Ouvert tous les jours, du lundi au jeudi et le dimanche de 10h30 à 1h et vendredi et samedi de 10h30 à 3h.

Idéalement située pas loin de l'agitation du Rembrandtplein mais sur une pittoresque et calme place, la brasserie Nel est un havre de paix où l'on vient prendre un verre ou un plat à toute heure du jour. La carte met à l'honneur les produits de saison et les classiques de la gastronomie néerlandaise mais pas seulement. Une fois le repas terminé, on peut profiter du bar pour déguster une bonne bière hollandaise et profiter d'un concert de jazz de qualité tous les lundis soir à partir de 21h. Une adresse et un quartier à découvrir…

BUFFET VAN ODETTE €€

Prinsengracht 598
✆ +31 20 423 60 34
www.buffet-amsterdam.nl
Ouvert du mercredi au samedi de 12h à 22h. compter 30 € sans les boissons.

Depuis plus de 20 ans, ce restaurant est un lieu très couru d'Amsterdam. À toute heure de la journée, vous pourrez profiter de ce cadre cosy et élégant avec de beaux et grands miroirs, et, pour les jours ensoleillés, d'une magnifique terrasse donnant sur Prinsengracht. Le lieu est surtout connu pour son omelette au fromage de truffe. La carte du soir est plus élaborée et offre pour ceux qui le souhaitent une alternative végétarienne inspirée. Ce Buffet d'Odette est le lieu de pause idéale lors d'un marathon shopping ou entre deux musées.

CECCONI'S €€

Spuistraat 210
✆ +31 20 888 0300
www.cecconisamsterdam.com
Repas possible à partir de 20 € environ, compter plutôt 40 € le soir.

Cecconi's est le restaurant de Soho House Amsterdam, club privé d'Amsterdam. Le cadre, vintage, végétal et chic est particulièrement réussi. On peut s'installer dans l'espace lounge pour siroter un cocktail ou déguster des petits plats sur les belles tables dressées. La carte propose de succulents plats du Nord de l'Italie, pâtes, risotto, quelques pizzas ainsi que des plats au feu de bois. Notre conseil : la *burrata* d'un fondant incroyable et le tartare de poisson préparé sous vos yeux. Une adresse à ne pas manquer pour un déjeuner agréable ou un dîner spécial.

GOODIES €

Huidenstraat 9 ✆ +31 20 625 61 22
www.goforthegoodies.nl
Du dimanche au mercredi de 12h à 22h ; jeudi au samedi de 12h à 22h30. Compter 8 € pour un bagel, 15 € pour une salade.

C'est dans ce minuscule restaurant (décor régulièrement refait de fond en comble) que se retrouve un public mélangé (jeunes et vieux, hipsters ou pas) afin déguster de savoureux sandwichs, des salades composées, de délicieux milk-shakes et des cocktails de fruits frais. La carte du déjeuner propose des sandwichs froids ou chauds avec différents pains. Tous ces sandwichs ont un prix raisonnable. La carte des desserts propose des brownies, scones, gâteaux à la carotte. Adresse vraiment sympathique avec des serveurs branchés et agréables !

© MEAT AND GREEK

© MG

© MEAT AND GREEK

MEAT & GREEK €

Utrechtsestraat 113
✆ +31 20 737 1610
www.meat-and-greek.com

Ouvert tous les jours de 12h à 22h. Sandwichs pita à partir de 11 €, assiettes à partir de 16 €.

Situé dans la très animée Utrechtstraat, c'est tout simplement le meilleur gyros d'Amsterdam. Vous pouvez composer vos sandwichs vous-même à partir d'une liste d'ingrédients ultra-frais. Même si la viande de porc est excellente, des options végétariennes sont disponibles. C'est un couple gréco-allemand, Sarah et Mano, qui est à l'origine de l'aventure. Pas de chichis. Des produits frais et locaux, une carte courte et efficace et où vous pourrez créer et déguster la pita de vos rêves. Sans conteste l'une des meilleures options pour manger sur le pouce à Amsterdam.

© MG

© MG

THE AVOCADO SHOW €

Keizersgracht 449
✆ +31 6 36 22 76 85
www.theavocadoshow.com/
Ouvert tous les jours de 10h à 20h. Salades et burgers à partir de 17 €, bowls autour de 15 €.

Comme son nom l'indique, ce restaurant est consacré au fruit mythique mexicain : l'avocat ! Vous le retrouverez sous toutes ses formes : frites, salades, bowls, burgers… En réalité, the Avocado Show est un véritable phénomène : en 5 ans, 8 restaurants de la marque ont vu le jour, dont le dernier en date à Paris. La raison de ce succès : des plats originaux et excellents ; des lieux haut en couleur où l'on se sent bien ; et une approche éco-responsable dans l'air du temps. Une autre adresse à Amsterdam, située en plein Leidseplein, propose un menu à emporter.

RESTAURANT JOHANNES €€€

Herengracht 413
✆ +31 20 626 95 03
www.restaurantjohannes.nl
Ouvert tous les jours de 18h à 22h30. Menu 4 plats 59 € ; 5 plats 65 € ; 6 plats 75 €.

Johannes est l'un des meilleurs restaurants de la ville et tout le monde ne le sait pas encore ! Le chef y propose une symphonie de saveurs qui ne laissera personne indifférent. Le menu (fixe même si les cuisines tiennent compte de vos préférences et éventuelles allergies) privilégie les produits locaux. L'accueil est précis tout en restant chaleureux et personnalisé. Le cadre est malheureusement un peu trop stérile et certaines tables sont vraiment petites. A part cela, Johannes est sans conteste une adresse à ne pas manquer.

JOHN DORY €€

Prinsengracht 999
✆ +31 20 622 90 44
www.johndory.nl
Du mardi au samedi dès 17h30. Le vendredi également de 12h à 14h. Menu 4 plats 58 €, 5 plats 68 €, 6 plats 78 €.

John Dory est, comme son nom l'indique (Saint-Pierre en français), un restaurant spécialisé dans le poisson, de préférence issu des eaux néerlandaises. Situé dans d'anciens entrepôts, cet établissement est une valeur sûre pour savourer une cuisine inventive et fraîche. L'idée est de se faire conseiller par le personnel, d'indiquer ses allergies et ses préférences et de se laisser surprendre. A noter : un soin particulier est accordé aux assiettes et il vous sera difficile de ne pas céder à la tentation d'immortaliser chaque plat.

SAMPURNA €€

Singel 498
✆ +31 20 625 32 64
www.sampurna.nl
Ouvert de 12h à 22h. Compter environ 25 € par plat ou Rijsttafel pour 2 personnes : entre 27 € et 35 € environ.

Ce populaire restaurant indonésien est situé sur le fameux marché aux fleurs. La décoration est plutôt sobre pour un restaurant de ce type. Sampurna propose six *rijsttafels* différentes (dont une végétarienne) et également une carte très variée. Le personnel est avisé et attentif. Il est vivement conseillé de réserver. L'espace n'est pas toujours très agréable dès lors qu'un grand groupe est présent et nous préférons les tables plus proches du marché aux fleurs. Quant à la cuisine et les plats proposés, les conseils du personnel sont avisés.

REE7 €

Reestraat 7
✆ +31 20 3301254
www.ree7.nl
Ouvert tous les jours de 9h à 18h. Compter environ 20 € pour un déjeuner.

Ree7 est une adresse agréable des 9 straatjes prisées par la faune fashion mais aussi les familles qui viennent savourer en toute simplicité un bon *broodje*, une salade ou une succulente soupe. Le tout dans un cadre agréable et zen, en tendance Instagram ! La carte est variée et le plus difficile sera de choisir entre des sandwiches, des omelettes composées, des soupes et les spécialités du jour. Grand choix de smoothies et de jus. Cette adresse est au cœur des 9 straatjes et vous mettra directement dans l'ambiance décontractée de ce quartier.

SECRET GARDEN €€

Lindengracht 158h
✆ +31 20 247 4060
http://secretgardenamsterdam.com
Ouvert du lundi au jeudi de 18h à 1h, vendredi et samedi de 12h30 à 2h, le dimanche de 12h30 à 1h. Compter environ 40 €.

Ce lieu atypique est tout nouveau. En plein cœur d'Amsterdam, c'est un véritable havre de paix où le temps semble comme suspendu. Ici, plus qu'un restaurant, c'est une expérience que l'on vous propose. Dans un style Art déco et sous une jungle de verdure, venez goûter au meilleur de la cuisine Nikkei. Cette cuisine considérée comme l'une des plus riches du moment désigne le métissage des gastronomies péruvienne et japonaise. Entre ceviche et tataki, tempura et sauce chimichurri, vos papilles seront autant émerveillées que vos yeux.

SPECTRUM €€€

Herengracht 542-556
✆ +31 20 7184635
www.restaurantspectrum.com
Du mercredi au samedi de 18h à minuit. Compter plus de 100 € pour cette expérience étoilée.

Depuis 2014, Amsterdam compte restaurant d'excellence, anciennement nommé Librije's Zusje, petite sœur de l'illustre restaurant De Librije, à Zwolle, sous la houlette de son illustre couple restaurateur Jonnie et Thérèse Boer. Le chef Sidney Schutte fait le bonheur de vos papilles avec une carte originale et subtile qui célèbre les produits locaux et de saison, le tout doublement étoilé au Michelin. Le cadre intime, dans le fabuleux Waldorf Astoria, est une expérience de luxe à la néerlandaise. Expérience qui a un certain coût, bien entendu.

DE STRUISVOGEL €€

Keizersgracht 312
✆ +31 20 423 38 17
www.restaurantdestruisvogel.nl
Ouvert tous les jours de 17h30 à minuit. Menu en 3 plats à 34,50 €.

Cette adresse est tellement populaire parmi les Amstellodamois qu'il est conseillé de réserver pour obtenir une des 34 places assises. Le Struisvogel, qui est situé dans le sous-sol d'un hôtel le long du Keizersgracht, propose des plats savoureux sans saler l'addition. La formule permet de choisir entre cinq entrées, cinq plats de résistance et cinq desserts d'inspiration française. La spécialité de la maison, c'est la viande d'autruche (*struisvogel* signifie autruche en néerlandais), qui est un *must*. À noter : cette adresse privilégie les ingrédients biologiques.

THE PANCAKE BAKERY €

Prinsengracht 191
✆ +31 20 625 1333
www.pancake.nl/
Ouvert de 9h à 21h30 tous les jours. Comptez de 6,25 € à 15,95 €.

Ici, on fait des pancakes depuis 1973 ; gage de qualité et de popularité. Les propriétaires furent les premiers à avoir l'idée originale de proposer des succulentes crêpes habilement combinées aux saveurs du monde. On propose aussi bien des pancakes traditionnelles que des saveurs venant du bout du monde ! À l'intérieur, l'ambiance est chaleureuse avec des murs en brique. Au milieu de la salle trône la cuisine ouverte où vous pourrez admirer les crêpes qui sautent des poêles. Service attentionné, pancakes pour tous les budgets…

LUNCH CAFE DIALOOG €

Prinsengracht 261 A
✆ +31 20 623 9991
www.lunchcafedialoog.nl
Ouvert tous les jours : 10h-19h d'avril à octobre et 9h-18h de novembre à mars. Sandwichs, salades à partir de 6 €.

Difficile de trouver un meilleur emplacement pour déjeuner ! Adossé à la maison Anne Frank sur Prinsengracht, et à quelques encablures des célèbres 9 Streets, ce café propose une jolie terrasse accueillante et un espace intérieur chaleureux. Le service est rapide et très sympa. Le menu est simple, mais tout est frais et de qualité : quiches, salades, sandwichs, snacks végétariens, plateaux de fromages et charcuterie… Le café est affilié aux bateaux jaunes d'Amsterdam Circle Line, dont les départs se font juste en face de la terrasse !

TOASTABLE €

Singel 441 (sous)
✆ +31 20 626 29 69
www.toastable.nl
Ouvert tous les jours de 8h30 à 17h.

Chez Toastable, on célèbre le pain toasté et garni sous toutes ses formes. Adresse idéale pour un petit déj', un *brunch* ou un *lunch*, on y apprécie aussi les douceurs de la carte (le *cheesecake miam*) ! Une adresse idéalement située à deux pas du marché aux fleurs. On y accède par un petit escalier presque invisible et souvent squatté par les clients dès le premier rayon de soleil. La déco est d'esprit vintage et très claire. On aime aussi faire un tour aux toilettes pour une plongée dans le temps. Belle carte qui séduira également les enfants !

APOSTROF €€

Planciusstraat 49 ✆ +31 6 24918611
www.apostrofamsterdam.nl
Du mercredi au dimanche dès 18h. Entre 43 € à 64 € (sans boisson). Par beau temps, terrasse ouverte à partir de 16h.

Même un peu excentré, ce restaurant mérite le détour. Apostrof, c'est la promesse d'une cuisine honnête et raffinée, qui ravira particulièrement les couples en recherche d'une atmosphère paisible. Le chef et patron des lieux, Sjoerd Visser, a officié dans les plus grandes cuisines de la capitale pendant plus de 25 ans. Aujourd'hui, il propose une cuisine française d'influence méditerranéenne où vous serez libres de composer votre propre menu. L'accueil agréable ainsi que le cadre un peu désuet finiront de vous charmer. Une perle idéale pour une sortie gourmet !

BAK €€

Van Diemenstraat 408
✆ +31 20 737 25 53
www.bakrestaurant.nl
Du mercredi au vendredi 18h30-1h, samedi et dimanche 12h30-1h. Compter 60 € le menu le midi, le soir menu 6 plats 70 €.

Une adresse que l'on aime beaucoup et qui vaut le déplacement, située au 3e étage du bâtiment Veem, un ancien entrepôt où étaient jadis stockés café, thé et cacao. On y mange une cuisine locale et « responsable » dans un cadre boisé, avec vue sur le port Houthavens. Cuisine inventive, cadre chouette et différent, Bak est une perle prisée donc n'oubliez pas de réserver en avance. Vous vous y sentirez très bien et pourrez savourer tranquillement ce qui fait la force de la scène culinaire de la capitale. Pour une soirée pas comme les autres.

DE BAKKERSWINKEL €

Regulateurshuis, Polonceaukade 1
✆ +31 20 688 06 32
www.debakkerswinkel.nl
Ouvert du lundi au vendredi de 9h à 17h, le week-end de 10h à 17h. Environs 15 € le sandwich et une petite douceur.

Très bonne adresse pour déguster quiches et sandwichs succulents préparés le plus possible à base d'ingrédients locaux. Mais ce sont surtout les *scones* qui ont fait la renommée du lieu. Salés, sucrés, ils sauront vous régaler ! Située dans un des bâtiments techniques de la Westergasfabriek, cette usine à gaz à l'ouest de la ville, son intérieur a été pensé par Piet Hein Eek le réputé designer batave. Le cadre de l'usine est enchanteur, en briques rouges avec des cinémas et cafés aux alentours. En sortant, passez chez Tony, le spécialiste du chocolat !

BAR KANTOOR €

Haarlemmerweg 8
✆ +31 20 820 33 31
www.barkantoor.nl
Petit déjeuner de 7h à 11h le week-end jusqu'à 12h. Déjeuner de 11h à 16h, dîner jusqu'à 22h30. Bar 7j/7 jusqu'à 1h.

Le seul « bureau » (*kantoor*) d'Amsterdam où vous serez ravi de faire des heures sup'. Le bar, logé dans une ancienne mairie de quartier au cœur du Westerpark, fait partie du Conscious Hotel qui fonctionne entièrement l'énergie éolienne. Tout le menu est garanti 100 % bio et le chef, Robert-Jan, aime s'essayer aux légumes fermentés qu'il mixe dans les assiettes et les cocktails. Une adresse vraiment agréable avec un concept menu continu, et une belle déco à l'intérieur avec beaucoup de végétation, c'est toutefois sur la terrasse qu'il fait bon profiter.

BILLY THAI €

Prinsengracht 358
✆ +31 20 330 42 20
www.billythai.nl
Ouvert du mardi au dimanche de 16h à 23h. Compter environ 20 € par personne sans les boissons.

Adresse de qualité située sur une portion calme, mais stratégique, du Prinsengracht, proche des salles de spectacles du Leidseplein et de l'agitation des 9 Straatjes. On y sert une cuisine thaïlandaise fraîche et inspirée. Le cadre simple se prête davantage au repas en groupe ou entre amis qu'à une soirée romantique à deux. La carte variée semble sans limites et il sera difficile de faire un choix ! À noter que les végétariens sont à la fête chez Billy Thai avec une importante sélection de plats à base de tofu. Service affable.

BURGERMEESTER €

Elandsgracht 130
✆ +31 20 423 62 25
www.burgermeester.eu
Ouvert tous les jours de 12h à 22h. Compter environ 14 € le burger, salade : 4 €.

Ce restaurant ne s'appelle pas « maître du burger » pour rien, ici la carte offre un choix de hamburgers succulents, à la viande surtout, mais aussi des versions pour végétariens avec fromage de chèvre, lentilles rouges... Un point commun : la matière première est fraîche. A noter, il est possible de commander trois mini-burgers et de goûter à plusieurs variétés. L'idéal quand on ne sait se décider. Belle carte de limonades bio pour accompagner les burgers. À noter qu'il existe plusieurs adresses de Burgermeester dans le centre d'Amsterdam.

CAFÉ DE PAREL €€

Westerstraat 266
✆ +31 6 29060561
www.cafedeparel.nl
Ouvert de 18h à minuit du mercredi au dimanche. Compter 50 € pour le menu en 5 plats.

C'est dans le quartier historique du Jordaan, non loin de la maison d'Anne Frank que se trouve le Café de Parel. Dans un style indus' assumé, avec une terrasse très agréable lorsque le temps le permet, le restaurant propose un menu qui change au gré des saisons. Le service, professionnel et chaleureux, vous met rapidement à l'aise. Le restaurant doit sa réputation autant à ses assiettes dans lesquelles le chef utilise des produits bio et sourcés qu'à une belle carte des vins. Cependant, s'il est vrai que l'offre est abondante, les prix au verre peuvent effrayer.

CAFÉ NOBO €

Haarlemmerstraat 73
✆ +31 20 616 36 64
www.cafenobo.nl
Ouvert le lundi de 11h à 23h, du jeudi au samedi de 11h à minuit, dimanche de 11h à 18h. Le midi compter 20 €.

Anciennement Stout, le Café Nobo reste ce restaurant à la décoration épurée mais rehaussée de couleurs vives aux allures londoniennes. La popularité du lieu peut vous valoir d'attendre avant d'avoir une place, mais cela vaut la peine. Très bons sandwichs, les soupes et les salades copieuses et savoureuses, le burger est un *must*. Les boissons ne sont pas en reste avec de nombreux jus de fruits frais. Seul petit (très petit) bémol, les sièges ne sont pas très confortables. Une adresse agréable lors d'une promenade sur cette artère très prisée.

DAALDER €€

Lindengracht 90-92
✆ +31 20 624 88 64
www.daaldercafe.nl
7j/7 y compris fériés 12h-15h30/18h-22h (22h30 le week-end). Réservation recommandée. Menus 5/7 plats 69 €/89 €.

Café classique, ancien et sans vraie surprise autrefois, Daalder a opéré une transformation et est depuis quelques années une adresse de standing présentant une cuisine de qualité et bien présentée. Le cadre bistro chaleureux est propice aux rencontres en tous genres. Une valeur très sûre du Jordaan, d'Amsterdam et du pays. Les prix sont dignes des adresses de standing et ce n'est pas étonnant car le chef a autrefois travaillé dans les meilleures adresses chics du pays. Une adresse à chouchouter et à réserver bien à l'avance !

DIVAN €€

Elandsgracht 14
✆ +31 20 626 82 39
Ouvert du mercredi au dimanche de 17h à 23h. Compter 35 € pour le menu Mezze sans les boissons.

Divan est un excellent restaurant de cuisine turque. Le service est vraiment impeccable dans ce restaurant à l'ambiance familiale idéalement situé sur le Elandsgracht. La décoration est belle mais sombre ; beaucoup de bois et intérieur Art Déco, sans le côté kitsch (trop voyant dans certains restaurants ethniques). La carte est variée, beaucoup de viande bien sûr mais aussi du poisson et quelques plats végétariens. Le menu de mezze est à se damner. Les végétariens seront ravis, les amateurs de viande aussi. Nous aimons beaucoup le yaourt au miel et aux noix.

DUENDE €€

Lindengracht 62
✆ +31 20 244 36 53
www.cafe-duende.nl
Du lundi au vendredi de 17h à 00h, le samedi de 12h à minuit et le dimanche de 14h à minuit. Tapas à partir de 5 €.

C'est dans le plus vieux bar à tapas d'Amsterdam (plus de 25 ans) que vous y dégusterez les meilleures ! L'ambiance ici est plus que chaleureuse, les tables très rapprochées invitent à faire connaissance sur des airs de flamenco. Il faut venir commander au bar ce que vous avez choisi sur la carte ou les spécialités du jour affichées sur le tableau. On adore aussi les cours de flamenco dispensés dans une salle à l'arrière du restaurant. Une adresse à la réputation intacte depuis son ouverture au cœur d'un magnifique canal comblé au nord du quartier Jordaan.

FESTINA LENTE €

Looiersgracht 40b
✆ +31 20 638 14 12
www.cafefestinalente.nl
Dîner à partir de 18h jusqu'à 22h30. Compter environ 20 € le repas.

Festina Lente est un café-restaurant cosy. Etablissement bourré de charme situé sur un agréable canal du centre de la ville. La décoration très bric-à-brac donne une impression de « joyeux bazar ». On peut même s'y retrouver pour un jeu de société les longs soir d'hiver mais c'est l'été que la terrasse fait la réputation du lieu ! C'est l'endroit idéal pour boire un petit café, manger un sandwich *prosciuttole* midi et le soir divers plats plutôt inventifs dans une ambiance conviviale. A noter, ce café organise des journées poésie.

FLOOR17 €€€

Staalmeesterslaan 410

✆ +31 20 207 01 00

www.floor17.nl

Ouvert tous les jours de 18h à 22h. Compter au moins 60 € par personne avec le vin.

Une adresse pour prendre de la hauteur. Il s'agit ici du restaurant tout en haut (seizième étage) de l'hôtel Ramada, à l'ouest de la ville. Le principe : pas de menu, il suffit d'annoncer ce que l'on aime ou ce que l'on n'aime pas et le chef concocte des plats à votre goût, vraiment superbes. La vue sur la ville est éblouissante et le cadre est unique. Pour une soirée spéciale, hors du centre, mais pas très loin non plus. L'été on peut s'allonger sur le toit sur des sofas lounge. L'hiver, une patinoire y est installée pour une ambiance unique.

L'INVITÉ €€€

Bloemgracht 47

✆ +31 20 570 20 10

www.linvite.nl

Ouvert du mardi au dimanche dès 18h, le samedi et dimanche dès 12h. Menu dégustation 95 €.

Voilà un restaurant qui porte bien son nom ! On se sent en effet à la fois invité et bienvenu dès que l'on entre dans le restaurant du non moins charmant canal Bloemgracht, au cœur du quartier Jordaan. Le décor historique (le bâtiment date de 1628 !) est modernisé par un blanc presque immaculé rehaussé d'un léger bleu gris sur les murs. On vient principalement ici pour le menu dégustation qui nous fait découvrir de nombreuses saveurs, parfois d'antan, avec des vins en accord parfait. Un restaurant à chérir pour un repas de grande qualité dans un cadre superbe.

FOODHALLEN €

Bellamyplein 51

www.foodhallen.nl

Ouvert du dimanche au jeudi de 11h à 23h et les vendredi et samedi de 11h à 1h. Prix variés en fonction du stand.

Le complexe culturel et culinaire de Hallen fait l'unanimité et est devenu un classique de la ville. Les Foodhallen désignent le marché alimentaire on y compte vingt stands, tous différents. Entre les stands de poissons, de burgers, de pizzas, de smoothies, d'alcools, plus dur sera le choix. La commande se passe à chaque stand avec paiement immédiat, la plupart des plats sont préparés sous vos yeux, donc d'une fraîcheur irréprochable. Lieu idéal pour une soirée entre amis. Nous vous conseillons d'ailleurs de venir le midi et d'éviter le week-end et sa foule.

KANARIE CLUB €

Bellamyplein 51

✆ +31 20 218 17 75

www.kanarieclub.nl

Du lundi au jeudi de 9h à 23h, le vendredi de 9h à 1h, le samedi et le dimanche de 11h à 1h. Compter 20 € le repas.

Le Kanarie Club propose un concept de restauration innovant. En effet, on peut y passer la journée, y petit-déjeuner, y déjeuner, y travailler, y siroter des cocktails autour d'un bar tropical, avec une petite piscine (oui mais sans eau !), puis y danser jusqu'au bout de la nuit. La piscine à l'étage est un rappel du passé du bâtiment lorsque celui-ci était squatté. Le bien bel espace, très photogénique, est l'œuvre du studio Modijefsky. La carte, concise, comprend toujours un plat de viande, un poisson et un plat végétarien.

HAPPYHAPPYJOYJOY €

Bilderdijkstraat 158HS

✆ +31 20 344 6401

www.happyhappyjoyjoy.asia

Cuisine ouverte du dimanche au jeudi de 17h à 22h.

Voilà une adresse qui vous mettra de bonne humeur avec ses couleurs *flashy* ! L'illustre chef cuisinier néerlandais Julius Jaspers a conçu cette adresse en voulant mettre à l'honneur les cuisines asiatiques dans un cadre coloré, jeune et plein de peps'. S'il n'est plus aux fourneaux, c'est bien lui qui a veillé sur la naissance de son dernier bébé et qui a concocté la carte. Un classique de la ville, qui, en plus, ne vous ruinera pas. A noter, deux autres filiales existent à Amsterdam, une à l'est et l'autre dans le Pijp. On en redemande.

KESSENS €

Rozengracht 24

✆ +31 20 221 74 31

www.kessensamsterdam.nl

Ouvert du lundi au vendredi de 8h30 à 17h30 et le samedi de 9h à 17h. Compter 20 € le déjeuner.

Excellente adresse sur le très bruyant Rozengracht. Chez Kessens, on ressent une union Suède/Pays-Bas tant au niveau de la déco qu'à celui de la carte. La carte propose des classiques suédois, néerlandais mais aussi français. Cette adresse est le bébé d'Anna (suédoise donc) et Casper (néerlandais et fils du célèbre traiteur Holtkamp dont les pâtisseries et légendaires croquettes sont au menu). La cuisine propose toute la carte dès l'ouverture et vous pourrez donc savourer quiches, salades et sandwiches dès le petit matin si l'estomac vous en dit.

DE KOEVOET €

Lindenstraat 17

✆ +31 20 624 08 46

Ouvert du mardi au dimanche dès 17h30. Compter environ 35 € par personne.

Petit restaurant typique au cœur du Jordaan établi dans un ancien commerce de vins et de liqueurs, la décoration n'a pas bougé depuis le début du siècle. Lampes, tableaux, vieilles horloges vous donneront l'impression d'être revenus à une autre époque. On pourrait s'attendre à avoir des spécialités néerlandaises mais pas du tout ! La cuisine est d'inspiration italienne, l'ambiance, au goût d'autrefois, se prête à une soirée en amoureux. A l'été possibilité de manger en terrasse. A deux pas du superbe et typique Noordermarkt !

MOSSEL&GIN €€

Gosschalklaan 12

✆ +31 20 486 58 69

www.mosselengin.nl

Mardi, mercredi, jeudi de 16h à minuit, vendredi de 16h à 1h, samedi de 13h à 1h, dimanche de 13h à minuit.

Un concept original, que des moules aux diverses épices en plat principal et divers poissons en entrée. Ambiance très réussie dans un cadre brut. Situé au cœur de la Westergasfabriek, cette ancienne usine à gaz reconvertie en centre de sorties est abrité dans une adorable maison en brique dans le cœur du complexe. Si les moules sont le clou de la carte, on peut aussi manger des huîtres, des poulpes, etc. en entrée. Les moules sont présentées sous différents accents et le plus dur sera de choisir. Les gins sont très réputés !

OFICINA €€

Jan Van Galenstraat 147

www.oficinaoficina.com

Ouvert du mercredi au dimanche de 10h à 17h. Compter 25 € pour le déjeuner avec un plat et une boisson.

Oficina, c'est la création de Zana et Naiara, un restaurant au design épuré qui propose une cuisine moderne et bistronomique. On retrouve ici un peu du concept *hygge* cher aux pays du Nord où des lieux cosy donnent envie de rester et de se prélasser. Ici, les produits viennent directement des fermes aux alentours de la ville. La carte change chaque semaine tout en respectant les produits de saison. Les assiettes sont soignées, le service très accueillant. À noter la petite terrasse très agréable, mais prise d'assaut les jours de beau temps.

PACIFIC PARC €

Polonceaukade 23

✆ +31 20 488 77 78

www.pacificparc.nl

Ouvert du lundi au jeudi de 11h à 1h, vendredi et samedi de 11h à 4h. Dimanche 11h à 22h. Compter 20 € par personne.

Bonne adresse dans un décor de hangar industriel très réussi. Endroit idéal pour boire un verre, manger, se détendre à la terrasse l'été et surtout danser le soir car la programmation musicale est remarquable. Service parfois très approximatif. Situé au cœur du Westergasfabriek, ancienne usine à gaz reconvertie en centre de sorties et récemment racheté par un *wonderboy* de la nuit aux Pays-Bas, cet endroit est agréable. On préfère toutefois y venir pour boire un verre et grignoter que pour une soirée, tant les groupes (bruyants) peuvent être présents.

PIE-NONG THAI €

Nassaukade 54t/o

✆ +31 6 44105074

www.bestelthaiseten.nl

Ouvert tous les jours de 16h à 21h30. Compter 10 € le plat.

Après la cabane au fond du jardin, voici le cabanon sur la petite place. En allant vers le Jordaan, vous serez surpris de trouver cette cabane en bois posé sur la place et surtout de voir la file ininterrompue devant. Si les quelques places du lieu sont prises d'assaut, vous pourrez vous consoler en prenant à emporter leurs délicieuses soupes où leur poulet au curry rouge. Toujours bien accueilli, cet endroit est la parenthèse parfaite pour se requinquer entre deux visites. Pour les moins sensibles, on recommande leurs salades piquantes !

PONT 13 €€

Haparandadam 50

✆ +31 20 770 27 22

www.pont13.nl

Ouvert du mardi au dimanche dès 12h. Compter 35 € sans les boissons.

Voici un endroit qui vous laissera des souvenirs et pas seulement en raison du périple qu'il vous faudra faire pour monter sur le Pont 13. Ce restaurant est un ancien bac transformé en une sorte de cantine flottante dans un quartier peu connu des touristes. Le décor est réellement original et chaleureux. La carte a des accents très italiens, les desserts ont une note bien française, mais le Pont 13 est tenu par des Hollandais. Cet endroit accueille également des expos, des concerts et organise également des projections de films. Réservation plus que conseillée.

REMISE 47 €€

Bellamyplein 47
✆ +31 208 20 86 75
www.remise47.nl
7j/7, 7h-22h, bar jusqu'à 1h. Buffet petit déjeuner 20,95 €, environ 20 € le midi, 35 € menu 3 plats sans vin.

Remise 47 est, comme son nom l'indique, une ancienne remise de trams réhabilitée de main de maître et ouverte il y a quelques années. On y vient d'abord pour le cadre, vintage industriel, au sein de l'hôtel De Hallen. La carte, d'influence bistro méditerranéen, est inspirée. Il est agréable de s'installer à la jolie terrasse l'été. Ne pas oublier de finir la soirée dans le salon rouge et de profiter de l'animation DJ le vendredi soir. Cette adresse connaît un succès certain qui est justifié rien que par l'ambiance. Belle terrasse.

STUBBE'S HARING €

Singel Haarlingersluis (Sur le pont entre le Singel et Haarlemmerstraat)
✆ +31 20 623 32 12
Ouvert du mardi au vendredi de 10h à 17h, le samedi jusqu'à 18h.

Excellent kiosque à poissons du centre de la ville, à l'entrée du Jordaan et proche de la gare. Les harengs sont de première fraîcheur (avec les petites tranches de cornichons et les oignons c'est encore meilleur), divers choix de poissons (saumon, maquereau, cabillaud...). Des petits pains très sains pour un repas rapide, pris debout. Une adresse très néerlandaise ! Ne vous attendez pas à un restaurant mais plutôt un kiosque très simple que l'on visite rapidement avant d'enfourcher à nouveau son vélo. Pour un repas à la Dutch, sain en plus !

RESTAURANT 'T ZWAANTJE

Berenstraat 12
✆ +31 20 623 23 73
www.zwaantje-restaurant.nl
Ouvert toute la semaine de 16h30 à 23h. Compter 30 € le menu.

Certains diront qu'il s'agit là d'un pur restaurant à touristes, eh bien, laissez-les dire, car 'T Zwaantje a plusieurs atouts. Sa chaleureuse salle de restaurant d'abord, pleine de vie, avec ses murs où sont accrochés des objets très hétéroclites. Le service est charmant et on y mange pour pas trop cher, une cuisine du terroir plutôt sympathique. Au diable le design et le futurisme... Retour à la simplicité. Chez 'T Zwaantje, vous dégusterez une cuisine inspirée de la brasserie à la française. Nous vous recommandons le filet de porc à la crème de champignons !

VESSEL AMSTERDAM €€

Revaleiland 500,
✆ +31 20 246 1599
www.vesselamsterdam.nl
En semaine 7h-22h. Bar fermé à 00h du dimanche au jeudi, à 1h vendredi et samedi. 40 € le soir. Petit déjeuner 18 €.

Superbe adresse de l'ouest de la ville, dans un quartier en plein renouveau. Il vous fera sûrement chercher un peu l'adresse tant les travaux sont nombreux actuellement. La récompense est un superbe bâtiment qui interprète librement le style de l'école d'Amsterdam. Le réputé chef Ricardo van Ede est aux fourneaux et la cuisine est locale, saine et inventive. C'est toutefois le décor qui vous époustouflera ! Symphonie de pastels, de bois agréables et d'arbres, le tout à deux pas de l'eau. Une adresse promise à un bel avenir !

SMALL WORLD €

Binnen Oranjestraat 14
✆ +31 20 420 27 74
www.smallworldcatering.nl
Du mardi au vendredi de 10h30 à 19h. Le samedi de 18h30 à 18h. Le dimanche de 12h à 18h. Fermé le lundi.

Cet endroit est un petit paradis culinaire situé dans une rue perpendiculaire à la Haarlemmerstraat. On y sert de délicieux sandwichs préparés avec amour devant vos yeux. Les prix un peu élevés se justifient car tous les ingrédients sont faits maison et cela se sent. Les sandwichs (à manger sur place si vous parvenez à occuper les quelques sièges disponibles) ou à emporter sont succulents. Vous résisterez difficilement aux desserts (tarte au citron, *cheese-cake*, *killer cookies* vraiment mortels !). Small World propose également quiches, pâtes et soupes.

DE ZAGERIJ €

Westerstraat 182
✆ +31 20 421 11 55
www.dezagerij.com
Lunch de 11h à 16h. Plats entre 16 € et 20 €. Menu 3 plats : 29,50 €.

Un très sympathique restaurant du Jordaan au nom original : la scierie. Son nom et le décor ne laisse rien transparaître, De Zagerij a des accents très ibériques mais sa cuisine englobe toute la Méditerranée. En outre le service est charmant. En entrée laissez-vous tenter par le carpaccio de bœuf et enchaînez par les fondantes petites côtes de mouton au poivre servies avec des pommes de terre à l'ail revenues dans le beurre. Classique de la ville qui régale locaux et touristes depuis plus de 20 ans ! Les végétariens ne sont pas oubliés avec des plats succulents.

SE RÉGALER

© THE PANTRY

© THE PANTRY

© LUCIUS

THE PANTRY €€

Leidsekruisstraat 21
✆ +31 20 620 09 22
www.thepantry.nl

Tous les jours de 11h à 22h30. Menu dès 21,50 €. A la carte compter environ 30 €.

À deux pas du Leidseplein, the Pantry mérite largement sa réputation de numéro 1 dans sa catégorie. Cet établissement propose une cuisine de famille typiquement hollandaise, dans la tradition des ***eetcafés*** où les plats et recettes sont transmis de génération en génération. Parmi les spécialités hollandaises de la maison : le ***hutspot*** (daube à la purée de pommes de terre, carottes et oignons) ou un ***boerenkoolstamppot*** (purée avec du chou frisé). En plus de déguster une cuisine généreuse, on passe toujours un bon moment dans ce restaurant à l'atmosphère familiale.

© THE PANTRY

© THE PANTRY

BLAUW €€€

Amstelveenseweg 158-160
✆ +31 20 675 50 00
www.restaurantblauw.nl
Du dimanche au jeudi 17h-22h, vendredi et samedi 17h-22h30. Compter au moins 40 €/ personne sans les boissons.

B*lauw* (bleu en néerlandais) est un restaurant indonésien en lisière du Vondelpark au sud qui porte très mal son nom. En effet, le rouge pétant domine dans la déco. La cuisine est excellente et les tables de riz inoubliables. Détail cocasse, le restaurant photographie ses visiteurs à table et place ensuite chaque jour les clichés sur son site Web. Une adresse idéale pour découvrir dans des circonstances idéales cette cuisine délicieuse et parfumée un peu méconnue en France. Après le repas, profitez-en pour faire un tour du très agréable Vondelpark.

BLUE PEPPER €€

Nassaukade 366
✆ +31 20 489 70 39
www.restaurantbluepepper.com
Ouvert du jeudi au lundi de 17h30 à 22h. Menu dès 45 €.

A quelques minutes du Leidseplein, dans un quartier calme et plutôt résidentiel, se trouve un atypique restaurant indonésien. Blue Pepper propose en effet une cuisine indonésienne d'approche moderne dans un cadre novateur et design, avec des murs très colorés (et c'est un euphémisme comme vous le verrez par vous-même). Blue Pepper est le cadre idéal pour une soirée agréable. Les créations culinaires de cet établissement ont été saluées par les meilleurs critiques gastronomiques. Mais ce n'est pas donné. Réservation obligatoire.

BOJO €

Lange Leidsedwarstraat 49
✆ +31 20 622 74 34
www.bojo.nl
Ouvert tous les jours de 16h à minuit. Compter 25 € pour un menu entrée/plat.

En plein quartier des cafés, un restaurant indonésien « nocturne » très apprécié. Son intérieur kitsch baigné par une lumière ocre est reposant. La carte propose l'inévitable *rijsttafel* et bien d'autres spécialités, à base de gambas, de poisson ou de viande... de chèvre, toujours riches en saveurs aussi sophistiquées qu'inattendues. L'accueil est d'une discrétion exemplaire. Idéal pour un repas tard le soir, à la sortie d'un concert au Paradiso ou Melkweg... Nombreuses spécialités typiques au menu, attention aux *daging-rendang* très épicés.

BOMBAY INN €

Lange Leidsedwarsstraat 46
✆ +31 20 624 17 84
Ouvert tous les jours de 17h à 23h. Compter environ 20 € par personne.

Bombay Inn, à 2 minutes du Leidseplein et en bordure du Prinsengracht, propose une cuisine indienne de qualité et sans prétention à prix modérés. Le cadre est simple et ressemble beaucoup à une salle de séjour sans le côté kitsch souvent inhérent à beaucoup de restaurants indiens. Le service est très aimable et saura vous conseiller. Une valeur sûre. Attention parfois vous aurez du mal à obtenir une table notamment le week-end car le clientèle fidèle y est au rendez-vous, la rançon du succès probablement ? Les prix doux y sont sûrement pour quelque chose.

COBRA CAFE €

Hobbemastraat 18
✆ +31 20 470 01 11
www.cobracafe.nl
Ouvert de 10h à 19h. Sandwichs et poffertjes (beignets hollandais) à partir de 6 € et Broodjes à partir de 7,50 €

Cet agréable café-restaurant, situé sur la place des grands musées, est entièrement décoré dans le style de l'illustre mouvement Cobra (Copenhague-Bruxelles-Amsterdam). La carte est variée et comprend aussi bien des sandwichs que des omelettes ou des sushis. Belle terrasse l'été. Les parents sont ravis, car des aires de jeux à portée de vue sont présentes. L'hiver, le terre-plein central se transforme en une patinoire. Cette adresse fait le bonheur des locaux et des touristes depuis plus de 20 ans. Ne pas oublier de faire un tour aux toilettes !

GERTRUDE €€€

Bosboom Toussaintstraat 28-H
✆ +31 247 0013
www.gertrudeamsterdam.nl
Ouvert tous les jours. Le lundi de 17h30 à 1h, du jeudi au dimanche de 11h30 à 1h. Menu du chef à 56 €.

Dans ce lieu chaleureux à l'ambiance cosy, vous trouverez une atmosphère hollandaise typique. Mais ne vous y fiez pas. Dès les assiettes servies, c'est une véritable invitation au voyage que vous propose le Chef. Des saveurs venues des quatre coins de monde, une cuisine métissée égayent vos papilles. Vous aurez le choix pour vous satisfaire d'une carte variée et écoresponsable, toujours à base de produits frais et de saison. Et pour les plus intrépides, laissez-vous guider et dégustez les plats que le chef Amadou Dia aura choisis pour vous.

LAVINIA GOODFOOD €

Kerkstraat 176
✆ +31 20 626 14 32
www.laviniagoodfood.nl
Ouvert du lundi au vendredi de 8h30 à 16h, samedi et dimanche de 9h30 à 17h. Compter 15 € le midi.

Très belle adresse qui sert d'excellents sandwiches, salades et pizzas. La décoration est très réussie et inspirante et la carte propose des plats sains et équilibrés. Lavinia séduira petits et grands. L'accent est mis sur la qualité des produits et du service. N'hésitez pas à poser des questions sur le menu. Le Lavinia est aussi adapté pour un petit déj' ou un brunch avant de découvrir les grands musées d'Amsterdam qui se trouvent à deux pas. Le cadre est agréable et vous ne résisterez pas à l'envie de l'immortaliser, il est très boisé et d'esprit vintage

RIJKS €€€

Museumstraat 2 ✆ +31 20 674 75 55
www.rijksrestaurant.nl
Du mercredi au samedi déjeuner de 11h30 à 16h30. Du mardi au samedi dîner à partir de 18h30. Menu 5 plats : 80 €.

Rijks est un bijou de restaurant (étoilé) qui tutoie le firmament sous la houlette de son chef Joris Bijdendijk (« cuisinator » de l'émission Top Chef 2013). Dans l'assiette, une découverte des trésors culinaires hollandais, exclusivement par les produits du terroir. Tout est d'une finesse époustouflante. Le cadre est élégant et confortable, avec un emplacement au pied du Rijksmuseum. À noter que Rijks invite régulièrement d'illustres chefs du monde entier et leur laisse carte blanche, pour un voyage culinaire encore plus novateur.

MOMO €€€

Hobbemastraat 1
✆ +31 20 671 74 74
www.momo-amsterdam.com
Compter 35 € le midi et 50 € le soir.

Le lumineux restaurant Momo est en effervescence dès le début de la soirée et on y vient autant pour se détendre au bar que pour dîner. Petites tables bistrots plantées dans un espace chic et design où le blanc domine, le décorateur a su trouver à coup sûr le bon équilibre pour qu'il y règne une atmosphère si relaxante. On y sert une cuisine inspirée par les saveurs asiatiques enrichie par d'autres influences, européennes entre autres. Assurément un très beau programme culinaire parfois malheureusement troublé par un service approximatif.

WAGAMAMA €

Max Euweplein 10
✆ +31 20 528 77 78
www.wagamama.nl
Ouvert de 12h à 22h. Plats à partir de 15 €.

Wagamama c'est le fast-food tendance et sain, oui c'est possible ! C'est un restaurant où l'on va lorsque l'on veut manger rapidement et sainement. Ne pas compter sur un service formidable ou sur une ambiance chaleureuse. Ici tout est basé sur l'efficacité et les saveurs asiatiques dans un cadre assez stérile récemment mis à jour. Tout le monde est pressé et mange vite sur des grandes tables comme à la cantine et dans un décor un peu froid. Wagamama propose un énorme choix de nouilles (les fameuses ramen), de salade et aussi des currys, etc.

NENI €€

Stadionplein 8
✆ +31 207470098
www.neni-amsterdam.nl
Restaurant ouvert du dimanche au mercredi de 18h à 23h, jeudi au dimanche de 18h à 23h30.

Superbe et excellent restaurant de cuisine méditerranéenne et orientale qui a ouvert il y a quelques années de cela dans l'ancien garage Citroën juste derrière le stade olympique d'Amsterdam. La cuisine est raffinée, l'ambiance parfaite. Vous aurez réellement l'embarras du choix tant la carte est riche et précise. Nous aimons particulièrement le pain fait maison qui est même assez dangereux tant il est addictif. Le cadre est tout simplement grandiose mais il est possible de trouver des espaces un peu plus intimistes à l'intérieur.

WG CAFÉ €

Marius van Bouwdijk Bastiaansestraat 55
✆ +31 20 689 56 00
www.wgcafe.nl
Ouvert du dimanche au jeudi de 10h à 1h, le vendredi et le samedi de 10h à 3h. Compter entre 10 et 16 € pour un menu.

Le WG café est ouvert depuis plus de 20 ans et attire un public local et tant mieux. Peu de touristes semblent avoir découvert cette adresse qui vaut pourtant le détour. Le cadre, un ancien hôpital reconverti en espace alliant habitations, galeries, ateliers, est très charmant, historique et atypique. La terrasse est très agréable, le service a le sourire et la carte comprend des plats à prix doux. Une découverte à plusieurs titres. Une adresse de qualité constante qu'il convient de chouchouter ! A noter beau choix de croques originaux qui plairont aux enfants.

CAFÉ STEVENS €

Geldersekade 123
✆ +31 20 620 69 70
www.cafestevens.nl
Ouvert tous les jours de 10h à 1h.Compter 20 € par personne le soir, 10 € le midi.

Cet établissement est un café typique du quartier du Nieuwmarkt. On ne vient pas ici pour une expérience culinaire inoubliable mais pour un moment chaleureux et sympathique autour de plats nourrissants et frais pour le déjeuner ou le dîner. Stevens est bourré de charme, avec son mobilier qui rappelle les Cafés bruns, et le service y est rapide et souriant ! Une bonne adresse pour vos pérégrinations dans le Quartier rouge, où vous pourrez également choisir entre de nombreuses bières locales en bouteille pour un *borrel* typique.

FRENZI €€

Zwanenburgwal 232
✆ +31 20 423 51 12
www.frenzi-restaurant.nl
Ouvert de 11h à 23h. Compter 35 € pour entrée et plat.

Agréable restaurant de cuisine méditerranéenne qui sert une cuisine fraîche et inspirée. On vient ici pour le petit déjeuner, le déjeuner ou le dîner ! Le menu propose de nombreux choix, dont des tapas, et les végétariens ne sont pas oubliés... L'été, quelques tables sont disponibles à l'extérieur avec vue sur le canal. Frenzi se trouve juste à côté du Waterlooplein. Chaque lundi, profitez d'une soirée spéciale tapas. A noter, le restaurant sert la plus grande collection de *grappa* dans tous les Pays-Bas. Il est conseillé de réserver.

HEMELSE MODDER

Oude Waal 9-11
✆ +31 20 624 32 03
www.hemelsemodder.nl/en/
Ouvert tous les jours à partir de 18h. Menu 3 plats : 45 €.

Dans une rue calme au bord d'un canal pittoresque et calme, ce restaurant cosmopolite et moderne (pas encore tout à fait connu des hordes de touristes et c'est très bien comme cela) propose une cuisine hollandaise et française dans un cadre sobre et agréable. Un grand soin est apporté à la sélection des ingrédients (bio et locaux dans la mesure du possible), la présentation des plats est elle aussi très réussie. Une bonne adresse où l'on prend plaisir à venir et revenir tant la qualité est constante. Pas loin de l'agitation du quartier rouge.

IN DE WAAG €€

Nieuwmarkt 4
✆ +31 20 422 77 72
www.indewaag.nl
Ouvert dès 9h.

Datant d'il y a plus de cinq cents ans, cette imposante construction de pierre qui domine la place Nieuwmarkt a été pendant un siècle et demi la porte est de la ville (la Sint Antoniespoort), elle hébergea, à partir de 1617, la balance publique, puis les sièges de diverses corporations. In de Waag s'est depuis adapté à la modernité. Une adresse à ne pas manquer lors d'une balade dans le quartier. C'est ici que Rembrandt réalisa l'ébauche du tableau *La Leçon d'anatomie du professeur Tulp*. On y mange bien dans un décor historique.

MOAK PANCAKES €

Jodenbreestraat 144
✆ +31 20 334 6995
www.moakpancakes.nl
Lundi au dimanche de 8h30 à 15h30. Compter environ 20 €/pers. pour un repas très complet.

Le paradis de la crêpe épaisse c'est ici et vous vous en souviendrez. Un décor qui déménage bien et qui fait des merveilles sur Instagram des couleurs qu'on adore et qui rappellent les États-Unis. Depuis 2016 ce projet d'amis à la base n'en finit pas de prendre de l'ampleur. La farine est bio et les ingrédients de première fraîcheur. Le plus dur pour vous sera de choisir parmi les différentes crêpes. Vous pouvez sinon opter pour des salades et des yaourts composés. A noter la crêpe Golddigger à 100 € dont le sous-titre est Versace Versace Versace.

VAN BEEREN €

Koningsstraat 54
✆ +31 20 622 23 29
www.eetcafevanbeeren.nl
Ouvert du mardi au vendredi à partir de 17h, le samedi et le dimanche à partir de 16h. Compter entre 25 € et 30 €.

Très accueillant *eetcafé* dans la pure tradition des cafés amstellodamois avec des murs sombres et beaucoup de bois. La cuisine est plutôt réussie avec des prix corrects même s'ils ont augmenté récemment. Vous pourrez profiter de la jolie terrasse, très romantique, à l'arrière, pour les beaux jours. Au menu, vous pourrez opter pour le saumon confit ou les champignons aux escargots en entrée, suivi des moules frites ou du confit de canard. Sachez qu'il y a également des options vegan en entrée, en plat principal et en dessert !

4'33 €€

Piet Heinkade 1
✆ +31 20 788 20 90
www.433grandcafe.nl
Ouvert du mardi au dimanche dès 10h. La cuisine ferme à 21h. Compter 40 € par personne le soir.

Sublime café-restaurant attenant au centre musical de la ville, cette enseigne vaut d'abord le déplacement pour sa terrasse monumentale avec une vue saisissante et unique sur l'IJ notamment lorsque. Côté cuisine ce n'est pas extraordinaire mais la vue rattrape tout, alors pour le prix d'un verre ou d'un sandwich, il ne faut pas hésiter une seconde. Le midi choix de sandwiches composés, de salades et de soupes, le soir sont à l'honneur les poissons et produits locaux avec pas mal de plats végétariens. La nuit, la vue est particulièrement belle.

BAKERS & ROASTERS €€

Kadijksplein 16
www.bakersandroasters.com
Ouvert du lundi au vendredi de 8h 30 à 15h et le week-end de 8h30 à 16h.

Bakers & Roasters est une adresse très, très prisée ! D'ailleurs, quand l'établissement est plein, vous devez vous inscrire sur une liste d'attente en attendant votre tour. Rassurez-vous, le turn-over est rapide. Mais une fois installé on comprend pourquoi. Ici, à part le pain, tout est fait maison. Les assiettes sont gargantuesques et les brunchs mémorables. Le service est efficace et amical. On vous recommande les toasts avec topping personnalisables. La terrasse qui fait face au restaurant est idéale et bien sûr prise d'assaut dès que les beaux jours arrivent.

BAR BOTANIQUE €€

Eerste van Swindenstraat 581
✆ +31 20 358 65 53
www.barbotanique.nl
Ouvert du dimanche au jeudi de 9h à 1h, le vendredi et samedi de 9h à 3h. Compter environ 30 € le menu.

Le café botanique est une superbe adresse à l'est de la ville, dans un quartier en renouveau. Logé dans une ancienne salle de sport, le café surprend par ses volumes indédits. La déco est une ode à la jungle et aux années 1970 : sièges en rotin et plantes partout ou presque. Sur 3 niveaux, Bar botanique est l'endroit idéal pour bosser à la cool ou retrouver des amis. Le studio Modijefsky a réussi un chef d'œuvre de photogénie. La carte propose d'excellents sandwiches mais notre cœur bat très fort pour l'omelette à la truffe ! Service très aimable... et *trendy* !

RESTAURANT ENTREPOT €€

Entrepotdok 7-8
✆ +31 20 341 5722
www.restaurantentrepot.nl
Ouvert tous les jours sauf le mardi à partir de 18h.

Voici un excellent restaurant qui vaut le détour. Il est situé à deux pas du centre, dans un ancien entrepôt en brique, patrimoine culturel d'Amsterdam, Dès l'entrée, on s'y sent bien. La salle est claire, spacieuse et élégante : poutres en bois apparentes, cuisine ouverte, mobilier moderne. L'ambiance est simple et chaleureuse. Le menu, changeant au fil des saisons, est concocté à base de produits ultra-frais et locaux par Xander Waller et le chef Arvid Schmidt. C'est une expérience gustative à ne pas rater. La carte des vins est une merveille. Pensez à réserver.

© HOUSE OF BOLS

© ENTREPOT

SE RÉGALER

BATAAT €

1e Oosterparkstraat 91
✆ +31 20 767 00 29
www.beterenleuk.nl
Ouvert du lundi au vendredi de 8h30 à 17h, samedi et dimanche de 9h30 à 17h.

Une adresse comme on les aime, pleine de charme, « qui ne se la joue pas » et propose des produits biologiques de qualité supérieure. On y savoure de délicieux et sains sandwichs dans un cadre cool qui attire la faune branchée mais aussi les mères et étudiants du quartier est de la ville. À deux pas du Volkshotel. Bataat se consacre au local, au bio et aux produits de saison et souligne la nécessité de bien manger pour se sentir bien. C'est une adresse qui, de manière honnête, est parfaitement dans la tendance. Belle adresse !

BAUT OOST €€€

Wibautstraat 125 ✆ +31 20 2103011
https://bautoost.nl/
Cuisine ouverte entre 12h et 15h pour le déjeuner et 18h et 23h pour le dîner. Compter 50 € par personne.

Baut est une adresse de choix pour une cuisine inventive et moderne. Les saveurs sont maîtrisées et la présentation est un plaisir pour les yeux. Une adresse à retenir pour une soirée qui se poursuivra au bar. Baut, c'est une équipe d'hôteliers riches en idées qui gère des adresses temporaires avant destruction ou rénovation. Leur problème ? Les adresses ont tellement de succès que personne ne veut les voir fermer et des pétitions sont signées pour les maintenir. Le groupe a finalement trouvé dans son adresse originelle un endroit pérenne où s'installer.

CAFÉ CLICHÉ €€

Middenweg 35
✆ +31 20 891 54 34
Ouvert du mercredi au lundi dès 17h. Compter 40 € le menu 3 plats.

Cette adresse est le bébé de Sydney Schutte, chef étoilé de l'illustre Spectrum ; il y fait twister les associations culinaires. Le nom Cliché est un clin d'œil de l'équipe créative, on trouve donc des clichés des plats sur le menu comme au restaurant chinois de quartier. Les noms des plats proviennent de l'argot d'Amsterdam, et le lexique est fourni dans le menu. Le décor très 1970's vintage, fait de miroirs, de plantes, d'un magnifique bar et de mobilier chiné avec soin, est vraiment une réussite, très « instagrammable » !

DIMITRI'S AMSTERDAM €€

Insulindeweg 1,
✆ +31 20 304 46 54
Ouvert du mardi au dimanche de 10h à 22h. Compter 15 € le midi et 30 € le soir.

Voici une belle adresse qui a ouvert il y a quelques années dans le quartier Est de la ville. Chez Dimitri, l'idée est de profiter à n'importe quelle heure (concept dit *all day*) d'un café, d'un déjeuner, d'un petit verre et d'un bon repas dans un cadre design hyper réussi. Dimitri's est une belle adresse où l'on mange une cuisine inspirée de la Grèce et de la Méditerranée dans son ensemble. À noter, Dimitri's se trouve dans un quartier qui n'est pas encore prisé par les hordes de touristes, pas loin du très coloré Dappermarkt, un quartier à découvrir.

FYRRE €€

Javastraat 40
✆ +31 20 737 27 95
http://fyrre.nl
Ouvert du mardi au samedi de 17h à minuit.

Ce restaurant à la décoration rustique et riche en bois propose de savourer des huîtres, des fruits de mer et du champagne ce qui était jadis un luxe réservé aux meilleurs hôtels de la capitale. La carte propose également nombreux plats de poissons froids ou chauds ainsi que des menus fixes préparés par le chef. Le cadre est à la fois rustique et chaleureux et il est atypique. Adresse située sur une rue qui bouge du quartier est, pas loin du marché Dappermarkt qui vaut le déplacement. Une adresse de qualité promise à un avenir radieux.

DE KAS €€€

Kamerlingh Onneslaan 3
✆ +31 20 462 45 62
www.restaurantdekas.nl
Du mardi au dimanche de 12h à 13h45 et de 18h à 21h. Midi 3 plats 41,50 €. Soir menu 5 plats 63 €.

Ce restaurant est une adresse très courue du quartier est de la ville, car on y mange des produits locaux provenant des jardins mêmes du restaurant (*kas* signifie « serre » en néerlandais). Ils y cultivent légumes, herbes aromatiques et fleurs comestibles. Leur slogan alléchant, « Cultivé le matin, servi l'après-midi », est une promesse tenue. Le cadre, une serre historique dans un écrin de verdure, est tout simplement magnifique et la cuisine est inspirée. Le menu, surtout composé de légumes frais, change toutes les semaines. Une expérience à plusieurs niveaux.

LLOYD RESTAURANT €€

Oostelijke Handelskade 34
✆ +31 20 561 36 36
www.lloydhotel.com
Restaurant. Ouvert tous les jours de 7h à 1h. Dîner : 30 € pour 3 plats.

Le Lloyd Hôtel Amsterdam s'impose depuis une quinzaine d'années comme un incontournable de la ville et son restaurant est bien connu, même si le service est parfois approximatif et la cuisine correcte mais sans plus. Cependant, ce restaurant a de grands atouts, son décor sublime (sol noir et murs immaculés aux vitres démesurées et belle terrasse pour les beaux jours), ses produits ultra frais (et souvent biologiques) et commandés auprès de producteurs locaux avec lesquels le Lloyd Hôtel entretient des liens étroits et les horaires d'ouverture de la cuisine.

OLIJFJE €€

Valkenburgerstraat 223D
✆ +31 20 330 44 44
www.restaurantolijfje.nl
Ouvert tous les jours de 14h à 23h. Compter 30 € le repas.

Olifje est un magnifique restaurant non loin du zoo d'Artis. Dès l'entrée, vous serez plongés dans une ambiance méditerranéenne où les treilles de vigne vierges tombent du plafond sur les murs de pierre. En cuisine, le chef œuvre à nous faire voyager. Tapas, mezzé, tout est fait maison. Le choix sera difficile parmi les nombreuses spécialités de grillades et les plats de poisson à la fraîcheur irréprochable. On vous recommande l'aïoli en entrée et les casseroles d'agneau servies à même le poêlon. Il n'est pas rare de se faire offrir le digestif par le patron !

MERKELBACH €€

Middenweg 72
✆ +31 20 423 39 30
www.restaurantmerkelbach.nl
Ouvert du mardi au samedi de 8h30 à 23h et du dimanche au lundi de 8h30 à 18h. Menu 3 plats 39 €.

Une très bonne adresse atypique de l'est de la ville. Ici, nous sommes dans un parc, dans un domaine luxueux, une ancienne remise. L'établissement pratique la *slow food* et privilégie les ingrédients bio et locaux en respect avec les saisons. La terrasse, vaste et agréable, est propice à la rêverie et fait de Merkelbach un lieu d'une élégance rare, à découvrir également en famille. Le menu du midi est également très bien ficelé et cela n'est pas si courant dans le pays du sandwich composé. Ne vous inquiétez pas ils sont également au menu !

DE PLANTAGE €

Plantage Kerklaan 36
✆ +31 20 760 68 00
www.caferestaurantdeplantage.nl
Ouvert tous les jours de 9h à 1h. Compter 15 € pour le déjeuner et 30 € pour le dîner.

Excellent restaurant d'Artis, le zoo d'Amsterdam. On y savoure une cuisine saine à base d'ingrédients de qualité le tout dans un décor qu'il vous sera difficile de ne pas photographier. Un soin particulier est apporté à la composition de la carte, produits locaux et respectueux de l'environnement. Nous aimons beaucoup l'énorme arbre au milieu du restaurant. Plantage est une adresse de choix avec une carte en phase avec les tendances culinaires du moment et de la ville (végétarienne et véganes notamment). L'été, la terrasse est particulièrement agréable.

MR.& MRS. WATSON €€

Linnaeuskade 3
✆ +31 20 261 93 60
www.watson.bar
Ouvert du mardi au samedi de 11h30 à 23h, le dimanche de 11h30 à 18h. Compter 40 € par personne le soir.

Depuis quelques années, ce restaurant fait twister la cuisine *vegan* et le quartier est de la ville, et comment ! Ici tout est préparé maison et même les fromages sont *vegan*. Cette adresse annonce d'ailleurs la couleur : pour les vegans et les accros au fromage ! C'est l'endroit parfait pour une nouvelle expérience culinaire dans un cadre malheureusement parfois un peu trop bruyant ! Le service est très agréable et toujours prêt à vous fournir des explications sur le menu. A goûter pour une expérience unique : la fondue au fromage vegan.

SCHEEPSKAMEEL €€

Kattenburgerstraat 7 gebouw 24
✆ +31 20 337 96 80
www.scheepskameel.nl
Ouvert du mardi au samedi dès 18h. Compter environ 50 € par personne.

Scheepskameel est le petit frère de Rijsel (le nom flamand de notre ville de Lille !), LA référence culinaire de l'est d'Amsterdam et, depuis un peu plus d'un an, ce petit frère est devenu grand. Scheepskameel propose une cuisine inspirée, des ingrédients d'exception et une carte concise et bien équilibrée. Quelques plats crus tiennent la vedette ainsi que quelques viandes et poissons. La carte change très régulièrement. Le cadre, au cœur du quartier de la Marine en cours de réhabilitation, vaut le déplacement. Un lieu réputé.

AUBERGE JEAN ET MARIE €€

Albert Cuypstraat 58-60
✆ +31 20 845 20 05
www.aubergeamsterdam.nl
Du mardi au samedi de 12h à 23h, et le dimanche de 12h à 19h30. Menu à 36,50 € ou 44,50 €.

Ce restaurant se situe dans le Top 500 des meilleurs restaurants des Pays-Bas et a même récemment été couronné meilleur restaurant français du pays. Si le *standing* de l'assiette tend vers celui des grands restaurants, l'atmosphère, elle, reste simple et chaleureuse. Comme son nom l'indique, vous rentrez ici comme dans une auberge, autrement dit à n'importe quelle heure de la journée puisque les propriétaires francophiles, Jan et Marie, se plaisent à recevoir leurs invités pour le déjeuner, un verre de vin dans l'après-midi, ou pour le dîner.

BAR FISK €€

Eerste Sweelinckstraat 23
✆ +31 20 235 21 17
www.barfisk.nl
Lundi-jeudi 18h-21h, vendredi 18h-3h, samedi 12h-3h, dimanche 12h-1h. Environ 36 € le menu 4 plats sans boissons.

Coup de cœur dans le quartier De Pijp, Fisk, malgré ses sonorités scandinaves nous vient de Tel Aviv. Le service est avenant et précis. C'est un vrai plaisir de se faire conseiller un savoureux cocktail (on conseille le Gin tonic) maison, avant d'étudier la carte régulièrement remise à jour et met à l'honneur crustacés et poissons mais pas que. Un soin particulier est accordé à la présentation des plats. A noter la carte des vins présente d'excellents crus venus d'Israël. Le midi une petite carte est mise à disposition, toujours aussi succulente.

BRASSERIE LOLITA €€

Ferdinand Bolstraat 58
✆ +31 20 226 2300
www.brasserielolita.nl
Ouvert dès 8h30 en semaine, ou 9h30 le week-end. Compter 35 € le repas.

Lolita c'est un mélange de New York et de Paris au cœur du quartier de Pijp, le quartier riche en bars et lieux de sorties. Sur les vitres est indiqué avec humour « la fête de la pipe ». La cadre est agréable et réunit chaleur et qualité le tout à deux pas du populaire marché Albert Cuyp. Lolita propose des petits déjeuners variés et une carte concise. Une belle adresse à toute heure de la journée. On y vient entre amis pour débuter la journée et enchaîner sur une journée shopping ou après avoir découvert le Heineken experience.

BRUT DE MER €€

Gerard Douplein 8
✆ +31 20 471 40 99
www.brutdemer.nl
Du lundi au jeudi dès 16h, vendredi au dimanche dès 13h. Compter au moins 40 € par personne.

Brut de Mer est un restaurant de poissons et fruits de mer situé sur une portion très animée du quartier de Pijp. Le décor est simple, mais élégant, le restaurant est logé dans un bâtiment étroit et tout en longueur avec un joli mur de briques. La carte propose une belle sélection d'huîtres de qualité supérieure et divers poissons préparés avec soin. Le public est (malheureusement) un peu bling bling. Petit avertissement, leur plateau de fruits de mer n'est pas un plateau frais comme nous en avons l'habitude en France, mais un plateau cuit et chaud.

C.T. COFFEE&COCONUTS €

Ceintuurbaan 282-284
✆ +31 20 354 1104
www.ctamsterdam.nl
Ouvert tous les jours de 8h à 23h. Compter 20 € le déj', 30 € pour le dîner.

Voici une adresse que vous ne pourrez oublier à votre départ d'Amsterdam. Ce restaurant sublimissime est logé dans un ancien cinéma des années 1920, au cœur du quartier de Pijp. Le cadre, fait de bois blond, de briques, de photos, invite à la contemplation et sera source d'inspiration. Le service est charmant et efficace et la carte propose des produits de qualité préparés avec précision et amour (miam les œufs brouillés). Particularité, on sert ici des bières brassées localement (Oedipus Brewing). Une adresse à ne pas manquer.

DE GROENTEMEESTERS €€

Nicolaas Berchemstraat 4
✆ +31 20 776 9229
www.degroentemeesters.nl
Ouvert du lundi au dimanche de 9h à 16h et le week-end de 10h à 17h.

De Groentemeesters, littéralement le « maître des légumes » est un restaurant-café qui porte bien son nom. Situé sur une perpendiculaire du marché Albert Cuypt, sa terrasse arborée attire immédiatement l'œil. Hors de l'effervescence du marché, vous trouverez ici un accueil chaleureux et accueillant. Ici tout est bio, végétarien, sans gluten, mais surtout délicieux. Les plats sont fins, goûtus et servis dans de la belle porcelaine de Delft. C'est l'endroit idéal pour un break gourmand et/ou rafraîchissant avant de vous replonger dans l'agitation du marché.

JUNIPER&KIN €€€

Amstelvlietstraat 4a
✆ +31 202205665
www.juniperandkin.nl

Ouvert du mardi au samedi dès 18h30. Compter 60 € le menu.

Situé au 21e étage du QO hôtel, cet incroyable restaurant vaut le déplacement. La carte met à l'honneur les produits du terroir et les herbes et légumes produits à l'étage supérieur, dans la serre locale. La cuisine est d'inspiration internationale avec des racines fermement néerlandaises. Le cadre est d'une époustouflante beauté offrant une vue inédite sur Amsterdam. On y vient pour une expérience totale. L'été, le repas peut se prendre sur l'incroyable terrasse. Nous sommes sous le charme de cette adresse qui fait également bar (avec une carte concise).

PERSIJN €€

Amstelvlietstraat 4a
✆ +31 20 220 5655
www.persijn.nl

Ouvert tous les jours de 6h30 à 23h. Compter 35 € le menu 3 plats.

Persijn est l'un des restaurants du surprenant QO hôtel. Il s'agit d'un restaurant de cuisine néerlandaise. Tout est néerlandais. En effet, l'accent est mis sur des produits locaux (même certains alcools et les herbes qui sont produites dans la serre sur le toit). La carte met en avant les produits du terroir et de saison. La présentation est très soignée et les explications sont claires. À noter la carte du petit déjeuner est, elle aussi, excellente. Nous avons craqué pour cette adresse de qualité. À conseiller à tous les sceptiques de la gastronomie batave !

RENATO'S PIZZERIA €€

Karel du Jardinstraat 32
✆ +31 20 673 23 00
www.renatospizzeria.nl

Tous les jours dès 17h30. Compter environ 25 € par personne.

Petit restaurant clair et simple qui sert probablement les meilleures pizzas de la ville. La carte ne se distingue pas par son originalité mais par sa qualité et la fraîcheur des ingrédients utilisés. Les classiques de la cuisine italienne (salade caprese avec mozzarella de bufflonne, antipasti, pizzas, tiramisu) sont délicieux et le service, efficace et professionnel contribuera à vous faire passer une bonne soirée. Ce restaurant a un succès constant et affiche tous les soirs complet, n'oubliez donc pas de réserver ! À noter: le resto fonctionne avec 2 services.

STACH FOOD €

Van Woustraat 154 Hs
✆ +31 20 7542672
www.stach-food.nl

Ouvert du lundi au samedi de 8h à 22h et le dimanche de 9h à 22h. Compter environ 15 € pour un repas.

Stach est un concept culinaire qui a pris Amsterdam d'assaut avec, en quelques années, beaucoup d'enseignes qui ont ouvert dans tous les quartiers différents de la ville et toujours à des endroits stratégiques. Stach est ambassadeur du manger sain et savoureux et propose une variété de plats (à emporter également) à prix doux. Les produits proposés sont d'une grande fraîcheur et Stach se distingue par les liens tissés avec les fournisseurs. Idéal pour un snack opportun en cours de journée ou une pause gourmande à emmener à l'hôtel.

STRANDZUID / ZUIDPOOL €€

Europaplein 22 ✆ +31 20 639 25 89
www.strand-zuid.nl

Ouvert du lundi au vendredi de 11h à 1h, le samedi et dimanche de 12h à 1h. Compter 25 € le midi et 40 € le soir.

Strandzuid est situé juste derrière le RAI, le grand centre de conférences de la ville. Cette adresse propose une carte variée avec de nombreux poissons et viandes dans un cadre de plage urbaine avec vue très reposante sur un plan d'eau. Le midi la carte propose un large choix de salades et sandwiches composées. A noter, cette adresse fait place dès le début de l'automne à Zuid Pool, qui accueille des événements spéciaux liés à l'hiver (marchés de Noël, concerts thématiques, etc). Un établissement très photogénique avec une programmation variée !

WILS €€€

Stadionplein 26 ✆ +31 20 236 6522
www.restaurantwils.nl

Du mercredi au samedi pour le dîner, du jeudi au samedi pour le déjeuner. Menu 6 plats à 90 €, carte autour de 25 €.

Surplombant le stade d'Amsterdam, Wils, le nouvel étoilé du chef Friso van Amerongen rend hommage à l'architecte Jan Wils, qui édifia le stade pour les Jeux olympiques de 1928. La cuisine au feu de bois ravive la splendeur de la flamme olympique. Dîner face aux fourneaux permet de profiter d'un spectacle alliant art et minutie. Wils incarne l'essence d'Amsterdam grâce à une équipe jeune et internationale, une cuisine moderne dans un cadre chic mais décontracté. Son petit frère, le Wils Bakery Cafe, propose une terrasse agréable et d'excellentes assiettes.

PASSEPORT

FAIRE UNE PAUSE

Amsterdam et ses cafés sont une véritable histoire d'amour : salons de thé, cafés bruns historiques, cafés blanc design... Attention, ici, on ne boit quasi pas d'alcool le midi. On préfère les jus vitaminés et les smoothies accompagnés d'une salade ou d'un sandwich complet. 17h sonne souvent l'ouverture du bar alcoolisé pour de nombreux salariés qui s'y donnent rendez-vous pour un « borrel », un petit verre souvent agrémenté de snacks frits. Dans les cafés bruns, pas de musique, juste des conversations (alcoolisées souvent). Les cafés blancs eux ont de la musique et une ambiance plus dynamique. Certains cafés proposent des petits plats et en-cas permettant de mieux tenir l'alcool. Certains bars ont une imposante sélection de bières, d'autres ont plus de vins ou de cocktails. Il y en a pour tous les goûts. Même si les journées néerlandaises débutent tôt, vous aurez parfois du mal à trouver des cafés ouverts avant 8h.

PRATIQUE

FAIRE UNE PAUSE

HORAIRES
Les salons de thé ouvrent de 10h au milieu de l'après-midi tandis que les bars ouvrent vers 11h et ferment vers 1h ou 3h. Beaucoup ouvrent 7 jours sur 7.

BUDGET / BONS PLANS
Certains bars touristiques pratiquent les *happy hours* mais ce n'est pas bon signe… En règle générale, les bières ne sont pas très chères ici, souvent autour de 3 €.

A PARTIR DE QUEL ÂGE
A priori il est interdit de consommer de l'alcool à moins de 18 ans. Mais l'accès aux bars est autorisé à tous.

C'EST TRÈS LOCAL
Le « borrel » est le coup que l'on boit à la sortie du bureau. Amusant de voir des hordes de femmes et d'hommes en costume et femmes en tailleurs s'enivrer en terrasse souvent debout, au coude à coude.
On ne boit jamais une pinte lorsqu'on est local. Les pintes sont réservées aux touristes, britanniques souvent… De même on ne boit jamais non plus une petite bière (« fluitje »).

ENFANTS
Les enfants sont acceptés dans les bars mais le soir vous en verrez peu car le rythme familial néerlandais est très serré.

LES PHRASES CLÉS

Bonjour, quelle est la spécialité de la maison ? Nous voulons découvrir.
Hallo, wat is de specialiteit van het huis? We willen ons laten verrassen.

Avez-vous de la place en terrasse ?
Heeft u plaats op het terras?

Quel est votre nom ? Je m'appelle… Ravi de vous rencontrer !
Wat is uw naam? Ik heet... Aangenaam kennis te maken!

A votre santé ! Zut, j'ai renversé mon verre… pouvez-vous m'aider ?
Op uw gezondheid! Oei, ik heb mijn glas omgestoten... kunt u me helpen?

C'était très bon. Nous allons reprendre la même chose s'il vous plait.
Het was erg lekker. We willen graag nog een keer hetzelfde alstublieft.

BALADE

LES CAFÉS D'AMSTERDAM

Amsterdam regorge de cafés et de bars. On en distingue deux types : les cafés « bruns » authentiques et Les cafés « blancs » lumineux et modernes. 1st Klas. Sur le quai 2 B, il allie bois, hauts plafonds et lustres stylés et attire un public varié. Karpershoek, à deux pas de la gare, est un café brun typique qui daterait de 1629. Faïences de Delft, sciure de bois jetée sur le parquet pour absorber les débordements de mousse, murs aux couleurs vieillies par des siècles de tabagie. 't Smalle. Poursuivez sur Prinsengracht. Tournez à droite sur Egelantiersgracht. Il dispose d'une paisible terrasse flottante d'une belle salle aux meubles patinés et de beaux vitraux émaillés confèrent à cet endroit une ambiance hors du temps … De Zwart est un café « intello » à l'ambiance agréable. Hoppe date de 1670 et accueille dans sa salle lambrissée des clients qui boivent debout. Luxembourg se distingue par sa lumineuse verrière. De Jaren est l'exemple typique du café design : grand, calme et lumineux, avec une belle terrasse sur l'Amstel. Café de Doelen est un café brun, aux meubles patinés et à l'ambiance hors du temps. Engelbewaarder est l'adresse de choix des étudiants mais aussi des amateurs de jazz et de politique. De Ooivaar. Adresse de choix du quartier rouge lieu très agréable situé dans un vieil immeuble. On y sert la bière Brand ainsi que de nombreux genièvres.

DE BAKKERSWINKEL

Warmoestraat 69

✆ +31 20 320 64 36

www.debakkerswinkel.com

Ouvert lundi, mercredi, jeudi et vendredi de 8h à 17h, le samedi et le dimanche de 9h à 17h.

Il faut vous rendre au cœur de la cité dans une des plus anciennes rues d'Amsterdam pour succomber au péché véniel (mais péché quand même) de gourmandise. Le magasin regorge de pains appétissants et de pâtisseries toutes plus alléchantes les unes que les autres. Très bonne adresse pour un *high tea* ou pour un déjeuner entre amis. Cette adresse sera le théâtre agréable d'une pause bienvenue lors de votre visite du quartier rouge. Cette adresse fut une des premières à proposer du vrai pain à la française dans différentes villes du pays.

DE BLAUWE PARADE

Nieuwezijds Voorburgwal 178

✆ +31 20 714 20 00

www.deblauweparade.com

Ouvert tous les jours de 16h à 00h. Le vendredi cocktails à 5 €. Le samedi, boissons à moitié prix de 20h à 21h.

Un bar plein d'histoire niché dans le très élégant hôtel Die Port Van Cleve. On y vient pour y déguster le typique Genièvre ou une bière brassée localement depuis 1592, ou encore pour se laisser conter l'histoire passionnante du lieu. On y découvre notamment que les frères Hulscher et le fameux Heineken lancèrent ensemble le bar de dégustation, que l'édifice fut le premier de la ville à avoir l'électricité, ou encore que les murs revêtent la plus grande étendue d'authentiques carrelages de Delft en Europe ayant conservé son style originel !

BROUWERIJ DE PRAEL

Oudezijds Armsteeg 26

www.deprael.nl

Ouvert dès midi. Dégustation de bière avec visite de la brasserie à 19,50 € par personne pour environ 1h30.

Découvrons cet établissement qui brasse avec l'amour de la bière mais aussi des gens. Née en 2002 dans la cuisine d'une institution psychiatrique, la brasserie est maintenant au centre d'Amsterdam où la bière était déjà brassée au XIVe siècle. La fameuse boisson est aujourd'hui utilisée comme moyen d'inclusion sociale et fait office de lieu de réinsertion à des personnes légèrement handicapées, qui sont d'ordinaire désavantagées sur le marché du travail. On savoure d'autant plus sa bière quand on sait qu'on contribue à rendre le monde meilleur en la consommant !

BUBBLES & WINES

Nes 37

✆ +31 20 422 33 18

www.bubblesandwines.com

Ouvert du lundi au samedi à partir de 15h30, dimanche dès 14h.

Bubbles & Wines est l'un des bars à vins historiques de la ville. Enfin historique, il ne faut pas exagérer non plus, car il n'a pas deux décennies, mais il a l'ancienneté dans ce genre. Ici, il faut déguster des *flights*, un assortiment de trois demi-verres de vin d'un même cépage. La carte propose également quelques délicieux petits plats. Une adresse élégante au design sombre et épuré. Si on ferme les yeux, on pourrait se croire à New York ou ailleurs tant l'ambiance est internationale et moderne, ce qui nous change des cafés bruns pour une fois.

CAFÉ DE DOELEN

Kloveniersburgwal 125

✆ +31 20 624 90 23

dedoelen.nl

Ouvert du lundi au jeudi de 9h à 1h, le vendredi et le samedi de 9h à 3h. Le dimanche de 10h à 1h.

Le quartier étudiant recèle bien évidemment des adresses d'exception et le café de Doelen en fait partie. C'est un café brun, aux meubles patinés qui propose des bonnes bières dans une ambiance hors du temps. L'été, les tables gagnent le trottoir. La terrasse est donc très sympathique au bord du canal, d'autant plus qu'on peut également y bruncher ou prendre son petit déjeuner. Une valeur sûre du quartier, le Café de Doelen séduit aussi une clientèle plus âgée. L'ambiance est agréable et propice aux rencontres, surtout en soirée.

CAFÉ DE JAREN

Nieuwe Doelenstraat 20-22

✆ +31 20 625 57 71

www.cafedejaren.nl

Ouvert tous les jours de 8h30 à 1h, les vendredi et samedi soirs jusqu'à 2h.

En plein quartier étudiant, ce grand café moderne, calme et lumineux, offre une tranquillité des plus agréables. On y feuillette les nombreux journaux internationaux où l'on contemple le cours de la vie amstellodamoise par l'immense baie vitrée s'ouvrant sur la ville. La décoration, toute de légèreté, signée par le designer Onno de Vries, accorde une grande place à la lumière. Grands murs crème, belle hauteur de plafond et tables espacées… et un discret fond musical jazzy. Le café propose en outre une irrésistible terrasse sur l'Amstel.

CAFE DE KARPERSHOEK

Martelaarsgracht 2
✆ +31 20 624 78 86
www.cafekarpershoek.nl
Ouvert du dimanche au jeudi de 9h à 1h, le vendredi et le samedi de 9h à 2h.

Ce café, situé à 3 minutes de la gare, date de 1629. Les propriétaires affirment d'ailleurs que c'est le plus vieux de la ville – et c'est sans conteste l'un des plus authentiques. Faïences de Delft, sciure de bois jetée sur le parquet pour absorber les débordements de mousse, murs aux couleurs vieillies par des siècles de tabagie, clientèle d'habitués venant discuter ou jouer aux cartes... tout est réuni. Ce bistrot de quartier a par ailleurs le bonheur d'être épargné par les flots touristiques et les humeurs volages de la mode... Une adresse authentique.

CAFÉ DE KONINGSHUT

Spuistraat 269
✆ +31 20 624 99 98
Ouvert tous les jours de 16h à 1h.

Saviez-vous que ce café typiquement hollandais date des années 1950 ? Lorsqu'on y entre, on se sent tout de suite enveloppé de la *Gezelligheid* typiquement néerlandaise et riche d'une belle histoire locale au cœur du centre historique, pas loin de la place littéraire de la capitale, le Spui. *La cabane du roi* en français, il y fait bon prendre un apéritif. Au programme, sept bières pression au choix et bien d'autres encore en bouteille. Vous y trouverez également les liqueurs néerlandaises et le fameux genièvre *jenever*, bien sûr. Une adresse sympa !

CAFÉ DE ZWART

Spuistraat 334
✆ +31 20 260 08 26
www.cafedezwartamsterdam.nl
Ouvert du lundi au samedi de 10h à 17h, le dimanche de 11h à 17h.

De Zwart est un excellent café qui fait l'angle sur la place littéraire du Spui, il attire une clientèle fidèle : il s'agit souvent d'écrivains ou d'apprentis-écrivains. C'est un endroit calme, sans musique, avec une belle terrasse pour observer les cyclistes et les piétons. Le mobilier rappelle celui des Cafés bruns, les carrelages sont superbes, le service efficace mais sans effusion. Une adresse de qualité où l'on passe pour le *borrel*, le petit verre après le boulot après avoir acheté la presse ou un livre en français à la librairie voisine.

CAFÉ HOPPE

Spui 18-20
✆ +31 20 420 44 20
www.cafe-hoppe.nl
Ouvert du dimanche au jeudi de 9h à 1h, le vendredi et le samedi de 9h à 2h. Petit déjeuner tous les jours.

Un café brun qui sert de la bière depuis 1670 ! Situé sur le Spui, la place littéraire de la ville, il réunit autour de ses comptoirs habitués et gens de passage. L'étroite salle lambrissée au plancher recouvert de sciure est toujours bondée de clients qui boivent debout, au coude à coude, quand ils ne débordent pas sur la place à la belle saison. La maison propose de la très bonne bière servie à la mode hollandaise. Il faut y passer une fois par curiosité, de préférence dans la soirée, quand elle se peuple des cadres qui viennent de quitter les bureaux voisins.

CAFÉ THE MINDS

Spuistraat 245
✆ +31 20 623 67 84
www.theminds.nl
Ouvert du dimanche au jeudi de 21h à 3h, le vendredi et le samedi de 21h à 4h.

Un bar confortable de caractère qui s'est autoproclamé unique (et dernier) bar punk d'Amsterdam. Ici, on peut passer un moment agréable à écouter du bon rock en buvant de la bonne bière (de la vraie, pas de la Heineken, toujours dixit le gérant) tout en faisant une petite partie de billard, un verre à la main, le temps de décider de la suite du programme. Une adresse qui fait de la résistance depuis de nombreuses années alors qu'Amsterdam compte de plus en plus, notamment dans ce quartier, d'adresses « léchées » à la déco bien étudiée.

CLOUD GALLERY

Prinsengracht 276
✆ +31 20 358 35 74
www.cloudamsterdam.com
Du lundi au vendredi de 8h à 17h, le week-end de 9h à 17h. Compter 10 € le petit déjeuner.

Tout est dit dans le nom de l'enseigne, c'est ici que l'on vient pour savourer un petit café, excellent et bien serré, tout en visitant une exposition. Endroit lumineux et moderne, au décor minimaliste qui respecte parfaitement le cahier des charges des cafés hipster. On peut y déguster de délicieux *powerbowls* ultra-sains, tout en sirotant un smoothie maison. Une bonne idée pour un petit déjeuner de champion avant d'aller arpenter les canaux ! C'est une adresse de choix pour un télétravail inspirant, en face du Prinsengracht.

DAMPKRING

Handboogstraat 29
✆ +31 20 638 07 05
Ouvert tous les jours de 10h à 1h.

S'il fallait donner la palme du coffee shop à un établissement de la ville, cette adresse serait sur le podium tant elle est réputée. Situé près de la place du Spui, ce coffee shop accueille un public varié (beaucoup de touristes naturellement) dans un décor psychédélique (couleurs vives et formes arrondies). Grand choix et conseils avisés. Une scène du film *Ocean's Twelve* (désormais *vintage*) y fut même tournée. Bowie (*sic*), le chat vedette de la maison, avait même sa chaîne YouTube avant de nous quitter en 2018. Parfois trop bondé, mais c'est la rançon du succès.

HEGERAAD

Noordermarkt 34
✆ +31 2 612 345 67
Ouvert du lundi au jeudi de 8h à 1h, le vendredi et samedi de 8h à 3h, le dimanche de 11h à 1h.

Depuis plus de 100 ans, Hegeraad est un classique d'Amsterdam. Superbement désuet et bourré de charme, ce café est l'endroit idéal pour savourer des snacks traditionnels mais surtout leur inégalable excellente tarte aux pommes. Aussi bonne que celle du concurrent à quelques encablures de là, mais ici pas de queue à l'extérieur et un service plus efficace ! On vient ici pour parler, pour lire le journal pendant le marché bio du samedi matin ou le marché aux puces du lundi et aussi pour savourer un bon genièvre dans un décor hors du temps.

DE DRIE FLESCHJES

Gravenstraat 18
✆ +31 20 624 84 43
www.driefleschjes.nl
Ouvert du lundi au samedi de 14h à 20h30. A partir de 15h jusqu'à 19h le dimanche.

Situé dans une petite rue piétonne derrière le Dam, c'est un des plus anciens *proeflokaal* de la ville, ouvert en 1650. Fréquentée par de nombreux intellectuels qui y viennent une fois la journée finie, cette ancienne distillerie est des plus authentiques avec son petit comptoir, ses tonneaux de genièvre alignés là depuis des siècles et son ambiance confinée. On y boit debout, surveillé par les portraits des maires d'Amsterdam peints sur des bouteilles. Une des meilleures adresses de la ville pour goûter aux différents genièvres. Attention, ce café ferme tôt.

HET SCHUIM

Spuistraat 189
✆ +31 20 638 93 57
Ouvert du dimanche au jeudi de 12h à 1h, le vendredi et le samedi jusqu'à 3h. Réservations recommandées.

Schuim (mousse) a été tendance et trendy bien avant l'invasion des concepts qui poussent comme des champignons dans la capitale batave. C'est donc un classique du genre. Schuim est un bar à l'ambiance assurée passé une certaine heure. Les fauteuils sont très confortables et les œuvres accrochées au mur changent régulièrement. Un endroit où draguer et se faire draguer. A noter, belle carte de plats à prix plutôt doux. Bel emplacement pas loin de la place du Dam et du Spui, la place littéraire de la capitale. L'établissement organise aussi des soirées à thème.

GEBROEDERS NIEMEIJER

Nieuwendijk 35
✆ +31 20 707 67 52
www.gebroedersniemeijer.nl
Ouvert du mardi au vendredi de 8h15 à 17h30, le samedi de 8h30 à 17h et le dimanche de 9h à 17h.

Véritable oasis de bonheur et de goût sur cette portion de rue, cette enseigne, qui a été fondée par deux frères néerlandais, Marco et Issa (le second a exercé ses talents à la pâtisserie Gosselin à Paris), fait du pain et des pâtisseries à la française d'une qualité supérieure, à emporter ou à consommer sur place. Depuis quelques années, Issa poursuit sa route sans son frère. Les produits sont succulents et artisanaux, l'intérieur, doté d'un intéressant plafond Art déco, est vaste. Une adresse pratique (ouverte dès le petit déjeuner) à ne pas manquer.

HILL STREET BLUES

Warmoesstraat 52
✆ +31 20 638 79 22
https://hill-street-blues.nl
Ouvert du lundi au samedi de 12h à 1h (vendredi et samedi jusqu'à 3h).

Installé dans une rue du quartier rouge en plein renouveau ces dernières années, cet ancien *coffee shop* est une des meilleures adresses de la ville. L'endroit a un certain style et la musique y est bonne. La coutume veut apparemment, qu'avant de partir, vous inscriviez sur les murs ou sur une table votre nom et la date de votre passage. Confortablement installé dans de grands canapés, vous pourrez boire un thé tout en contemplant les canaux du centre par les longues baies vitrées, privilège remarquable tant le principe est rare et les bonnes places convoitées.

IN DE HAVEN VAN TEXEL

Sint Olofssteeg 11
✆ +31 20 427 07 68
www.havenvantexel.nl
Ouvert du mercredi au dimanche de 12h à 23h, le mardi de 12h à 20h. Compter 20 € le midi, 25 € le soir.

À 2 minutes à pied de la gare, en bordure du quartier rouge, une halte très sympathique lors d'une éventuelle promenade en barque. Vous pourrez accoster à la berge de ce beau pub, très vivant à partir de 21h, pour y boire une Amstel dans un cadre marin que rehausse la chaleur du bois brun, ou pour lézarder au soleil sur la terrasse qui fait l'angle avec le haut du Oudezijds Voorburgwal, ce beau canal que longe une longue rue pavée. Possibilité de déjeuner d'une salade ou d'un plat de brasserie ou de dîner d'un plat de viande réconfortant.

KADINSKY

Rosmarijnsteeg 9
✆ +31 20 624 70 23
www.kadinsky.nl
Ouvert tous les jours de 9h30 à 1h

Un coffee shop plutôt chic en tous les cas, soigné situé à côté des « 9 petites rues », où il est toujours agréable de s'arrêter pour boire un thé (au moins). La mezzanine offre un confort absolu à qui souhaite se reposer un moment. La musique, tendance acid-jazz, se laisse tranquillement écouter pendant que l'on déguste les fameux cookies maison. Une référence depuis plus de 30 ans. La vitrine et le comptoir du bas sont des endroits parfaits pour observer le ballet cycliste qui traverse cette agréable ruelle, parfois à une vitesse impressionnante.

LOUIS

Singel 43
✆ +31 207526328
http://louis-amsterdam.nl
Ouvert du lundi au jeudi de 11h à 1h, le vendredi et samedi de 11h à 2h et le dimanche de 11h à 23h.

Ancien café brun devenu un café plus moderne avec des restes certains d'authenticité, grands murs en brique, beau bar accueillant. On y vient seul ou entre amis après le travail ou le week-end pour oublier les petits et les grands tracas de la semaine. Carte agréable avec les traditionnels *broodjes* et quelques salades. Le cadre au bord du canal Singel et proche du Jordaan mais aussi du centre de la ville est très agréable. L'été il fait bon s'installer sur une des tables à l'extérieur pour observer le peloton incessant des cyclistes.

LUXEMBOURG

Spui 22
✆ +31 20 620 62 64
www.luxembourg.nl
Ouvert tous les jours à partir de 9h jusqu'à minuit. 1h vendredi et samedi.

Avec sa verrière donnant sur la place, cet agréable café-brasserie est le rendez-vous des yuppies et des étudiants de l'annexe de l'université voisine. Sa salle intimiste, décorée de cuivres et de boiseries patinées, semble avoir jadis appartenu à un café brun. Très bien situé sur cette place où se tient plusieurs fois par semaine un marché aux livres, c'est une bonne adresse pour se donner rendez-vous sans risquer de galérer. Des concerts y ont souvent lieu le dimanche en fin de journée. Une adresse qu'on aime beaucoup pour le café croissant du matin aussi.

OEDIPUS

Gedempt Hamerkanaal 85
✆ +31 20 2441673
www.oedipus.com
Ouvert le jeudi de 16h à minuit, vendredi de 16h à 1h, samedi de 14h à 1h, dimanche de 14h à 23h. Repas possible.

Qui prétend qu'Amsterdam ne compte plus de quartier alternatif doit passer faire un tour ici. Œdipus est une micro-brasserie locale qui offre depuis quelques années la possibilité de tester sur place ses différentes bières et de manger quelques plats simples. L'ambiance est chaleureuse et créative et surtout vraiment différente de ce que l'on trouve sur l'autre rive. Il s'agit d'un bel endroit pas « léché » sur la rive nord de la ville, à 10 minutes de marche à la descente du bac. Attention odeur un peu forte à l'entrée qui est due à la bière artisanale.

DE OOIEVAAR

Sint Olofspoort 1
✆ +31 619 71 60 32
www.proeflokaaldeooievaar.nl
Ouvert tous les jours à partir de 12h.

Le quartier rouge comprend de nombreux cafés, mais très souvent, il s'agit de pièges à touristes aux prix élevés et sans ambiance. Traversez donc le quartier rapidement afin de terminer votre périple dans le café de Ooievaar, un lieu très agréable situé dans un vieil immeuble du quartier. On y sert la bière Brand, bien meilleure que la Heineken ainsi que de nombreux genièvres. On a l'impression d'être dans un musée tant l'intérieur est agréable à l'œil, une adresse que l'on aime découvrir et immortaliser après une promenade dans le quartier.

FAIRE UNE PAUSE

ROSALIA'S MENAGERIE COCKTAILBAR

Kloveniersburgwal 20
✆ +31 20 330 6242
Ouvert tous les jours entre 8h et minuit. Cocktails entre 12 et 15 €. Snacks et tapas à partir de 6 €.

A quelques pas du quartier rouge, face à l'emblématique place Nieuwmarkt, c'est un lieu à découvrir ! Elégant cocktail-bar, speakeasy, cabinet de curiosités, on ne saurait comment le qualifier. Situé dans une maison du XVIIe siècle, élégamment meublé et truffé d'objets de décoration en tout genre, l'atmosphère qui s'en dégage est intimiste et chaleureuse. L'équipe, emmenée par Rachel et Pepijn, est passionnée et sera heureuse de vous conseiller sur le choix des (excellents) cocktails.

SUPER LYAN

Nieuwezijds Voorburgwal 5
✆ +31 20 521 17 57
https://superlyan.com
Ouvert du jeudi au dimanche de 17h à 1h. Cocktails à 13 €.

Logé dans le complexe du Kimpton De Witt, ce bar est tout d'abord un plaisir pour les yeux. Il associe des éléments design très modernes avec cet incroyable bar, sorte de vaisseau spatial tout droit sorti d'un film de science-fiction dans un bâtiment qui date du XVIIe siècle. On se sent à l'aise dans une ambiance unique, sexy et feutrée, propice à une soirée d'exception. Le public allie les personnes qui logent dans l'hôtel et les locaux qui apprécient les excellents cocktails de la maison. Une adresse que nous conseillons fortement.

THE FLYING DUTCHMAN

Oudezijds Voorburgwal 197
✆ +31 20 555 32 82
Ouvert tous les jours de 12h à minuit.

Dans l'enceinte du restaurant (étoilé) Bridges de l'Hotel Grand, ce bar récemment entièrement rénové vous accueillera dans un décor épuré et moderne. Situé entre l'un des plus vieux canaux de la ville et le jardin privé de l'hôtel, ce bar, rustique et traditionnel, vaut véritablement le détour. Vous pourrez déguster une coupe de champagne ou siroter un genièvre dans un cadre calme et cosy. Une carte viendra combler les petites faims des plus gourmands. Les prix pratiqués sont évidemment en accord avec la qualité et l'exclusivité du lieu.

VAN STAPELE

Heisteeg 4
✆ +31 65 424 14 97
www.vanstapele.com
Ouvert tous les jours de 10h à 18h. 2,20 € le cookie.

Adorable adresse d'une ruelle donnant sur le Spui, Van Stapele se spécialise dans une recette maîtrisée à la perfection : le chocolat chip cookie. La gérante, Vera van Stapele, a trouvé la formule en or et son concept connaît un franc succès depuis plusieurs années. Le cookie n'est pas donné mais il est tellement bon, alors craquons ! Attention, les cookies sont régulièrement épuisés dès 16h. Le succès est tellement indéniable que la queue est désormais très longue et doit être contenue par le personnel... Petite surprise au rdv pour les enfants.

'T-ARENDSNEST

Herengracht 90
✆ +31 20 421 20 57
www.arendsnest.nl
Ouvert du lundi au jeudi de midi à minuit, le vendredi 14h-1h, le samedi 12h-1h et le dimanche de midi à minuit.

Ce bar est spécialisé dans les bières néerlandaises et du choix il y en a puisque le Arendsnest sert plus de 150 bières. Le cadre tout en bois et cuivre est reposant. Le propriétaire Peter est un des plus grands connaisseurs de bières du pays (et ce n'est pas peu dire) tandis que le barman Robin est l'auteur d'un livre de référence sur le whisky… Vous êtes entre de bonnes mains, on vous le dit ! Le bar sert par ailleurs de nombreuses autres boissons et organise également des dégustations. Une belle adresse à chouchouter au cœur du quartier des canaux.

HERENGRACHT

Herengracht 435
✆ +31 20 894 66 80
www.deherengracht.nl
Ouvert du lundi au dimanche de 11h à 1h.

Herengracht est un incontournable de la scène branchée friquée amstellodamoise. La décoration, avec des murs en brique et des énormes tableaux a un charme fou ! À la fois bar et restaurant, vous y mangerez une cuisine délicieuse, un peu chère tout de même. Ici, le public ne vient pas que pour manger mais également pour voir et être vu. Si vous vous sentez seul(e), il faut passer un vendredi vers 18h pour draguer et se faire draguer dans une ambiance chaude ! Belles terrasses : une le long du magnifique Keizersgracht, l'autre en forme de patio.

CAFÉ BRANDON

Keizersgracht 157
✆ +31 20 626 41 91
cafebrandon.nl
Tous les jours de 15h à 1h, le jeudi et vendredi jusqu'à 3h.

Ce café se situe exactement au coin du Keizersgracht et du Leliegracht à un endroit pittoresque qui saura vous faire rêver. Le Café Brandon a rouvert après avoir été fermé pendant une vingtaine d'années. Les nouveaux propriétaires n'ont pas touché à la décoration et le Brandon est resté le même. C'est toujours un café brun authentique ! Les amateurs de ballon rond reconnaîtront les posters de Neeskens et Cruijff et de tout le grand Ajax, les *aficionados* de billards et de jeux divers (échecs, dames) seront également comblés. Un café hors du temps comme on les aime.

HET PALEIS

Paleisstraat 5
✆ +31 20 626 06 00
www.cafehetpaleis.nl
Ouvert mercredi, jeudi et dimanche de 10h à 22h, vendredi et samedi de 10h à minuit et le lundi de 10h à 21h.

Ce café se trouve à l'angle du Singel et de la Paleistraat, derrière le palais royal et la place du Dam, d'où le nom de l'établissement. Het Paleis attire une clientèle plutôt jeune (moyenne d'âge 23 ans à vue d'œil) et estudiantine. La carte est plutôt banale, on y sert des plats simples dans un décor dépouillé, mais l'endroit a l'avantage de proposer également de très bons sandwichs pour un prix correct. À noter les grandes vitres et les bancs situés à l'extérieur qui permettent d'observer un inlassable peloton de cyclistes.

DE DOFFER

Runstraat 12-14
✆ +31 20 622 66 86
www.cafededoffer.nl
Ouvert du dimanche au jeudi de 11h à 1h. Le vendredi et le samedi de 11h à 3h.

Depuis les années 1970, De Doffer est une adresse typiquement amstellodamoise, un café brun sans aucune prétention mais au charme naturel et irrésistible. En hiver, le bar est convivial et accueille aussi bien des étudiants que des habitués de tous les âges. L'été, une terrasse très agréable est souvent prise d'assaut. La cuisine est simple et à des prix modérés. La carte est un mélange de cuisine locale et de saveurs indonésiennes avec le spécial Ray Doffer's Satay. Comme dans beaucoup de lieux à Amsterdam, vous trouverez également une offre végétarienne.

HOLTKAMP

Vijzelgracht 15
✆ +31 20 624 87 57
www.patisserieholtkamp.nl
Ouvert du lundi au vendredi de 8h30 à 18h et le samedi de 8h30 à 17h.

Encore un classique culinaire de la capitale, Holtkamp régale en effet les papilles des Amstellodamois depuis plus de cinquante ans ! On se presse dans la minuscule et charmante boutique pour commander pâtisseries, chocolats et biscuits secs. Le service est très professionnel. Le classique sucré est le *cheesecake* nappé de confiture de fraises, le classique, que dis-je, la légende salée est la croquette de crevettes. On craque aussi pour leurs délicieuses glaces faites maison. Vous pourrez également acheter ces fameux chocolats en forme de maisons d'Amsterdam.

MULLIGANS

Amstel 100

✆ +31 20 622 13 30

www.mulligans.nl

Ouvert de 16h à 1h. A partir de 14h le samedi et le dimanche, le vendredi et le samedi jusqu'à 3h.

Ce superbe pub irlandais est réputé pour son ambiance chaleureuse et pour la quantité d'alcool qui y coule à flots chaque soir. La salle reçoit occasionnellement quelques bons groupes de folk celtique dignes des meilleures campagnes irlandaises, autour desquels se retrouve une foule électrique très fortement imbibée. Mulligan's prétend, à juste titre probablement, se distinguer des autres bars irlandais de la capitale. Juste en face de l'hôtel de ville et à deux pas du Rembrandtplein, Mulligan's jouit d'un emplacement de rêve et d'une vue typique.

PÂTISSERIE KUYT

Utrechtsestraat 109-111

✆ +31 20 623 48 33

www.patisseriekuyt.nl

Ouvert le lundi de 8h à 13h, du mardi au vendredi de 8h à 17h30 et le samedi de 8h à 17h.

Dans un cadre moderne et lumineux, Kuyt est une adresse d'exception à la réputation exemplaire. Cette enseigne a été élue pâtisserie de l'année en 2006 et sa tarte aux pommes est régulièrement en tête des classements locaux et nationaux. Le plus dur sera de faire un choix, tant les tentations sont nombreuses, les macarons et le cheesecake sont vraiment inoubliables. Pire encore, en plus des pâtisseries démoniaques, l'adresse propose un chocolat à tomber. Impossible de résister à la tentation. L'été, Kuyt titille encore plus nos papilles avec sa glace maison.

POLABERRY

Prinsengracht 232

✆ +31 20 334 35 23

www.polaberry.com

Ouvert tous les jours de 11h à 18h. 8,50 € la tablette de chocolat, gâteaux à partir de 45 €.

Polaberry est le joli bébé de Polina, qui propose, dans un cadre fait pour Instagram, des fraises et des baies recouvertes de chocolat et magnifiquement décorées. Ces sucreries sont tellement jolies qu'on hésiterait presque à les manger ! Polaberry est une enseigne typique de notre époque instagrammable. Il n'y a qu'à voir les hordes de visiteurs fan de Polina qui se bousculent et reproduisent à l'envi ses poses avec ses tablettes de chocolat devant les canaux pour récolter likes et followers. À noter le superbe mur végétal du fond.

POMPADOUR

Huidenstraat 12

✆ +31 20 623 95 54

www.pompadour-amsterdam.nl

Tearoom ouverte du lundi au vendredi de 10h à 18h et le samedi de 9h à 17h. Dimanche de 12h à 18h.

Le nom annonce la couleur de cette belle pâtisserie récemment rénovée au cœur du quartier des Grands Canaux. Ici, deux maîtres mots : raffinement et savoir-vivre (bien vivre !). Les Amstellodamois ne s'y trompent pas et accourent à toute occasion acheter leurs gâteaux dans ce décor classique (le salon de thé attenant est d'ailleurs toujours bondé l'après-midi). Ne pas manquer de goûter leurs caramels maison et leurs macarons, d'un fondant qui rappelle ceux de notre capitale… Notre préférence va à la tarte au citron bien acide !

SOHO HOUSE AMSTERDAM

Spuistraat 210

✆ +31 20 880300

www.sohohouseamsterdam.com

Ouvert dès 7h en semaine et 8h le week-end. Jusqu'à minuit en semaine et 2h du jeudi au samedi.

Soho house est un club privé exclusif ; ce n'est pas un gentlemen's club classique mais une communauté créative qui bouge et s'anime dans un superbe cadre historique. Le lieu comprend un bar, un restaurant, une salle de cinéma une superbe terrasse panoramique sur le toit. L'idée : en faire son chez-soi loin de chez soi. Alors oui, il faut être membre ou alors être invité par un membre. Sinon vous pouvez toujours louer une chambre car le lieu en compte une soixantaine ou manger à l'excellent Cecconi's pour découvrir l'esprit Soho house.

XTRACOLD ICE BAR

Amstel 194-195

✆ +31 20 320 57 00

www.xtracold.com

Vendredi et samedi de 15h à 23h, du dimanche au jeudi de 16h à 22h. Entrée : 28,50 €.

Cet étonnant bar-igloo est situé à deux pas de Rembrandtplein. Un endroit incroyable et unique, car il s'agit du bar à glace d'Amsterdam. Le clou de l'endroit est bien sûr la partie à moins 10 °C. Déco design, œuvre d'un designer batave. On vous fournira une doudoune, des Moonboots et des gants. Et hop, vous tiendrez environ trente minutes, la moyenne d'après le personnel qui lui doit être remplacé toutes les deux heures selon les directives de l'inspection du travail. Amusant et surtout pour frimer un peu au retour du séjour.

'T-SMALLE

Egelantiersgracht 12
✆ +31 20 623 96 17
www.t-smalle.nl
Ouvert de 10h à 1h, le vendredi et le samedi jusqu'à 2h. Lunch jusque 15h.

Situé en plein cœur du Jordaan, ce beau café brun ne date que de 1780, autant dire que c'est un jeunot pour la ville ! La reine Beatrix (redevenue princesse) est venue en personne goûter l'atmosphère paisible de sa terrasse flottante sur le canal, ce dont les propriétaires ne sont pas peu fiers. Quant à la salle, elle est typique : quelques rares tables, meubles patinés, murs imprégnés de nicotine, beaux vitraux émaillés… Assez intime dans la journée, ce bar cosy se remplit très vite le soir venu. On y sert des sandwichs et des plats simples.

BAR OLDENHOF

Elandsgracht 84
✆ +31 20 751 32 73
www.bar-oldenhof.com
Ouvert le dimanche et lundi de 17h à minuit, le jeudi de 17h à 1h, vendredi et samedi de 17h à 2h.

Oldenhof jouit d'une sacrée réputation et l'on comprend vite pourquoi. Dès qu'on y entre, on est agréablement surpris par l'accueil affable et distingué et par la décoration *cosy* et *classy*. On s'attend à croiser Don Draper au bar (malheureusement il n'était pas là lors de notre visite !). Oldenhof ressemble à un club privé pour gens aisés qui auraient envie de discuter tranquillement sans être assourdis par la musique. Les cocktails sont tout simplement succulents et il faut signaler la carte de cigares. Une petite carte de snacks est disponible.

BROUWERIJ TROOST WESTERGAS

Pazzanistraat 25-27
✆ +31 20 737 10 28
www.brouwerijtroost.nl
Ouvert du lundi au jeudi de 16h à 1h, vendredi 16h-3h, samedi 12h-3h et dimanche 12h-23h. Visite guidée : 8 €.

Ces dernières années, plusieurs micro-brasseries ont vu le jour dans la capitale néerlandais. Troost est l'une d'entre elles et son succès a engendré plusieurs établissements dans plusieurs quartiers de la ville. Nous aimons beaucoup celui-ci, niché dans le beau bâtiment en briques de la Westergasfabriek. La carte propose un grand choix de bière allant de la pils à la malt en passant par la IPA… Carte de petits plats et de burgers pour se sustenter.

CAFÉ CHRIS

Bloemstraat 42
✆ +31 20 62 45 942
www.cafechris.nl
Ouvert de 15h à 1h, le vendredi et le samedi jusqu'à 2h et le dimanche 21h.

Selon les natifs du coin, il s'agit bien du plus vieux bar à bières de la ville ouvert en l'an 1624. Bon, il faut dire que plusieurs établissements d'Amsterdam s'octroient ce titre qui apparemment a beaucoup de valeur sur le marché de l'authenticité… Il fait bon s'y attabler lorsque les premiers frimas de l'hiver sont de retour, ses boiseries, et sa belle salle de billard confèrent à ce « café brun » une atmosphère très chaleureuse. Dans le clair obscur du Café Chris, on peut rêver, les yeux grands ouverts, à une vie à Amsterdam.

CAFÉ LOWIETJE

Derde Goudsbloemdwarsstraat 2
✆ +31 20 427 81 98
www.cafelowietje.nl
Ouvert le vendredi de 14h à 1h, samedi 15h-minuit et dimanche 14h-minuit.

Certainement pas le café le plus accessible (dans une rue perpendiculaire au Lindengracht) du Jordaan mais sans doute l'un des plus authentiques et photogéniques. Cet endroit a vraiment de la classe et semble être figé dans le temps, idéal pour passer une soirée tranquille à discuter. A ne pas manquer. A noter, ce café sert de décor au tournage d'une très renommée série policière néerlandaise (*Baantjer*). L'établissement, qui date de 1954, organise régulièrement des soirées spéciales, notamment en musique pour se plonger dans le style musical du Jordaan.

CAFÉ NOL

Westerstraat 109
✆ +31 20 624 53 80
Ouvert le mercredi, jeudi et dimanche de 20h à 3h, le vendredi et le samedi de 20h à 4h.

Le Café Nol, c'est la culture populaire kitsch néerlandaise et amstellodamoise en concentré ! Tout est exagéré, le décor, la musique, le public, la chaleur, les toilettes minuscules et tout cela contribue à faire du Café Nol un endroit unique que l'on aimera ou détestera mais qui ne laissera personne indifférent. Ambiance entre karaoké *destroy* et *Ab fab'*, c'est l'endroit à éviter si l'on veut une soirée calme et romantique ! L'endroit se remplit vers minuit… Pour se faire une idée, n'hésitez pas à consulter l'album photos du site Web…

CAFÉ THIJSSEN

Brouwersgracht 107
✆ +31 20 623 89 94
www.cafethijssen.nl
Tous les jours dès 8h et 7h30 le samedi.

Dans le Jordaan, sur le canal le plus vert de la ville, ce café très sympa est fréquenté par une clientèle jeune venue discuter en écoutant du bon vieux rock. En été, les tables sortent sur la terrasse, ce dont on ne se plaindra pas. On peut s'y restaurer de petits plats économiques. Attention, le samedi après le marché, l'odeur de poisson est assez incommodante en terrasse ! Sympa : la soirée huîtres le vendredi. Belle façade mangée par la verdure l'été et super terrasse ouverte toute l'année ; si vous résistez au froid, le spot idéal.

DE ORANJERIE

Binnen Oranjestraat 15
✆ +31 20 623 46 11
Le café ouvre de 15h30 à 1h toute la semaine. Cuisine ouverte de 18h à 22h.

Sympathique bar entre la Haarlemmerdijk et le superbe Brouwersgracht où l'on peut manger des plats simples (steak-frites) à des prix plus que corrects. L'ambiance est très chaleureuse et le public fidèle. On vient ici autant pour siroter une bière (plutôt belge il faut l'avouer) que discuter un peu ou alors manger un plat à prix doux. Cette adresse est un antidote à tous les cafés/restaurants ultra-stylés qui poussent comme des champignons dans le centre de la capitale ces dernières années. Une bouffée d'air pur on vous dit !

FRIEDHATS FUKU CAFÉ

Bos en Lommerweg 136
www.friedhats.com
Ouvert du lundi au vendredi de 8h à 16h, le week-end de 9h à 17h.

En 2018, le torréfacteur Friedhats ouvre son premier café (FUKU) dans le quartier ouest d'Amsterdam. Rapidement, cette adresse s'impose comme une référence de en proposant des saveurs et des variétés très différentes. Pour compléter son offre, vous trouverez de délicieuses pâtisseries ou viennoiseries à déguster à l'intérieur ou lors des beaux jours dans une petite cour arborée où il sera facile de laisser le temps défiler. Le lieu est très prisé des gens du quartier, ce qui renforce l'ambiance chaleureuse et facilite les rencontres.

PAPENEILAND

Prinsengracht 2
✆ +31 20 624 19 89
www.papeneiland.nl
Ouvert du lundi au mercredi et le samedi de 10h à 1h, jeudi et vendredi jusqu'à 3h. Dimanche de 12h à 1h.

Un très beau café brun de quartier, et quel quartier ! Situé à l'angle de deux des plus beaux canaux de la ville, il accueille quotidiennement ses habitués depuis sa création en… 1642. Autant dire que l'endroit est historique. Son décor très typique n'a pas changé depuis lors, et il paraît même que le vieux poêle en fonte qui trône en son centre reprend du service chaque hiver. L'endroit idéal l'été pour siroter une bière en terrasse mais c'est en hiver que c'est encore mieux, on a l'impression d'appartenir à une nature morte qui pourrait être peinte par Vermeer.

MONTE PELMO

2ᵉ Anjeliersdwarsstraat 17
✆ +31 20 623 09 59
www.montepelmo.nl
Ouvert du printemps à fin octobre du mercredi au lundi de 13h à 21h (le mardi par beau temps).

Le glacier à ne pas manquer au cœur du quartier du Jordaan. Les jours d'été c'est simple, il suffit de suivre les hordes d'enfants (et de parents) qui sont irrémédiablement attirées à cette adresse. On peut y savourer des glaces de fabrication artisanales (environ 20 saveurs différentes), les enfants adorent la glace Schtroumpfs (pas de doute sur la couleur pour le nom, c'est Smurf en néerlandais) en plus ils peuvent choisir des cornets de plus petite taille et ont droit à du vermicelle en chocolat dessus ! Les cafés glacés sont très populaires aussi.

PETIT GÂTEAU

Haarlemmerstraat 80
✆ +31 20 737 15 85
www.petitgateau.nl
Ouvert tous les jours de 10h à 18h. Compter 2,80 € le gâteau.

Petit Gâteau dynamise depuis quelques années le monde sucré d'Amsterdam en proposant des pâtisseries de petite taille (d'où le nom de l'enseigne). Les propriétaires, Meike et Patrice, sont un couple franco-néerlandais avec de solides références pâtissières en France. On peut y prendre un petit déjeuner ou déjeuner avec une petite carte (croque-monsieurs, quiches, œufs brouillés…). Il y a également des cours de pâtisserie le mercredi, jeudi et samedi. Nous sommes fans ! A noter, l'enseigne se trouve également aux Foodhallen, dans le quartier ouest de la ville.

SAINT-JEAN

Lindengracht 158h

Ouvert tous les jours. En semaine de 8h à 17h, le week-end de 9h à 17h.

C'est un véritable coup de cœur ! Yann Pierre-Jean a travaillé avec les plus grands noms de la mode avant de créer un lieu à son image, unique et inspirant. En plein quartier du Joordan, au détour d'une rue, une file enjouée déborde sur la rue. Et on comprend pourquoi ! Dans ce lieu inclassable, mi-café mi-boulangerie, Yann et son équipe nous font déguster des pâtisseries et viennoiseries succulentes d'influence française, bien sûr mais aussi nordique. Une autre particularité de ce lieu, et non des moindres : tout est végan ! On vous prévient, nous, on adore !

TOKI

Binnen Dommersstraat 15

✆ +31 20 363 6009

Ouvert du lundi au vendredi de 8h à 17h, le week-end de 9h à 17h.

Toki, c'est typiquement le café trendy qui attire beaucoup de monde, locaux comme touristes. Dans un cadre industriel, un large choix de pâtisseries, cakes et viennoiseries et des cafés à la mousse abondante, mais il ne faut pas s'arrêter aux apparences. Ici tout est fait maison, l'accueil est super agréable, c'est un endroit très convivial pour s'arrêter le temps d'une averse ou entre deux visites. L'inconvénient des lieux agréables, c'est qu'ils sont prisés et il se peut qu'il y ait un peu d'attente. Prenez votre mal en patience, vous ne serez pas déçu.

SOUNDGARDEN

Marnixstraat 164-166

✆ +31 20 620 28 53

www.cafesoundgarden.nl

Ouvert dès 16h.

Encore une adresse qui a su rester fidèle à ses origines ! Ce bar, où se retrouve une population jeune et unie par son amour de la bonne musique rock (un immense poster d'Iggy Pop trône dans l'entrée), est surtout remarquable pour sa très jolie terrasse (élue la plus belle d'Amsterdam certaines années) dominant un canal. D'accord ce n'est pas un canal de l'hypercentre mais il est toutefois très agréable. En hiver, on peut toujours faire un petit billard à l'intérieur, en attendant d'attaquer quelque chose de plus sérieux. De nombreux concerts sont organisés.

TWEE PRINSEN

Prinsenstraat 27

https://tweeprinsen.nl/

Ouvert du lundi au jeudi de 16h à minuit. Le vendredi de 16h à 1h, samedi de 13h à 1h, dimanche de 13h à minuit.

Près de la maison d'Anne Frank, ce bar est sûrement l'un des plus beaux cafés bruns de la ville. Récemment rénové, vous pourrez y déguster une sélection de vins nature, blancs, rouges ou pétillants pour accompagner de succulents sandwichs ou des plats de brasserie bien exécutés. Le soir, on se serre au comptoir autour d'une bonne bière. L'accueil est chaleureux et les amitiés se font vite. Pour une pause entre deux visites, un verre entre amis ou un repas sur le pouce vous êtes à la bonne adresse. En été, le lieu bénéficie d'une agréable terrasse en bord du canal.

LA TERTULIA

Prinsengracht 312

✆ +31 20 623 85 03

Ouvert du mardi au samedi de 11h à 19h.

Pour celles et ceux qui pensent que les coffee-shops sont des lieux assez poussifs qui ciblent uniquement une clientèle jeune et branchée, voici Tertulia, un *coffee shop* nature et relax, bien situé près des grands canaux et du Elandsgracht. La déco est végétale et reposante, le public plutôt jeune, voire estudiantin, mais pas que. Terrasse agréable dès que le soleil se pointe. À noter : une superbe fresque Van Gogh (pas son œuvre, nous sommes d'accord) sur les murs extérieurs. Une adresse réputée depuis sa création il y a presque 40 ans…

DE TWEE ZWAANTJES

Prinsengracht 114
✆ +31 20 625 27 29
www.detweezwaantjes.nl
Ouvert du dimanche au jeudi de 15h à 1h, le vendredi et le samedi jusqu'à 3h.

Ce café brun, un des plus populaires du Jordaan, est réputé pour son ambiance survoltée et pour la chaleur de sa clientèle, essentiellement amstellodamoise. Ici, vous vous trouverez entourés d'amis que vous ne connaissez pas encore, dont certains sont brasseurs de profession, réunis autour d'une passion partagée pour la bière et pour le *Levenslied*, la chanson populaire du Jordaan. Pour un petit aperçu de ce qui vous attend, rendez-vous sur le site web aussi vintage que possible. Une belle adresse authentique au cœur du Jordaan.

WALDO

Elandsgracht 91
www.waldopatisserie.nl
Ouvert du lundi de 12h à 17h30, du mardi au vendredi de 10h à 17h30, le samedi de 9h à 17h30.

Attention danger ! Waldo a les moyens de vous faire succomber. Cette adresse présente divers brownies, blondies (au chocolat blanc), des cheesecakes et diverses tartelettes, toutes plus succulentes les unes que les autres. Waldo l'innovante est toujours à la pointe et en perpétuelle recherche. Chaque année, de nouveaux produits et de nouvelles saveurs trouvent leur place sur les étals. À noter, les pâtisseries sont vendues dans de petits contenants en bois limitant les déchets et le ticket de caisse est envoyé par mail. Une adresse qui a vraiment tout bon !

VESPER

Vinkenstraat 57
https://www.vesperbar.nl/
Ouvert le jeudi de 19h à 1h, vendredi et samedi de 18h à 2h.

Bienvenue dans l'un des plus petits bars d'Amsterdam ! Devenu en quelques années seulement une valeur sûre de la scène nocturne amstellodamoise, Vesper se situe à deux pas de la Haarlemmerdijk. On y savoure d'excellents cocktails savamment préparés. Craquez pour le Fin Fizz, à base de gin, liqueur de pin, concombre et romarin… Sinon, le Saz Arac est préparé avec de la brume d'Absinthe. Le cadre, classy et sexy, rappelle James Bond et ce n'est pas un hasard car l'endroit tient son nom de la seule femme que 007 a réellement aimée.

WATERKANT

Marnixstraat 246
✆ +31 207371126
www.waterkantamsterdam.nl
Dès 11h tous les jours.

Excellente adresse qui semble improbable au premier abord : derrière un garage, au bord de l'eau mais sur une rive pas très glamour où se rassemblent souvent une faune alternative mais inoffensive, Waterkant bénéficie, depuis son ouverture il y a quelques années, d'une réputation excellente et cela est justifié. L'inspiration dans l'ambiance et sur la carte nous vient du Surinam avec de succulents plats et de la *finger food*. Il fait bon savourer une bière sur la terrasse gorgée de soleil (pourquoi ne pas rêver) ou le soir à la lueur des guirlandes multicolores.

FAIRE UNE PAUSE

VLAAMSCHE BROODHUYS

Haarlemmerstraat 108
✆ +31 20 528 64 30
www.vlaamschbroodhuys.nl
Ouvert tous les jours de 8h à 18h, le dimanche de 9h30 à 8h.

Depuis plus de 115 ans, cette boulangerie au design moderne et aux lignes très épurées vend du très bon pain à Amsterdam. En plus de créations type Poilâne et de baguettes au goût bien français, Vlaamsche Broodhuys vend des sandwichs, des jus de fruit frais mais également des fromages, yaourts, tapenades, quiches et confitures de fabrication artisanale fabriqués à partir de produits biologiques à emporter ou à déguster sur place. Les pâtisseries valent également le déplacement ! Une belle adresse qui compte plusieurs antennes dans la ville.

YELLOW HOUSE

Danzigerbocht 45-R
✆ +31 20 531 2255
Ouvert le mardi et mercredi de 12h à 17h, le jeudi de 12h à 1h, le vendredi de 12h à 3h et le samedi de 16h à 3h.

Entre les Westerpark et les rives de l'Ij, dans la zone industrielle de Houthaves se trouve Yellow House. Ce lieu hybride dans un bâtiment moderne et lumineux avec ses grandes baies vitrées est à la fois un lieu prisé de coworking, une cantine healthy, un café vivant qui se transforme en scène musicale le soir. Vous pourrez y passer la journée sans voir le temps passer dans des ambiances changeantes. Légèrement excentré, il faudra pédaler un petit peu pour y arriver mais vous serez récompensé de vos efforts par l'une de leurs succulentes pâtisseries.

ARNOLD CORNELIS

Van Baerlestraat 93
✆ +31 20 662 12 28
www.cornelis.nl
Du lundi au vendredi de 8h à 18h. Le samedi de 8h à 17h.

Une excellente pâtisserie avec des gâteaux et des délicatesses sucrés ou salés à savourer en terrasse pour le *tea time*. Chocolats à emporter également. Cette adresse est un condensé très néerlandais, avec la décoration assez classique avec vitraux et détails traditionnels et pas mal de bois partout. Les tartes sont des œuvres d'art à part entière et au moment de la Saint-Nicolas, dès mi-novembre, les chocolats de toutes les couleurs sont un plaisir autant pour les yeux que pour les papilles. Une belle adresse également présente dans le Jordaan.

DE BALIE

Kleine Gartmanplantsoen 10
✆ +31 20 553 51 00
www.debalie.nl
La caisse pour le cinema est ouverte de 14h à 21h, le café de 9h à 1h.

A deux minutes de la Leidseplein, De Balie se trouve dans le complexe du même nom qui regroupe un excellent cinéma d'art et d'essai et une salle de conférences. Ce beau grand café à la décoration high-tech et à la grande baie vitrée donnant sur la place est le rendez-vous favori des jeunes branchés cosmopolites et artistes, après une toile dans le quartier. Les nombreuses conférences et discussions politiques qui y sont organisées lui donnent un ton aussi engagé qu'animé. Immanquable depuis Leidseplein, une très bonne adresse pour se retrouver.

BAR WEBER

Marnixstraat 397
✆ +31 6 34 14 23 37
www.barweber.nl
Ouvert du dimanche au jeudi de 16h à 3h, jusqu'à 4h le vendredi et samedi.

De prime abord, on croit être dans un de ces très beaux cafés bruns de la capitale, mais lorsqu'on descend les escaliers qui mènent au sous-sol, on comprend que cet endroit est autrement plus original : de larges canapés, des fauteuils confortables, des bougies aux lueurs apaisantes et même une petite serre vous attendent dans un cadre délicieusement tranquille. La bière est un peu chère, mais n'êtes-vous pas en plein centre du quartier du Leidseplein ? Une valeur sûre.

BRASIL MUSIC BAR

Lange Leidsedwarsstraat 64
✆ +31 20 624 39 93
www.brasilmusicbar.com
Les concerts débutent en général vers 22h. Prix raisonnables.

Au cœur du quartier du Leidseplein, un des centres des sorties de la capitale, se situe ce réputé bar brésilien, idéal pour des ondes chaleureuses et pour danser jusqu'au bout de la nuit. L'établissement propose des soirées thématiques récurrentes qui font monter le mercure dans une ambiance toutefois bon enfant. Tous les vendredis soir, Ladies night avec boissons offertes jusque 1h. De bons groupes de musique latine viennent ici chaque soir nous prodiguer une musique cool, dans un cadre végétal et confortable tout à fait caliente.

CAFÉ AMÉRICAIN

Leidseplein 28
✆ +31 20 556 30 10
www.cafeamericain.nl
Ouvert tous les jours de 7h à 23h.

Situé au rez-de-chaussée de l'Hotel Américain devenu Hard Rock Hotel Amsterdam, juste derrière Leidseplein, cet illustre établissement a ouvert ses portes en 1902 et a été récemment remis à neuf. Avec ses vitraux diffusant une lumière dorée, ses fresques kitsch et ses lustres Tiffany, il offre un très authentique cadre Art déco, le tout dans un design actuel aux notes vintage. La carte propose des plats de brasserie où se côtoient bavette et croque-monsieur. Nous vous conseillons la soirée « huîtres et champagne » du vendredi avec son concert jazz.

CAFÉ DE KOE

Marnixstraat 381
✆ +31 20 625 44 82
www.cafedekoe.nl
Ouvert du dimanche au jeudi de 16h à 1h, jusque 3h le vendredi et samedi. Plat à partir de 15 €.

Ce café-bar est très populaire auprès des étudiants, mais pas qu'eux ! À proximité de la Leidseplein, il comprend un bar qui sert une cuisine rapide plutôt bonne et accueille le week-end des groupes de musique ainsi qu'un restaurant qui propose des plats chauds à prix réduits. Un endroit agréable et accueillant que nous recommandons chaleureusement. Alors que de nombreuses enseignes du quartier ferment pour être remplacées par des adresses trendy qui finissent par toutes se ressembler, de Koe (vache en néerlandais) fait de la résistance !

CAFÉ GOLLEM

Overtoom 160-161
✆ + 31 20 330 28 90
www.cafegollem.nl
Du mercredi au vendredi dès 13h, week-end dès 12h.

Depuis de nombreuses années, Gollem est un nom établi quand il s'agit de savourer de bonnes bières dans un cadre agréable. Cette enseigne moins historique que d'autres certes, propose toutefois un incroyable assortiment de bières en bouteilles mais aussi un grand choix de pressions ! Le mieux consiste à se faire conseiller par des spécialistes qui sauront vous guider dans ce paradis pour amateurs de bières. Comme l'endroit est populaire, c'est l'idéal pour commencer une soirée. Bonne ambiance plutôt bruyante surtout après quelques verres !

DE KOPSTOOTBAR

Marnixstraat 429
✆ +31 205237799
Ouvert du lundi au jeudi de 17h à 1h, vendredi et samedi jusqu'à 3h.

Ce sympathique bar anime le centre d'Amsterdam, à deux pas de Leidseplein de ses théâtres et salles de concert. L'ambiance est bon enfant et attire une foule mêlée de locaux et touristes jeunes et moins jeunes. Une carte concise de nourriture est proposée (actuellement pizza et antipasti) et la carte des boissons met à l'honneur des bières locales (notamment de la brasserie Œdipus) qu'il conviendra d'agrémenter d'un genièvre, association qui a donné son nom au bar (koopstoot). Il convient de commencer par le petit verre de genièvre, cul sec. *Proost !*

EIJLDERS

Korte Leidsedwarsstraat 47
✆ +31 20 624 27 04
Ouvert du lundi au jeudi de 16h30 à 1h, le vendredi et le samedi de 12h à 2h, dimanche de midi à minuit.

Le café Eijlders, juste au coin du Leidseplein, ouvrit en 1940 en pleine occupation allemande et devint un lieu de résistance fréquenté par des artistes. Ce café brun ne semble pas avoir changé et la faune littéraire et artistique de la ville en fait toujours son repaire. Une oasis de paix au sein de ce quartier très animé. Des expos ainsi que des après-midi de poésie sont régulièrement organisés. Il est amusant d'observer, le soir, le cirque de la population tendance de la ville qui essaie de rentrer au Jimmy Woo, la disco *fashion* et de référence du coin.

UNCOMMON

Huygensstraat 63H
www.uncommonams.com
Ouvert du lundi au vendredi de 8h à 17h, le week-end de 9h à 18h

À quelques pas du Rijksmuseum et du musée Van Gogh, ce café est l'endroit idéal pour se poser avant une plongée dans les musées de la ville. Uncommon vous accueille dans une ambiance sobre et chaleureuse. Ce café propose des petits déjeuners délicieux avec des granolas maison, des açaï bowls ou tartines salées avec topping à personnaliser. Chacune de ces options pouvant être déclinées en version vegan. Si la qualité est indéniable, la note peut être un petit peu salée. L'endroit n'étant pas grand, quand il fait soleil, la terrasse se remplit à vitesse grand V.

KIOSK REMBRANDT VAN GOGH

Museumplein
Ouvert toute l'année (oui !) de 7h30 à 19h au printemps et durant l'été, de 9h à 17h en automne et hiver.

Il s'agit d'un bar à espresso en plein air, idéalement situé sur le Museumplein. On y savoure d'excellents cafés et gaufres mais aussi des muffins. Les touristes, mais aussi les locaux, y passent du bon temps dès les premiers rayons de soleil. Sous le soleil, un bon plan pour un petit déjeuner en plein air avant d'entamer les visites culturelles ou du shopping dans le quartier sud de la ville. Cette adresse peut à première vue sembler trop touristique mais est en fait de qualité constante. Ce n'est pas un top culinaire non plus n'exagérons rien !

VONDELPARK 3

Vondelpark 3
✆ +31 20 639 25 89
www.vondelpark3.nl
Ouvert tous les jours de 10h à 18h.

Le pavillon du Vondelpark (où se trouvait jadis le musée du Cinéma) abrite Vondelpark 3, un café-restaurant à la fois *trendy* et culturel. Le pavillon du Vondelpark accueille en effet divers studios de télé et radio, ce qui draine un public culturo-hipster. Le cadre design alliant bois, marbre et design scandinave a su rester chaleureux. Vondelpark 3 se targue d'avoir la seule terrasse avec service du parc. Le lieu propose des plats de brasserie mais on préfère y venir pour un *borrel* de fin d'après-midi ou d'après-repas tout en grignotant de la *finger food*.

DE ENGELBEWAARDER

Kloveniersburgwal 59
✆ +31 20 625 37 72
www.cafe-de-engelbewaarder.nl
Ouvert tous les jours de 12h à 1h, le week-end jusqu'à 2h. Attention aux horaires de la cuisine.

Entre le Nieuwmarkt et l'Amstel, ce café brun classique, particulièrement animé, mérite son appellation de café littéraire. On y boit et on y parle beaucoup, et en particulier de politique dès que des Français s'en mêlent… Un très bon endroit pour apprécier ce qu'est la démocratie hollandaise au quotidien. La cuisine internationale que l'on sert ici n'a rien de très spécial, alors il vaut mieux venir pour y prendre une ou plusieurs bières avec leur large choix de pressions, ou pour les jam sessions de jazz les dimanches entre 16h30 et 19h.

IN DE WAAG

Nieuwmarkt 4
✆ +31 20 422 77 72
www.indewaag.nl
Ouvert tous les jours de 9h à 22h30.

Voici un lieu chargé d'histoire… Tout en étant d'un grand dépouillement, ce grand café nous plonge dans une atmosphère presque médiévale par la faible luminosité que dispensent quelques lustres de fer forgé suspendus au-dessus de longues tables d'hôtes et ses mezzanines en bois. Il abrite également la Society for old and new media, une association en liaison avec de nombreuses institutions, qui travaille au développement et à la diffusion du multimédia par le biais de conférences ou d'expositions ainsi que d'un site Internet.

PUCCINI

Staalstraat 21
✆ +31 20 620 84 58
www.puccini.nl
Cuisine ouverte de 8h30 à 17h du lundi au vendredi et le week-end de 9h à 18h. Environ 20 € le déjeuner.

Certainement les sandwichs les meilleurs de la ville avec ceux de Small World dans le Jordaan ! L'ambiance est très chaleureuse et vous donnera l'impression de vous trouver dans un salon. Il fait bon s'asseoir sur le canapé très apprécié ou lorgner par la vitrine et observer ce ballet de cyclistes et touristes en dégustant un savoureux dessert. Les *broodjes* sont vraiment délicieux ! Adresse idéalement située à deux pas du quartier juif et avec la statue de Spinoza située pas très loin. Puccini fait l'unanimité depuis des années déjà !

T-LOOSJE

Nieuwmarkt 32-34
✆ +31 20 627 26 35
www.loosje.nl
Ouvert en semaine jusqu'à 1h, le week-end jusqu'à 3h. Compter 6 € pour un bagel, 8 € le sandwich.

Idéalement situé sur une des plus belles places d'Amsterdam, ce superbe café brun est devenu une référence de la faune amstellodamoise jeune et branchée. On y boit (beaucoup) sur fond de bonne musique. Mais on sait aussi y être sage : on peut bien entendu y prendre son petit déjeuner, y déjeuner ou y bruncher (hamburgers, bagels, wraps…) en profitant du lever de soleil sur la terrasse plein est. Excellent choix de cafés et de vins ! Et lorsqu'il fait plus froid en hiver, pas besoin de vous réfugier à l'intérieur, la terrasse est chauffée.

TISFRIS

Sint Antoniesbreestraat 142
✆ +31 20 622 04 72
www.tisfris.nl
Ouvert du dimanche au mercredi de 9h à 19h. Du jeudi au samedi de 9h à 20h. Menu avec votre place d'opéra à 25 €.

« Tisfris » signifie « c'est frais ». Sympathique café, idéal par beau temps en sortant de la maison de Rembrandt. Les sandwichs et salades sont nourrissants, frais et *healthy* et le service jeune et dans le coup. L'établissement sert de délicieux jus et smoothies pressés qui nous font de l'œil lorsqu'il fait chaud, en plus des bières. A noter, la plupart des ingrédients sont d'origine biologique. C'est une adresse idéale pour faire une pause saine. Petit détail ennuyeux, il faut payer à la commande en été. La rançon du succès ?

BROUWERIJ HET IJ

Funenkade 7
✆ +31 20 622 83 25
www.brouwerijhetij.nl
Ouvert entre 14h et 20h tous les jours.

Les brasseries locales poussent comme des champignons à Amsterdam ces dernières années mais cet établissement peut se targuer d'avoir été le premier dans ce concept ! C'est dans un cadre idyllique que l'on déguste les bières de cette microbrasserie située à l'est de la ville, après une belle promenade à vélo. Si l'adresse est connue des circuits touristiques, elle est un classique des habitants et son ambiance est donc toujours authentique. Un moulin, une terrasse, de bonnes bières, le paradis sur terre ? Attention l'endroit ferme tôt.

CANVAS OP DE 7E

Wibautstraat 150
✆ +31 20 261 21 00
www.volkshotel.nl/nl/canvas
7j/7 7h-1h, cuisine de 12h à 22h30. Le club ouvre le vendredi et samedi de 23h à 4h. Entrée payante pour tous.

Également connu sous le nom Club Canvas, c'est l'une des 2 discothèques du Volkshotel qui offre une superbe vue sur Amsterdam. Bonne programmation. A noter, le lieu fait d'abord office de restaurant et après le repas, la piste de danse fait son apparition. Cette adresse est symbolique du renouveau du quartier est de la ville. Située sur une rue qui fut longtemps peu inspirée et peu attirante pour les touristes et locaux, elle signe la montée en puissance de cette portion de rue désormais un classique de la ville. L'endroit offre une belle vue sur la ville.

CAFÉ GIJS DE ROOY

Javastraat 1
✆ +31 20 694 23 53
www.cafegijsderooy.nl
Ouvert du mardi au jeudi de 14h à 1h, le vendredi et samedi jusque 3h, dimanche jusqu'à minuit.

Au cœur du quartier est de la ville, en plein renouveau actuellement et à deux pas du très animé et local Dappermarkt, nous trouvons ce très joli café traditionnel à l'angle de la Javastraat. C'est un quartier général du coin où se retrouve un public mélangé. Une adresse idéale pour voir un match de foot ou faire un billard. Certains disent que cet endroit est l'un des rares lieux authentiques encore présents dans la capitale depuis une gentrification à outrance. Le café propose des plats authentiques néerlandais à savourer de préférence avec une bonne bière.

HANNEKES BOOM

Dijksgracht 4
✆ +31 20 419 98 20
www.hannekesboom.nl
Ouvert du mardi au jeudi 11h-1h, vendredi 11h-3h, samedi 10h-3h et dimanche 10h-1h. Plats autour de 12 €.

Depuis son inauguration il y a quelques années, Hannekes boom est devenu un incontournable de la ville. C'est un endroit de rencontre, un bar restaurant et une plateforme culturelle située à un bel endroit, semblant flotter sur l'eau en face du musée Nemo. On y vient plus pour le cadre que pour la nourriture finalement très moyenne. Le cadre est unique et vraiment idyllique et vous aurez du mal à repartir. L'endroit propose un programme culturel varié qui célèbre la *Gezelligheid* néerlandaise. Le menu met à l'honneur des plats locaux et simples.

CAFÉ JOOST

Molukkenstraat 33
✆ +31 643748787
Ouvert du lundi au jeudi de 15h à 1h, le vendredi de 15 à 3h, le samedi de 14h à 3h et le dimanche de 14h à 1h.

Joost c'est LE bar de quartier typique. À l'est d'Amsterdam, proche du quartier indien, ce bar est fréquenté à 99 % par les locaux, le rêve pour une plongée dans les nuits amstellodamoises. Ici, on ne vous sert que des bières locales, les gens viennent pour se retrouver, jouer à des jeux comme les fléchettes ou des jeux de plateau. L'ambiance est très amicale et vous pouvez être sûr de vous faire des connaissances à proximité du zinc. Même si les bières locales tiennent le haut du pavé, une belle sélection de gins et de cocktails complète l'offre.

SCHARREBIER

Rapenburgplein 1
✆ +31 20 624 81 01
www.scharrebier.nl
Ouvert du mardi au samedi de 11h à minuit, dimanche et lundi de 13h à 20h.

Cet établissement proche du zoo d'Amsterdam (Artis) et du musée de la Marine se targue d'être le salon du quartier. En y entrant on comprend pourquoi, le cadre ressemble aux maisons d'autefois et sa décoration ne semble pas avoir changé depuis des années, peut-être même des siècles. Bougies sur les tables en bois vieilli, journaux disponibles et clientèle locale accueillante. Scharrebier est à la fois local de dégustation et café. On y vient pour humer l'air du temps et siroter petite bière et refaire le monde, le tout en discutant de la pluie et du beau temps...

AUBERGE JEAN ET MARIE

Albert Cuypstraat 58-60 ✆ +31 20 845 20 05
www.aubergeamsterdam.nl
Du jeudi au dimanche déjeuner servi de 12h à 14h30, dîner entre 17h30 et 19h30. Menu 3 plats à 44 €.

Avis aux voyageurs souffrant du dépaysement… Jean et Marie ont ouvert en 2016 ce restaurant français qui fait également office de bar à vin, avec une liste de plus de 200 variétés de ces breuvages enivrants, dont 70 vendus au verre. On y trouve des vins européens, à siroter dans l'après-midi, début de soirée ou accompagnés d'un repas gourmet. La cave est équipée d'un système automatique de contrôle de la température, et est exposée dans le restaurant, rajoutant ainsi une touche de chic à l'atmosphère chaleureuse. Très bien situé dans le quartier bohème du Pijp.

TAART VAN M'N TANTE

Ferdinand Bolstraat 10
✆ +31 20 776 46 00
www.detaart.com
Ouvert du mercredi au dimanche.

Dans un décor de maison de Barbie sous acide, la Tarte de ma Tante (traduction) propose un choix presque illimité de gâteaux (tendance crémeuse, colorée et lourde) dont certains sont véritablement hallucinants. Pour une pause sucrée amusante et photogénique, sans plus. Cette adresse est un classique du quartier de Pijp à deux pas du réputé marché Albert Cuyp. Faites-y un tour et des photos pour une overdose de couleurs, de décoration assez incroyable et de sucre. Pour éliminer après, faites une grande promenade dans le quartier !

BAKKEN MET PASSIE

Albert Cuypstraat 53
✆ +31 20 670 13 76
www.bakkenmetpassie.nl
Ouvert du mardi au samedi de 7h30 à 18h. Entre 4 € et 7 €.

Excellente boulangerie-pâtisserie où l'on peut également déguster sur place de délicieux sandwichs, des salades et des soupes. L'attraction est la grande vitre donnant sur la cuisine où les boulangers s'affairent. Une adresse réputée pour son petit déjeuner. On y retrouve quelques spécialités qui rappellent nos chères pâtisseries françaises dont une excellente tarte au citron, concoctées par le chef Simon Meijssen. Leur pain est véritablement à tomber. Une adresse qui n'a rien à envier à celles chez nous.

THE BUTCHER

Albert Cuypstraat 129
✆ +31 20 470 78 75
https://the-butcher.com/
Ouvert du dimanche au jeudi de midi à 23h, vendredi et samedi de 12h à minuit. Réservation recommandée.

Adresse où l'on mange les meilleurs burgers de la ville (avec du bœuf Aberdeen Angus, entre autres...) depuis 2012, au cœur du plus grand marché d'Amsterdam. Certes, il s'agit peut-être d'un restaurant à première vue, mais nous ne venons pas ici (seulement) pour cela. En effet au fond de la salle se cache un bar exclusif, où on accède en sonnant et en donnant le mot de passe communiqué lors de la réservation. Vous pouvez effectuer votre réservation sur leur site Internet. Nous n'en dirons pas plus... Soirée agréable assurée !

DE PILSVOGEL

Gerard Douplein 14
✆ +31 20 664 64 83
www.pilsvogel.nl
Ouvert du dimanche au jeudi de 9h30 à 1h, vendredi et samedi de 9h30 à 3h.

Pilsvogel fait partie des monuments de l'hotellerie de la ville, un classique en quelque sorte même s'il ne s'agit pas d'un café brun. La décoration est inspirée de Gaudi et les toilettes sont d'ailleurs bien connues à ce titre. Pilsvogel se situe à deux pas de la brasserie Heineken et du marché Albert Cuyp, il attire un public mélangé. L'adresse est réputée pour ses tapas et pour son déjeuner qui ne vous ruinera pas. Le plat star est le poulet sauce cacahouète. Belle adresse de référence du quartier où l'on vient entre amis jusqu'au bout de la nuit !

PASSEPORT

[SE] FAIRE PLAISIR

À Amsterdam, ce sont les petites boutiques typiques qui valent le détour. Les grandes rues shopping à ne pas manquer sont la Kalverstraat et la Leidsestraat. La première est la rue piétonne avec magasins de vêtements jeunes et branchés, boutiques de déco et d'accessoires. La Leidsestraat est aussi jeune et branchée, mais avec des prix un peu plus élevés. Pour les visiteurs curieux et au porte-monnaie bien garni, une visite de la P.C. Hooftstraat s'impose. Le quartier des 9 Straatjes contient de superbes boutiques variées même si ces dernières années, les loyers élevés ont attiré les grandes marques. Les Amstellodamois sont fanas des soldes qui ne sont pas régulées donc vous pourrez faire de bonnes affaires toute l'année. Les grands magasins ne sont pas légion aux Pays-Bas et seul le Bijenkorf vaut le détour. Les boutiques ont un décor soigné qu'il faudra immortaliser. En effet, les marchands ont ici le goût du style.

PRATIQUE

(SE) FAIRE PLAISIR

HORAIRES

Habituellement les commerces ouvrent tous les jours de 9h à 18h. Certains n'ouvrent qu'à midi le lundi. La nocturne shopping est le jeudi soir jusqu'à 21h.

BUDGET / BONS PLANS

En général, les prix sont équivalents aux prix français. Amsterdam est une ville où la fripe est reine et nous vous conseillons de visiter les nombreuses adresses de seconde main. Le marché du Noordermarkt, qui célèbre la fripe le lundi, est un must. Comme la grande fête est Saint-Nicolas le 5 décembre, les prix cassés sont souvent appliqués dès le lendemain, ce qui est une bonne aubaine pour le shopping de Noël !

SOLDES

À Amsterdam, ce sont les soldes toute l'année ou presque, offres spéciales, prix cassés, etc. Le Black Friday se répand de plus en plus ici également.

C'EST TRÈS LOCAL

Les cadeaux typiques ont l'avantage d'être réellement utilisables. Rien de mieux pour travailler dans les champs et dans votre jardin que de vrais sabots ! Sur le marché aux fleurs du Singel, vous vous fournirez en bulbes et oignons. Autre souvenir sympa : les aimants en forme de sabots ou de tulipes qui sont vendus un peu partout. La faïence de Delft est inévitable mais coûteuse. Parmi les spécialités gastronomiques du pays, pensons aux chocolats (et aux copeaux de chocolat à mettre sur les tartines, hagelslag), aux fromages, notamment l'edam et le gouda. Pour les fans de foot, l'Ajax propose un grand choix d'articles.

LES ATTRAPE-TOURISTES

Toutes les boutiques uniquement consacrées aux souvenirs célèbrent plus souvent le plastique et le *made in China* de qualité médiocre que l'authenticité néerlandaise. Il vaut mieux les éviter et passer à l'office de tourisme de Centraal Station qui dispose d'une superbe boutique d'objets locaux typiques.

LES PHRASES CLÉS

Bonjour, c'est superbe, mais combien ça coûte ?
Hallo, het is schitterend, maar hoeveel kost het?

Vous auriez ma taille ? Où se trouvent les cabines d'essayage ?
Heeft u misschien mijn maat? Waar zijn de pashokjes?

Est ce que je pourrai vous le rapporter et l'échanger si ça ne va pas ?
Kan ik het terugbrengen en ruilen als het niet goed is?

J'ai trop dépensé aujourd'hui, pouvez-vous me faire une réduction sympa ?
Ik heb vandaag te veel uitgegeven, kunt u me een mooie korting geven?

Je prendrai celui-ci. Pouvez-vous me faire un paquet cadeau ?
Ik neem deze. Kunt u het als cadeau inpakken?

Vous prenez la carte de crédit ? Où puis-je trouver un distributeur de billets ?
Accepteert u creditcards? Waar kan ik een geldautomaat vinden?

CONCRETE MATTER

Gasthuismolensteeg 12
✆ +31 20 261 09 33
www.concrete-matter.com
Ouvert le lundi de 13h à 18h, du mardi au vendredi de 11h à 18h, samedi de 10h à 17h et le dimanche de 12h à 18h.

Depuis 2014, Amsterdam s'est enrichie d'une adresse devenue indispensable, un magasin fait par des hommes, pour des hommes, mais où les femmes ont le droit d'entrer ! Ici est exposé un choix pléthorique d'objets vintage, de vieilles cartes, de gadgets aussi jolis que parfois improbables, mais indispensables : (haches, globes terrestres, couteaux). Nous avons particulièrement craqué pour les objets de taxidermie, il faut entendre les explications passionnées de Jacob. Concrete Matter est plus qu'un magasin, c'est une expérience.

FROZEN FOUNTAIN

Prinsengracht 645
✆ +31 20 622 93 75
www.frozenfountain.nl
Ouvert le lundi de 13h à 18h. Du mardi au samedi de 10h à 18h. Dimanche de 12h à 17h.

Le « must » de la création hollandaise réuni dans un immense magasin véritable caverne d'Ali Baba. Des meubles, des accessoires et autres objets de décoration au design très original, voire excentrique. Mais la créativité des artistes de tout poil demeure sans bornes... Les prix également, même si vous trouverez du chocolat et des savons qui ne vous ruineront pas. Le fondateur de cet endroit magique est décédé tragiquement récemment et espérons que l'établissement saura poursuivre sur sa lancée. Nous l'espérons de tout coeur !

DAM SQUARE SOUVENIRS

Dam 17
✆ +31 20 620 34 32
www.dutchsouvenirs.com
Ouvert tous les jours de 9h à 22h.

Une boutique traditionnelle de souvenirs. Spécialiste du sabot neuf et d'occasion, avec toutes sortes de décorations. Vous trouverez également des céramiques, des T-shirts divers, cartes postales... Bref, tous les souvenirs possibles et imaginables ! Sur la place du Dam, donc l'hypercentre de la ville sur la place symbole de la ville où se situe le palais royale ainsi que d'autres belles boutiques, avec en face le fameux monument aux morts où le roi dépose tous les 4 mai une gerbe. Un endroit stratégique pour vos achats de souvenirs.

DE KINDERFEESTWINKEL

Gerard Doustraat 65
✆ +31 20 672 22 15
www.kinderfeestwinkel.nl
Ouvert du lundi au vendredi de 10h à 18h, le samedi de 10h à 17h.

Ce magasin aura la capacité de nous replonger en enfance. On y trouve en effet tous les accessoires pour organiser des anniversaires d'enfants inoubliables. Super-héros, pirates, princesses ou autres monstres gentils, ballons, pailles serviettes, surprises diverses sont bien présents. Les couleurs sont tout simplement incroyables et il sera difficile de ne pas craquer pour au moins quelques accessoires. Le décor est vraiment craquant et il vous faudra l'immortaliser. Coup de cœur personnel pour le rayon licorne et arc-en-ciel.

DUIKELMAN

Ferdinand Bolstraat 68-68a
✆ +31 20 671 22 30
www.duikelman.nl
Ouvert du lundi au vendredi de 9h30 à 18h, le samedi jusqu'à 17h.

Dans la lignée de la déferlante culinaire qui semble avoir touché le monde entier, les Amstellodamois ont pris goût à la cuisine. De l'émission télé MasterChef Pays-Bas porté par le Chef français Alain Caron, il est devenu nécessaire de s'équiper. Et pour ce faire, ils s'approvisionnent chez Duikelman en accessoires divers pour réussir toutes les recette possibles. Le choix (en cafetières, casseroles, ustensiles) semble infini et les conseils sont précis et excellents. Un incontournable de la capitale pour tous les amateurs de cuisine.

LIL' AMSTERDAM

Amstelpasssage (galerie située côté est de la gare centrale)
lilamsterdam.nl
Magasins ouvert du lundi au jeudi de 11h à 20h et du jeudi au dimanche de 11h à 22h.

Cette galerie ouverte en 2017 célèbre Amsterdam, l'art et la culture. Nichée au cœur de la gare centrale, c'est un régal pour les yeux. Les magasins changent régulièrement et tous proposent le meilleur du design, de la mode et de la création *made in* Batavie. Une belle expérience et un endroit à visiter à votre arrivée ou alors juste avant de reprendre le Thalys ! Véritable *hub* créatif, c'est un lieu promis à un avenir radieux et qui sait se renouveler régulièrement, en phase avec les événements du moment et les saisons. Un crochet s'impose.

MAISON NL

Utrechtsestraat 118
✆ +31 20 428 5183
www.maisonnl.com
Ouvert le lundi de 13h à 18h, du mardi au samedi de 10h30 à 18h et le dimanche de 13h à 17h.

Le nom de cette enseigne est trompeur car on n'y vend pas uniquement des produits *made in NL* mais de tous les coins du monde, les articles ayant tous un dénominateur commun : ils plaisent à Jonett, la maîtresse des lieux. Foulards, lingerie, produits pour le corps mais aussi et surtout articles de déco, Maison NL est une adresse en or pour (se) faire plaisir. A noter la boutique est également présente sur le Net ; si jamais vous avez des regrets après votre séjour à Amsterdam vous pourrez vous rattraper en y faisant vos emplettes.

LA SAVONNERIE

Prinsengracht 294
✆ +31 20 428 11 39
www.savonnerie.nl
Ouvert du lundi au samedi de 11h à 18h.

Ce magasin vend des savons de toutes les formes, de toutes les tailles et dans toutes les senteurs possibles et imaginables ainsi que des petits accessoires amusants pour la salle de bains. On peut acheter des savons gravés de lettres pour écrire des messages originaux (« just married », etc.) qui font ainsi des cadeaux sympas et peu onéreux ! Superbes trousses de toilettes et accessoires divers notamment des peluches très chouettes et même des bonnets de bain qui ont de la gueule. Adresse idéalement située à l'angle avec Elandsgracht.

P.G.C. HAJENIUS

Rokin 92-96 ✆ +31 20 623 74 94
www.hajenius.com
Ouvert le lundi à partir de 12h jusqu'à 18h. Du mardi au samedi de 9h30 à 18h. Le dimanche de 12h à 17h.

Le temple du tabac ! Depuis plus de cent soixante-dix ans, cette prestigieuse maison fournit aux amateurs ses cigares aromatisés. Elle pourvoit également à des besoins plus populaires, de la cigarette américaine au tabac à pipe local. Cependant, les pipes et les accessoires y sont un peu chers. Mais que vous soyez fumeurs ou non, un détour s'impose par ce magasin aux boiseries sombres et au décor de style Art Déco. Un endroit superbe et certainement en perte de vitesse tant il est compliqué (et heureusement) de fumer le cigare désormais.

SUKHA

Haarlemmerstraat 110
✆ +31 20 330 40 01
www.sukha-amsterdam.nl
Ouvert le lundi de 11h à 18h, du mardi au vendredi de 10h à 18h, le samedi de 10h à 17h et le dimanche de 12h à 17h.

Ce magasin marque d'abord par son bel espace superbement utilisé avec des éléments de déco zen et raffiné. Suhka signifie joie de vivre et c'est vraiment cela qui se dégage de cette boutique qui propose des vêtements aussi beaux que confortables, des objets de déco absolument irrésistibles et des bijoux et produits cosméto. Une adresse dans l'air du temps où l'on achète des pièces de caractères pour son intérieur ou sa garde-robe. Il vous sera difficile de ne pas craquer tant l'ensemble est superbement mis en scène également.

RIJKSMUSEUM SHOP

Museumstraat 1
www.rijksmuseumshop.nl
Tous les jours de 9h à 17h.

Les Néerlandais ont l'esprit commerçant et un grand goût pour la décoration. Une visite à la fabuleuse boutique du Rijksmuseum pour le prouvera si cela est nécessaire. Ici on retrouve bien entendu les posters reproduisant les grandes œuvres qui font la renommée mondiale du musée ainsi que beaucoup de livres d'art. Mais c'est plutôt pour les articles de déco et la vaisselle que l'on craque. Bougies, lampes, couverts... Sans oublier les articles de cosmétique en coopération avec Rituals... Vous ne pourrez pas en sortir les mains vides.

THE MAKER STORE

Hannie Dankbaarpassage 39
✆ +31 20 261 76 67
www.themakerstore.nl
Ouvert le lundi de 12h à 17h, du mardi au vendredi de 12h à 19h, le samedi de 11h à 19h et le dimanche de 12h à 19h.

Au cœur du centre De Hallen, les anciennes halles de l'ouest d'Amsterdam, cette boutique présente et vend uniquement des produits provenant d'Amsterdam et des environs. L'ambiance, entre atelier et boutique, est très agréable. Les produits proposés sont variés : livres, cosméto, articles de mode et de décoration… ou des cadeaux plus originaux comme des kits de fabrication de bière ou des kits pour faire pousser vos champignons. Impossible de repartir les mains vides. Quelques livres sur Amsterdam et les environs que nous aimons beaucoup.

ALBERT CUYPMARKT - MARCHÉ ALBERT CUYP

Albert Cuypstraat
www.albertcuypmarkt.nl
Ouvert du lundi au samedi de 9h à 17h.

Depuis 1905, c'est le plus célèbre marché de la ville. Une multitude de boutiques et de stands en tout genre fera votre bonheur et même plus. Du tee-shirt aux fruits en passant par les fleurs et la brocante. Mais souvenez-vous qu'ici, on ne se sert pas soi-même, au risque, sinon, de se faire injurier par des vendeurs parfois un peu nerveux. La rue évolue rapidement et comprend désormais aussi des restaurants et cafés qui valent vraiment le détour.

CORA DELICATESSEN & BROODJES

Prinsengracht 705a
✆ +31 20 778 68 89
www.cora-broodjes.nl
Ouvert du lundi au samedi de 10h à 17h, le dimanche de 11h à 16h. Environ 7 € le sandwich.

Une épicerie fine qui fait un tabac sur le Prinsengracht. On y vient pour commander quelques délicatesses venues d'Italie et d'ailleurs. Un traiteur haut de gamme qui ne paie a priori pas de mine. L'adresse fait les sandwiches sous vos yeux gage d'une fraîcheur inégalée. Pourquoi ne pas commander un petit sandwich et le savourer sur les canaux voisins ? Cela serait l'option parfaite par une belle journée d'été. Sinon quelques sièges sont à votre disposition devant.

DAPPERMARKT

Dapperstraat
www.dappermarkt.nl
Ouvert du lundi au samedi de 10h à 16h30.

De nombreux immigrants d'Afrique du Nord et du Moyen-Orient tiennent boutique dans ce marché ouvert à tout commerce et, probablement, l'un des moins chers de la ville. Si vous habitez près du fameux Arena, c'est le marché qu'il vous faut. Situé à l'est de la ville, dans un quartier en plein renouveau, vous aurez plaisir à y faire un tour puis remonter la Javastraat et les rues adjacentes pour une découverte autrement de la ville et de ses habitants. Saviez-vous qu'Amsterdam compte 180 nationalités différentes ? Cela se ressent bien au cœur de ce marché.

DELICIOUS FOOD

Westerstraat 24
✆ +31 20 320 30 70
www.deliciousfood.nl
Ouvert du lundi au vendredi de 9h30 à 18h30 et le samedi de 9h à 18h.

Traiteur génération 2.0, Delicous Food vend des aliments à la fois bons et sains. Le cadre, fait de bois blond et de grands pots transparents invite à l'introspection. Noix, pains, tapenades mais aussi fruits et légumes, on y trouve vraiment tout mais cette qualité a malheureusement un prix... élevé. Bonne adresse pour les produits sans gluten. Adresse où il faut passer pour un shopping responsable après ou avant une escapade au Noordermarkt. Les produits en vrac sont variés et nous aimons beaucoup. Par contre encore pas mal de plastique par ailleurs.

JACOB HOOY EN CIE

Kloveniersburgwal 10-12
✆ +31 20 624 30 41
www.jacobhooy.nl
Ouvert le lundi de 13h à 18h, du mardi au vendredi de 10h à 18h et le samedi de 10h à 17h.

Sur Nieuwmarkt, une institution d'Amsterdam. Depuis 1743, cette herboristerie familiale vend herbes et épices de toutes origines. 600 variétés différentes – pour les apprentis cuistots qui aiment agrémenter leurs petits plats de saveurs inattendues. Il convient d'y faire un tour et de se prendre pour un personnage du Siècle d'or qui vient chercher ses remèdes et ses crèmes. Superbe ambiance historique dans un quartier qui l'est également. Idéal avant de se plonger dans les délices étranges du quartier rouge juste à quelques pas...

DE KAASKAMER VAN AMSTERDAM

Runstraat 7 ✆ +31 20 623 34 83
www.kaaskamer.nl
Le lundi de midi à 18h, du mardi au vendredi de 9h à 18h, le samedi de 9h à 17h et le dimanche de midi à 17h.

On vend du fromage depuis de longues années avant toutes ces boutiques très léchées. Oui, ici, c'est l'authenticité d'abord et en plus de son service irréprochable et de son assortiment impressionnant, la boutique pourra emballer sous vide tous vos fromages ce qui permettra de les conserver plus de deux mois sans problème. On peut y goûter une grande quantité de fromages (pas que néerlandais d'ailleurs) mais aussi commander des tapenades, des saucissons et des sandwiches ultra-frais.

L'AMUSE

Olympiaplein 111
✆ +31 20 672 76 70
lamuse.nl
Ouvert du lundi au vendredi de 10h à 19h et le samedi de 9h à 17h. Fermé le dimanche.

La fromagerie L'Amuse est une véritable institution des Pays-Bas et est depuis de nombreuses années naturellement présente à Amsterdam. C'est probablement la fromagerie la plus gourmande, la plus grande aussi… Vous y trouvez 400 références fromagères venues de France, mais aussi et surtout de l'autre pays du fromage, les Pays-Bas donc ! L'Amuse affine ses fromages et est une véritable caverne d'Ali Baba pour tous les gourmets du monde entier. L'Amuse propose également des huiles et autres produits en exclusivité. Une bien belle adresse.

MARCHÉS DU NIEUWMARKT

Nieuwmarkt
Du lundi au samedi de 9h à 16h.

Sur la place de Nieuwmarkt (« nouveau marché »), se tient, depuis le XVIIe siècle, un important marché de la ville, où vous pourrez vous approvisionner tous les matins pour éviter les supermarchés. En outre, de mai à novembre, l'endroit accueille une foire à la brocante où abondent meubles et objets de toute provenance. Le plus intéressant a cependant lieu le samedi, lorsque les producteurs locaux viennent vendre des fleurs et de la nourriture biologique. Craquez pour les stands de *stroopwafels* ou pour les jus de fruits frais…

NOORDERMARKT / BOERENMARKT

Noordermarkt
www.biologischenoordermarkt.nl
Ouvert le lundi et samedi de 9h à 16h.

Cette grande place de marché au début du Prinsengracht s'anime deux fois par semaine. Le lundi d'abord, jour des puces, un paradis pour fouineur ! Le samedi est le jour du Boerenmarkt, le marché fermier, où les petits producteurs des environs viennent vendre leurs produits bio. S'y croisent alors fermiers, bourgeois en quête de produits de qualité, anciens et nouveaux hippies qui ne sont pas toujours, avec leurs visages blêmes, la meilleure publicité pour les produits biologiques…

OLD AMSTERDAM CHEESE STORE

Damrak 62
✆ +31 62 522 89 78
www.oldamsterdamcheesestore.com
Cours de dégustation de fromage à 20 € pour 60 minutes.

Cette marque de fromage s'invite au grand public avec trois belles boutiques à Amsterdam. On y trouve bien sûr le bon vieux gouda mais aussi d'autres variantes plus originales comme le fromage au pesto et au basilic ou encore des fromages épicés ou à la tomate. L'enseigne s'ouvre également aux cours de dégustation qui ont lieu tous les jours dans la boutique Damrak à partir de 16h (pendant 1h). Vous pourrez donc déguster cinq fromages accompagnés de trois verres de vin et de fruits.

PUCCINI BOMBONI

Staalstraat 17
✆ +31 20 626 54 74
https://puccinibomboni.com
Dimanche et lundi de 11h à 19h, mardi au samedi de 9h à 19h.

Quand Ans van Soelen et sa fille Sabine ouvrent en 1987 ce premier magasin, c'est dans le but de faire de chaque bonbon une expérience unique. Pari réussi ! Depuis, cette adresse très prisée propose des chocolats ultra-sophistiqués présentés comme des bijoux et élaborés par une équipe 100 % féminine. L'odeur des cookies et des muffins est telle qu'on ne peut résister d'y entrer... Le choix est immense et vous trouverez des chocolats pour tous les goûts. Une adresse dangereuse pour qui est accro au chocolat... Le cacao est bien sûr issu de l'agriculture durable.

TEN KATEMARKT

Ten Katestraat
www.tenkatemarkt.nl
Ouvert du lundi au samedi de 9h à 18h.

Ce marché est un mélange réussi de traditions néerlandaises et de populations immigrées notamment d'Afrique du Nord et de Turquie. L'ambiance est populaire et la population authentique. Les prix sont raisonnables même si le marché s'embourgeoise légèrement comme tout le quartier. Un marché que l'on adore et que l'on préfère à Albert Cuyp devenu trop connu et trop commercial. À deux pas du centre, De Hallen fait bouger le quartier de manière spectaculaire. Si vous venez en famille, vos enfants pourront goûter des fruits plus exotiques les uns que les autres.

AJAX OFFICIAL FAN SHOP

Arena Boulevard 1-3
www.ajaxshop.nl
Ouvert du mardi au samedi de 9h30 à 17h, lundi dès 11h.

Bienvenue au paradis de tous les fans de l'Ajax ! Sur plus de 640 m², vous trouverez tous les produits dérivés officiels de votre club préféré. Une bonne idée après un match ou une visite du musée attenant au stade et à la boutique. Superbe boutique, au pied du magnifique et moderne stade de l'Ajx, dénommé Johan Cruijff, d'après la légende du ballon rond. C'est une boutique très grande et très complète où il sera difficile de ne pas craquer, en plus le parcours récent de l'équipe donne une grande énergie à la boutique ces derniers temps.

CAPSICUM

Oude Hoogstraat 1
✆ +31 20 623 10 16
www.capsicum.nl/capsicum/
Ouvert le lundi au vendredi de 10h à 18h et le samedi de 10h à 17h.

On pourrait croire que les marins hollandais se sont tous donné le mot d'approvisionner le Capsicum en étoffes exotiques rapportées de leurs lointains voyages. Une magnifique collection de tissus d'ameublement ou de confection ainsi que de superbes écharpes et étoles. Ici, la plupart des étoffes sont tissées et teintes à la main, ce qui leur donne leurs caractères si uniques. La liste des produits est longue, linge de lit, écharpes ou rideaux, vous ne saurez plus où donner de la tête tant les couleurs et les tissus sont nombreux.

CONDOMERIE

Warmoesstraat 141
✆ +31 20 627 41 74
www.condomerie.com
Ouvert du lundi au samedi de 11h à 21h, le dimanche de 13h à 18h.

La première boutique du genre à avoir été créée dans le monde. Quelle sélection ! Des capotes de toutes les formes, de toutes les couleurs et pour tous… les goûts. Et voilà comment un achat nécessaire donne lieu à un moment des plus ludiques. A noter : l'enseigne propose également divers articles d'hygiène, des lubrifiants, etc. Le plus cocasse est que la boutique ressemble à une vraie boutique de confiseries d'antan et il fait bon s'y attarder pour un cadeau inédit et utile. Adresse au centre du quartier rouge, dans une rue réaménagée.

COPPENHAGEN KRALEN

Rozengracht 54
✆ +31 20 624 36 81
www.coppenhagenbeads.nl
Ouvert le lundi de 13h à 18h, du mardi au vendredi de 10h à 18h et le samedi de 10h à 17h.

Ce magasin permettra à tout le monde de retourner en enfance et même à l'école maternelle. Souvenez-vous lorsque vous fabriquiez vos bijoux pour la fête des mères. Il s'agit ici du royaume amstellodamois de la perle de verre. Anciennes ou récentes, provenant aussi bien de Bohême que d'Indonésie, elles reposent dans des centaines de flacons éclatant de leurs mille couleurs sur les étagères de l'échoppe. Adresse établie depuis de nombreuses années au coeur du Jordaan, sur une rue où habita jadis Rembrandt. Un bel établissement.

DEMASK

Zeedijk 64
✆ +31 20 423 30 90
www.demask.com
Ouvert du mercredi au samedi à partir de 13h à 17h.

Avis aux amateurs ou aux plus curieux, le lieu dans lequel vous vous apprêtez à pénétrer est bien plus qu'une simple boutique du quartier rouge. Les articles les plus sages sont ici la minijupe et les longs gants en latex, matière prédominante dans le milieu. En jetant un œil à la lingerie et autres combinaisons (conçues sur place), vous comprenez que cela devient nettement plus *hard*. Quant à l'arrière-boutique, nous n'oserons pas vous en parler, mais nous vous invitons grandement à venir vous faire votre propre avis sur la question.

DOORDEWEEKS

Waldenlaan 204 A
www.doordeweeks.com
Ouvert le lundi de 12h à 18h, de mardi à vendredi de 10h à 18h ; samedi 10h-17h, dimanche 12h-17h.

Cette boutique a récemment pris possession de ses nouveaux bâtiments du centre commercial Oostpoort. Très agréable adresse, on peut y « shopper » de la mode (inspiration *vintage* et scandinave), des produits de beauté, le tout avant de siroter une tasse de café. La présentation des articles est très agréable et aérée ce qui les met superbement en valeur. On vient ici pour faire et se faire plaisir dans un quartier qui bouge de plus en plus avec pas mal de nouvelles adresses sympathique pour passer un bon moment dans l'est de la ville.

GASSAN DIAMONDS

Nieuwe Uilenburgerstraat 173-175
✆ +31 20 622 53 33
www.gassan.com
Tous les jours de 9h à 17h.

Une taillerie de diamants qui se visite, c'est une véritable institution de la ville (mais commerciale, ça oui !). On y vend les diamants à prix de gros, lesquels restent pourtant de gros prix (il ne faut pas rêver...). L'organisation est telle qu'on peut même vous les monter dans l'heure. Pour digérer la dépense, allez donc boire un verre à la cafétéria : là, tout y est gratuit. Les visites en français sont parfois possibles mais à demander à l'avance. Il vaut cependant mieux bien maîtriser l'anglais pour être bien accueilli.

HANS APPENZELLER

Grimburgwal 1
✆ +31 20 626 82 18
www.appenzeller.nl
Le mardi sur rendez-vous, du mercredi au samedi de 11h à 17h.

Dessinés et pensés par le designer Hans Appenzeller dans son propre atelier, des bijoux très design précieux ou fantaisie en or, argent, acier et aluminium...Une boutique soignée que l'on apprécie autant pour son décor que pour les objets qu'elle présente. On se trouve ici au coeur du quartier des théâtres, à deux pas du Dam et du quartier dans un lieu polyvalent galerie, musée, boutique. Passez-y même si ce n'est que pour y jeter un oeil ou faire votre liste de Noël ou plutôt de Saint Nicolas ici. Une étape sympa et inspirante lors d'une promenade.

HESTER VAN EEGHEN

Hartenstraat 37
✆ +31 20 626 92 11
www.hestervaneeghen.com
Ouvert du mardi au samedi de 11h à 18h. Lundi de 13h à 18h.

Les fanas de chaussures et d'accessoires pas comme les autres seront comblés, ici les couleurs, les formes, les détails sont formidables et donnent une impression de sur mesure. La créatrice, Hester donc, a travaillé avec de grands noms de la mode et de l'accessoire et gâte depuis plus de 30 ans les Amstellodamoises de son talent et sa créativité. La qualité est excellente, mais c'est surtout l'originalité, les formes et les couleurs qui font la réputation de l'adresse ! La créatrice est décédée en 2021, mais sa marque est toujours bien là.

HOLLAND&BARRETT

Leidsestraat 54
✆ +31 20 625 89 10
www.hollandandbarrett.nl
Lundi 11h-19h, mardi, mercredi, vendredi et samedi de 10h-19h, le jeudi de 10h à 21h et le dimanche 12h-18h.

La beauté et le bien-être par la nature ! On dit souvent que les Hollandais et Hollandaises sont de belles plantes et nous savons maintenant dans quels jardins ils puisent leur beauté ! Ici, tous les produits vendus sont naturels, des sels de mer pour l'exfoliation, des algues pour le bain, du thé qui fait du bien et également des petits plaisirs avec des réglisses et de petits bonbons car quelqu'un qui se prive trop ne resplendira jamais totalement ! Une adresse de choix où vous trouverez aussi de nombreux petits cadeaux à rapporter !

JUTKA & RISKA

Bilderdijkstraat 194
✆ +31 20 618 80 21
www.jutkaenriska.com
Ouvert du lundi au samedi de 10h à 18h.

Jutka et Riska sont deux sœurs néerlandaises qui ont pour passion la mode. Leur magasin, à quelques minutes du quartier du Jordaan, est une véritable perle où l'on trouve des vêtements vintage de qualité (de grandes marques mais aussi des petits labels intéressants), les accessoires ne sont pas en reste et les produits de la marque maison sont superbes. Il sera vraiment difficile de repartir les mains vides. Ne pas oublier de consulter le blog pour s'inspirer ainsi que le Webshop pour craquer à votre retour et acheter ce que vous avez oublié...

LAURA DOLS

Wolvenstraat 7
✆ +31 20 624 90 66
www.lauradols.com
Le lundi, mardi, mercredi et samedi de 11h à 18h (19h le jeudi et vendredi), le dimanche de 12h à 18h.

Le magasin pour les nostalgiques des années 1950 ou les accros des mariages ou autres cérémonies qui cherchent désespérément à se faire remarquer en s'habillant *glitter*. Une belle adresse où vous trouverez forcément quelque chose. Laura Dols était dans la tendance vintage bien avant que cela soit une tendance. C'est une véritable caverne d'ali baba où vous aurez plaisir à fouiner. Il y a pas mal d'articles aussi pour les enfants. C'est super de voir que la mode est un éternel recommencement... La qualité des vêtement est bonne.

LENA THE FASHION LIBRARY

Westerstraat 174H
✆ +31 207891781
www.lena-library.com
Lundi, mercredi, jeudi, vendredi de 12h-18h30, samedi de 11h à 17h. Fermé le mardi et le dimanche.

Lena est la première bibliothèque de vêtements de la capitale et c'est l'adresse idéale pour emprunter la tenue de vos rêves. La plupart des vêtements sont toutefois à vendre. Bel espace dans un ancien garage. Cette adresse est pile poil dans la tendance de lutte contre la *fast fashion* et la préservation de l'environnement. Saviez-vous l'industrie de la mode est la seconde industrie la plus polluante ? Lena est donc une adresse utile et nécessaire qui interpelle nos consciences et nos modes de consommation. A voir pour plein de raisons.

LS LOVESTORIES

Herengracht 298
✆ +31 20 210 30 34
www.lovestoriesintimates.com
Ouvert le lundi de 12h à 18h, du mardi au samedi de 10h à 18h, et le dimanche de 12h à 18h.

Très jolie boutique de lingerie d'une marque néerlandaise de lingerie devenue sensation mondiale, dans un cadre entre boudoir et club *cosy* très réussi. Les articles changent de la classique dentelle et sont sexy en jouant la subtilité. Craquage assuré ! Petite marque devenue grande mondialement ; on adore sa boutique cosy et les produits originaux et agréables plus conçus pour les petites poitrines que les gros bonnets car le produit-phrare est la bralette, la brassière donc sans armature. Les pyjamas sont inspirés aussi. Ou comment être sexy sans dentelle.

LULULEMON ATHLETICA AMSTERDAM

Hartenstraat 13
✆ +31 20 299 38 36
www.eu.lululemon.com
Ouvert en général de 10h à 18h.

Lululemon c'est la marque cool et trendy de vêtements « techniques » de yoga et de running. Ce showroom présente une partie de la collection, mais il est toujours possible de commander d'autres articles en ligne. C'est aussi un lieu de rencontres avec des ateliers pour tous les fans de yoga de la capitale batave. L'enseigne est logée au cœur du quartier hype des 9 Straatjes et propose également des cours variés de yoga, notamment dans un très agréable patio à l'arrière de la boutique.

MARIE-STELLA-MARIS

Keizersgracht 357
✆ +31 85 273 28 45
www.marie-stella-maris.com
Ouvert le dimanche et lundi de midi à 18h, du mardi au samedi de 10h à 18h.

Une boutique qui va vous éblouir pour plusieurs raisons. Tout d'abord, ce seront les étalages très clairs qui vous marqueront puis la noblesse du projet. Marie Stella Maris est une marque d'eau minérale qui a sa ligne de cosmétique avec un objectif sain : une partie des bénéfices est reversée pour permettre l'accès à l'eau potable des populations les plus défavorisées conformément à la résolution 64/292 de l'ONU. Les produits, fabriqués en Suède, sont d'une qualité supérieure, avec des odeurs à tomber. Une belle adresse pour des cadeaux élégants.

SIX AND SONS

Haarlemmerdijk 31
✆ +31 20 233 00 92
www.sixandsons.com
Ouvert du lundi au jeudi de 11h à 18h, vendredi et samedi de 10h à 18h et le dimanche de 12h à 18h.

Adresse bourrée de charme sur deux étages, Six and Sons, du nom de son créateur Alexander Six, se veut concept store vintage avec une sélection très pointue de vêtements, de meubles (vintage souvent), d'accessoires (notamment de la superbe lingerie) et de magazines. Très agréable, le lieu nous invite à paresser et, heureusement, on peut y savourer un excellent café avec une pâtisserie. Depuis quelque temps cette enseigne se tourne plus vers les marques durables et dont l'impact sur l'environnement est moindre. Un projet qui évolue dans la bonne direction donc.

SKINS COSMETICS

Runstraat 11
✆ +31 20 240 01 99
www.skins.nl
Ouvert du lundi au vendredi de 10h à 19h, le samedi de 10h à 18h, le dimanche de 12h à 17h.

Skins est depuis très longtemps maintenant le magasin beauté parfum de référence d'Amsterdam. L'enseigne vend des produits de maquillage, des parfums et crèmes de soin de marques exclusives. C'est ici que les Amstellodamois mais pas qu'eux car Skins a des établissements dans de nombreuses villes du pays) branchés achètent leurs parfums Juliette has a Gun, Diptyque, etc., leur maquillage Laura Mercier, RMS et leurs produits Ren et Aesop. Le cadre est zen et design et le service très compétent. Attention la carte bleue va chauffer !

FROZEN FOUNTAIN

Prinsengracht 645
✆ +31 20 622 93 75
www.frozenfountain.nl
Ouvert le lundi de 13h à 18h. Du mardi au samedi de 10h à 18h. Dimanche de 12h à 17h.

Le « must » de la création hollandaise réuni dans un immense magasin véritable caverne d'Ali Baba. Des meubles, des accessoires et autres objets de décoration au design très original, voire excentrique. Mais la créativité des artistes de tout poil demeure sans bornes... Les prix également, même si vous trouverez du chocolat et des savons qui ne vous ruineront pas. Le fondateur de cet endroit magique est décédé tragiquement récemment et espérons que l'établissement saura poursuivre sur sa lancée. Nous l'espérons de tout coeur !

RIJKSMUSEUM SHOP

Museumstraat 1
www.rijksmuseumshop.nl
Tous les jours de 9h à 17h.

Les Néerlandais ont l'esprit commerçant et un grand goût pour la décoration. Une visite à la fabuleuse boutique du Rijksmuseum pour le prouvera si cela est nécessaire. Ici on retrouve bien entendu les posters reproduisant les grandes œuvres qui font la renommée mondiale du musée ainsi que beaucoup de livres d'art. Mais c'est plutôt pour les articles de déco et la vaisselle que l'on craque. Bougies, lampes, couverts... Sans oublier les articles de cosmétique en coopération avec Rituals... Vous ne pourrez pas en sortir les mains vides.

DE LOOIER

Elandsgracht 109 ✆ +31 20 624 90 38
www.antiekcentrumamsterdam.nl
Lundi, mercredi, jeudi et vendredi de 11h à 18h. Fermé le mardi. Samedi et dimanche de 11h à 17h.

Marché d'antiquaires couvert situé dans le Jordaan. 1 740 m² d'exposition avec tableaux, miroirs, sculptures, horloge, bijoux, etc. Café-restaurant à l'intérieur. Entrée libre. Une belle adresse variée où vous trouverez sans doute votre bonheur ou où vous pourrez passer de retour de en route vers les musées ou la maison Anne Frank. On y sent une ambiance unique qui ne perdurera probablement pas des dizaines d'années tant la pression immobilière est grande ici. À prendre au vol donc pour des objets uniques et intéressants dans le cœur du Jordaan.

VIVIAN HANN

Haarlemmerdijk 102
✆ +31 6 22 04 94 65
www.vivianhann.com
Ouvert du mardi au vendredi de 11h à 18h, et le samedi de 10h30 à 17h.

C'est une évidence dès que l'on pénètre dans ce magasin, Vivian n'est pas seulement une commerçante, c'est une passionnée. Son magasin de décoration spécialisé dans l'art de la table est le genre d'endroit où l'on est certain de trouver quelque chose à son goût et adapté à son budget. Il faut se laisser conseiller car ici on sait parler avec passion des articles proposés. Dans son magasin se côtoient designers belges (vases Henry Dean), néerlandais (ses propres créations en collaboration avec la faïencerie de Makkum), scandinaves (entre autres, Stelton).

MADE.COM

Raadhuisstraat 31-37,
www.made.com
Ouvert le dimanche et lundi de 11h à 18h, le mardi, mercredi, vendredi et samedi de 10h à 18h, le jeudi de 10h à 21h.

Quand une boutique déco en ligne ouvre une boutique « physique » cela constitue un sacré défi, Made s'en sort superbement dans cette enseigne de 500 m² qui présente des meubles des tissus et des accessoires. Le tout dans un cadre d'inspiration scandinavo-*vintage*. Une réussite qui a un prix somme toute pas si élevé que cela quand on tient compte de la qualité et de l'originalité. On aimerait y passer des heures et repartir les bras chargés de cadeaux et surprises pour soi-même ou ses amis... A défaut nous repartirons avec des idées !

WILDERNIS

Bilderdijkstraat 165
✆ +31 20 785 25 17
www.wildernisamsterdam.nl
Ouvert le lundi de 13h à 19h, du mardi au vendredi de 11h à 19h, le samedi de 11h à 18h et le dimanche de 12h à 17h.

Le nom complet de l'enseigne nous dit tout : « *voor een groene stad* » (« pour une ville verte »). Wildernis fait le bonheur des mains vertes de la capitale, on y trouve tout le nécessaire de jardinage et des plantes vertes. L'enseigne souhaite rendre Amsterdam plus verte. L'enseigne est le projet en phase avec son époque de deux amies très créatives et aux mains très vertes. L'intérieur, rétro design, est un régal pour les yeux et les comptes Instagram. Wildernis organise de nombreuses rencontres et des ateliers thématiques.

AMERICAN BOOK CENTER

Spui 12
✆ +31 20 625 55 37
www.abc.nl
Ouvert dès 10h (lundi à 12h et dimanche à 11h). Ferme à 20h sauf le dimanche, ferme à 18h30.

Cette institution de la ville s'est installée depuis plus d'une décennie sur le Spui, la place littéraire d'Amsterdam. Ici, la littérature anglo-saxonne est à votre disposition mais pas seulement, bandes dessinées, magazines introuvables ailleurs, calendriers, livres de cuisine, livres de bien-être, science-fiction, etc. sont à la fête ! Le personnel compétent d'ABC (l'acronyme du magasin) est à votre service. Tout simplement la meilleure librairie de langue anglaise, et qui organise de nombreuses soirées ! Réduction avec la carte de fidélité (payante).

ATHENAEUM BOEKHANDEL

Spui 14-16
✆ +31 20 514 14 60
www.athenaeum.nl
Le lundi au mercredi de 10h à 18h, du jeudi au samedi 10h à 19h, le dimanche de 11h à 18h.

Ce magasin est composé d'une librairie à proprement parler contiguë à une maison de la presse. L'adresse idéale pour acheter une revue, un journal étranger (on y trouve la plupart des grands quotidiens français, comme dans la majorité des bonnes maisons de la presse d'Amsterdam), le dernier best-seller ou un ouvrage de sociologie. A noter : un rayon de littérature en langues étrangères, plus fourni en anglo-américain qu'en français. C'est ici que vous trouverez les publications gratuites sur l'agenda culturel de la ville (*NL20*, *Uitkrant*, etc.).

CONCERTO

Utrechtsestraat 52-60
✆ +31 20 261 26 10
Ouvert du mardi au samedi de 10h à 18h, le dimanche et lundi de 12h à 18h.

Il s'agit sans conteste du meilleur disquaire de la ville qui traite tous les genres et vend du neuf comme de l'occasion. Le personnel est passionné et pourra sans doute vous aider dans vos choix. L'enseigne vend également des places pour les grandes salles de concert de la ville et organise aussi des petits concerts. Concerto dispose d'un coin cafétéria avec boissons chaudes et quelques pâtisseries, ce qui est bien agréable. Une adresse à chouchouter d'autant plus qu'elle est la dernière du genre dans la capitale néerlandaise.

ISLAND BOOKSTORE

Westerstraat 15
✆ +31 20 638 92 52
www.islandbookstore.nl
Ouvert du lundi au samedi de 9h à 18h30. Le dimanche de 11h à 15h.

Une librairie comme on les aime avec un assortiment varié qui comprend des revues et journaux (français aussi bien sûr), des ouvrages de littératures, des livres d'art, de cuisine, des guides touristiques et même un rayon spécialement consacré aux enfants. Cette librairie située au coin du Noordermarkt attire une clientèle fidèle. Ici aussi les petits libraires sont en danger, raison de plus pour soutenir cette adresse aussi sympa que qualitative. Venez y acheter votre journal ou revue avant de déguster la tarte aux pommes du Noordermarkt.

MENDO

Nieuwe Doelenstraat 10
✆ +31 20 612 12 16
www.mendo.nl
Ouvert du lundi au samedi de midi de 10h30 à 18h. Le dimanche de 12h à 17h.

Avis aux collectionneurs de bouquins modernes : Mendo se qualifie de « confiserie » pour amateurs de livres d'art. C'est une boutique au design très sophistiqué. On aime le beau cadre, au cœur d'un bel hôtel. Coup de cœur pour cette très jolie boutique qui propose une sélection très pointue d'ouvrages d'architecture, de photographie, graphisme, design, mode qui tourne en permanence. Petit plus, des expositions temporaires sont également organisées. Une adresse que l'on aime beaucoup et qui sait toujours surprendre, un *must* à Amsterdam !

PASSAGE OUDEMANHUISPOORT

Oudemanhuispoort
Ouvert du lundi au samedi de 11h à 17h.

Si vous pensez que les bouquinistes sont une spécificité française, détrompez-vous et rendez-vous au passage de Oudemanhuispoort. Cette galerie est utilisée depuis 1757 jadis pour les commerçants en or et autres métaux. En plein Quartier latin, les bouquinistes ont élu domicile dans ce passage qui était jadis l'entrée du plus important hospice de la ville. Un marché immanquable pour les amateurs de belles lettres. Les collectionneurs y dégotteront, outre quelques très belles reliures et éditions originales, des gravures anciennes du temps du siècle d'or.

RECORD FRIEND

Sint Antoniesbreestraat 64
✆ +31 20 620 00 84
www.recordfriendamsterdam.nl
Ouvert du mardi au samedi de 11h à 18h, dimanche de 12h à 18h.

Pour les inconditionnels du vinyle... Des milliers de disque neufs ou d'occasion vous attendent bien rangés dans leurs bacs. La boutique se repère de loin grâce à une banane géante en guise d'enseigne, *Velvet Underground* oblige… Un des derniers survivants du disque. À ne pas manquer, donc notamment lors d'une visite du quartier rouge et quartier étudiant de la capitale. La boutique se situe dans une rue animée avec quelques boutiques intéressantes qui sauront vous plaire mais nous c'est plus les belles affiches musicales historiques qui attirent notre œil.

RECORD PALACE

Weteringschans 33
✆ +31 20 622 39 04
www.record-palace.com
Ouvert de 11h à 18h du lundi au samedi, le dimanche de 12h à 17h.

Pour les nostalgiques du vinyle et ils sont de plus en plus nombreux, la meilleure adresse, à deux pas de la Leidseplein, en face du Paradiso, la fameuse église reconvertie en salle de concerts. Vous y trouverez la crème du rock et la *black music* au sous-sol, ainsi qu'une large sélection de perles rares et surtout de précieux conseils d'un staff passionné et avenant. Une adresse de référence depuis des années, à chouchouter bien évidemment ! Adresse de qualité qu'on visite en pèlerinage lorsqu'on est autour du Leidseplein. Une mine aux trésors remplie de pépites.

RUSH HOUR

Spuistraat 116
✆ +31 20 427 45 05
www.rushhour.nl
Lundi de 12h à 18h, du mardi au vendredi de 11h à 18h, samedi de 10h à 18h, dimanche de 13h à 18h.

Excellent disquaire du centre de la ville, c'est la référence en ce qui concerne la musique dance & electro. La boutique est un véritable antre où se retrouvent tous les clubbers mais aussi les amateurs en attente de conseils et idées. À noter, il est possible de consulter le site avec ces nombreuses suggestions et listes de titres qui animeront sans aucun doute vos prochaines soirées. Vous trouverez également quelques idées de t-shirts, bonnets ou hoodies pour être à fond dans la tendance qui va avec la musique ! À ne pas manquer.

STADSBOEKWINKEL

Vijzelstraat 32
✆ +31 20 625 09 50
www.stadsboekwinkel.nl
Ouvert du lundi au vendredi de 10h à 17h, le samedi et le dimanche de 12h à 17h.

Cette librairie se situe dans l'imposant hall d'entrée du non moins imposant bâtiment De Bazel. Ici, on trouve uniquement des ouvrages où Amsterdam joue un rôle essentiel ou secondaire. Tous les genres sont abordés : fiction, bd, livres de cuisine, guides de voyages, etc. Une adresse intéressante et qui peut servir de prétexte à la visite des archives et à la dégustation d'une tarte et d'un café dans la brasserie attenante. A noter vous pouvez également mettre à contribution les antiquaires du lieu pour trouver vos livres anciens.

LE TEMPS RETROUVÉ

Keizersgracht 529
✆ +31 20 337 61 25
www.letempsretrouve.nl
Mardi de 14h à 18h, de mercredi à samedi de 11h à 18h, fermé dimanche et lundi.

Le Temps Retrouvé est la librairie française au cœur du centre historique d'Amsterdam. Ouverte il y a quelques années par un véritable passionné, Pierre-Pascal Bruneau, l'endroit est devenu le QG des Français et francophiles de la ville et du pays et l'on comprend pourquoi : conseils avisés, ambiance détendue, prix presque similaires à ceux pratiqués en France. Le plus pour les visiteurs français : la sélection d'ouvrages en français concernant Amsterdam et les Pays-Bas. Une adresse à chouchouter. Un rayon jeunesse est également disponible.

BOUGER & BULLER

Amsterdam, capitale mondiale du vélo, est une ville sportive, toujours en mouvement ! Partout, les habitants pédalent et l'on dit d'ailleurs que c'est grâce aux deux-roues que le fléau de l'obésité semble, jusqu'à ce jour, jugulé, dans une population par ailleurs très portée sur les snacks. Amsterdam est la ville du club de football de l'Ajax et l'équipe est très encouragée par les fans. Vous pourrez pédaler bien entendu en groupe ou seul, mais aussi faire du foot, du running ou du yoga dans l'un des parcs de la ville, le plus célèbre étant le Vondelpark. Ce parc est tellement prisé que la ville réfléchit à une taxe spéciale « sportifs » pour l'entretien des parcs. Vous pourrez également vous mettre au patin sur glace sur la patinoire du Museumplein par exemple. En été, vous pourrez également naviguer sur les canaux de la ville ! En hiver, pour se détendre, rien de tel qu'une journée au sauna ou au spa.

PRATIQUE

BOUGER & BULLER

BUDGET / BONS PLANS

Rouler à vélo est le moyen idéal de se dépenser en découvrant la ville ! Les grands parcs de la ville sont le théâtre idéal de vos courses. Amsterdam compte plusieurs jolies piscines qui valent le déplacement. Si vous souhaitez découvrir les joies du patin à glace, rendez-vous au Jaap Edenhal ou alors sur la patinoire du Museumplein durant les mois d'hiver.

C'EST TRÈS LOCAL

En hiver, rendez-vous sur le Museumplein pour s'adonner au patin à glace ! Si l'hiver est très rude, vous aurez peut-être l'occasion de patiner sur les canaux ! Mais, réchauffement climatique oblige, ce plaisir hivernal se fait de plus en plus rare…

VOS PAPIERS SVP

Parfois, vous devrez montrer un permis de navigation pour louer certains bateaux. L'idéal consiste à louer le bateau avec un capitaine pour pouvoir profiter à fond. Pour le marathon, il faut commander son dossard bien à l'avance.

A RÉSERVER

Lors des grands événements (type Light Festival, Journée du roi, Prinsengrachtconcert), il est plus que conseillé de réserver vos bateaux à l'avance. Pour les matchs de foot de l'Ajax, prenez-vous aussi bien en amont surtout pour la coupe d'Europe…

LES ÉVÉNEMENTS

Amsterdam compte plusieurs événements sportifs de haut vol. Le club Ajax est de nouveau au firmament du football européen et ses matchs retrouvent l'engouement qu'il a pu susciter par le passé. La renaissance programmée du circuit de Formule 1 de Zandvoort en 2021 ne s'est pas démentie en 2022 avec les victoires des deux dernières éditions du prodige batave Max Verstappen. Certaines compétitions sont ouvertes au grand public comme le réputé marathon de la ville.

LES ATTRAPE-TOURISTES

Attention aux billets vendus à la sauvette. Il vaut mieux toujours les acheter par les canaux de vente agréés : https://tix.nl/ ; www.livefootballtickets.com/city/amsterdam-tickets.html

LES PHRASES CLÉS

Bonjour, comment puis-je me rendre à… ? Est-ce loin ?
Hallo, hoe ga ik naar...? - Is het ver?

J'aimerais aller courir. Il y a un coin sympa pour cela dans la ville ?
Ik wil graag gaan hardlopen. Is daar een mooie plek voor in de stad?

J'adore cuisiner. Savez-vous où je peux trouver des cours de cuisine ?
Ik ben gek op koken. Weet u waar ik kooklessen kan volgen?

Vous pourriez m'indiquer une salle de sport pas très loin ?
Kunt u me een fitnesscentrum aanwijzen in de buurt?

Quel est le sport national ?
Wat is de nationale sport?

Pensez-vous que nous pourrions voir cela ou même participer ?
Denkt u dat we dat kunnen zien of misschien deelnemen?

AMSTERDAMSE BOS

Amsterdamse Bos

www.amsterdamsebos.nl

L'Amsterdamse Bos est un gigantesque parc forestier de plus de 935 hectares, lieu de loisirs et de détente, les Amstellodamois viennent y pratiquer leur sport favori ou se promener en famille le long de l'immense canal sur lequel s'entraîne la fine fleur de l'aviron. Equitation, tennis, badminton, squash, mini-golf, les infrastructures de qualité permettent la pratique de tous ces sports. On peut aussi louer des canoës et faire de belles promenades à vélo. Ne pas manquer d'y faire un tour l'été pour une soirée agréable dans un écrin de verdure.

JAAP EDEN IJSBAAN

Radioweg 64

✆ +31 20 694 96 52

www.jaapeden.nl

Entrée 9 € par adulte, 5,50 € pour les moins de 15 ans. Gratuit pour les moins de 3 ans.

Et si vous décidiez de vraiment vous néerlandiser ? Comment procéderiez-vous ? Une idée pourrait consister à passer quelques heures ici. Jaap Edenbaan est une patinoire en plein air, véritable institution de la ville, c'est ici que toute la jeunesse amstellodamoise apprend à faire du patin sur glace. On peut y louer ses patins sur place, prendre des cours et aussi (surtout ?) boire un verre pour se remettre de ses émotions. N'oubliez pas de contrôler les horaires avant car des cours collectifs sont organisés régulièrement ainsi que des soirées spéciales !

JUMPING AMSTERDAM

www.jumpingamsterdam.nl

Évènement se déroulant tous les ans vers la fin janvier.

Chaque année, à la fin janvier, le Jumping Amsterdam prend place au RAI Amsterdam pour quatre jours de spectacle équestre de haute volée. Cet évènement est l'une des manifestations les plus importantes pour le sport équestre en Europe. Les cadors du saut d'obstacle et du dressage se retrouvent ici pour se mesurer dans des épreuves toutes plus impressionnantes les unes que les autres. Si cette manifestation rassemble tout le gotha du hippisme européen, l'ambiance reste très conviviale et peut être une sortie familiale originale.

ROCYCLE

Nieuwe Passeerderstraat 12

✆ +31 20 369 7074

www.rocyclestudios.com

Ouvert dès 7h et jusque 23h en fonction des cours proposés. 18 € offre découverte 2 cours sinon 100 € les 10 cours.

On vient chez Rocycle pour suer tout en s'amusant dans une ambiance de nightclub. La musique est choisie scrupuleusement par l'instructeur qui vous guide pendant toute la séance de vélo (de 45 min ou 1 heure pour les plus téméraires). L'ambiance est sympa et bienveillante, le cadre digne d'un hôtel de luxe. Rocycle fournit chaussures et bouteille d'eau. Le fun est tout de suite au rendez-vous tandis que les courbatures viendront sans doute le lendemain. À noter le concept est en pleine expansion : 6 studios à Amsterdam, 2 à Rotterdam et 2 à Utrecht.

DE ROOS

P.C. Hooftstraat 183

✆ +31 20 689 00 81

www.roos.nl

Ouvert du lundi au vendredi de 8h à 22h et le week-end de 8h à 17h30.

De Roos est le centre d'activités ésotériques et spirituelles *made in* Amsterdam. Le programme proposé est tout simplement impressionnant (yoga évidemment mais aussi méditation, *mindfulness*, lecture de tarot, etc.) toutes les disciplines imaginables sont enseignées dans un cadre très agréable, au bord du magnifique Vondelpark. Si vous ne souhaitez pas prendre de cours, vous pouvez tout de même passer au très agréable restaurant ou à la boutique du premier étage. Un bel endroit pour une pause enchantée proche d'un parc que nous aimons beaucoup.

ZUIDERBAD

Hobbemastraat 26

✆ +31 20 678 13 90

www.amsterdam.nl/zuiderbad

Entrée : 5,55 €. Ouvert de 7h à 22h pour différentes activités précisées sur le site web.

Sans aucun doute la plus jolie piscine de la ville située juste derrière le Rijksmuseum. Le Zuiderbad a conservé les caractéristiques principales qui faisaient son charme distinctif : fontaine en mosaïques, lumière du jour qui passe par une jolie verrière et des cabines en bois très jolies qui entourent le bassin. Faites-vous expliquer le système des casiers. La piscine organise de nombreuses activités pour les familles avec des créneaux réservés. À noter : le bâtiment est classé monument historique et donc protégé. Un bien bel endroit.

GUERLAIN SPA WALDORF ASTORIA

Herengracht 542-556

✆ +31 207184625

Ouvert dès 9h. Soins sur rendez-vous.

Il allait sans dire que l'union des noms Guerlain et Waldorf Astoria ne pouvait qu'enfanter un endroit d'exception ! Seul spa de la marque dans le Benelux, au cœur du sublimissime hôtel Waldorf Astoria, il vaut le déplacement. Le cadre feutré, luxueux et reposant est très intime. La carte propose les célèbres soins qui ont fait la réputation de la marque : « Orchidée impériale Prestige treatment » ainsi que des soins à la carte spécialement conçus pour le Waldorf Astoria Amsterdam.

SMARTBODY

Molenpad 15

✆ 06 48 27 07 52

www.smartbody.nl

Cours particulier du lundi au samedi sur rendez-vous. Compter 75 € pour une leçon particulière.

Cette méthode de mise en forme, inventée par Joseph Pilates au siècle dernier, comprend une grande variété d'exercices permettant de développer harmonieusement votre musculature tout en optimisant votre souplesse, votre tonicité et votre maintien. Les cours de Jelena Petrovic peuvent avoir lieu sur tapis de gym avec une batterie d'accessoires (ruban en caoutchouc, ballon) ou sur des machines spécialement adaptées. Jelena Petrovic, ancienne danseuse et chorégraphe formée aux Etats-Unis, est une brillante et motivante ambassadrice de la discipline.

RITUALS

Leidsestraat 15

✆ +31 20 422 37 54

www.rituals.com

Lundi et dimanche de 12h-18h, mardi, mercredi, vendredi et samedi de 10h à 18h.

Rituals est une marque néerlandaise (désormais très connue en France) d'un genre nouveau et destinée à la beauté du corps et de la maison. Les produits sont d'excellente qualité et leur présentation, à la fois zen et pratique, détonne. Le design épuré est très réussi. Une idée-cadeau qui aura du succès ! Conseils toujours très avisés. Nous aimons beaucoup cette marque qui a un positionnement assez noble sans être bio ni écolo. Les crèmes de jour sont elles présentées dans des pots rechargeables. A noter que la marque propose également des vêtements.

SOAP TREATMENT STORE

Spuistraat 281

✆ +31 20 428 96 60

www.soapcompany.com

Lundi 12h à 21h, du mardi au vendredi 9h à 21h, samedi de 10h à 17h, dimanche de 12h à 17h. 1 heure de massage : 70 €.

Pour une impression de New York à Amsterdam, nous vous recommandons ce Spa design, conçu par Concrete, l'inévitable bureau d'architectes auteur de la boîte The Mansion et du restaurant Nomads. On peut ici se faire manucurer, masser, gommer, dorloter, maquiller par un personnel plus qu'averti dans un cadre très reposant… Ah rien que d'y penser ! Ne ratez pas la boutique qui propose une gamme de produits de beauté et cosmétiques de qualité exceptionnelle. A noter les horaires d'ouverture très flexibles et les six boutiques en tout dans la capitale.

SAUNA DECO

Herengracht 115

✆ +31 20 623 82 15

www.saunadeco.nl

Lundi, et du mercredi au samedi 12h-22h ; dimanche 13h-19h. Entrée à partir de 26 €, massage à partir de 70 €.

Se faire suer dans un décor Art déco de toute beauté provenant du Bon Marché de Paris, voilà ce qui est possible au Sauna Déco. Onéreux, mais vraiment relaxant et unique ! Il est également possible de réserver un massage ou une séance de shiatsu. Assez exclusif mais idéal pour une expérience hors du temps et au cœur du quartier des grands canaux toutefois à quelques encablures du Jordaan. Service constant de grande qualité. Il est possible de louer des serviettes sur place. Une adresse de rêve pour une parenthèse enchantée !

SPA ZUIVER

Koenenkade 8 ✆ +31 20 301 07 00

www.zuiveramsterdam.nl

7j/7 10h-23h, dernière entrée à 21h. Week-end jusqu'à 00h. 42,50 € de 9h à la fermeture, 32,50 € de 17h à la fermeture.

Zuiver (« Pur » en néerlandais) offre une oasis de calme et de beauté aux Amstellodamois. La décoration zen et brute tout en restant chaleureuse, est réussie. On peut choisir d'acheter une entrée simple ou ajouter traitements et massages. Le Hammam n'est pas inclus dans les traitements de base. Le bain intérieur est magnifique et se poursuit à l'extérieur dans un décor superbe. On peut profiter de 8 saunas thématiques. Les accessoires (peignoirs, serviettes, tongs, etc.) peuvent être loués sur place mais vous pouvez aussi prendre les vôtres pour limiter les frais.

SORTIR

Visiter Amsterdam sans savourer une bonne bière dans un café brun ou un cocktail dans un restaurant rooftop ultra-branché, sans aller à un spectacle au Concertgebouw ou au Paradiso serait un vrai péché… Ici, la vie nocturne est très cordiale et offre de nombreuses possibilités d'amusement pour tous les âges et toutes les bourses. Vous aurez l'embarras du choix (même sans avoir réservé) et pourrez même enchaîner les plaisirs et les sorties tant les adresses sont concentrées et les prix parfois intéressants. Les deux grands pôles nocturnes de la capitale sont le Leidseplein et le Rembrandtplein. Ouverts il y a quelques années, De Hallen et Adam Toren sont deux nouveaux pôles nocturnes avec café et restaurants, et même une discothèque (avec permis d'ouverture 24h/24) pour Adam Toren. La nuit à Amsterdam est beaucoup moins élitiste et plus inclusive (et heureusement) que dans de nombreuses autres capitales européennes. Profitez-en.

HORAIRES

Les boîtes de nuit sont souvent ouvertes du jeudi au samedi de 23h à 5h.

BUDGET / BONS PLANS

Sortir en boîte coûte généralement moins cher aux Pays-Bas qu'en France. Pour le cinéma, des tarifs matinaux sont parfois proposés. Les seniors bénéficient d'un tarif spécial. Souvent, les cartes de crédit ne sont pas acceptées et il faut utiliser une carte de débit. Les billets vendus sur le Net sont moins élevés qu'au guichet.

A RÉSERVER

Amsterdam propose une programmation musicale et culturelle de très grande qualité et les soirées sont souvent convoitées dès la prévente. Pour certains concerts, les billets partent en quelques minutes seulement. Prévoyez donc le plus possible vos sorties.

TRANSPORTS NOCTURNES

Dans le centre, le vélo est votre meilleur ami, sinon des bus nocturnes circulent. Le service Uber est également disponible dans la ville (www.uber.com/nl/nl/).

A PARTIR DE QUEL ÂGE

Aux Pays-Bas, l'âge légal pour consommer de l'alcool est 18 ans. Sachez aussi que certains clubs et certaines soirées peuvent appliquer un âge minimum plus élevé.

FUMEURS

Il est interdit de fumer dans les lieux de sorties et les espaces fumeurs sont officiellement abolis depuis 1 an.

LES ATTRAPE-TOURISTES

De nombreux bars et pseudo-discothèques du quartier sont à éviter : aucune ambiance, prix exorbitants à éviter absolument… La spéculation sur les billets de concert ou soirées spéciales fait rage et parfois des billets nominatifs sont émis. Attention donc lorsque vous achetez des billets sur les sites de revente. Pour obtenir des billets, ne faites pas de recherche Internet globale car les sites de revente qui majorent arrivent en haut des recherches. Passez toujours par le site de l'artiste ou de l'événement qui vous redirigera vers la plateforme de vente officielle.

LES PHRASES CLÉS

Bonsoir, comment puis-je me rendre à…
Goedenavond, hoe ga ik naar...?

Est ce que cet endroit est tranquille ? Il n'y a pas de problème de sécurité ?
Is dit een rustige plek? Zijn er geen veiligheidsproblemen?

J'aimerais voir un spectacle typique ! Qu'est-ce qu'il y a en ce moment ?
Ik zou graag een typische show willen zien! Wat is er op dit moment?

Je ne comprends pas… pouvez-vous répéter s'il vous plait ? Merci.
Ik begrijp het niet... kunt u het herhalen alstublieft? Bedankt.

Est-ce que je peux vous offrir un verre ? Quel est le meilleur cocktail de la maison ?
Kan ik u wat te drinken aanbieden? Wat is de beste cocktail van het huis?

J'ai la gueule de bois, auriez-vous quelque chose pour que j'aille mieux ?
Ik heb een kater, heb je iets waardoor ik me beter zal voelen?

BITTERZOET

Spuistraat 2
✆ +31 20 4212318
www.bitterzoet.com
Dimanche au jeudi de 20h à 4h et du vendredi au samedi de 20h à 4h. Entrée entre 10 € et 20 € selon le concert proposé.

Bitterzoet est devenu au fil des ans un classique respecté de la ville. Cette adresse a été conçue par un groupe d'amis qui voulaient en faire un endroit branché tout en restant accueillant et accessible. Si dans la semaine Bitterzoet est un bar, il se transforme dès le jeudi en un club très prisé qui offre une programmation très variée. Nous vous invitons à consulter le site Internet pour être sûr de trouver une soirée à votre goût. Des concerts y sont aussi régulièrement organisés. Arrivez tôt car dès minuit c'est la cohue à l'entrée.

CHIN CHIN CLUB

Rozengracht 133
✆ +31 20 261 83 25
www.chinchinclub.nl
Ouvert le mercredi de 18h à 23h, le jeudi de 18h à 4h, le vendredi et samedi de 18h à 5h, le dimanche de 18h à 3h.

Chin chin club fait office de restaurant, bar, discothèque, salon de karaoké. Véritable poumon de la nuit de la capitale, il vise à bousculer les codes de la fête aux Pays-Bas. Un très bel endroit promis à un avenir florissant. On y vient pour une soirée sans limite, de préférence entre amis pour faire la fête jusqu'au bout de la nuit. Vous pourrez y manger à la carte des petits plats d'inspiration asiatique, et pourquoi pas, passer à la salle de karaoké privatisable pour un prix par personne modique, à convertir en boisson.

ESCAPE

Rembrandtplein 11 ✆ +31 20 622 11 11
www.escape.nl
Jeudi au dimanche de 23h à 4h ou 5h. L'entrée peut varier entre 10 € et 20 € pour les soirées spéciales.

Escape est la plus grande discothèque d'Amsterdam et est idéalement située sur le Rembrandtplein, au cœur de l'Amsterdam nocturne. Depuis environ quarante ans, cette discothèque agite les nuits de la ville et connaît un succès incroyable. La programmation est variée et comprend des DJs de renommée internationale. Pour être au goût du jour, l'endroit a subi 3 profondes métamorphoses et est toujours à la pointe de la nuit ! Ces différentes salles garantissent une soirée parfaitement adaptée à vos souhaits du moment. Pour une expérience unique au cœur de la nuit.

JIMMY WOO

Korte Leidsedwarsstraat 18
✆ +31 20 626 31 50
www.jimmywoo.com
Ouvert du jeudi de 23h à 3h vendredi et samedi de 23h à 4h ou 4h, dimanche de 22h à 2h. Entrée : comptez au moins 15 €.

Jimmy Woo est le club très connu (même si en perte de vitesse depuis quelque temps) et central d'Amsterdam à deux pas du Leidseplein. Le décor, récemment remis au goût du jour, s'illustre par une piste de danse en sous-sol qui est éclairée par pas moins de 12 000 ampoules ! Il existe un grand espace VIP, alors ouvrez l'œil, les stars internationales de passage dans la ville y sont peut-être. La sélection à l'entrée est très sévère alors parez-vous de vos plus beaux atours, et amusez-vous ! Adresse réservée principalement à un public de moins de 30 ans.

MEZRAB

Veemkade 576
www.mezrab.nl
Horaires et tarifs en fonction de la programmation. L'entrée est gratuite mais les dons bienvenus.

Ce qui frappe tout d'abord avec ce lieu, c'est l'emplacement idyllique de ce café-concert, sur les berges du Veemkade avec une vue incroyable sur les îles de l'est de la ville. Le café est lui logé dans d'anciens entrepôts très esthétiques. Si le temps le permet, on sirote d'abord un verre en terrasse puis on entre dans un espace grand où tout est prévu pour célébrer la musique et les histoires dans une ambiance détendue. Les soirées événements sont les *Storytelling* ; des concerts ainsi que des soirées de comédie sont également régulièrement organisés.

PARALLEL CLUB

Buiksloterweg 5C
www.parallel.am
Les horaires comme les tarifs varient en fonction de la programmation.

Ce club a ouvert récemment dans le nord. Et depuis son ouverture, il est devenu l'une des références de la scène électro amstellodamoise. Se revendiquant à la fois dans le présent et dans le futur, avec une architecture et une scénographie d'avant-garde, il mise sur une programmation musicale pointue, s'appuyant autant sur les valeurs sûres de la scène électro qu'en dénicheur de talents et en donnant la place à de jeunes DJ. Les soirées sont nombreuses et demandées, aussi nous vous conseillons de réserver avant, pour être sûr de pouvoir rentrer.

RADION

Louwesweg 1
✆ +31 20 452 47 09
www.radionamsterdam.nl
Ouverture et prix variables en fonction de la programmation. À partir de 15 €.

Amsterdam semble avoir le chic pour les lieux décalés. Cette discothèque est ainsi logée dans les anciens locaux de la Faculté de chirurgie dentaire, à un quart d'heure de vélo du centre seulement. Radion, ouvert il y a tout juste 5 ans, célèbre à la fois la culture et comprend un sympathique restaurant, diverses expositions, mais aussi une discothèque réputée. Ce lieu inédit doit être découvert absolument ! La programmation se veut innovante et *edgy*, idéal pour se faire surprendre. Le menu du restaurant est varié. À ne pas manquer donc.

DE SCHOOL

Doctor Jan van Breemenstraat 1-3
www.deschoolamsterdam.nl
Le club et les tarifs en fonction de la programmation. Le café est ouvert tous les jours.

Fondé en 2016, le lieu culte des nuits amstellodamoises avait fermé ses portes en 2020. Mais le voilà ressuscité pour le plus grand bonheur des noctambules. Mondialement connu pour sa programmation musicale pointue, ce lieu mythique a pris place dans une école réhabilitée. Ce haut lieu des nuits bataves voit de nombreux artistes de l'Amsterdam Dance Event venir s'y produire. L'ambiance est folle et il vaut mieux prendre vos billets à l'avance si vous ne voulez pas rester à la porte. Si, après une journée de visites, il vous reste un peu d'énergie, foncez !

SHELTER AMSTERDAM

Overhoeksplein 3
www.shelteramsterdam.nl
Ouvert vendredi et samedi de 23h jusque 7h. Âge minimum : 21 ans. 2 € pour laisser vos affaires dans les casiers.

Depuis l'ouverture de l'A'dam Tower, Shelter Amsterdam est le club où il faut aller. Situé dans le sous-sol de la l'ancienne tour Shell, Shelter propose une programmation techno et house dans un lieu qui dispose d'un permis 24h donc avec une liberté d'ouverture de ses portes. Néanmoins les soirées ont lieu les vendredis et samedis. Shelter est facilement accessible par transports en commun, il faut prendre le bac derrière la gare et de là, marcher environ 5 minutes. Pensez à acheter vos billets à l'avance pour les soirées spéciales.

SUPPERCLUB

Singel 460
✆ +31 20 521 85 59
www.supper.nl
Ouvert du dimanche au mercredi de 19h30 à 2h et du jeudi au samedi de 19h30 à 5h. Menu 5 plats à 69 €.

Sur plusieurs étages, cet ancien théâtre qui a connu plusiuers métamorphoses accueille depuis quelques années le Supperclub. Cet établissement est une véritable institution de la ville. Le concept de base consiste à manger, allongé, dans une ambiance artistique surprenante sur des sons planants et souvent vivifiants. Au moment de sa création le concept était novateur et totalement unique. Depuis, si le lounge est devenu mainstream, Supperclub sait toujours sortir son épingle par un cadre unique, des sons toujours agréables et un cadre magnifique.

DE TRUT

Bilderdijkstraat 165
Ouvert uniquement le dimanche de 22h à 3h.

Née en 1985, cette discothèque non commerciale (eh oui !) se démarque de tous les autres endroits de la ville et jouit d'une immense popularité tout à fait méritée. Tout d'abord, elle se situe juste en dehors du centre-ville dans un ancien squat et applique toujours des prix bas. L'ambiance y est remarquable, mais pour en profiter il faut arriver tôt. Ouvert le dimanche soir uniquement. Lieu qui s'adresse aux gays, lesbiennes et transsexuels mais accessible à tous. A noter les téléphones y sont interdits, ici on privilégie le contact IRL (*in real life*).

AFAS LIVE

Arena Boulevard 590
✆ +31 900 6874242
www.afaslive.nl
Salle de concerts située à l'extérieur de la ville et pouvant accueillir environ 4 000 personnes.
C'est dans cette salle, tout récemment rebaptisée que se produisent certains grands noms de la musique. Le son est de très bonne qualité, mais l'endroit aura du mal à rivaliser avec les Paradiso et Melkweg du centre-ville du point de vue de l'ambiance. Système de jetons pour acheter les boissons. Nous aimons particulièrement la taille de cette salle, ni trop grande ni trop petite, et la qualité des infrastructures. Tous les grands noms y viennent ou y sont venus. Il faut suivre la programmation donc pour assurer une belle soirée.

BELLEVUE THEATER

Leidsekade 90
✆ +31 20 530 53 01
www.theaterbellevue.nl
Réservations téléphoniques du lundi au samedi de 11h à 18h.
Bellevue theater, voici une adresse bien sympathique, où se donnent régulièrement des spectacles de cabaret, mais aussi de musique et de danse populaire en provenance du monde entier. Un lieu qui contribue largement à rapprocher les cultures. A noter : le café-restaurant de Smoeshaan sur place vaut aussi le déplacement, et c'est un plaisir d'y rencontrer les artistes autour d'une bière une fois le spectacle fini. Un classique de la ville toutefois plus connu des locaux et des bataves que des touristes en goguette mais n'hésitez pas à consulter le programme.

BEURS VAN BERLAGE

Damraak 243
✆ +31 20 530 41 41
www.beursvanberlage.nl
Entrée payante, le prix dépend des événements.
Si un bâtiment mérite attention sur le Damrak, c'est bien le Beurs van Berlage, l'ancienne Bourse d'Amsterdam. Ce bâtiment s'impose grâce à sa belle architecture : lignes pures et matériaux très simples (brique, acier et verre). Son créateur n'est autre que H.P. Berlage, le père de « l'École d'Amsterdam », mouvement architectural qui marqua une rupture radicale avec le style historisant du XIXe symbolisé par les édifices de la gare centrale et du Rijksmuseum. Aujourd'hui, l'ancienne bourse est ouverte au public pour des expositions, des congrès ou des concerts.

BOURBON STREET

Leidsekruisstraat 8
✆ +31 20 623 34 40
www.bourbonstreet.nl
Ouvert dès 22h.
A deux pas de la Leidseplein, un bon club où écouter un bœuf de jazz ou une formation de blues de qualité. Si la décoration n'offre aucun charme particulier, la scène elle-même est assez vaste pour recevoir de grandes formations et le bar, de type new-yorkais, assez long et fourni pour de nombreux chalands assoiffés (le pot y est d'ailleurs à un prix très raisonnable). Une bonne adresse qui a fait ses preuves depuis bien longtemps. On ne peut pas y passer un mauvais moment donc n'hésitez pas si vous aimez les salles plus petites à ambiance chaleureuse.

BUIKSLOTERKERK

Buiksloterkerkpad 10
✆ +31 20 631 04 73
www.buiksloterkerk.nl
Horaires en fonction de la programmation.
Cette église est le monument le plus ancien du quartier nord de la ville, de l'autre côté de la gare centrale d'Amsterdam et date 1609. Elle n'est plus en service à l'heure actuelle et est utilisée comme salle de spectacle et de mariage. La programmation est variée et intéressante à vous de découvrir ce qui vous plaira. Vous pourrez y aller en prenant le fameux bac derrière la gare ou alors la nouvelle ligne de métro. Cadre atypique notamment pour les Français qui n'ont pas l'habitude de voir les églises servir d'écrin à des spectacles variés.

CONCERTGEBOUW

Concertgebouwplein 10
✆ +31 20 671 83 45
www.concertgebouw.nl
Concerts tous les jours de l'année ; prix et réservations accessibles en ligne.Accessible aux PMR.
Le Concertgebouw, c'est d'abord un bâtiment historique superbe ; de l'extérieur comme à l'intérieur. Évidemment, c'est aussi une acoustique hors du commun : la meilleure au monde selon de nombreux spécialistes ! Mais le Concertgebouw, c'est aussi une expérience de sortie « à la néerlandaise » dans un cadre feutré et élégant. La programmation se distingue par un excellent niveau et des innovations constantes. C'est l'endroit idéal pour une soirée de musique lors de votre passage à Amsterdam. A noter, des concerts gratuits sont organisés tous les mercredis midi.

FELIX MERITIS

Keizersgracht 324
✆ +31 20 627 9477
www.felixmeritis.nl
Ouvert du lundi au vendredi de 9h à 18h.

Felix Meritis est un lieu étonnant, à l'histoire aussi riche que tourmentée. C'est à l'origine une société (créée en 1777) réunissant des citoyens éclairés et des intellectuels. L'objectif de celle-ci : stimuler les arts, les sciences et le commerce pour parvenir à un bonheur plus largement partagé. La salle de musique dite « salle ovale » était le lieu où écouter de la musique classique aux Pays-Bas. La petite salle du Concertgebouw en est d'ailleurs une réplique. Felix Meritis, récemment racheté par un philanthrope, va être rénové mais restera ouvert.

FILMHALLEN

Hannie Dankbaarpassage 12
www.filmhallen.nl
En fonction de la programmation.

Situé dans le centre culturel De Hallen, Filmhallen comprend 9 salles et est parent de la salle The Movies. Le cadre est très inspirant et la programmation variée plaira autant aux familles qu'aux cinéphiles exigeants. Flâner dans le centre De Hallen est ensuite un plaisir. La salle « Parisien » de style Art déco provenant d'une salle historique de l'exploitant Jean Desmet fait l'événement avec une programmation en collaboration avec la cinémathèque Eye. Le lieu accueille chaque année le festival du film français « Tapis rouge ».

HET BIMHUIS

Piet Heinkade 3
✆ +31 20 788 2150
www.bimhuis.nl

C'est probablement la salle de jazz la plus réputée du pays et à juste titre. Il y a une quinzaine d'années elle a déménagé dans les quartiers modernes du port de voyageurs. L'ambiance est assez unique entre terre et mer. La publication est excellente et des grands noms s'y produisent régulièrement. Les différentes salles ont des programmes variés dont des programmes expérimentaux et pour enfants. Un bar-restaurant est présent sur place pour une excellente soirée qui pourra se prolonger ! Une véritable référence depuis 1974 !

JAZZ CAFÉ ALTO

Korte Leidsedwarsstraat 115
www.jazz-cafe-alto.nl
Musique live tous les soirs à partir de 21h et jusqu'au petit matin...

À seulement quelques foulées du Leidseplein, derrière une devanture cernée de néons aux couleurs vives qui transpercent la nuit, se cache un petit joyau des nuits amstellodamoises. À l'intérieur, sous le plafond bas et lambrissé, c'est assis sur des tabourets de bar et dans une ambiance cosy que défileront devant vous la crème de la crème, expérimentés comme jeunes loups, des jazzmen de la ville et d'ailleurs. Des airs de blues du Bayou au free jazz, les groupes s'enchaînent et vous font vibrer jusqu'aux petites heures du matin !

MALOE MELO

Lijnbaansgracht 163 ✆ +31 20 420 45 92
www.maloemelo.nl
Bar ouvert du dimanche au jeudi de 21h à 3h, le vendredi et le samedi jusqu'à 4h. Salle de concerts ouverture à 22h30.

On appelle cet endroit le temple du blues... Les meilleurs groupes locaux y viennent régulièrement donner de leurs nouvelles. L'entrée est libre et les boissons pas chères. La salle de concerts est juste derrière le bar, sans charme, mais agréable. Cette salle est actuellement en danger en raison de nouvelles normes en matière d'isolation phonique... À soutenir donc, ce monument de la nuit cool situé au cœur du Jordaan et pas très loin des autres salles de concert plus proches de Leidseplein. Consultez la programmation variée et venir au moins y boire un verre.

MELKWEG

Lijnbaansgracht 234a
✆ +31 20 531 81 81
www.melkweg.nl
Entrée à partir de 8 €. Carte de membre obligatoire : 4 € (valable un mois).

Cette salle de spectacles est un témoin vibrant de l'époque des provos qui avaient exigé que la municipalité mettent des endroits à la disposition des jeunes. Depuis les années 1970, cette voie lactée (Melkweg) n'a pas cessé de briller. Le Melkweg se distingue par une programmation multidisciplinaire incroyable : jazz, danse, rock, théâtre, photos, cette salle fait aussi boîte de nuit... Un classique moderne d'Amsterdam. A noter le café a été récemment remis au goût du jour et sa nouvelle décoration un peu froide ne plaira sans doute pas à tous.

© HOLLAND FESTIVAL

© HOLLAND FESTIVAL

© HOLLAND FESTIVAL

HOLLAND FESTIVAL

Piet Heinkade 5
✆ +31 20 523 77 87
www.hollandfestival.nl
Chaque année pendant le mois de juin.

Holland Festival est le plus ancien festival d'arts scéniques du pays. Ce festival propose une programmation de qualité supérieure avec concerts, pièces de théâtre, danse etc. Toute la ville vibre dans une ambiance survoltée et le festival prévoit également des spectacles gratuits, les parcs notamment. Holland Festival prend d'assaut les différentes salles de spectacle de la ville et en fait un événement total en symbiose avec la capitale. La programmation est annoncée dès mars, donc soyez prévoyant si vous voulez être certain d'avoir des billets.

© HOLLAND FESTIVAL

© HOLLAND FESTIVAL

MUZIEKGEBOUW AAN 'T IJ

Piet Heinkade 1
✆ +31 20 788 20 10
www.muziekgebouw.nl
Caisse ouverte du lundi au samedi de midi à 18h.

Cet édifice, qui réunit plusieurs salles de concerts dédiés à la musique sous toutes ses formes, a ouvert ses portes il y a une quinzaine d'années dans un imposant et magnifique complexe près de la Centraal Station. Le bâtiment, un cube de béton qui flotte sur trois côtés sur l'IJ, est entouré de verre et a été conçu par le cabinet d'architectes danois 3X Nielsen. C'est dans ce quartier renouvelé que se situent les nouveaux bâtiments de la bibliothèque municipale brillamment conçus par Jo Coenen. La programmation est surtout concentrée autour du classique.

MUZIEKTHEATER - NATIONALE OPERA & BALLET

Amstel 3
✆ +31 20 551 81 17
www.operaballet.nl
Billets à partir de 30 € pour l'Opéra.

Sa renommée n'est plus à faire. Plus ouverte que les précédentes aux créations contemporaines, cette salle offre une programmation diversifiée mais toujours grandiose d'opéras, de ballets et parfois de performances insolites magistralement servies par le Ballet national et le Nederlandse Opera. L'Opera a sa propre production et ne présente presque que ses propres spectacles. En tout ce sont 500 personnes qui s'affairent tout au long de l'année. Toutes les créations sont sur-titrées !

DE NIEUWE ANITA

Frederik Hendrikstraat 111
✆ +31 20 774 49 22
www.denieuweanita.nl
Ouvert du lundi au jeudi de 20h à 1h, vendredi et samedi de 20h à [illegible]h.

Pour ceux qui pensent que les discos et lieux de sortie d'Amsterdam sont tous design, nous vous présentons De Nieuwe Anita, un de nos chouchous pour passer une soirée agréable et surprenante et pas du tout dans la tendance fric et chic qu'on trouve au centre. Ici, on ne se prend pas la tête et on savoure des bières et cocktails sur des sons variés. Un espace cosy permet de se détendre sur des fauteuils moelleux très confortables. En bas se trouve une salle de spectacle où des concerts et happenings sont régulièrement organisés. Une belle adresse.

OCCII-ONAFHANKELIJK CULTUREEL CENTRUM IN IT

Amstelveenseweg 134
✆ +31 20 671 77 78
www.occii.org
Entrée à partir de 6 €.

Situé au bout du Vondelpark, ce tranquille club gay *friendly*, un ancien squat, existe depuis longtemps. Il s'y passe toujours quelque chose d'intéressant ou, à défaut, d'étrange : des concerts pour tous les goûts, des spectacles dans le style cabaret, des séances de lectures inspirées.... Le grand hall accueille un bar, une scène spacieuse et une piste de danse. De l'entrée, un grand escalier conduit au café, au second étage, où une foule bigarrée discute en écoutant de la musique.

PANAMA

Oostelijk Handelskade 4
✆ +31 20 311 86 86
www.panama.nl
Horaires et prix variables selon les évènements.

Panama est un complexe culturel situé un peu à l'écart de l'hypercentre, à 15 minutes de la gare, dans un quartier désormais totalement intégré dans le centre. C'est un endroit qui, au fil des ans, a su attirer un public éclectique autour de la trentaine. L'ambiance est des plus agréables avec de nombreuses soirées à thème. Panama est une adresse qui s'adresse plus aux trentenaires et quadras qu'aux plus jeunes, les soirées à thème en sont la preuve ! Panama vaut le déplacement notamment si vous sortez en petit groupe ! Endroit prisé des locaux.

PARADISO

Weteringschans 6-8
✆ +31 20 626 45 21
www.paradiso.nl
Concert à partir de 14 €. Carte de membre valable un mois à 4 € (raisonnable compte tenu de la qualité des prestations).

Haut lieu de la contre-culture des années 1970, le Paradiso a toujours le vent en poupe. Cette ancienne église est mythique. Déjà le décor est un plaisir pour les yeux : la scène et la fosse, que domine un grand balcon, sont illuminées par un superbe vitrail aux couleurs chaudes. La programmation, éclectique, est de très bonne qualité. On y trouve également un bar et d'innombrables galeries qui proposent chaises et tables à ceux qui souhaitent se tenir à l'écart de la foule. Un *must*. Souvent les concerts sont suivis d'une soirée disco.

STUDIO K

Timorplein 62
✆ +31 20 692 04 22
www.studio-k.nu
Ouvert du dimanche au jeudi de 11h à 1h, le vendredi et le samedi de 11h à 2h.

Depuis quelques années, Studio K dynamise le quartier est de la ville avec son cinéma restaurant-théâtre-salle de concerts. La programmation est pointue. A noter : l'auberge de jeunesse du quartier se trouve à deux pas. Une adresse de qualité logée dans une beau bâtiment en brique qui accueillait jadis une école. Studio K organise également des soirées concerts et comédie pour une soirée culturelle variée dans un endroit de qualité qui saura vous plaire. Voir le site Web pour le programme détaillé. Des expositions sont en outre accueillies dans le restaurant.

THEATER CARRÉ

Amstel 115-125
✆ +31 20 52 49 453
www.theatercarre.nl
Caisse ouverte et réservations tous les jours de 10h à 21h.

Ce lieu n'est pas exactement un théâtre puisqu'il accueille également de grands spectacles musicaux et des concerts. Consultez les programmes, une bonne surprise est toujours possible. C'est ici que se produit le cirque de Noël. Superbement rénové il y quelques années, c'est un endroit à l'atmosphère surannée. N'hésitez pas à vous mettre sur votre 31 lorsque vous y sortez car les Amstellodamois font parfois pareil. Surveillez de près la programmation autour de votre séjour vous pourriez y croiser des artistes réputés (pourquoi pas de France).

TOLHUISTUIN

IJpromenade 2
✆ +31 20 7604820
www.tolhuistuin.nl
Ouvert l'été de 11h à 22h, en cas de spectacle jusque 1h ou 2h.

Tolhuistuin est un espace multifonctionnel (relativement récent) présentant une programmation culturelle variée. La période forte est l'été où les jardins sont transformés en lieu de happening avec concerts, pièces de théâtre, événements culinaires, spectacle de danse, débats, etc. Tolhuistuin est, depuis son ouverture il y a quelques années, un chouchou culturel de la capitale où l'on aime passer des soirées spéciales, notamment les soirs de canicule. Le restaurant THT est aussi très prisé. L'accès est très facile, juste en face du bac.

TUSCHINSKI

Reguliersbreestraat 26-34
✆ +31 900 14 58
www.pathe.nl/tuschinski
Entrée plein tarif : 12 €.

La plus belle salle de la ville et, pourquoi pas, d'Europe et même du monde comme l'a récemment évoqué le magazine *Vogue*. La somptueuse salle n° 1, dans le plus pur style Art déco, vaut largement le déplacement. Les fauteuils, délicieusement confortables, sont propices aux petites siestes diurnes. Coupole, panneaux de bois en marqueterie, tapis et vitraux, tout évoque avec nostalgie la grandeur d'une époque révolue qui fait rêver. Bref, vous êtes ici dans l'un des plus beaux édifices de la ville, qu'il s'agit de ne pas manquer.

VEEM HOUSE

Van Diemenstraat 408-410
✆ +31 20 626 01 12
https://veem.house/

Veem House fait, depuis plus de 30 ans, magistralement bouger la scène néerlandaise et amstellodamoise de la danse et de la performance. L'institution se trouve dans un magnifique bâtiment datant de 1898 qui était autrefois un entrepôt recevant les produits luxueux en provenance des colonies : café, thé, tabac et cacao. On parvient à la salle de spectacle au 3e étage par de superbes escaliers en bois. Le lieu lutte pour sa survie depuis quelques années, il faut donc le découvrir et le soutenir sans hésiter. À noter un excellent restaurant, Bak, y est logé.

ZIGGO DOME

De Passage 100
✆ +31 900 2353 663
www.ziggodome.nl
Horaires et prix flexibles en fonction de l'événement.

Le Ziggo Dome est une salle de spectacle ultramoderne qui a ouvert il y a plus de10 ans dans la banlieue sud d'Amsterdam, près du stade de l'Ajax. D'une capacité de 17 000 places, le Ziggo Dome se distingue par une acoustique hors du commun et un cadre ultra-agréable, peu commun pour ce genre d'endroit. Conçu par le cabinet Benthem Crouwel, le bâtiment est une boîte rectangulaire accueillant deux rangs. L'extérieur du lieu est recouvert de 84 0000 diodes qui s'animent et s'éclairent de manière futuriste. Restaurants et bars sont disponibles sur place.

PASSEPORT

LES ENVIRONS

Si Amsterdam est une destination que plusieurs séjours ne suffiront pas à vous faire découvrir, elle peut aussi constituer une invitation à découvrir ses environs directs. Elles donnent accès à un monde pittoresque et bucolique et peuvent se faire sur la journée. Que diriez-vous d'une virée vers le Nord pour découvrir la vraie Hollande et les ports de pêche de l'Ijsselmeer ou Edam, Enkhuizen et Hoorn ? Direction le Sud, les champs de fleurs, Lisse, Haarlem la magnifique et son musée Frans Hals ou alors Zandvoort pour le plein d'iode ? La Haye, capitale politique et royale du pays, offre une atmosphère quelque peu surannée avec le magnifique Mauritshuis, le musée Voorlinden et la plage de Scheveningen. Delft est la ville historique de Vermeer, d'une incroyable beauté, un voyage dans le temps

DISTANCES

TEMPS DE TRAJET

La circulation entre les grandes villes du centre des Pays-Bas est compliquée et souvent engorgée même s'il n'y a ni autoroute ni péage. L'ajout de voies n'a absolument rien réglé au problème et la liaison entre La Haye et Amsterdam est connue pour ses bouchons récurrents. Les jours d'été, les embouteillages seront importants vers Zandvoort. Entre ces villes, nous conseillons largement les transports en commun notamment le train qui, s'il n'est pas donné, est plutôt efficace et confortable.

	AMSTER-DAM	DELFT	EDAM	HAARLEM	LA HAYE	ZANDVOORT
AMSTER-DAM		**69 KM** 1h30 00h45	**22 KM** 00h45 00h45	**32 KM** 00h45 00h15	**89 KM** 1h30 00h45	**42 KM** 1h00 00h30
DELFT	**69 KM** 1h15 00h45		**93 KM** 1h30 1h45	**66 KM** 1h15 00h45	**11 KM** 00h30 00h15	**62 KM** 1h15 1h15
EDAM	**23 KM** 00h30 00h45	**88 KM** 1h30 1h45		**53 KM** 00h45 01h00	**84 KM** 1h30 1h30	**61 KM** 1h00 1h15
HAARLEM	**25 KM** 00h45 00h15	**62 KM** 1h15 01h00	**48 KM** 00h45 01h00		**59 KM** 1h00 00h45	**13 KM** 00h30 00h15
LA HAYE	**65 KM** 1h15 00h45	**11 KM** 00h30 00h15	**89 KM** 1h15 1h30	**60 KM** 1h15 00h45		**48 KM** 1h15 01h00
ZANDVOORT	**42 KM** 01h00 00h30	**58 KM** 1h15 1h15	**56 KM** 01h00 1h15	**12 KM** 00h30 00h15	**47 KM** 01h00 1h00	

20 KM
Den Helder
Julianadorp
Anna Paulowna
Schagen
Medemblik
Noord-Scharwoude
Hoogkarspel
ENKHUIZEN ★★
Bergen
HOORN ★★
Alkmaar
North Sea
Markermeer
EDAM ★★
VOLENDAM ★★
MARKEN ★★★
Heemskerk
Purmerend
Beverwijk
IJmuiden
Zaandam
MONNICKENDAM ★★
HAARLEM ★★★
ZANDVOORT ★★
AMSTERDAM ★★★
IJmeer
Almere
Diemen
Hoofddorp
Huizen
AMSTELVEEN ★
Bussum
Noordwijk
Uithoorn
Hilversum
Soest
Leiden
Leiderdorp
HAYE ★★★
Voorburg
UTRECHT ★★★
Zeist
Zoetermeer
Nieuwegein
jk
DELFT ★★★
Gouda
ZAANSE SCHANS ★★★
Culemborg
ROTTERDAM ★★★
Schiedam
Krimpen aan den IJssel
Leerdam
Geldermalsen
ogvliet
Spijkenisse
Papendrecht
Zwijndrecht
Gorinchem
Oud-Beijerland
Werkendam
Zaltbommel
Dordrecht

PAGES

●● LES ENVIRONS PROCHES

229

Le sud d'Amsterdam réserve quelques belles surprises pour les visiteurs. Amstelveen, avec son musée Cobra et la forêt d'Amsterdamse Bos, est accessible en poussant le coup de pédale en provenance d'Amsterdam. Sinon la route des fleurs et Haarlem constituent des excursions de choix, au printemps idéalement !

●● PORTS DE PÊCHE SUR L'IJSSELMEER

241

Sur cette terre de contrastes, à quelques kilomètres seulement de la capitale, on rencontre un paysage qui offre toutes les caractéristiques d'une Hollande intemporelle. Ici, l'eau est omniprésente… mais toujours assagie. Stagnante sous les polders, maîtrisée dans l'IJsselmeer, calme dans les rivières et les canaux, elle semble ici donner particulièrement raison à l'adage selon lequel « Dieu créa le monde, à l'exception de la Hollande, qui fut créée par les Hollandais ». Est-ce la nature qui emprunte ici aux peintres du siècle d'or ces canaux, ces ciels lourds de nuages, ces fermes posées dans une campagne verdoyante, ces prés où paissent de paisibles bovins, ces champs de tulipes étincelants au printemps… et ces inévitables moulins qui rythment l'horizon ?

●● HOLLANDE-MÉRIDIONALE

251

De cette province de l'ouest du pays, sur les bords de la mer du Nord, nous ne traitons présentement que deux villes, Delft et La Haye qui, chacune à sa manière, donne un aperçu complémentaire des richesses du Pays. Delft est la ville préservée historique où vécut Vermeer. La Haye est la capitale administrative et royale avec ses musées illustres et sa grande plage.

C'est ici que l'on vient pour passer le plus de temps possible au Mauritshuis, le fabuleux musée de la ville : Vermeer, Rembrandt, Fabritius, le tout dans un décor superbe et sans les grandes foules du Rijksmuseum, ou faire une balade historique dans le centre de la ville : cité historique, capitale de la justice internationale, on y comprend mieux les racines des Pays-Bas.

La renommée de la faïence de Delft, faïence décorative ou destinée aux décorations typiquement hollandaises, s'est répandue de par le monde. On peut aujourd'hui visiter plusieurs de ces ateliers à Delft et assister à la fabrication de faïence.

LES ENVIRONS

AMSTELVEEN ★

Cette cité-dortoir à la bordure d'Amsterdam ne présente pas un très grand intérêt à première vue. Elle mérite cependant un détour grâce à deux joyaux : l'Amsterdamse Bos, la fabuleuse forêt d'Amsterdam et le musée Cobra. Les Amstellodamois se plaignent souvent du manque d'espaces verts du centre-ville et nombreux sont ceux qui viennent se ressourcer dans ce bois immense qui date des années 1930 ! D'Amsterdam, on arrive à Amstelveen par les bus 170, 171 et 172, par le tram 5 ou le métro 51. Amstelveen est à 20 minutes à vélo seulement d'Amsterdam Zuid. Nous vous conseillons donc de pédaler pour y parvenir.

Amsterdamse Bos.

BOS THEATER ★

De Duizendmeterweg 7
✆ +31 20 6433286
www.bostheater.nl
Sinon lors d'une balade dans le bois, le site se visite mais présente un intérêt limité.

En voilà un endroit qui sort des sentiers battus ! Ce théâtre de plein air est situé au cœur de l'Amsterdamse Bos, la grande forêt entre Amsterdam et Amstelveen. L'été on y vient pour des concerts ou des pièces de théâtre. Le cadre est *roots* et charmant. La programmation peut être vraiment très pointue et agréable avec des grands noms internationaux. À noter vous pouvez réserver un panier pique-nique pour une vrai soirée bucolique assez unique. Regardez le site web pour vous mettre déjà dans l'ambiance et réservez vos billets dès maintenant !

COBRA MUSEUM - MUSÉE COBRA ★★

Sandbergplein 1
✆ +31 20 547 50 50
www.cobra-museum.nl
Ouvert du mardi au dimanche de 11h à 17h.
Adulte : 15 €, enfant de 6 à 18 ans : 9,50 €.

Ce musée d'Amstelveen est consacré au mouvement Cobra. Vu de l'extérieur, il ressemble à deux triangles fermés, glissés l'un dans l'autre. L'intérieur présente un immense espace ludique aux murs blancs, inondé de lumière naturelle et à l'ambiance résolument Zen. Un patio circulaire coiffé d'un toit de verre ajoute encore à sa luminosité, qui met formidablement en valeur les couleurs fortes utilisées généralement par les artistes du mouvement Cobra, dans un décor aux teintes neutres dû à l'architecte Wim Quist, déjà concepteur du Musée maritime de Rotterdam et de l'annexe du musée Kröller-Müller. Quelques salles offrent une vue somptueuse sur le vieux canal, ce qui rend la visite encore plus agréable. Le musée s'intéresse à l'art moderne depuis 1945. Et comme son nom l'indique, la majorité des expositions, du moins les permanentes, sont consacrées au mouvement international Cobra. Les collections de Vrij Beelden et Creatie permettent d'ajouter au panorama de l'art néerlandais de la seconde moitié du XXe siècle les noms d'Arnando, Boers, Gerrits, Hunziker, Ortvald, Corneille et bien d'autres… Le Danois Ortvald, du mouvement Cobra, aurait dit en visitant ce musée : « C'est justement à cet ordre établi, le monde des musées, que nous nous sommes tellement opposés. » Le musée organise fréquemment des expositions temporaires intéressantes. Ce musée moins populaire que beaucoup d'autres mérite pourtant une visite ! Pourquoi ne pas y aller après une belle promenade à vélo ?

GEITENBOERDERIJ RIDAMMERHOEVE ★

Nieuwe Meerlaan 4
✆ +31 20 645 50 34
www.geitenboerderij.nl
Ouvert de 10h à 17h, fermé le lundi et le mardi en hiver. Ouvert plus tard l'été s'il fait beau.

Adorable ferme au cœur de l'Amsterdamse Bos, elle est spécialisée dans l'élevage de chèvres (plus de 100) mais aussi d'autres animaux. Il est possible de nourrir les chèvres en achetant des biberons de lait. Tous les produits de la ferme sont à vendre et le fromage et le lait de chèvre sont excellents. Il convient d'y faire un tour par une belle journée lors d'une promenade complète dans le parc, après peut-être une visite au fameux musée Cobra d'Amstelveen !

CAMPING HET AMSTERDAMSE BOS €

Kleine Noorddijk 1
✆ +31 20 641 68 68
www.campingamsterdamsebos.nl
10 € 1 personne plus 1 tente (basse saison). Bungalow à partir de 70 €.

Agréable camping à la sortie d'Amsterdam. Bonne solution pour loger au calme, mais pas non plus trop loin d'Amsterdam (tram à 15h minutes, rejoignant le centre en 30 minutes). À noter que quelques cafés et restaurants se sont installés dans le quartier à la lisière d'Amsterdam. Grande cuisine pouvant être utilisée par les campeurs. Une bonne adresse pour ne pas se ruiner, en effet non seulement on ne paie pas un prix élevé pour la nuitée, mais pas de frais de parking.

ROYAL SAN KONG €€

Dorpsstraat 57
✆ +31 20 647 79 02
www.royalsankongbezorgen.nl
Cuisine ouverte de 12h à 22h. A partir de 18 € pour un menu, prix plus élevés le soir.

Il serait vraiment dommage de ne pas déjeuner ou dîner dans ce restaurant de qualité d'Amstelveen surnommé le « superchinois » par certains habitués. Les prix sont, certes, plus élevés que dans la plupart des restaurants chinois d'Amsterdam, mais les prestations le sont également. L'ambiance dégage un luxe feutré avec notamment un superbe mur qui reproduit la *skyline* de Shanghai. Le service est efficace et aimable et les serveuses, toutes vêtues de magnifiques tenues chamarrées, ajoutent une note couleur locale à votre repas.

TANUKI IZAKAYA €€

Pieter Lastmanweg 9 ✆ +31 20 645 4650
www.restaurant-tanuki.nl/
Ouvert de 12h à 17h pour le déjeuner et de 17h à 23h pour le dîner. Compter environ 25 € le midi, 40 € le soir.

Excellente adresse d'Amstelveen, ville au sud d'Amsterdam. On se croirait au Japon. L'emplacement, entre un centre commercial et une rue assez passante, semble un peu improbable à première vue. On note, comme un îlot, un lopin de terre vert et une maison traditionnelle en bois ; on y accède par un charmant escalier et là, on arrive réellement au pays du soleil levant. La cuisine est hyper fraîche et le cadre très agréable. Izakaya est un lieu où passer du temps en groupe en buvant et mangeant des petits plats. Adresse idéale après une visite du musée Cobra.

HAARLEM ★★★★

Capitale administrative de la Hollande-Septentrionale, elle compte environ 160 000 habitants. Deux mots résument l'identité de cette ville bourgeoise, sorte de banlieue chic d'Amsterdam : luxe et sérénité. Haarlem doit son développement à deux activités prestigieuses et traditionnelles : la culture des plantes à bulbes et l'industrie textile. Elle regorge de petits havres de paix dissimulés, appelés les *hofjes*, ces maisons qui entourent une cour intérieure fleurie en été et anciens lieux caritatifs. Haarlem est la capitale de la tulipe dont les champs fleuris au printemps s'étendent, depuis le XVIIe siècle, aux portes de la ville.

Histoire

Selon la légende, Haarlem a été sauvée de l'engloutissement par l'un de ses astucieux enfants, qui aurait obstrué une fissure dans une digue du Spaarndam avec son doigt. Au XIIe siècle, Haarlem acquit des droits de cité et devint la première capitale du comté de Hollande. À la fin du siècle, elle fut dotée de fortifications (dont il ne reste que quelques traces aujourd'hui). Dès lors, elle connut une forte expansion (construction d'une cathédrale en son centre, nouvelles fortifications au XIVe siècle, développement du commerce...). Pendant l'hiver 1572-1573, au début de la guerre d'Indépendance, cette bonne ville vécut des heures tragiques. Après avoir opposé une résistance opiniâtre de sept mois au siège espagnol, n'échappant à la famine la plus complète que grâce à un ravitaillement arrivant en patins à glace par les canaux, elle fut contrainte à une reddition que la vengeance impitoyable du duc d'Albe transforma en massacre de la population.
Après une courte occupation, Haarlem ouvrit ses portes aux armées confédérées, suivies de près par des transfuges protestants (anversois et français), qui contribuèrent au relèvement de la cité. Au XVIIe siècle débute une période de prospérité due en partie à la fortune de la tulipe et au développement de l'industrie textile. Les ateliers de peinture de Haarlem, parmi les meilleurs de Hollande, accueillirent des maîtres comme Frans Hals, Pieter Saenredam ou Jacob Van Ruysdael.

Pratique

Pour une découverte rapide de l'histoire de la ville, rendez-vous à l'hôtel de ville de Haarlem. Au sous-sol, vous avez rendez-vous avec un film d'animation qui relate les grands événements qui ont forgé l'histoire et l'identité de la ville. Anno Haarlem vous permet cette découverte de manière ludique et pratique. En plus le tout est gratuit !

Transports

À 24 km d'Amsterdam et 59 km de La Haye. Le plus simple consiste à prendre le train.

- Le trajet dure moins de 20 min de la gare d'Amsterdam central. Au moins 6 trains par heure de différents quais, pour moins de 5 € l'aller en seconde classe.
- De La Haye, le trajet dure habituellement moins de 40 minutes et 5 trains par heure sont au départ de Den Haag centraal. Il vous en coûtera moins de 6 € l'aller.

37PK HAARLEM ★

Groot Heiligland 37-47

Horaires en fonction des expos. Entrée gratuite.

Ce lieu novateur est logé dans la salle Zanderzaal de l'ancien hôpital Groote Gasthuis ou Sint Elisabeth (1925). Ce centre d'activités artistiques est à l'origine de l'événement biennal que constituent « Les Journées de la bande dessinée de Haarlem ». C'est un lieu polyvalent au programme varié qui change régulièrement et qui met l'art moderne en valeur. La structure coopère avec les écoles d'art de la région et propose des résidences temporaires à certains artistes. Un lieu assez différent qui saura titiller votre curiosité et vos sens.

BLOEMBOLLENSTREEK ★★

En bordure du littoral des Pays Bas, situé entre Haarlem et Leyde

Le sud de la Hollande est un Eldorado pour la culture des fleurs à bulbe. Au printemps, les champs entre Leiden et Haarlem se parent de mille couleurs et se transforment en un immense tapis bariolé. Une magnifique balade d'environ 60 km à faire en voiture ou à vélo. Vous pouvez bien entendu vous rendre au parc floral du Keukenhof pour admirer la force chromatique des fleurs mais, en pleine saison, un voyage entre Amsterdam/Haarlem/La Haye sera aussi une superbe expérience riche en photos à condition que les vitres du train soient propres !

SMIDTJE CANAL CRUISES

Spaarne 11A

✆ +31 23 535 7723

www.smidtjecanalcruises.nl/fr

Visite de 50 minutes du centre de Haarlem ou jusqu'à Heemstede en 1h30 : 18,50 €/adultes et 9,50 € pour les -12 ans.

Haarlem, comme Amsterdam, est une magnifique ville à découvrir depuis ses canaux. Cette compagnie propose de vous faire découvrir le centre-ville de Haarlem en 50 minutes, ou d'aller un peu plus loin vers le sud, au long du Spaarne, avec la visite « de moulin en moulin », en 1h30. Les bateaux sont très confortables et à toits amovibles (vous serez au chaud l'hiver, et à l'air libre l'été !). La visite est très agréable, on ne peut que vous recommander de profiter de l'expérience. Embarquement tous les jours juste en face du Teylers Museum.

CORRIE TEN BOOMHUIS

Barteljorisstraat 19

www.corrietenboom.nl

Visite uniquement possible sur réservation, information à tours@corrietenboom.com. Entrée sur donation conseillée.

Un musée qui retrace la vie et les faits de la famille Ten Boom, et plus spécialement ceux de Corrie Ten Boom. Documentations, photos, cadres de vie d'une famille bien connue qui, pendant la Seconde Guerre mondiale, a constitué un réseau de Résistance et a pu ainsi sauver la vie de nombreux réfugiés, juifs et partisans. Encore une adresse puissante et immanquable du pays et de sa lourde histoire lors de la Seconde Guerre mondiale. Il ne faut jamais oublier. C'est pour cela qu'il convient d'y faire une visite si vous passez à Haarlem.

ÉGLISE SAINT-BAVON

Grote Markt 22 ✆ +31 23 553 20 40
www.bavo.nl
Ouvert du lundi au samedi de 10h à 17h en été également le dimanche de 12h à 16h. Entrée 3 €.

© FUNKY-DATA - ISTOCKPHOTO.COM

La silhouette de la cathédrale Saint-Bavon, deuxième plus grande église du pays, est originale. Terminée en 1930, elle mêle une multitude de styles architecturaux, avec une prédominance des styles romano-byzantin et néogothique. Édifiée entre 1370 et 1520, l'église est dotée d'une magnifique tour-lanterne. A noter : le bel autel en marbre et la superbe chaire en bronze. Admirez les mosaïques et la marqueterie. Son chœur est fermé par une grille en cuivre façonnée au début du XVIe siècle. Les stalles sont de 1512. L'église abrite le tombeau de Frans Hals.

MUSÉE D'ARCHÉOLOGIE

Grote Markt 18
✆ +31 23 542 08 88
www.archeologischmuseumhaarlem.nl
Ouvert du mercredi au dimanche de 13h à 17h. Entrée gratuite.

Situé dans une cave sous le Vleeshal, le musée d'Archéologie présente les résultats de fouilles effectuées dans Haarlem. Bâtiment rénové récemment spécialement conçu pour les enfants et qui saura leur plaire, les objets exposés étant bien placés à hauteur. Un musée qui se visite en passant, une plongée dans l'histoire de la ville, sympa sans plus. Donc passez-y rapidement en famille ou pas, jetez-y un œil intéressé rapidement et poursuivez par le Saint Bavo ou le musée Frans Hals qui saura certainement vous captiver de manière durable.

FRANS HALS MUSEUM HOF ★★★

Groot Heiligland 62
✆ +31 23 511 57 75
www.franshalsmuseum.nl
Du mardi au samedi 10h-17h (parfois 18h). Adulte 16 €, enfant gratuit.

Fondé en 1606, cet ancien hospice pour vieillards, construit par Lieven de Key ou par Jacob van Campen accueillit les dernières heures de la vie de Frans Hals.

Restauré par la municipalité et transformé en musée en 1913, il possède le charme typique des *hofjes* haarlemois : maisons basses réservées aux pensionnaires entourant une petite cour silencieuse, bâtiment principal abritant de grandes pièces d'apparat donnant sur la grande cour. Des fenêtres à petits carreaux diffusent une douce lumière qui vient baigner les œuvres des maîtres du siècle d'or et recrée cette atmosphère empreinte de mystère religieux propre à tant de tableaux d'intérieurs hollandais. Le musée a connu une rénovation importante et est désormais établi dans deux bâtiments : Hof et Hal situés à 7 minutes de marche.

Mais venons-en à la superbe collection Frans Hals. Sur les six tableaux corporatifs peints par le maître de Haarlem, cinq sont ici exposés (salle 12) qui représentent les compagnies à la parade ou banquetant autour d'une table. Ces cinq toiles, peintes entre 1616 et 1639, permettent d'apprécier l'évolution qu'il imprime à ce type de peinture qui, de figée qu'elle était jusqu'alors, s'anime d'une expressivité et d'une vivacité toutes nouvelles. Des portraits collectifs, genre dans lequel Frans Hals s'est particulièrement distingué, on peut encore admirer, dans les salles 15 et 18, *Les Régents de l'hôpital Sainte-Elisabeth*, de 1641, et surtout le *Portrait des régentes de l'hospice des vieillards*, de 1664. Ces œuvres révèlent un changement dans la psychologie du peintre. Les couleurs vives et joyeuses font place à du noir, l'allégresse et l'exubérance sont remplacées par l'austérité. Le regard qu'il porte sur ses régentes qui, à la fin de sa vie, lui refusaient le tabac et le vin, est sans bienveillance et traque, à travers leurs corps décharnés, l'hypocrisie d'une société bien-pensante dont la rigidité ne peut masquer les complaisances (joues empourprées de la doyenne). Il est regrettable que de la centaine de portraits individuels que signa Frans Hals, trois seulement soient ici visibles (un archidiacre, une de ses premières œuvres, un bourgmestre et la femme de ce dernier). Qui plus est, ils sont peu représentatifs du brio avec lequel il peignait buveurs, bons vivants et autres personnages truculents auxquels il a su transmettre une joie de vivre irrésistible. Un musée à ne pas manquer, les expositions temporaires valent, elles aussi, largement le déplacement. A noter le musée met également en valeur la ville d'Haarlem et ses habitants.

TEYLERS MUSEUM ★★★

Spaarne 16
✆ +31 23 516 09 60
www.teylersmuseum.nl
Du mardi au dimanche de 10h à 17h, l'été également le lundi. 11h. Adultes : 15 €, enfants : 2,50 €.

Ce musée, le plus ancien des Pays-Bas, est logé dans un hôtel particulier construit par la famille Teyler, en 1780. Fondé à la fin du XVIIIe siècle et financé par Peter Teyler van der Hulst, un riche marchand de Haarlem, il était consacré à l'origine aux sciences et techniques. Outre une section des sciences et une autre d'histoire naturelle, il y a une superbe collection de dessins, gravures et eaux-fortes. Rien ne semble avoir changé depuis sa fondation, tant le mode de présentation paraît vieillot, ce qui contribue encore à son charme et nous change de tous les musées par trop didactiques.

On verra donc des vitrines de fossiles, de crânes et de mâchoires d'animaux préhistoriques toujours aussi impressionnants, de nombreux outils scientifiques qui nous paraissent archaïques mais qui ne furent pas moins les témoins, sinon les acteurs, de l'avènement de l'optique ou de l'électricité, des appareillages qui semblent tout droit sortis de l'imagination farfelue de quelque professeur Tournesol. Tout cela vous rappellera peut-être ces salles de biologie des lycées parisiens du XIXe siècle où fresques naturalistes et divers objets scientifiques donnent aux cours une saveur d'érudition. Enfin, une collection graphique, présentée par roulement, expose les dessins de Rembrandt, de Michel-Ange, de Raphaël et de Watteau. Une aile, ouverte plus récemment, présente des expositions temporaires. La programmation est toujours très intéressante et conçue pour intéresser, et même plaire aux enfants. Une visite très agréable.

FIETSPOINT

Stationsplein 7
✆ +31 23 531 70 66
www.fietspoint.nl
Ouvert de 5h à 19h. Location 10 € par jour, caution de 50 €.

Haarlem comme sa grande sœur Amsterdam se découvre très bien à vélo et c'est ici que vous devez aller pour en louer un. En effet, la ville est de petite taille et idéalement il faut y marcher ou y pédaler. Le vélo vous sera des plus utiles pour visiter cette petite ville et, surtout, pour vous offrir des balades dans ses environs ou à la mer. Adresse de référence de la ville. Service pas toujours aimable, mais bon ce n'est pas grave, elle est bien située proche de la gare de la ville et pas très loin de l'hypercentre donc c'est parfait !

RENT A BIKE

Lange Herenstraat 36
✆ +31 23 542 11 95
rentabikehaarlem.nl
Ouvert du lundi au dimanche de 9h à 18h.

Cette adresse réputée propose des vélos à la location. Le choix est immense et il suffit de consulter le bandeau défilant du site Web pour s'en rendre compte. L'établissement a plusieurs atouts qualité et qui sont gages de confiance. Des réductions diverses, des vélos de marques réputées, la vente de billets pour les grandes attractions du coin (exemple Keukeuhof), des visites guidées multilingues (notamment en anglais). Plusieurs itinéraires vélo ont été concoctés par les équipes et vous permettront de découvrir les environs de manière indépendante.

DE LIEDE €

Lieoever 68
✆ +31 23 535 86 66
www.campingdeliede.nl
Camping. Ouvert toute l'année. Compter environ 14 € pour 2 personnes et 1 tente.

Ce camping « urbain » est situé à trois kilomètres du centre de Haarlem. Il a la particularité de ne pas pratiquer des tarifs de saison et a toute l'année des tarifs « justes ». Le complexe est grand et comprend divers emplacements en fonction de vos souhaits. Vous pourrez ainsi utiliser votre propre tente, mais aussi louer des bungalows en bois. Vous avez la possibilité de louer des canoës. Le Wifi est payant sur le site. De nombreuses attractions et des jeux sont présents sur le site pour un séjour en famille. Tout le confort est disponible.

STAYOKAY HAARLEM €

Jan Gijzenpad 3
✆ +31 23 537 37 93
www.stayokay.com
A partir de 28 €/nuit en dortoir l'été. Chambre 4 pers. à partir de 80 €. Petit déjeuner compris.

L'adresse la moins chère de la ville, mais assez bruyante, excentrée, encombrée l'été. Le bâtiment a été rénové il y a quelques années. Chaque chambre est désormais équipée d'une douche, de toilettes et d'un lavabo. Attention, la réception est fermée après 23h et le couvre-feu est à minuit ! Capacité de 140 lits répartis en 31 chambres. Restaurant et bar (café brun) sont présents sur le site. Très agréable terrasse pour les beaux jours et toutes les attractions de la région (plage, champs de fleurs...) à portée de main ou plutôt de pédale.

AMBASSADOR CITY CENTER HOTEL €€

Oude Groenmarkt 20
✆ +31 23 512 53 00
www.ambassadorcitycentrehotel.nl
A partir de 89 € la chambre double en haute saison.

Cet hôtel de 106 chambres est situé en plein centre historique d'Haarlem à quelques pas de nombreux cafés, restaurants et commerces ainsi que d'un parking public et de la gare. Les chambres, récemment rénovées, disposent de tout le confort moderne tout en gardant un certain charme grâce aux antiquités venant des quatre coins du monde que l'on retrouve également dans les parties communes de l'hôtel, qui ont été remises au goût du jour dans le style des Années folles.

CARLTON SQUARE €€€

Baan 7
✆ +31 23 531 90 91
www.carlton.nl
124 chambres à partir de 95 €.

Très bien situé, cet hôtel d'allure internationale garde un caractère intime. Supplément pour le petit déjeuner. Restaurant, bar et grill sont également présents au sein de cet hôtel. Carlton est une adresse de standing avec des chambres confortables, bien décorées, souvent lumineuses. Au nombre de 124 elles sont réparties selon 6 types différents. Qualité 4 étoiles vous vous y sentirez bien, très bien même. En réservant direction sur le site de l'établissement vous bénéficierez de divers avantages donc une réduction de 5 % et un bon d'achat au bar.

HÔTEL CARILLON €€

Grote Markt 27
✆ +31 23 531 05 91
www.hotelcarillon.com
Chambre dès 75 €.

L'hôtel Carillon se situe sur la grand-place de la ville. Ce bâtiment en brique possède vingt et une chambres dont quinze équipées de douches et toilettes. Un restaurant et un bar sont à votre disposition. Chambres petites mais accueil charmant. Très bien situé donc idéal pour découvrir la ville de jour comme de nuit. Proche de toutes les grandes attractions et aussi proche de la gare pour rejoindre Amsterdam dans les meilleures conditions. Une des adresses les plus anciennes de Haarlem où il fait bon séjourner et boire un verre.

HOTEL LION D'OR €€€

Kruisweg 34-36
✆ +31 23 532 17 50
www.hotelliondor.nl
Chambre double dès 100 €.

Juste en face de la gare et des stations de bus, le Lion d'Or est le plus ancien hôtel de Haarlem, ses origines remontent en effet à 1839, ce qui ne nous rajeunit pas ! Cet hôtel a naturellement été plusieurs fois remis au goût du jour et présente une allure contemporaine et design avec des chambres agréables à la décoration vintage et photogénique. Tout semble avoir été conçu pour une découverte de la ville dans les meilleures conditions. Luxe certes mais luxe maîtrisé et jamais ostentatoire. Une valeur sûre de la ville et au-delà.

RAECKS €€

Raaks 1-3
✆ +31 23 532 66 29
www.hoteldieraeckse.com
Chambre simple à partir de 50 €, double à partir de 120 €. Petit déjeuner compris, taxe de séjour non comprise.

Au centre de la ville, à deux pas de la poste centrale (à proximité d'un parking), un hôtel familial et confortable dans une maison ancienne. Vingt belles chambres avec douche, télévision, téléphone, air conditionné, et bonne insonorisation. Également un bar-restaurant qui sert de très bonnes viandes et un super bar à cocktails dans un décor agréable. Une adresse qui allie très bien le confort des chambres à la chaleur d'un accueil personnalisé pour un séjour très agréable dans cette belle cité de Haarlem. Les tons jaunes et ocre dominent.

ML €€€

Klokhuisplein 9
✆ +31 23 512 39 10
www.mlinhaarlem.nl
Chambre à partir de 95 €, suite dès 180 €.

ML se situe sur une très jolie place dans les anciens imposants bâtiments de l'ancienne imprimerie et fonderie de caractères Koninklijke Joh. Enschedé. Le complexe qui comprend hôtel et café-restaurant a conservé au maximum les éléments existants. L'hôtel comprend dix-sept chambres situées sur trois niveaux. La décoration soignée allie éléments anciens et confort moderne (lits Hästens, télévision écran plat, ordinateur, Internet, toilette et douche…). Un plaisir pour les yeux où il fait bon séjourner. Le bistrot est très recommandé aussi.

CAFÉ BRUXELLES €

Lange Wijngaardstraat 16
✆ +31 23 531 45 09
www.bruxellesaanzee.nl
7j/7 à partir de 17h (du dimanche au mercredi jusqu'à 1h, du jeudi au samedi jusqu'à 2h). Compter 15 € à 20 €.

Sympathique *eetcafé* à l'ambiance estudiantine. Prix abordables, pas pour une expérience culinaire inoubliable mais pour une bonne soirée sans se ruiner ! Ici tout est clair il s'agit d'un café bières mais aussi d'un restaurant. L'adresse propose un petit plat du jour à prix cassé, ce plat est souvent une tradition culinaire batave donc pensez à des mets qui tiennent au corps à base de légumes bouillis et de viande. La carte met aussi à l'honneur les moules et autres plats de café et brasserie. Une adresse qu'on aime car elle ne succombe pas à la modernité.

IGNITE HAARLEM €€

Lange Veerstraat 23
✆ +31 23 542 35 78
https://ignite-haarlem.nl/
De dimanche à jeudi dès 16h, vendredi dès 15h, samedi dès 14h.

Agréable restaurant d'une rue animée d'Haarlem, Ignite propose des plats inspirés nous venant de l'Europe entière avec des accents très italiens. Joli décor récemment totalement revu au goût du jour. Cette adresse est spécialisée dans les grands groupes qui viennent se restaurer dans une ambiance ultra « *gezellig* » et boisée, de plats simples mais savoureux. À noter grand choix de poissons et de plats végétariens pour une soirée réussie sans prise de tête. C'est une adresse de qualité qui est réputée. Emplacement idéal au centre de cette belle cité.

NOVECENTO €€

Gierstraat 66
✆ +31 23 531 75 81
www.novecento.nl
Ouvert dès 17h. Compter environ 25 € par personne.

Novecento est un bon restaurant italien du centre de Haarlem, on y sert des pizzas bien évidemment (miam la surprenante pizza au brie) mais aussi des plats de pâtes et de poisson. Cette adresse prévoit aussi des plats pour les végétariens et les végans et cela est vraiment une bonne nouvelle pour éviter les soirées compliquées avec une tablée variée. La carte est de toute façon présentée de manière très claire pour éviter toute allergie. Beau cadre élégant et agréable jardin pour les beaux jours. Une adresse qui a tout bon en fait !

HOTEL STAATS €€€

Ripperdastraat 13A
✆ +31 23 200 1234
www.hotelstaats.nl
Chambres doubles à partir de 150 € la nuit, suites à partir de 180 €.

L'Hotel Staats est à l'image de la ville de Haarlem : c'est un établissement très élégant. Ouvert en 2017 dans une ancienne école, il est composé de 21 chambres. Elles sont toutes uniques, ayant été conçues par l'architecte Michel Ruijgrok. Les espaces communs, dont un jardin extérieur, sont très agréables. C'est le genre d'hôtel dont on ne veut pas partir ! À noter que le restaurant, De Ripper, accueille des jeunes apprentis locaux et est ouvert sur réservation le soir. Le petit déjeuner y est excellent, et c'est aussi une excellente option pour dîner.

© HOTEL STAATS

© HOTEL STAATS

LES ENVIRONS

CAFÉ DE STIELS

Smedestraat 21
✆ +31 23 531 69 40
www.stiels.nl
Lundi à mercredi de 20h à 2h, jeudi à dimanche de 20h à 4h.

Très agréable café-salle de concerts qui a une solide réputation depuis son ouverture il y a plus de 10 ans. Une excellente adresse pour une soirée animée. Consultez le site web pour la programmation. Le lundi c'est soirée jazz. Chez Stiels l'ambiance est toujours agréable et c'est un choix judicieux pour une soirée endiablée qui saura rester détendue. Tous les soirs il s'y passe quelque chose. Un grand classique de la capitale de province depuis presque vingt-cinq ans déjà. Passez-y au moins une partie de la soirée avant de poursuivre votre périple.

PROEFLOKAAL DE BLAUWE DRUIF

Lange Veerstraat 7
✆ +31 23 531 65 68
www.proeflokaaldeblauwedruif.nl
Ouvert de 16h à minuit (2h vendredi et samedi, 21h le dimanche).

Sur la place centrale, ce beau café brun invite à boire une bière, un genièvre ou du bon vin dans une ambiance chaude. On peut également y manger un plat (salade, grillades...). Plus qu'un simple café comme on en trouve tant aux Pays-Bas en général et à Haarlem en particulier, Blauwe Druif est un lieu de dégustation où l'on prend le temps de savourer les différents alcools proposés, notamment la bière et le genièvre. L'établissement se targue d'être le plus ancien de la ville.

HET PATRONAAT

Zijlsingel 2
✆ +31 23 517 58 58
www.patronaat.nl
Voir la programmation.

Het Patronaat est LA salle de concerts de la ville avec une très bonne programmation plutôt pop-rock. Cette salle existe depuis 1984 mais a été remise à neuf dans les années 2000. Cette salle fait partie des lieux incontournables de taille moyenne et il fait bon y passer une soirée. Les groupes à l'affiche sont toujours d'excellente qualité. C'est une adresse de prédilection des habitants de la ville mais aussi de ceux d'Amsterdam qui s'y rendent parfois pour éviter la cohue du Paradiso. L'acoustique y est de bonne qualité !

ZAANSE SCHANS ★★★

Cet authentique village hollandais, regroupe des maisons et des moulins des XVIIe et XVIIIe siècles provenant des environs. Ici, chaque maison est transformée en musée, ce qui n'empêche pas tous ces petits commerces artisanaux – du sabotier au fromager, en passant par l'horloger, le fondeur d'étain, le fabricant de couleurs ou de fromages – d'être toujours en activité. En été, on pourra faire d'agréables promenades en bateau sur le Zaan bordé de dizaines de moulins. Attention ! Le parking (payant) situé à l'entrée ferme à 18h et il n'y a pas de possibilité d'hébergement. Ici, vous êtes à équidistance (22 km) d'Edam et d'Alkmaar, à l'est.

Un paysage inattendu dans la campagne de Zaanse Schans.

ZAANSESTORE

Stadhuisplein 96
✆ +31 75615 04 06
www.zaanstore.nl
Du lundi au vendredi de 9h30 à 16h, samedi jusque 16h dimanche de 10h à 14h.

Voici un office de tourisme pas comme les autres et qui vous laissera un sacré souvenir ! Déjà des sabots vous accueillent et puis la maison est en bois coloré en vert très vif. Ici aussi on peut glaner toutes les informations utiles et pertinentes pour bien visiter la région et réserver toutes les attractions de la région. Alors forcément ici ce sont les produits du terroir qu'on achètera ! La fameuse moutarde, le cacao et tous les accessoires et objets personnalisés qui constitueront de superbes cadeaux à ramener à vos proches.

MUSÉE ATELIER DU SABOT EN BOIS DE ZAANSE SCHANS

Kraaienest 4, 1509 AZ Zaandam
✆ +31 75 617 7121
www.woodenshoes.nl

Entrée gratuite. Ouvert tous les jours : 8h-18h de mars à octobre et 8h-17h de novembre à février.

Voici une excellente visite qui mêle histoire, artisanat et découverte ludique. Ici, la famille Kooijman fabrique des sabots en bois depuis trois générations ! C'est en 1974 que Jaap Kooijman décide d'ouvrir un musée, pour préserver ce savoir-faire millénaire. Aujourd'hui, ce sont ses petits-fils Justin et Robin qui vous accueillent toute l'année : vous découvrirez des démonstrations de fabrication « comme à l'époque », ainsi qu'une très impressionnante collection. À ne pas manquer !

ZANDVOORT ★★

L'une des stations balnéaires les plus fréquentées du pays qui s'étend au pied de hautes dunes, le long d'une plage de sable fin qui n'en finit pas. Un endroit rêvé pour de longues balades à pied (et pour déguster un hareng frais dans l'un des kiosques à poisson !). Zandvoort (de *sandevoerde* ou « jeune dune ») est née vers 1100, à la suite d'un grand mouvement de sable à l'ouest de la crête prélittorale sur laquelle est située Haarlem. Un petit nombre de pêcheurs se sont installés sur le cordon littoral, là où la rangée des dunes s'interrompt. Elle comporte de nombreux commerces, un casino et même un circuit automobile qui accueille la F1.

Se restaurer

Capitale des baraques de plage !

Dès les beaux jours, la plage de Zandvoort se peuple d'une multitude de *strandtenten*, ces plus ou moins luxueuses baraques de plage, véritables bars-restaurants amovibles qui donnent à cette cité-balnéaire son caractère si spécifique. Ces adresses sont agréables, souvent protégées du vent, et il fait bon y passer du temps après une journée éreintante au soleil. C'est la meilleure manière de se restaurer ! Pour vivre l'expérience locale jusqu'au bout, vous pourrez louer une chaise longue et passer une journée de rêve si la météo coopère.

Transports

Vraiment proche d'Amsterdam, la cité balnéaire de Zandvoort est parfaitement accessible depuis la capitale en train. Il vous faudra 30 minutes et un changement à Haarlem et un peu plus de 6 € en seconde classe (l'aller).

ÉGLISE RÉFORMÉE ★

Poststraat 1

L'origine de cette église remonte au Moyen Âge, avec la tour dont l'origine remonte probablement à la fin du XVe siècle, avec des vestiges d'une autre église datant de 1300. Elle compte un certain nombre d'éléments historiques : les fonts baptismaux datant de 1655, la chaire qui date de 1682 et une belle tombe en marbre datant de 1623. L'église a subi plusieurs rénovations dont celle de la tour en 1954. Le chauffage centrale date de 1920. Les tombes autour de l'église datent de la période 1830-1873. Les superbes orgues, inaugurées en 1849, ont été rénovées.

JUTTERMUZEEUM

Strandweg 2

✆ +31 23 5712221

juttersmuseum.com

Ouvert le mercredi de 13h30 à 16h et samedi et dimanche de 12h à 16h. Entrée gratuite, don apprécié.

En voici un musée atypique qui saura ravir petits et grands et qui saura égayer une belle journée de plage ! Ce musée situé sur la plage est consacré aux divers objets rejetés par la mer et qui sont ramassés. C'est une collection hétéroclite et intéressante qui nous est présentée. A noter la présence d'un bel aquarium en sous-sol. Nous aimons le charme typique qui se dégage ici. N'oublions pas que si Zandvoort est devenu un mastodonte du tourisme notamment auprès des Allemands, c'était à l'origine un modeste mais efficace port de pêche.

© OLHA ROHULYA

Zandvoort.

LES ENVIRONS

MUSÉE DE ZANDVOORT ★

Swaluëstraat 1
✆ +31 23 574 02 80
www.zandvoortsmuseum.nl
Ouvert du mercredi au dimanche de 13h à 17h. Entrée : 5 €. Gratuit pour les mineurs.

Installé dans l'ancien dispensaire municipal, le musée présente une exposition permanente consacrée aux différents styles de décoration intérieure en vogue au début du siècle. Ce musée se consacre à la fois à l'histoire de la ville et de sa région et met également en valeur les produits du terroirs. Vous y trouverez en outre des itinéraires de promenades. Le musée organise des expositions temporaires qui mettent en valeur le terroir et les activités organisées autour de la ville, nous pouvons par exemple parler des sculptures en sable.

CENTERPARCS STRANDHOTEL €

Trompstraat 2
✆ +31 23 574 1100
Chambre à partir de 80 €.

Cet hôtel est abrité dans un bâtiment sans charme qui fait face à la place. Il comprend 112 chambres avec vue garantie sur la mer. Toutes ont été rénovées avec goût dans un style balnéaire. Le lit est très confortable et la douche agréable. Les espaces communs sont cosy et on notera un bar dans l'esprit pub. Le buffet du petit déjeuner est très complet ! Rien de mieux pour une journée sportive (ou pas) à la découverte de la plage ou du parc de nature Zuid Kennemerland. A noter un centre de loisirs avec piscine et des bungalows se trouvent sur le site de l'hôtel.

HOTEL KEUR €€

Zeestraat 51
✆ +31 23 571 20 23
www.hotelkeur.nl
Chambre double à partir de 70 €, triple à partir de 120 €.

Un hôtel moderne de 27 chambres (la plupart avec balcon) dans un hôtel centenaire, récemment rénové offrant toutes les commodités nécessaires à un séjour agréable. A 200 mètres de la plage. Connexion wifi gratuite pour les hôtes. Une adresse sympathique et de qualité et qui a fait ses preuves au fil des ans. Toutes les chambres, décorées sommairement et d'un style assez vintage, sont équipées d'une douche et d'un sanitaire. Séjour minimum de deux nuits habituellement exigé. Une adresse bien située qui a fait ses preuves et c'est logique.

PALACE HOTEL €€€

Burg. Van Fenemaplein 2
✆ +31 23 571 29 11
www.palace-hotel.nl
Chambre double entre 69 et 249 €. Suite entre 149 € et 329 €.

À l'heure où nous rédigeons ce guide, Zandvoort ne compte pas d'hôtel 5 étoiles. Pendant longtemps, la cité balnéaire diffusait d'ailleurs une image de simplicité pas chère, à la différence d'autres villes côtières plus cossues. L'établissement qui se rapproche le plus des standards de luxe est le Palace Hotel. L'immeuble est sans charme et c'est un euphémisme mais une fois à l'intérieur on oublie cela et on profite de la vue sur la mer et du luxe agréable des chambres. À noter, il est également possible de louer un studio avec accès direct à la plage.

CORENDON BEACH CLUB €

Strandweg 8
✆ +31 6 14 58 93 00
www.corendonbeachclub.com
Ouvert du lundi au samedi de 9h à 23h, dimanche de 9h à 21h. Compter 30 € le soir.

Ce restaurant de plage impressionne tout d'abord par son magnifique décor, on se croirait tout simplement aux Hamptons, un confort cossu et photogénique domine. Si le temps est au beau fixe, la superbe terrasse s'offre à vous, meuble en bois brossé, magnifique vue sur la mer, les pieds dans le sable. Si le mercure est moins clément vous serez autour du feu à l'intérieur. La carte est savoureuse, plats de pâtes, sélections de pains, nombreux poissons. Nous conseillons les planches avec fromages, viandes et poissons servis avec du pain de qualité supérieure.

LUNCHBREEK €

Haltestraat 57
✆ +31 23 573 6360
www.lunchbreek.nl
Ouvert tous les jours de 9h à 17h. Compter entre 15 et 20 €.

Un véritable coup de cœur culinaire sans chichis à Zandvoort. On se retrouve dans une petite maison décorée avec soin avec petits coussins, etc. La carte met l'accent sur le bio et sur le sain. Il sera difficile de faire votre choix… Des crêpes, des croque-monsieur, des salades… Ne pas oublier les sandwiches classiques comme le gratiné à la mozzarella. On a également craqué sur l'étonnant pain de couleur rose et les succulents desserts. Le service est très attentif, n'hésitez pas à leur expliquer vos allergies et préférences.

NOOSA €

Boulevard de Favauge sortie 13 sur la plage
www.noosabeach.nl
Ouvert tous les jours de 9h à minuit. Compter environ 20 € le plat avec boisson.

Voici un exemple typique de ces restaurants de plage que l'on trouve à Zandvoort, celui-ci est d'inspiration australienne. La cuisine proposée comprend des salades, sandwiches composés, soupes et plats du jour à des prix corrects. Une ambiance aussi « boisée » à l'intérieur qu'à l'extérieur, on profite des beaux jours dans d'immenses canapés blancs. C'est une adresse de choix pour une belle journée de plage. A noter de là vous pourrez partir prendre une leçon de surf ou de SUP. Deux heures plus tard la collation n'en sera que meilleure.

THE SPOT €

Strandafgang 23a
✆ +31 23 5717600
gotothespot.com
En saison ouvert tous les jours entre 9h30 et 23h30.

Superbe adresse qui résume à elle seule l'ambiance et l'esprit de Zandvoort. Si l'on peut venir ici et profiter de la carte intéressante riche en plats savoureux comme des burgers et des salades le midi et des plats à partager et plats de cuisine du monde. Mais le secret de cet endroit c'est qu'il s'agit d'un spot de surfers et de yogis. Vous pouvez donc réserver vos cours et partir dès potron-minet faire du yoga sur la plage. Avec un peu de chance il fera beau et vous devrez vous méfier du soleil. Sinon vous pourrez vous réchauffer avec un chocolat chaud.

UBUNTU €€

Boulevard Paulus Loot 1
✆ +31 23 855 0505
www.ubuntubeach.nl
Menu à 29,50 € sans les boissons.

Superbe adresse de plage pour passer une soirée d'exception sous le soleil en savourant une cuisine inspirée (beaucoup de poisson). Les prix sont assez élevés mais le cadre est tellement agréable (et photogénique) qu'on les oublie, pour une soirée en tout cas. Nous avons totalement craqué pour le cadre magnifique et l'atmosphère zen et réussie qui se dégage de l'endroit. Un vrai coup de cœur, bois blanc au plafond, tables en bois clair, déco végétale pour relever le tout. La balançoire sur la plage est un succès auprès des petits et des grands.

BEACHEVENTS

Papentorenvest 8
✆ +31 206383264
www.beachevents.nl
Compter 37,50 € la promenade de 3 heures.

Cette société organise des événements inventifs sur la plage mais s'est surtout spécialisée depuis quelques années dans les balades à l'aide de *big bikes* électriques, qui ont la particularité d'être un compromis vert et efficace entre le vélo et le scooter. Les pneus, larges, sont particulièrement adaptés à la découverte des magnifiques dunes du parc naturel de Kennemerland pas loin de Zandvoort. La vitesse peut être assez impressionnante (50 km/h parfois) et la sensation est jouissive. Vous pouvez demander un devis adapté à Erik pour une expérience sur mesure.

KENNEMER GOLF & COUNTRY CLUB

Kennemerweg 78
✆ +31 23 571 28 36
www.kennemergolf.nl
Club house ouvert tous les jours de 8h à 22h. Tarif visiteurs de l'étranger 100 €.

Dès que vous arrivez sur ce parcours, vous savez que vous foulez des terres historiques, voire presque légendaires. Avec un magnifique terrain vallonné, des dunes et de nombreux pins, Kennemer est un links classique. Si vous êtes un amateur de ce type de terrains, celui-ci devrait rapidement devenir l'un de vos préférés. Kennemer, tant à l'intérieur du *clubhouse* que sur le terrain, regorge d'anecdotes. C'est ici que Seve Ballesteros a remporté son premier tournoi professionnel en 1976.

MONNICKENDAM ★★

La ville de Monnickendam (« la digue des moines ») fait face à la presqu'île de Marken. Comme celle-ci, elle fut fondée au XIIIe siècle par des moines frisons. Mais alors que Marken se rallia vite au protestantisme, Monnickendam resta toujours attachée au catholicisme. Présentant peut-être un peu moins de charme que d'autres localités, c'est un petit port de plaisance très actif, où il sera facile de trouver un bateau à louer pour une promenade (ou plus) sur l'IJ. Un village au charme fou que l'on aime visiter. Pour une promenade encore plus authentique, n'hésitez pas à louer des vélos chez Ber Koning (+31 299 651 267), au Noordeinde 12.

LOCATION DE VÉLOS BER KONING

Noordeinde 12 ✆ +31 29 965 12 67

www.berkoning.nl

Ouvert du mardi au vendredi de 10h à 17h, le samedi de 10h à 16h. Location vélo 15 € la journée.

Ber Koning est le spécialiste de la location de vélos électriques de la région du Waterland. Situé dans la charmante cité de Monnickendam, Ber Koning propose à la location les marques les plus réputées du secteur qui faciliteront probablement votre découverte de la région. Ne croyez pas que le vélo pédale pour vous, c'est tout de même vous à l'origine du mouvement mais le tout est facilité pour un plus grand confort. Si vous le souhaitez, des vélos « classiques » sont également proposés.

MARINA DE MONNICKENDAM

Jachthaven 1

✆ +31 29 965 25 95

www.marinamonnickendam.nl

Grand port de plaisance moderne, d'une capacité de plus de 500 bateaux (tirant d'eau : 2,20 m, sans variation due aux marées). Cette adresse est agréable et d'une grande photogénie. Pour avoir une idée des prestations, consultez le site Web, vous verrez que vous pourrez notamment louer un bateau. Alors pourquoi ne pas effectuer une croisière qui y ferait une escale ? Visiter les environs d'Amsterdam par les eaux, c'est tellement en phase avec les éléments néerlandais... Sinon n'hésitez pas à y passer lors d'une visite de la ville, c'est tellement charmant.

BRASSERIE DE WAEGH €€

Middendam 5-7

✆ +31 22 965 1241

www.dewaegh.com

Ouvert tous les jours de 10h à minuit. Déjeuner de 11h à 16h et dîner de 17h à 22h. Compter 35 € le soir.

Cette brasserie, référence à Monninckendam, est située dans un magnifique bâtiment historique à deux pas du port. La monumentale bâtisse en pierre était autrefois la maison de pesage de la ville, qui servait pour le commerce du beurre, de fromage et de céréales. Aujourd'hui, ce sont les frères Jens et Boy Bosman, issus d'une famille de restaurateurs locaux, qui tiennent le restaurant. C'est un très bel endroit, soigné et élégant. La carte, très complète, propose des spécialités locales, de la viande et du poisson frais. Une très bonne adresse !

Ville de Monnickendam.

MARKEN ★★★

A 21 km d'Amsterdam. Ce petit village de pêcheurs est la perle de la région. C'est la seule localité du coin à avoir conservé tout son cachet, car ici, on ne fait que très difficilement des concessions à la vie moderne ! La ville fut fondée par des moines frisons, qui mirent l'île en valeur à l'aide de digues protégeant les terres arables du déferlement des eaux, puis l'abandonnèrent au XIVe siècle, laissant les digues se crever. Les inondations répétées ayant mis fin à l'agriculture et à l'élevage, Marken devint un port de pêche important dans la région. On y pratiquait même la très lucrative pêche à la baleine (on a du mal à imaginer une baleine débarquant dans ce petit port...).

Histoire

Situé sur un îlot formé au XIIIe siècle lors du déferlement des eaux de la mer du Nord sur la partie centrale des Pays-Bas, il fut rattaché au continent par une digue en 1957 seulement. En 1837, un port fut aménagé, capable d'abriter les quelque 200 navires qui y étaient attachés. Au début du siècle, la fermeture progressive du Zuiderzee a fini par faire cesser cette activité qui nourrissait pourtant le pays. Aujourd'hui, les locaux, la mort dans l'âme, vivent du tourisme, ou travaillent à Amsterdam ou... Monnickendam, la rivale de toujours. Ce caractère insulaire ne fut pas sans répercussions, notamment sur l'esprit de ses habitants. C'est qu'ici on est farouchement attaché à ses particularismes, dont le premier est le protestantisme, face à un littoral majoritairement catholique. Si vous voyez quelques habitants arborer le costume traditionnel, ce ne sera pas seulement pour épater la galerie...

Quartiers

C'est le village lui-même qui constitue le site. On peut distinguer 2 quartiers relativement différents : le Havenbuurt et le Kerkbuurt. Le premier se situe autour du port. Là, sur des tertres, s'élèvent des maisonnettes en bois dont le rez-de-chaussée est en brique. Quant au Kerkbuurt (situé autour de l'église), les rues y sont un peu plus larges et ne croisent nul canal. Ne pas manquer de faire le tour de l'île par une espèce de sentier des douaniers (compter deux bonnes heures). De Marken, on pourra se rendre à Volendam en bateau, d'avril à la mi-octobre.

Tourisme

Bien qu'elles aient dû s'adapter aux exigences du tourisme, les petites villes de la région ont conservé certains de leurs traits distinctifs, à commencer par le costume traditionnel et les inusables sabots qu'arborent les pêcheurs. Dans tout ce paraître, il reste bien un peu d'être, et la Zuiderzee ayant été définitivement fermée en 1932, c'était ça ou la mort ! De toute façon, le tourisme est encore assez discret dans les cités les plus intéressantes que sont Monnickendam, Edam et surtout Marken. Cette excursion qui, depuis Amsterdam, passe par quatre villages, couvre environ 60 km, aussi peut-elle être effectuée facilement dans la journée, que ce soit en voiture ou en bus. En été, départ toutes les 20 minutes devant la gare pour Monnickendam et Marken ; départ toutes les 30 minutes devant l'église Saint-Nicolas pour Edam et Volenda.

© H.FOUGÈRE - ICONOTEC

Le village de Marken a un vieil air de maquette.

FABRIQUE DE SABOTS EN BOIS DE MARKEN

Kets 52 ✆ +31 29 960 1250

www.netherlandssouvenirs.com

Ouvert tous les jours, 10h-19h45 entre le 23 mars et le 30 octobre, et 11h-17h30 entre le 31 octobre et le 22 mars.

Le sabot en bois est une icône aux Pays-Bas ! Cette fabrique, comme son nom de n'indique pas, est bien plus qu'un atelier de fabrication. Dans ce beau bâtiment en bois, vous pourrez voir comment un sabotier traditionnel transforme un bloc de bois en sabot grâce à de vieilles machines à vapeur datant du début du XXe siècle. La collection de sabots est impressionnante, et permet de se rendre compte de la place que prend toujours cet objet dans la culture hollandaise.

LES ENVIRONS

MARKEN EXPRESS

Havenbuurt 19
✆ +31 299 36 33 31
www.markenexpress.nl
De mi-mars à mi-novembre, liaisons 7j/7 de 9h45 à 17h30 et toutes les 30/45 minutes entre Volendam et Marken.

La compagnie Marken Express opère depuis plus de 100 ans sur le Zuiderzee. Autant vous dire qu'ils savent ce qu'ils font ! Cette mini-croisière nous a semblé bien séduisante sous le soleil. La petite marina de Marken est charmante, et, à l'arrivée, accoster le long des quais de Volendam ne manque pas de charme non plus. En été, préférez les sièges du ponton supérieur (sous le soleil évidemment), on respire mieux et la vue est superbe. En hiver ou par temps pluvieux, pas de problème car tout est prévu dans les bateaux. Un classique depuis 1920 !

SEE OLD HOLLAND - MARKEN EXPERIENCE

Havenbuurt 19 ✆ +31 299 60 13 27
www.seeoldholland.com/nl
Visites à la journée à partir de 29 €/personne. Plus d'informations et tarifs sur le site ou sur www.markenexpress.nl.

See Old Holland est une agence réputée qui propose la visite des villages historiques de Volendam, Edam, Marken et Monnickendam en version organisée. Les tours à la journée, très bien rodés, incluent l'aller-retour en bateau avec Marken Express, de très bonnes visites dans chaque village et, au choix, le déjeuner sur le port de Volendam ou de Marken. C'est un très bon moyen de découvrir ces localités. A noter, l'agence dispose de points d'accueil sur les ports de ces deux villages.

TAVERNE DE VISSCHER €

Havenbuurt 22
✆ +31 299 601 304
www.tavernevisscher.nl/
Ouvert tous les jours de 9h à 22h. Sandwichs, pancakes et plats entre 8 € et 15 €.

Avec une situation de choix sur la marina de Marken, on peut difficilement faire meilleur emplacement ! La terrasse, très agréable, est évidemment votre meilleur choix sous un ciel ensoleillé, mais la salle intérieure est aussi confortable et très sympathique. Le restaurant coche toutes les cases pour une halte réussie : accueil sympathique, ingrédients frais et bonnes spécialités, staff rapide, professionnel, et des portions copieuses. À noter que le menu change au fil des saisons et qu'il vaut mieux arriver tôt pour une place en terrasse ! Nous recommandons.

VOLENDAM ★★

À 22 km d'Amsterdam. Ne vivant plus que du tourisme, cet ancien port de pêche réunit toutes les images d'Épinal possibles : habitants costumés, en été ; sabots, faïences, étains et autres bibelots pseudo-authentiques en vente à tous les coins de rue. Cela fait un peu piège à touristes, mais le village et le petit port sont charmants. La fermeture du Zuiderzee a mis fin à la pêche. Certes, il reste bien quelques pêcheurs d'anguilles, et lorsqu'ils reviennent en fin de matinée, le port s'anime d'une vie éphémère, des cris de la marée se faisant entendre à nouveau pendant quelques instants. En un mot : dispensable.

CHEESE FACTORY VOLENDAM

Haven 25
✆ +31 299 350 479
www.cheesefactoryvolendam.com
Ouvert tous les jours, de 9h30 à 18h30 entre mi-mars et novembre, de 10h30 à 17h entre novembre et mi-mars.

La Hollande, l'autre pays du fromage ! Le gouda est une part importante de la culture culinaire Hollandaise, et c'est ce que musée met à l'honneur. Dans ce joli bâtiment à deux pas du port, la visite nous fait découvrir, sur 400 mètres carrés, l'origine du gouda, ses saveurs et propriétés, son processus de fabrication de l'époque, et bien sûr, les procédés actuels. Le staff, très professionnel et attentif, saura répondre à toutes vos questions et bien sûr, des dégustations sont possibles. Une bonne visite qui mêle gourmandise et culture !

VOLENDAMS MUSEUM ★

Zeestraat 41
✆ +31 299 36 92 58
www.volendamsmuseum.nl
Ouvert de mi-mars à novembre de 10h à 17h. Entrée : 5 €, 3 € pour enfants de moins de 14 ans.

Musée consacré à l'histoire de Volendam et aux traditions folkloriques. Y sont présentées peintures, sculptures, poteries de 1800 à nos jours. Belle collection pour une plongée en direct dans un passé riche en traditions. Le musée a récemment fêté ses 40 ans. Ce musée est un incontournable de la ville et il convient d'y faire un saut rapide lors d'une visite de la ville après avoir savouré du poisson frais sur le port. Le musée est animé par des bénévoles passionnés qui pourront vous raconter avec émotion l'histoire de la ville et ses traditions.

La proximité de l'eau semble indissociable du style de vie néerlandais.

BIERBROUWERIJ VOLENDAM

Lupinestraat 1-7
✆ +316 20 47 42 27
www.bierbrouwerijvolendam.nl
Visites guidées de la brasserie pour 15 €. Le samedi et dimanche à 13h et 15h. A réserver en ligne.

Cette brasserie traditionnelle, anciennement Brouwerij het Veulen, s'est installée à deux pas du centre de Volendam début 2020. Dans ce bâtiment de 1 000 m², la bière est brassée de manière traditionnelle, avec une fermentation haute en bouteille. Des visites intéressantes sont organisés le week-end : pendant environ une heure, vous découvrirez l'histoire de la maison et les processus de brasserie selon les bières, Et bien sûr, deux dégustations sont prévues. À noter que la brasserie possède un petit magasin dans le centre, à Zeestraat 1.

SEE OLD HOLLAND - VOLENDAM EXPERIENCE

Haven 39
✆ +31 299 60 13 27
www.seeoldholland.com/nl/home/
Visites à la journée à partir de 29 €/personne. Plus d'informations et tarifs sur le site ou sur www.markenexpress.nl.

See Old Holland propose des visites organisées des villages de Volendam, Edam, Marken et Monnickendam en version organisée. Ce sont des tours à la journée qui incluent visites, l'aller-retour avec les bateaux Marken Express et, au choix, le déjeuner. A Volendam, la visite de la gaufrerie traditionnelle Woltjes Backerij est notamment très intéressante, et le déjeuner sur le port particulièrement agréable. Point d'accueil juste en face de l'embarcadère.

WOLTJE'S BACKERIJ

Haven 98
✆ +31 299 402 709
www.woltjesbackerij.nl/
Ouvert tous les jours de 10h à 17h.

La Stroopwafel, ou gaufre hollandaise, spécialité originaire de Gouda créée dans les années 1740, est une véritable institution en Hollande. La Woltje's Backerij, située sur le port de Volendam, vous propose de découvrir ce mets typique grâce à des ateliers de démonstrations sympathiques et instructifs, des dégustations, et bien sûr une boutique proposant une multitude de produits culinaires du pays. En plus de cela, l'établissement propose un musée historique de Volendam avec des aménagements représentatifs de la vie d'époque. C'est une visite sympathique.

HÔTEL OLD DUTCH €€

Haven 142
✆ +31 299 39 98 88
www.olddutch.nl
Chambre à partir de 80 € petit déjeuner compris.

Bel établissement moderne tout confort en brique rouge sur le quai du port de Volendam avec son restaurant gastronomique le Pompadour. Le prix obtenu directement sur le site est garanti le moins cher. Une adresse réputée depuis de longues années. Toutes les chambres sont confortables et modernes, elles sont toutes dotées de douches et accessibles par un ascenseur. La chambre est disponible dès 13h et il faudra la libérer dès 11h du matin. Un parking proche vous permettra d'accéder facilement à l'hôtel. Le restaurant attenant est agréable.

RESTAURANT CAFÉ DE DIJK €€

Haven 108 ✆ +31 29 936 3768
www.cafededijk.nl/
Ouvert tous les jours de 10h à minuit. Sandwichs à partir de 10 €, plats du jour entre 13 € et 25 €.

Le port de Volendam ne manque pas d'options pour déjeuner. Ce restaurant typique, avec sa grande terrasse charmante et une carte complète (poissons, viandes, le midi sandwichs et soupes, spécialités locales), est un très bon choix. En s'asseyant, on s'aperçoit très vite que l'adresse est prisée des locaux, avec son lot d'habitués. Puis, on découvre la vue depuis la terrasse, on expérimente le service chaleureux et rapide, et, enfin, on goûte les plats, copieux et frais. Et on comprend beaucoup mieux ! Un sans-faute pour cette adresse en plein cœur de Volendam.

RESTAURANT DE LUNCH €€

Haven 96
✆ +31 299 363 246
www.delunchonline.nl
Ouvert tous les jours de 11h30 à 22h. Soupes et entrées à partir de 5 €, plats entre 15 et 25 €, menu 3 plats 31,50 €.

C'est un petit restaurant situé sur le port, juste en face de l'embarcadère. Le cadre est agréable, avec un bel intérieur en bois, très typique. En été, la terrasse est bien sûr la meilleure option, sous réserve de disponibilité ! Le staff est rapide et très sympathique, les portions sont généreuses et la carte est simple et sans chichis : spécialités hollandaises, poissons frais (Volendam est un ancien village de pêcheurs), viandes, sandwiches ou salades. A noter qu'un menu enfant est disponible pour les familles. Une bonne option au cœur du port de Volendam !

EETCAFE'T HAVENGAT

Haven 64

✆ +31 299 36 34 76

www.havengat.nl

Ouvert tous les jours de 10h à 1h.

Une adresse très stratégique sur le port de Volendam. Reconnaissable à sa jolie façade de bois verte, ce bar-restaurant est spécialiste du tartare de thon et des calamars à l'ail. Si vous ne voulez que boire une bière, il vous faudra être patient avant d'être servi. Mais, avec le défilé incessant des touristes et des autochtones, spectacle parfois très intéressant, vous oublierez votre commande. Le dimanche après-midi, l'établissement organise régulièrement des concerts très agréables et très prisés. Réservez votre table à l'avance !

SIMONEHOEVE

Wagenweg 2

✆ +31 29 936 5828

www.simonehoeve.com

Le prix des ateliers varie selon le programme, consulter leur site Internet. La visite est gratuite.

La Simonehoeve est une fromagerie et saboterie originale. Vous pouvez vous promener dans la saboterie afin de comprendre comment les sabots néerlandais sont sculptés ainsi que dans la fromagerie où de nombreux fromages sont exposés. Vous pourrez déguster et acheter à la boutique auprès de femmes en costume d'époque. Un lieu idéal pour une réelle expérience authentique où vous pourrez vous procurer de nombreux souvenirs typiques, qui propose un atelier de fabrication de gouda, entre autres. Le restaurant sert des déjeuners néerlandais traditionnels.

FOTOGRAAF VOLENDAM

Haven 70

✆ +31 29 982 0389

www.fotograafvolendam.nl

Billets à partir de 15 €. 3 studios inclus.

Situé juste sur le port, en face de l'embarcadère, c'est un studio de photos qui propose aux visiteurs de s'immerger dans des décors issus de la vie locale de l'époque, pour emporter un souvenir de Volendam ! On trouve 3 décors différents, très bien travaillés. Première étape, on choisit et on enfile un costume traditionnel d'époque, puis on s'installe, et les photographes se chargent du reste ! On reçoit ensuite les photos en digital ainsi qu'en copie papier. L'ambiance y est bon enfant et très professionnelle. C'est une expérience amusante, surtout en famille !

EDAM ★★

Cette charmante bourgade de plus de 35 000 habitants est internationalement réputée pour son fromage et rien que pour lui. Elle est, avec Gouda, la capitale néerlandaise du fromage. Aujourd'hui, si toutes ne proviennent pas de la région (le pays en produit 8 millions de tonnes), elles n'en méritent pas moins l'appellation d'édam : tous les procédés de fabrication en sont originaires. C'est à Alkmaar que s'effectue la rituelle pesée des fromages. Cependant, l'été venu, le Kaasmarkt reprend sa fonction traditionnelle. Alors les costumes ressortent des placards et le Kaaswaag (le bâtiment baroque du XVIIIe siècle qui abrite les poids et mesures) reprend du service. La ville est organisée autour du Dam, ancienne digue creusée probablement au XIIe siècle.

Histoire

Déjà au XVIIe siècle, Edam exportait 500 000 de ses fameuses boules jaunes, recouvertes d'une fine pellicule rouge. « Il faut rendre à César… ». Car bien qu'Edam soit synonyme de fromage, elle est plus que cela et a même été une des villes portuaires les plus importantes des rives du Zuiderzee. Fondée au XIIe siècle, grâce à la construction d'une digue la protégeant des crues de la rivière Ee, Edam obtint son droit de cité en 1357. Au XVIe siècle, on y comptait plus de trente chantiers navals. Mais le port et son activité ont disparu avec l'assèchement partiel du Zuiderzee, ce qui n'a pas empêché cette jolie petite ville de continuer à vivre avec son temps.

EDAMS MUSEUM

Damplein 8

✆ +31 29 937 26 44

www.edamsmuseum.nl

Du mardi au dimanche de 10h à 16h30. Adultes : 5 €, enfants de 13 à 17 ans : 3 €.

Dans une belle demeure de style Renaissance sont présentés divers mobiliers, poteries et porcelaines ainsi que de la verrerie et des curiosités locales. Le musée, très ancien, n'est pas accessible aux personnes à mobilité réduite. A noter, vous pourrez télécharger une application du musée avec podcast pour enrichir votre visite du musée. Cet établissement fonctionne uniquement grâce à des bénévoles et il convient de les soutenir ! Une adresse historique sans prétention mais qui ne manque décidément pas de photogénie. Passez-y lorsque vous êtes dans les parages.

STADHUIS - ANCIEN HÔTEL DE VILLE

Damplein 1

Ce bâtiment date de 1737. L'entrée, flanquée d'une double porte monumentale à l'encadrement en pierre de grès est de style Louis XIV. Le blason de la ville est visible au-dessus de l'entrée. L'intérieur est ouvert au public, puisque l'établissement fait partie du musée de la ville. Vous pourrez y admirer un somptueux escalier ainsi que des peintures représentant des scènes bibliques. L'ancien tribunal aux jolies fresques, situé sur la gauche, est, lui aussi, souvent ouvert au public.

DAMHOTEL €€

Keizersgracht 1

✆ +31 29 937 17 66

www.damhotel.nl

A partir de 125 € petit déjeuner compris. Petit déjeuner brunch et verre de champagne : 12,50 €.

Cet hôtel-restaurant, pardon… auberge, comprend onze chambres dont quatre suites nuptiales. Superbe décoration feutrée et raffinée avec des accents baroques, c'est le genre d'endroit qui n'a qu'un seul défaut, il ne donne pas envie de découvrir les environs ! Une belle adresse confortable et originale, elle donne envie d'y venir en couple pour profiter au maximum, regardez les photos du site Web elles vous inspireront certainement. Sur place, vous pourrez prendre un high-tea ou un repas dans l'agréable brasserie. Que demander de plus ?

HÔTEL DE HARMONIE €

Voorhaven 92-94

✆ +31 29 937 16 64

www.harmonie-edam.nl

Chambre dès 70 €.

A 5 minutes du centre, cette petite maison abrite une pension depuis 1680. Les douches et les toilettes se trouvent sur le palier, les chambres ne sont pas chères et impeccables. Au rez-de-chaussée, se trouve un café brun qui organise le dimanche, de 17h à 20h, des concerts de jazz, blues, rock, pop. Il s'agit plus d'une pension toute simple que d'un véritable hôtel en fait car le tout est très dépouillé, simple mais toujours propre. Tous les prix comprennent le petit déjeuner. Rendez-vous au pub (café brun) en bas pour une belle soirée.

DE FORTUNA €€

Spuistraat 3

✆ +31 29 937 16 71

www.fortuna-edam.nl

Chambre simple à partir de 87,50 €, double à partir de 107,50 €.

Cinq petites maisons restaurées datant du XVIIIe siècle, forment cet hôtel charmant. Les vingt-trois chambres sont confortables et propres, les plus chères donnent sur le jardin et sur l'eau, et les autres sur la rue. Le petit déjeuner se prend dans une salle à manger chaleureuse qui fait également office de restaurant où est servie une cuisine de qualité. Adorable adresse pour une plongée historique dans la Hollande riche en images d'Épinal. Pour un séjour pittoresque dans la région c'est bel et bien l'adresse qui vous conviendra.

LES ENVIRONS

© GONCHAROVAIA

Edam.

SI L'EDAM M'ÉTAIT CONTÉ...

La tradition de l'Edamer (ou Edam) remonte à 600 ans, lorsque la ville d'Edam était le plus gros exportateur de fromage. Aujourd'hui, le fromage est fabriqué un peu partout dans le pays, mais le meilleur fromage vieilli vient toujours de sa ville d'origine. En règle générale, l'edam est censé être plus léger, plus sec et plus âpre que le gouda. Malheureusement il est maintenant difficile de faire la différence. On le consomme de différentes manières en fonction des pays. Il est souvent préféré jeune aux États-Unis, lorsque sa texture est souple et un peu élastique. Son goût est alors léger et doux. En fonction de son âge, il évolue vers une saveur plus robuste et forte, plus appréciée dans les pays européens.

L'edam est fabriqué à base de lait demi-écrémé et contient moins de calories que le gouda. L'origine de la recette ne vient pas du besoin de maigrir des habitants d'Edam de cette époque mais de l'importance du beurre en Hollande du Nord. On écrémait le beurre d'une première portion de lait pour la mélanger au lait du lendemain.

Le goût particulièrement prononcé de l'edam vient du fait que le lait utilisé est moins gras que pour les autres fromages. C'est aussi grâce à la grande qualité du lait des vaches hollandaises et à l'herbe grasse et verte qu'elles broutent que le fromage hollandais est égal à lui-même depuis six siècles. C'est cette saveur si spéciale au goût de noisette qui a fait connaître à la ville d'Edam et à son fromage le succès qu'ils connaissent aujourd'hui.

© AUTHOR'S IMAGE

LES ENVIRONS

ENKHUIZEN ★★

De la gare Amsterdam Centraal, prendre le train en direction d'Enkhuizen. Le trajet dure un peu moins d'une heure. Autrefois ville de pêche, Enkhuizen s'est, depuis la construction de la grande digue de l'Ijsselmeer (en 1932), reconvertie avec succès au tourisme et à la navigation de plaisance. Le joli centre-ville, avec de nombreuses façades du XVIIe siècle, témoigne la gloire passée de la ville. On y vient surtout pour le splendide Zuiderzeemuseum qui vaut vraiment le détour. L'hôtel de ville, la Stadthuis, avec ses plafonds ornés, est de style Renaissance et date de 1686. Pour plus de renseignements, rendez-vous à l'office de tourisme VVV situé au Tussen Twee Havens 1.

© ROY KAT / OFFICE DU TOURISME (VVV)

Vue de la ville d'Enkhuizen.

DROMMEDARIS ★

Paktuinen 1

www.drom.nl

Au bord du vieux port de la jolie ville d'Enkhuizen, cette imposante tour de défense (aujourd'hui un centre culturel et un café) offre un beau panorama sur l'Ijsselmeer. Le bâtiment renferme un carillon réputé dans tous les Pays-Bas. Ce bâtiment est probablement le plus connu de la ville. Ancienne porte Sud de la ville, sa construction remonte à 1540 ! Elle a eu plusieurs noms a cours des siècles d'abord Zuiderpoort (porte du sud) ou Ketenpoort. Elle porte son nom actuel depuis le XIXe siècle. Au rez-de-chaussée se trouve un café.

FLESSENSCHEEPJESMUSEUM

Zuiderspui 1
✆ +31 22 831 85 83
www.flessenscheepjesmuseum.nl
A partir de 13 ans : 5 €, tarif réduit : 4 €. Ouvert samedi, dimanche et lundi de 12h à 17h.

Ce musée des bateaux en bouteille, le plus grand au monde, paraît-il, accueille une imposante collection, de la barque minuscule à l'imposant voilier. Voilà comment les marins tuaient le temps élégamment. Enfin même si c'est le plus grand au monde, la taille de ce musée est limitée et sa collection aussi mais elle a le mérite d'être unique en son genre. C'est un musée atypique qu'on visitera en passant en chemin vers le Zuiderzeemuseum ou en en revenant. C'est un lieu qui saura toutefois logiquement fasciner les petits et les grands.

ZUIDERZEEMUSEUM - MUSEUMPARK ★★★

Wierdijk 12-22
✆ +31 228 35 11 11
www.zuiderzeemuseum.nl
Musée intérieur ouvert 7j/7 de 10h à 17h. Le musée extérieur rouvre le 1er avril. Adultes : 18 €, - 13 ans : 12 €.

Au Zuiderzeemuseum, un voyage à travers le temps vous est proposé. Le musée intérieur, entièrement rénové et agrandi, propose, outre des expositions temporaires régulières, une exposition permanente qui vous permettra de découvrir la vie des pêcheurs de la région du Zuiderzee.

Le commerce et le transport vers l'arrière-pays, l'histoire de la Compagnie des Indes orientales et de la pêche à la baleine (très importante aux XVIIe et XVIIIe siècles) sont également richement évoqués. Grâce à de multiples tableaux, maquettes de navires, objets utilitaires quotidiens, vêtements et extraits de films, vous êtes amené à voyager à travers sept siècles d'histoire du Zuiderzee et de ses habitants.

Le Museumpark, la partie en plein air du Zuiderzeemuseum évoque, quant à lui, la vie dans les anciens ports de pêche du Zuiderzee durant la période 1880-1932. Cette partie du musée respire l'ambiance d'une ancienne petite ville du Zuiderzee. Elle regroupe plus de 130 habitations, boutiques et ateliers, quartiers et rues, d'Akersloot, village de Hollande-Septentrionale à Zoutkamp, de la province de Groningue. Ce village-musée permet d'observer différents corps de métier au travail. Les enfants ont un endroit qui leur est spécialement réservé : l'île aux enfants sur laquelle ils pourront se familiariser avec les activités pratiquées par les enfants hollandais de Marken vers 1930 et où ils s'amuseront aussi à se déguiser en costume traditionnel.

HOORN ★★

À 40 min en train d'Amsterdam Central, Hoorn est une halte agréable. Ses riches maisons patriciennes et ses comptoirs rappellent le temps des conquêtes coloniales et du grand commerce. Les façades à pignon et aux teintes orange sont caractéristiques. Ce petit port a vu s'élancer vers les mers lointaines d'illustres navigateurs. En 1616, le capitaine de vaisseau Willem Schouten et ses hommes quittent les eaux de Hoor. Ils seront les premiers à passer le difficile Cap Horn. L'explorateur Abel Tasman y jettera l'ancre pour découvrir en 1642 la Tasmanie et la Nouvelle-Zélande, ainsi que Jan Con, le fondateur de la colonie des Indes orientales.

MUSEUM STOOMSTRAM-MUSÉE DE LA LOCOMOTIVE À VAPEUR ★

Van Dedemstraat 8 ✆ +31 22 921 48 62
www.stoomtram.nl
Tickets combinés possibles (avec le Zuiderzeemuseum ou Westfries). 18,50 €/enfant et 24,75 €/adulte.

Un musée véritablement vivant où les visiteurs-acteurs sont invités à monter dans le train à vapeur datant de 1926, lequel les conduit jusqu'à Medemblik. De là, ils peuvent, au choix, rentrer à Hoorn ou prendre le ferry à Enkhuizen. C'est un musée typique qui plaira beaucoup aux enfants mais certainement aussi à leurs parents pour une remontée dans le temps toute sympathique. A noter, un bateau datant de 1956 fait également partie des attractions.

MUSEUM VAN DE TWINTIGSTE EEUW-MUSÉE DU XXE SIÈCLE ★

Krententuin 24 (Oostereiland)
✆ +31 22 921 40 01
www.museumhoorn.nl
Ouvert du lundi au vendredi de 10h à 17h, le week-end de 12h à 17h. Adulte : 10 €, tarif réduit : 5 €.

Installé dans une ancienne prison, le musée du XXe siècle répertorie les grandes découvertes et les événements importants de ce siècle qui fut le nôtre et qui déjà appartient au passé. Café et magasin présents sur le site. Expositions temporaires intéressantes également. Nous voyons que le XXe siècle aux Pays-Bas ressemblait beaucoup au XXe siècle en France. Une adresse intéressante pour une visite en famille. Le musée est logé dans un beau bâtiment sur une île.

LES ENVIRONS

WESTFRIES MUSEUM - MUSÉE DE FRISE DE L'OUEST

Roode Steen 1
✆ +31 22 928 00 22
www.wfm.nl
Du mardi au vendredi de 11h à 17h, le week-end de 13h à 17h. Adulte : 10 €.

Un intéressant panorama des richesses culturelles de la ville et de ses alentours. Peintures, objets... Ce musée est appelé musée du Siècle d'or (appellation désormais controversée...) pour faire écho au musée du XXe siècle ici aussi. Superbe bâtiment. A noter, le musée fut victime d'un vol spectaculaire le 10 janvier 2005 alors qu'il fêtait ses 125 ans. Vingt et une toiles furent alors volées... Elles ont réintégré le musée il y a quelques années et heureusement !

INFORMATIE PUNT HOORN

Schuijteskade 1
✆ +31 229855761
www.hallohoorn.nl
Horaires changeants selon la saison dès 11h l'été.

Point de départ idéal pour tout savoir sur Hoorn. C'est ici que vous pourrez glaner de nombreuses informations sur la ville et les environs, les endroits à voir, à visiter, les cafés et restaurants à tester. Ce point d'infos vous permettra de bien appréhender la ville. Cela est géré par des bénévoles et volontaires souvent retraités et les horaires peuvent changer régulièrement. L'enthousiasme est toujours de mise. N'hésitez pas à y passer aussi pour des cartes postales et avant de passer au musée du XXe Siècle.

PETIT NORD €€

Kleine Noord 53-55
✆ +31 229 21 27 50
www.hotelpetitnord.nl
Chambre à partir de 90 €.

Sympathique hôtel situé dans le centre historique de Hoorn, il allie le confort des chambre et la gastronomie. L'hôtel comprend trois restaurants asiatiques : Madame Cheung Asian Cuisine, Restaurant Soya et Mc Lounge. Le tout situé pas très loin de la gare et donc facilement accessible. L'hôtel dispose de 30 chambres et suites tout confort et qui sont parfaitement équipées. Le petit déjeuner peut être pris en chambre pour les chambres les plus luxueuses. Une adresse de qualité que nous pouvons recommander pour votre séjour.

D'OUDE WAEGH €€

Rode Steen 8
✆ +31 229 21 51 95
oudewaegh.nl
Ouvert tous les jours à partir de 8h jusqu'à minuit. Compter environ 35 € par personne, le soir.

Comme plusieurs villes aux Pays-Bas, Hoorn dispose de sa balance publique, un beau bâtiment historique qui est un classique de la ville. Comme d'autres villes, ce bâtiment accueille désormais un café-restaurant. Le midi, la carte met à l'honneur les classiques de la destination comme le croque-monsieur, les soupes et divers sandwiches composés très appétissants. Plusieurs plats à base d'œufs sont également proposés. La carte du dîner est variée et propose notamment des plats de pâtes et de viande mais aussi plusieurs plats de poissons.

Port d'Hoorn.

LA HAYE ★★★

La Haye, 3e ville du pays, est une cité moderne de plus de 500 000 habitants. Ville de paix et de justice, elle abrite la résidence royale, le Parlement ainsi que le siège du gouvernement. Elle compte boutiques de luxe, restaurants de caractère, activités internationales et beaux musées. Scheveningen, la cité balnéaire, ressemble aux stations anglaises avec sa gigantesque *pier*. Il y règne une atmosphère inédite pour le voyageur qui ne connaît pas les rivages de la mer du Nord. Enfin, La Haye possède trois des plus beaux musées du pays (Mauritshuis, Kunstmuseum et Voorlinden) qui à eux seuls constituent une bonne raison de s'y rendre.

Transports

La ville est parfaitement desservie par des bus et des trams. Ces trams traversent la ville et vous seront bien précieux pour vos transports. A noter, la ville comprend deux gares : Den Haag Hollands Spoor (HS) et Den Haag Centraal. La gare centrale étant plus proche des grandes attractions touristiques, c'est donc là qu'il faudra vous arrêter. Si vous venez d'Amsterdam, l'arrêt HS est le premier puis vient l'arrêt Centraal. Attention, tous les trains ne poursuivent pas jusqu'à la gare Centraal. Si vous arrivez à HS pas de panique, les trams vous amènent en quelques arrêts au centre.

- **Location de voitures** : une agence Avis se situe au Theresiastraat 216.
- **Location de vélos :** Rijwielstalling Station, situé au Statioplein 29, ou Du Nord Rijwiele, situé au Keizerstraat 27-29, ou encore Rijwielshop Centraal Station, situé au Lekstraat 21-25.

La ville aujourd'hui

La Haye est de fait la capitale administrative du pays. A l'instar de beaucoup de villes néerlandaises, elle mêle avec audace des architectures révolutionnaires à ses bâtiments historiques, et même les moins enclins à s'enthousiasmer pour les réalisations modernes ne resteront pas insensibles à la beauté des formes et des structures de certains bâtiments. Et puisque c'est aussi une capitale, elle se doit d'être la vitrine du pays, avec ses boutiques de luxe, ses restaurants de caractère, ses activités internationales et ses beaux musées. On dit la population de cette ville de fonctionnaires un peu moins cosmopolite et plus sage que celle d'Amsterdam, mais elle n'a rien d'une ville de province endormie et sans âme, car la proximité de la mer et des plages lui donne un cachet particulier. L'été, elle attire le soir une foule bigarrée de touristes, de vacanciers et d'autochtones. Le vieux centre bruisse de vie dès la nuit tombée et sur la place du Plein résonne la musique des bars et des concerts de rue. Pourtant, l'extraordinaire développement urbain de La Haye, qui n'a épargné que son centre historique, a fait surgir de terre une ville moderne parmi tant d'autres. Scheveningen, la station balnéaire, qui y est rattachée, ne séduira pas les voyageurs en quête d'authenticité. Elle ressemble par certains côtés aux stations anglaises de bord de mer appareillées de gigantesques *piers* construits sur la mer, tandis que le beau et noble AmrathKurhaus Hotel, mastodonte surgi d'un autre siècle, semble toiser avec mépris ce modernisme vulgaire.

ELSWHERE TOURS

✆ +31 655776686

www.elswheretours.com

Prix et horaires sur mesure.

Découvrez les belles La Haye et Delft avec Elswhere Tours ! A pied, à vélo, en canoë ou en bateau, tout est possible. Els et sa petite mais compétente équipe se feront un plaisir de vous organiser une visite gratuite ou personnalisée de l'une des deux villes ou, mieux encore, les deux combinées ! Els est un conteur à l'énergie positive et une grande connaissance de l'histoire locale et nationale. Leurs visites sont principalement en anglais, mais les visites privées peuvent également être en français. Venez en tant qu'étranger mais partez en tant que local.

REDERIJ TRIP

Dr Lelykade 3

✆ +31 703541122

www.rederij-trip.nl

Réservation conseillée.

Organisées tous les jours, de juin à septembre (et sur réservation le reste de l'année), ces excursions vous invitent à faire une belle balade en mer du Nord : le mercredi et le dimanche après-midi, durée 1h30, départ à 16h sur le quai. Egalement, une journée de pêche à bord d'un ancien chalutier réaménagé : départ tous les matins sur le quai à 8h, retour vers 15h30. Le nom du bateau est *Trip junior*. Au pavillon présent sur la jetée vous pourrez acheter vos billets mais aussi tout le nécessaire de pêche, ouvert dès 6 heures.

TOT ZO

Noordeinde 59
✆ +31 70 326 57 90
www.totzo.org

Tot Zo est une société qui organise des randonnées thématiques à vélo dans La Haye et ses environs. La particularité de Tot Zo est qu'elle choisit uniquement des guides passionnés par leur ville et ses secrets. Prix variables selon la durée et le thème de la balade. Une qualité constante depuis plus de 10 ans maintenant. Consultez le site Web pour voir les différentes thématiques proposées. Elles peuvent être géographiques ou historiques. C'est une option parfaite pour découvrir la ville. *Tot zo*, qui veut dire « à tout de suite », a su nous séduire.

ANCIEN HÔTEL DE VILLE - OUDE STADHUIS

Dagelijkse Groenmarkt 1

Un bâtiment assez particulier, fruit de plusieurs constructions différentes, il ne témoigne pas d'un grand souci d'harmonie. Une tourelle, édifiée en 1565, constitue l'une des premières édifications de Hollande en style Renaissance flamande. De cette période, le bâtiment conserve encore deux pignons à redans, contrastant avec la façade Louis XIV, du côté de Gravenstraat, et surtout avec une aile en béton, datant des années 1970, qui est le siège des bureaux de la maison communale.

COUR PÉNALE INTERNATIONALE ★★

Oude Waalsdorperweg 10
✆ + 31 70 515 85 15
www.icc-cpi.int

Visites possibles sur demande préalable.

La Cour pénale internationale (CPI) est une cour permanente. Créée par le statut de Rome signé en 1998, elle est chargée de juger les génocides, crimes contre l'humanité et crimes de guerre. Des crimes commis dans le cadre de conflits dans les pays suivants : Ouganda, république démocratique du Congo (RDC), République centrafricaine, Soudan (Darfour), Kenya, Libye et Côte d'Ivoire, ex-Yougoslavie. La cour compte actuellement 900 membres du personnel venant de 100 États.

DUINRELL

Duinrell 1
✆ +31 70 515 52 58
www.duinrell.nl

Dès 19,95 €, dès 4 ans.

Parc d'attractions situé dans la banlieue cossue de La Haye. Manèges, piscine tropicale, sauna, multitude de possibilités de s'amuser et de se relaxer en famille ! C'est un classique de la ville et du pays qui comprend plus de quarante attractions qui ne vous lasseront pas. A noter la présence de Wild Wings, des avions qui vous permettront de faire de la voltige acrobatique à 22 mètres de hauteur. Différents spectacles sont proposés tous les jours dans le parc. Un parc aquatique fait aussi le bonheur des visiteurs de Duinrell.

Le littoral de La Haye présente une bien jolie façade.

FOTOMUSEUM DEN HAAG

Stadhouderslaan 43
✆ +31 703381144
www.fotomuseumdenhaag.com
Du mardi au dimanche de 11h à 17h. Entrée : 10 €.
Ce musée présente au moins quatre fois l'an des expositions de photos surprenantes en collaborant notamment avec le réputé cabinet des estampes de Leyde et la bibliothèque universitaire de cette même ville. Ne pas oublier de passer par Gember, le superbe restaurant du musée, qui est également le cadre d'expositions. Le musée est logé à côté du Gemeentemuseum dans l'aile Schamhart conçue par les architectectes Schamhart et Heijligers. Ce musée a encore été agrandi il y a quelques années et sa superficie atteint désormais 1 000 m².

GALERIJ PRINS WILLEM V

Buitenhof
✆ +31 703023435
www.mauritshuis.nl
Du mardi au dimanche, de 12h à 17h. Entrée : 5 €. Les billets de la Mauritshuis donnent également accès à la galerie.
Située sur la place qui fut jadis l'avant-cour du château comtal, cette magnifique galerie de peinture peut être considérée comme le plus vieux musée du pays. Le stadhouder Guillaume V, amateur d'art et grand collectionneur, fait reconstruire et aménager cette galerie dans le plus pur style XVIIIe, pour y installer, en 1774, sa collection qu'il rend aussitôt accessible au public. Pillée lors de la révolution batave, la collection fut restituée, dans sa majeure partie, en 1815. Guillaume V en fait alors don à l'Etat. Une grand partie est au Mauritshuis depuis 1822.

HOFKWARTIER

Trams 1, 17 ; bus 22,24 : Kneuterdijk
www.hofkwartier.nl
Un quartier idéal pour le shopping, stylé nous en conviendrons. Situé entre la Grote Kerk et le palais Noordeinde, le Hofkwartier est la plus ancienne partie du centre-ville. Les Prinsestraat, Molenstraat et Papestraat sont particulièrement bien achalandées et typiques, vous pourrez y faire de magnifiques photos hors du temps. La grande variété des enseignes saute aux yeux : vêtements, bijoux, déco, nourriture fine, etc. Le mélange entre l'architecture des vieilles maisons et le modernisme affiché des magasins confère aux lieux un charme tout particulier.

GROTE KERK - GRANDE ÉGLISE

Rond de Grote Kerk, 12
✆ +31 703028630
www.grotekerkdenhaag.nl
Visites de mai à septembre de 12h à 16h, sauf le dimanche et jours fériés.
A l'instar d'Amsterdam ou de Delft, La Haye compte également des édifices religieux qui font sa réputation et son identité, la grande église en fait partie. Cette remarquable et immanquable église fut construite en plusieurs étapes. C'est très probablement au cours du XIVe siècle que la modeste chapelle de bois du village, alors seul lieu de culte, datant du siècle précédent, fut remplacée par une basilique en brique. Celle-ci fut entièrement remaniée au XVe siècle (seul le transept fut conservé), et la tour hexagonale (l'une des rares du genre aux Pays-Bas) fut érigée en 1424. Du haut de la tour, les guetteurs surveillaient l'arrivée éventuelle d'envahisseurs par la mer, ce qui n'empêcha pas l'église d'être saccagée au XVIe siècle. Seule la tour demeure intacte et l'église est immédiatement restaurée. Aussi vieux que la tour, le carillon, l'une des fiertés des Haguenois, est en quelque sorte emblématique de la ville dont il porte d'ailleurs le symbole, la cigogne. Nécessitant d'urgence une restauration dans les années 1970, l'église fut, faute de moyens, confiée à une fondation privée qui y organise désormais concerts et expositions (concerts le lundi, le mercredi, le vendredi et jours fériés à 12h). Le plan de l'édifice, typique des églises-halles néerlandaises, comporte trois transepts de même hauteur qui déterminent un traitement de l'espace original. A l'intérieur, on remarque surtout les voûtes ogivales et de superbes vitraux du XVIe siècle.

HUIS VAN HET BOEK - MUSÉE DU LIVRE

Prinsessegracht 30
✆ +31 703462700
www.huisvanhetboek.nl
Du mardi au dimanche de 11h à 17h, 11,50 €.
Proche de la gare centrale, ce très beau musée pour les admirateurs de beaux bouquins, est logé dans l'ancienne demeure du baron Van Westreenen Van Tiellandt (1783-1848), grand collectionneur de manuscrits. Outre des antiquités égyptiennes, grecques et romaines, on y trouve une collection de 350 manuscrits, dont de superbes ouvrages médiévaux ornés de miniatures et d'enluminures. Une section récente, consacrée au livre moderne, dévoile tous les secrets de la composition graphique.

KM MUSEUM ★

Stadhouderslaan 43
✆ +31 703 38 11 33
www.km21.nl

Du mardi au dimanche de 11h à 17h. Adulte : 10 €, gratuit pour les moins de 18 ans.

Ce musée fait partie de la fondation du musée municipal de La Haye (devenu Kunstmuseum) mais garde tout de même une indépendance totale de programmation. Le musée d'art contemporain permet d'admirer le travail d'artistes néerlandais, mais aussi internationaux. Les disciplines abordées sont nombreuses et diverses : installations (vidéo), art pictural et sculpture, multimédia, performance, film, photographie, dessins, arts numériques, etc. Le musée accueille en outre des présentations, des débats, des happenings, des présentations de films et de livres.

KUNSTMUSEUM ★★

Stadhouderslaan 41 ✆ +31 703 38 11 11
www.kunstmuseum.nl

Ouvert du mardi au dimanche de 10h à 17h. Adulte : 16 €, étudiants 12,50 €, gratuit jusqu'à 19 ans.

Construit par Berlage en 1935, ce musée comporte différents départements, dont celui d'art moderne. Particulièrement intéressant pour les travaux de l'école De Stijl dont les meilleurs représentants sont Théo van Doesburg, l'initiateur du mouvement, et surtout Piet Mondrian dont plusieurs salles exposent habituellement l'œuvre monumentale. Le musée compte quelques toiles de Van Gogh, Picasso, Francis Bacon, Kandinsky, Monet ou encore du mouvement Cobra. Une aile est consacrée à la mode. Des expositions temporaires très bien faites sont également organisées.

KURHAUS HOTEL

Gevers Deynootplein 30
✆ +31 704162636
www.amrathkurhaus.nl

Le Kurhaus prend ses racines en 1818, naissance du premier pavillon de mer. Le bâtiment actuel fut reconstruit entre 1886 et 1887 suite à un incendie. Le Kurhaus fut conçu par Johann Friedrich Henkenhaf et Friedrich Ebert. La station balnéaire connut un énorme succès qui déclina à mesure que les vacances à l'étranger devinrent populaires. Elle devint accessible au plus grand nombre dans les années 1960. La grande salle avec son majestueux escalier et sa sublime verrière valent le détour. Il est agréable de traverser le Kurhaus pour rejoindre le front de mer.

LANGE VOORHOUT

Sans doute la rue la plus prestigieuse des Pays-Bas, on y retrouve ambassades, musées et autres représentations illustres. Cette voie a ses origines au XVe siècle et c'est Charles Quint qui ordonna de planter des tilleuls lors d'une visite au XVIe siècle. Au siècle d'or c'est l'endroit où tout le beau monde se retrouvait pour flâner. Rénovée en 2009, cette voie est toujours l'illustration de ce qui se fait de mieux à La Haye. On y trouve également l'Hôtel des Indes, le Pulchri studio, le musée Escher... C'est cette voie qui a servi de modèle à Unter den Linden.

ESCHER IN HET PALEIS - MUSÉE ESCHER ★★

Lange Voorhout 74 ✆ +31 704277730
www.escherinhetpaleis.nl/?lang=fr

Du mardi au dimanche de 11h à 17h Entrée : 11 €, enfants de 13 à 17 ans 8 €, enfants de 7 à 12 ans : 6,50 €.

Cet excellent musée est consacré à Maurits Cornelis Escher, dessinateur graveur, qui se distingua par des œuvres qui trompent nos sens. Ses dessins (plus de 2 000) allient une exécution parfaite et une imagination abondante au service de structures impossibles. Beaucoup de ses œuvres sont la présentation de transformations géométriques connues comme la translation, la réflexion, la rotation ou l'homothétie. Voyageur infatigable, c'est aux Pays-Bas qu'il réalisa la plupart de son œuvre.

PULCHRI STUDIO

Lange Voorhout 15
✆ +31 703461735
www.pulchri.nl

Ouvert du mardi au dimanche de 12h à 17h. Restaurant de 11h à 17h. Entrée gratuite.

Pulchri Studio est à la fois une galerie/musée et un club privé rassemblant des artistes. Pulchri fut fondé en 1847 et compte aujourd'hui 450 artistes et 500 « simples » membres. Pulchri est dans les locaux actuels depuis 1901. De nombreuses expositions sont organisées. Superbe endroit. Cet établissement édite un prestigieux magazine 4 fois par an et son club privé est très prisé. Les salles d'exposition sont tout simplement magnifiques et il convient d'y jeter un œil en passant. Le café/salon de thé du lieu est très agréable.

THORBECKE MONUMENT

Lange Voorhout

Cette statue, dévoilée en 2017, est l'œuvre de l'artiste Thom Puckey, elle représente d'un côté Thorbecke, père de la Constitution. Il est représenté assis à son bureau regardant vers le bureau du Premier ministre des Pays-Bas (la fameuse « petite tour »). De l'autre côté, deux hommes discutent à une table tandis qu'une femme participe aussi à la discussion, mais assise dans une pose « sexy » qui dévoile ses jambes. Inutile de dire qu'en cette période de *me too*, l'œuvre de 7 mètres de haut n'a pas été très chaleureusement accueillie.

MADURODAM ★

George Maduroplein 1

✆ +31 704162400

www.madurodam.nl

Dès 17 €. 7j/7 en juillet-août et pendant les vacances scolaires (néerlandaises) de 9h à 20h, sinon de 11h à 17h.

Madurodam se targue d'être depuis plus de cinquante ans la plus petite ville des Pays-Bas ! Il s'agit en fait d'une ville miniature, ou ville dans la ville qui représente les monuments typiques des Pays-Bas à l'échelle 1/25e. Ce parc présente compte 338 miniatures de monuments des Pays-Bas, 21 animations interactives et 4 attractions à l'intérieur. La première moitié est très intéressante puisqu'elle présente des lieux emblématiques parfaitement reconstitués. Il faut par exemple prendre le temps d'admirer *La Ronde de nuit* de Rembrandt que l'on peut observer en se penchant au-dessus du Rijksmuseum. La deuxième moitié se compose de monuments plus récents et souvent moins connus du grand public. Ce musée ouvert en 1952 est en réalité un mausolée en mémoire d'un incroyable héros de guerre, George Maduro. Maduro était un lieutenant mort à Dachau en prisonnier de guerre. Madurodam comprend ainsi les éléments clés des Pays-Bas comme la maison d'Anne Frank, la Domtoren d'Utrecht, des champs de fleurs, des moulins, des canaux ainsi que des éléments récemment ajoutés comme l'aéroport de Schiphol et le sublime pont Erasme de Rotterdam. Des expositions thématiques sont aussi régulièrement organisées. A noter : le parc de Madurodam comprend 65 0000 « Madurodam-mertjes », les habitants de la ville miniature, et c'est un réel plaisir de pouvoir les observer dans le parc. A une époque, chaque employé qui partait en retraite ou quittait son travail à Madurodam se voyait représenter par une figurine au sein du parc.

DE MESDAG COLLECTIE

Laan van Meerdervoort 7-F

✆ +31 703621434

www.demesdagcollectie.nl

Vendredi au dimanche de 10h à 17h. Adulte : 9 €, moins de 18 ans : gratuit. Ticket Mesdag combiné : 17,50 €.

Du magnifique palais de la Paix, quelques minutes de marche (en passant devant l'ambassade de Franec) vous séparent du Musée Mesdag, aujourd'hui renommé en Collection Mesdag, qui présente d'intéressantes collections de peinture fin XIXe siècle et début XXe siècle. Hendrik Willem Mesdag (1831-1915), qui ne fut pas seulement un peintre mais aussi un collectionneur passionné et un banquier, fit construire ce musée, en 1887, pour y réunir les toiles de sa collection. Sont ici particulièrement bien représentées l'école de La Haye (œuvres d'Israëls, de Roelofs, des frères Maris et de Mauve) et celle de Barbizon (œuvres de Corot, Millet, Daubigny et Rousseau) constituant d'ailleurs la plus importante collection Barbizon hors de France. La collection fut léguée à l'État en 1903, ainsi que la maison voisine où logeait Mesdag et qui, maintenant restaurée, est ouverte au public. Ce musée permet de plonger dans un univers fascinant et double, celui d'un artiste visionnaire, passionné par Scheveningen mais aussi d'un collectionneur visionnaire. La collection compte aussi des vases et divers objets hétéroclites et la présentation et décoration des salles est très réussie. Le musée est également ancré dans le présent avec des expositions d'art contemporain. Le jardin, avec ses belles chaises longues, est particulièrement agréable et le café également. Il faut absolument combiner cette visite à celle du Panorama Mesdag, à quelques encablures. L'été, il est possible de pique-niquer dans le jardin du musée (en réservant à l'avance).

MUSÉE BREDIUS

Lange Vijverberg 14

✆ +31 703620729

www.museumbredius.nl

Du mardi au dimanche de 11h à 17h, sauf jours fériés. Entrée : 7 €, groupe : 5,50 €.

Situé dans un beau bâtiment datant de 1756 faisant face au Hofvijver, ce musée présente la collection personnelle d'Abraham Bredius (1855-1946), érudit historien d'art et voyageur qui fut conservateur du Mauritshuis pendant 20 ans. En 1922 Abraham Bredius partit vivre à Monaco et prêta sa collection à la municipalité en lui promettant de la lui léguer à sa mort. En guise d'acompte il fit don du tableau *De Sater en de boer* par Jan Steen qui devint l'acte de naissance du musée. La municipalité de La Haye est propriétaire du musée depuis 1946, à la mort de Bredius.

MAURITSHUIS ★★★★

Plein 29 ✆ +31 703 02 34 56
www.mauritshuis.nl
Ouvert le lundi de 13h à 18h, du mardi au dimanche de 10h à 18h. Billet à 17,50 €, tarifs réduits disponibles en ligne.

Le Mauritshuis est à lui seul une excellente raison de visiter La Haye. Situé au bord du Hofvijver, ce lac au pied duquel fut édifié le Binnenhof, il présente l'une des plus belles collections de peintures hollandaises du XVIIe siècle, et cela, dans un cadre intimiste qui change des grands musées impersonnels. Achevé en 1644, ce très beau bâtiment de style classique fut construit selon des plans de Jacob van Campen pour le compte de Johan-Maurits de Nassau-Siegen. Arrière-neveu de Guillaume le Taciturne, Johan-Maurits fut gouverneur du Brésil, ce qui valut au Mauritshuis ses petites touches exotiques encore perceptibles ici et là.

▶ **Dans le hall d'entrée et près des escaliers,** une véritable galerie des portraits de famille du Mauritshuis, ses tableaux rendent hommage aux fondateurs du musée ainsi qu'à ses donateurs (Johan-Maurits de Nassau-Siegen, princes de la famille d'Orange, *stadhouders* dont Guillaume V…).

▶ **Rez-de-chaussée : maîtres flamands et étrangers.** On y verra quelques très belles toiles de primitifs flamands (XVe et début XVIe), dont une *Descente de Croix* (1463), du Bruxellois Rogier Van der Weyden, un des maîtres incontestés du Moyen Âge flamand et l'un des premiers à introduire le paysage et à représenter le donateur dans des scènes religieuses s'éloignant de l'académisme par une dramatisation de composition. Également dans la salle Van der Weyden, on remarquera un *Portrait d'homme*, de Hans Memling. Influencé par Van der Weyden, Memling, peintre brugeois de la seconde moitié du XVe siècle fut l'un des premiers à se spécialiser dans le portrait de la bourgeoisie de sa ville. Ici, dans la lignée de son maître, le fond est constitué par un paysage dont le caractère paisible contraste avec l'expression concentrée du visage.

Dans la salle suivante (salle Boschaert), si les peintres flamands sont encore à l'honneur avec de belles natures mortes, il s'agit de maîtres plus tardifs pour la plupart (seconde moitié du XVIe), qui se sont réfugiés en Hollande après la chute d'Anvers. Vient ensuite le salon Doré, décoré en 1718 par le Vénitien Pellegrini dans un style néo-Renaissance.

La première salle des Flamands abrite des œuvres de Petrus-Paulus Rubens, le maître d'Anvers qui parvint à synthétiser les divers courants majeurs de son temps pour produire dans tous les genres (portraits, tableaux mythologiques, natures mortes, paysages, scènes religieuses…) une peinture véritablement universelle. Dans cette salle, appelée aussi salle Rubens, on pourra voir notamment une esquisse à l'huile préparant le célèbre retable de la cathédrale d'Anvers : *Assomption de la Vierge* de Jacob Jordaens. Ce dernier fut l'un de ceux qui introduisirent aux Pays-Bas les techniques du Caravage, qui révolutionnèrent le travail du clair-obscur, si fondamental pour l'émergence de la peinture proprement hollandaise.

Dans la seconde salle des Flamands, le tableau intitulé *Adam et Ève au Paradis* est peint par Rubens et Jan Bruegel, dit de Velours (les personnages sont de Rubens, le paysage et les animaux de Bruegel). Y sont également exposées des œuvres d'Antoine Van Dyck, autre grand maître flamand de la première moitié du XVIIe, particulièrement brillant dans le rendu des matières et des drapés.

Cette pièce nous réserve également une petite merveille de Willem Van Hecht : *L'Atelier d'Apelle*. Ce tableau opère une mise en abîme de la représentation, redoublée par la présence en arrière-fond, sur les cimaises, d'une multiplicité de

© SPOOH - ISTOCKPHOTO.COM

toiles parmi lesquelles on reconnaît des œuvres de Rubens, de Van Dyck, de Quentin Metsys ou encore de Titien.

Premier étage : maîtres du siècle d'or hollandais. On y trouve certaines des plus belles toiles des maîtres hollandais, à commencer par *La Chasse aux poux* et *La Jeune Fille écrivant* (salle Vermeer), de Gerard ter Borch, grand peintre de genre du milieu du XVIIe, aujourd'hui un peu éclipsé par son grand contemporain Johannes Vermeer. Une salle consacrée à ce dernier présente, outre une œuvre de jeunesse à sujet mythologique, deux de ses plus grands chefs-d'œuvre : *La Jeune Fille à la perle* et *Vue de Delft*. Le premier est sans conteste l'un des plus beaux portraits jamais peints. Tous ses éléments (combinaison des bleus, jaunes et ocre ; traits fins et pleins d'un visage à la fois féminin et adolescent ; regard doux et posé que rien ne semble pouvoir assombrir…) concourent à l'harmonieuse expression d'une tendresse sans bornes. Quant à la *Vue de Delft*, cette toile incomparable à la luminosité incomparable et troublante, elle inspira de nombreux commentaires (dont quelques-unes des plus belles pages de Proust, dans *A la recherche du temps perdu*), elle représente plus un moment de la ville qu'une vue à proprement parler : sa lumière matinale et froide tombe sur une cité qui semble encore ensommeillée, dégageant une harmonie muette de tons pâles que ne relèvent que quelques touches de couleurs vives, dont le fameux tout petit pan de mur jaune. Dans cette pièce, vous trouverez également un intérieur d'église d'Emmanuel de Witte, maître incontesté de la peinture architecturale. La peinture de genre, déjà très bien représentée, est encore à l'honneur dans la salle suivante avec neuf toiles de Jan Steen (1626-1679), remarquable pour ses descriptions de scènes populaires pittoresques ; *Vie de l'homme*, *Comme les vieux chantent, piaillent les jeunes*, *La Joyeuse Compagnie*, *La Mangeuse d'huîtres*…, autant de toiles où la crudité du réalisme est rachetée par un humour et une tendresse pour ces existences simples. Les fans de Donna Tartt ne manqueront pas d'admirer le sublime *Chardonneret* de Carel Fabritius dans cette même salle.

Quant à l'art du portrait, il est représenté par quatre superbes Frans Hals, dont la *Tête d'un jeune garçon*, particulièrement caractéristique de l'art vif du maître (salle Jan Steen et salle de l'escalier), un très beau Pieter Codde et quelques Rembrandt dont le superbe *Portait d'un vieil homme*. Les quatre salles suivantes (le cabinet du début du XVIIe, la salle Potter, le cabinet de la fin du XVIIe et la salle de l'escalier par laquelle se termine la visite) offrent, à travers la présentation d'œuvres de peintres souvent secondaires, un intéressant panorama de la richesse et de la diversité thématique de la peinture hollandaise, que ce soit dans les paysages (en particulier de Simon Van Ruysdael et Jan Van Goyen, deux des maîtres du genre), dans les natures mortes ou dans les scènes religieuses. Le célèbre taureau de Paulus Potter, datant de 1647, est impressionnant tant par sa taille que par l'attention portée aux détails, comme la minuscule grenouille au premier plan.

© NEALITPMCCLIMON - ISTOCKPHOTO.COM

Viennent ensuite deux salles consacrées à Rembrandt. La première expose ses œuvres de jeunesse, dont la fameuse *Leçon d'anatomie du professeur Tulp*, où le jeune Rembrandt démontre avec brio que le portrait collectif n'a pas nécessairement à être figé pour être fidèle. La seconde salle, qui présente des toiles de la maturité, montre à quel point Rembrandt s'est progressivement détaché du souci du détail pour chercher expressions et tensions dramatiques à travers une matière plus épaisse, presque empâtée, et une touche large, comme, en particulier, dans le sublime *Saül et David*, ou dans les *Deux Nègres*, probablement le premier portrait de Noirs de l'histoire de l'art occidental, ou encore dans *Autoportrait au turban*, une œuvre de l'année de sa mort et dont la facture contraste particulièrement avec celui de la salle précédente.

À noter que Mauritshuis est devenu le premier musée au monde entièrement pixélisé. Sur le site Web, vous pourrez ainsi faire une visite incroyable qui ne remplacera pas toutefois une visite « en vrai ».

Le musée organise régulièrement des expositions temporaires qui font l'événement. En effet, le musée comprend un atelier de restauration dans ses greniers. Une plongée dans un monde méconnu qui permet de garder un musée de niveau exceptionnel avec des œuvres constamment préservées. Il y a quelques années, le musée avait fait l'événement avec son étude, en direct et en public, de son tableau star *La Jeune Fille à la perle*. Depuis, d'autres musées lui ont emboîté le pas, conscients de ce spectacle unique pour le public. En 2023, ce musée délocalisera ses Vermeer pour une exposition unique au Rijkmuseum.

MUSÉE BEELDEN AAN ZEE ★★

Harteveltstraat 1
✆ +31 703585857
www.beeldenaanzee.nl
Du mardi au dimanche 10h-17h. Adultes 17,50 €, enfants 13-18 ans 8,75 €.

À proximité du Kurhaus, voici un des endroits les plus agréables de la ville le long de cette belle plage de Scheveningen parfois si décriée car trop modernisée ces dernières décennies... Le présent bâtiment fut construit sous les ordres de Guillaume Ier pour que sa femme, la reine Wilhelmina, à la santé fragile, puisse se requinquer et se reposer à l'air frais de la mer du Nord. Situé dans un parc en bord de mer, ce musée, partiellement en plein air, est consacré à la figure humaine : des sculptures de toute taille sont installées aussi bien dans des salles de l'ancien pavillon que dans des patios ou sur des terrasses, autant de cadres silencieux et intimistes. Conçu par l'architecte Wim Quist, ce musée a trouvé sa place dans les dunes de la fameuse plage de La Haye. Il a le mérite d'être le seul aux Pays-Bas qui se consacre exclusivement à l'art sculptural international, moderne et contemporain. La collection compte maintenant plus de mille sculptures et plusieurs centaines de médailles, toutes créées par des artistes du monde entier et réalisées dans les matériaux les plus divers. Le musée organise trois ou quatre grandes expositions par an. Depuis plus de quinze ans on peut admirer les SprookjesBeelden aan Zee (sculptures féeriques en bord de mer) sur le boulevard de Scheveningen. Une fascinante terrasse pleine de sculptures en bronze. Ces œuvres de Tom Otterness sont aujourd'hui considérées comme des chefs-d'œuvre dans le monde entier ! Le cadre est très « instagrammable » avec la plage en arrière-plan.

MUSÉE HISTORIQUE DE LA HAYE

Korte Vijverberg 7
✆ +31 703646940
www.haagshistorischmuseum.nl
Du mardi au vendredi de 10h à 17h, le week-end de 12h à 17h. Entrée : 15 €, de 6 à 17 ans : 5 €.

Situé près du Mauritshuis, ce musée est dans un bâtiment construit en 1636 pour héberger la corporation des arbalétriers de Saint-Sébastien. Consacré à la gloire de sa ville dont il retrace l'histoire à travers maquettes, maisons de poupée, mobilier et vestiges archéologiques, ce musée n'aurait qu'un intérêt anecdotique si la collection ne comprenait aussi quelques vues anciennes de La Haye, dont une toile de Jan Steen et surtout celle de Jan Van Goyen, particulièrement spectaculaire.

MUSÉE GEVANGENPOORT

Buitenhof 33
✆ +31 703460861
www.gevangenpoort.nl
Du mardi au vendredi 10h-17h, samedi et dimanche de 12h à 17h. Entrée : 15 €, -12 ans : 7,50 €.

Le Gevangenpoort est un des plus anciens bâtiments de La Haye. Il est abrité par l'ancienne porte fortifiée du château des comtes, datant du XIVe siècle, où furent questionnés quelques illustres pensionnaires. C'est ici que loge le très intéressant petit musée de la torture qui, par une collection d'objets et de peintures ainsi qu'un diaporama, nous replonge dans l'histoire de la procédure judiciaire. Vous pourrez également y voir la cellule de Cornelis de Witt et tout apprendre de cette ténébreuse affaire. Johan de Witt, homme d'État qui était parvenu à rétablir les finances des Provinces-Unies et avait mené plusieurs guerres victorieuses contre la Suède et l'Angleterre, était alors très populaire. Il fit promulguer l'Acte d'exclusion de 1667, qui avait pour effet de suspendre la fonction de stadhouder et donc de mettre Guillaume III de Nassau sur la touche. N'ayant pu empêcher l'invasion de la Hollande par les troupes de Louis XIV, en 1672, Johan de Witt fut l'objet de la vindicte populaire. Guillaume III de Nassau décide alors de l'éliminer. Peu après l'attaque française, les orangistes vinrent arrêter Cornelis de Witt, frère de Johan et bourgmestre de Dordrecht, pour avoir refusé de participer à l'abrogation de l'Acte d'exclusion. Incarcéré à La Haye, il fut torturé, puis accusé d'avoir conspiré contre le prince Guillaume. Son frère Johan fut pris au piège en venant lui rendre visite en prison, et accusé des mêmes faits. La populace déchaînée lyncha les deux hommes sur la place voisine.

MUZEE SCHEVENINGEN

Neptunusstraat 90-92
✆ +31 703500830
www.muzeescheveningen.nl
Du mercredi au dimanche de 10h à 17h, le dimanche de 12h à 17h. Entrée : 8,50 €.

Ce musée résulte de la fusion entre le musée de Scheveningen et du musée de la Mer. Il est organisé selon deux axes : l'histoire du village de Scheveningen et son activité principale d'alors : la pêche. Instruments de navigation, costumes traditionnels, maquettes de navire et documents sur les diverses techniques halieutiques sont présentes. Le musée est également incontournable pour les amoureux des coquillages, avec plus de 25 000 spécimens rapportés de toutes les mers par ces grands voyageurs hollandais. Des expositions temporaires sont également organisées.

ONE PLANET MUSEON

Stadhouderslaan 37
+31 703381338
www.museon.nl
Tous les jours 10h30-17h, le dôme jeudi & dimanche 18h-20h, vendredi & samedi 18h-21h. 16,50 € sinon 14 €.

Le Museon, musée des Sciences et Techniques présente, outre des expositions temporaires, des expositions permanentes, dont celle sur l'environnement, Écos. Malgré une belle collection d'objets, maquettes, photos et films vidéo, ce musée de vulgarisation pour petits et grands risque toutefois de paraître bien terne aux habitués de La Cité des Sciences de La Villette. Un musée intéressant qui compte plus de 260 000 objets, dont des fossiles et des animaux naturalisés. On y présente aussi la faune et la flore des Pays-Bas et des anciennes colonies.

PALAIS NOORDEINDE ★★

Noordeinde 68
www.koninklijkhuis.nl
Jardins ouverts librement.

La Haye possède plusieurs palais, dont le Paleis Noordeinde, également connu sous le nom de « Het Oude Hof » (Vieille Cour). Ce superbe édifice appartient à la Maison Royale depuis 1609 et est aujourd'hui le « palais de travail » du monarque. Il est situé au centre de La Haye. S'il ne peut se visiter, on peut en revanche l'admirer depuis ses grilles et se rendre dans ses vastes jardins ouverts au public (Paleistuin – accès par Prinsessewal). Les écuries royales (Koninklijke Stallen) se trouvent au nord des jardins (accès par Hogewal 17).

PANORAMA MESDAG

Zeestraat 65
+31 703106665
www.panorama-mesdag.nl
Du mardi au dimanche de 10h à 17h. 15 €, 7 € (4 à 11 ans), 12 € (12 à 18 ans).

Voici une fabuleuse adresse qui vous marquera. Le Panorama Mesdag vous permettra d'admirer une édifiante réalisation collective effectuée autour de Hendrik Willem Mesdag. Cette œuvre est typique de la tradition picturale de La Haye : une toile circulaire, de 14 m de hauteur et de 120 m de circonférence, installée dans une rotonde. Elle présente une vue du vieux village de pêcheurs de Scheveningen en 1880. L'effet en est d'autant plus fascinant que le Panorama, récemment restauré, jouit d'une luminosité singulière grâce à une verrière dont la lumière est absorbée et renvoyée par de grandes toiles blanches, évitant contre-jours et reflets malencontreux.

Artiste visionnaire, collectionneur et homme d'affaires, Hendrik Mesdag ne souhaita pas léguer à l'État son panorama, craignant que celui-ci soit rapidement menacé de fermeture. L'œuvre et le musée attenant sont à ce jour encore la propriété de la famille qui gère l'ensemble. Une visite de ce panorama est tout simplement saisissante. Une bande audio apporte des commentaires expliquant la genèse de la toile et sa signification. Il est très intéressant de faire une visite dans les coulisses du panorama, on peut alors se promener à quelques mètres de la toile et observer des détails cocasses (une boîte de paille est ainsi collée à la toile). Le musée a été agrandi et modernisé il y a quelques années. Une très belle et grande salle ainsi qu'un lieu de restauration ont été ajoutés. Environ 3 expositions temporaires sont organisées chaque année.

LES ENVIRONS

Palais Noordeinde.

DE PIER

De Pier Scheveningen
✆ +31 6 10386859
www.pier.nl

La jetée de Scheveningen a récemment été réaménagée et il faut bon s'y promener (elle est en partie couverte). On y retrouve une belle offre de restaurants et cafés et aussi des boutiques dans l'esprit surf et vacances. Au bout de la jetée se situe l'attraction saut à l'élastique ainsi que la grande roue et même un hôtel avec des suites luxueuses inédites. Cette jetée constitue une belle attraction polyvalente qu'il convient de visiter. On y retrouve une ambiance hors du temps, agréable et surannée qu'il convient de découvrir par une belle journée d'hiver.

SCHEVENINGEN SEA LIFE CENTRE

Strandweg, 13
✆ +31 70 354 2100
www.visitsealife.nl

Tous les jours de 10h à 18h. Dès 12 ans 18,50 €, enfant (3-11 ans) : 15 €.

Sealife est un aquarium moderne et impressionnant. Outre son bassin consacré à de gigantesques raies, il possède un tunnel transparent sous l'eau qui nous plonge au cœur d'un bassin de requins, d'anguilles de mer et autres animaux marins avec lesquels il est préférable de ne pas se trouver nez à nez au cours d'une baignade. Vous pourrez découvrir des tortues de mer. En tout Sealife compte 45 aquariums et constitue une sortie de choix en famille surtout lorsque le ciel se couvre.

SCHEVENINGSE BOSJES

Van Stolkpark en Scheveningse Bosjes

Havre de verdure et de paix entre La Haye et Scheveningen. Le parc abrite le cimetière juif et un monument commémoratif pour les victimes néerlandaises de l'occupation japonaise aux Indes orientales. La Haye et Scheveningen sont connus pour être deux villes de grand air et de verdure et ce parc fait honneur à cette réputation qui n'est vraiment pas usurpée. Profitez-en donc bien lors de belles promenades au grand air après avoir visité les beaux musées qu'offrent la ville et prolongez par une petite visite de la plage par exemple !

VOORLINDEN

Buurtweg 90 ✆ +31 705121660
www.voorlinden.nl

Ouvert tous les jours de 11h à 17h. Entrée 19,50 €, de 13 à 18 ans 8,50 €, enfants moins de 12 ans gratuit.

Le musée Voorlinden est le plus grand musée privé des Pays-Bas, rassemblant les illustres collections d'art (moderne) de l'industriel Joop van Caldenborgh. Cet industriel est collectionneur depuis son plus jeune âge et ce musée résulte d'une véritable et authentique passion de l'art, ce qui fait toute la différence.

Le musée a été spécialement construit à cet effet et les jardins aménagés aussi (sur 40 hectares !). Le bâtiment a été conçu pour s'intégrer dans le parc de la manière la plus harmonieuse possible avec des matériaux durables, de la lumière naturelle le plus possible. Sur 4 000 m², Voorlinden nous propose dans un cadre lumineux une plongée dans toutes les formes d'art et nous fait admirer de grands noms (Ai Weiwei, Louise Bourgeois, Tracey Emin, Cindy Sherman, Andy Warhol, Piet Mondrian, Richard Serra...) dans son exposition permanente ainsi que des expositions temporaires qui font l'événement. Cette initiative unique en soi constitue un réel havre de paix dans un cadre sublimissime. La bibliothèque, qui se visite sur rendez-vous, vaut également le détour. Notre coup de cœur va à l'œuvre de Leandro Erlich, *Swimming Pool*, qui à elle seule assure la popularité sans bornes du musée sur les réseaux sociaux. Les jardins du musée ont été conçus par l'illustre paysagiste Piet Oudolf, également auteur des jardins de la High Line et de Battery Park à New York.

Ne pas manquer non plus le très joli restaurant qui se situe dans l'ancienne demeure du domaine. Dommage que le musée soit difficilement accessible en bus.

WORLD FORUM - PALAIS DES CONGRÈS

Churchillplein 10

Le palais des congrès est un vaste ensemble de bâtiments, dont une tour triangulaire de 17 étages, couvrant près de 5 ha. Construit dans les années 1960 selon les plans de plusieurs architectes dont J.-J.-P. Oud, ancien membre de De Stijl, le palais expose de nombreuses sculptures, peintures et tapisseries ainsi que, dans l'entrée principale, des mosaïques de Karel Appel, membre du mouvement Cobra. Le hall principal est prévu pour recevoir 3 000 personnes réparties sur trois étages.

VREDESPALEIS - PALAIS DE LA PAIX ★★

Carnegieplein 2 ✆ +31 703 02 42 42
www.vredespaleis.nl

Centre des visiteurs ouvert du vendredi au dimanche de 12h à 17h. Horaires réduits en hiver. Visites guidées (11 €).

Destiné à accueillir les institutions internationales qui venaient d'être créées quelques années auparavant lors de conférences au sommet, le palais de la paix est construit de 1907 à 1913 en style néo-Renaissance flamande, par Louis Marie Cordonnier, architecte illustre des Hauts-de-France. Les travaux sont financés par le mécène américain Andrew Carnegie ainsi que par toutes les nations qui avaient participé aux conférences de 1899 et 1907. A partir de 1922, outre la Cour permanente d'arbitrage, le palais allait abriter la Cour permanente de justice internationale (devenue, en 1945, la Cour internationale de justice), véritable tribunal judiciaire qui a tranché dans divers conflits aux implications internationales, comme l'affaire de l'Anglo-Iranian Oil Company.

Il ne faut vraiment pas manquer de visiter ce véritable temple international de la paix. Le « Visitors centre » ouvert gratuitement, permet un premier contact très enrichissant avec ce lieu illustre. Il convient de réserver une visite guidée qui permet d'accéder au bâtiment et découvrir la genèse du lieu, ses différents symboles et les différentes institutions qui y sont logées.

On peut y voir une grille monumentale offerte par l'Allemagne, une statue de la Paix, don de la Belgique, des tapisseries des Gobelins envoyées par la France, un tapis provenant de la manufacture impériale turque, une horloge donnée par la Suisse ou encore des ouvrages de menuiserie en bois de teck offerts par les Indes néerlandaises.

AQUARIUS HOTEL €

Zeekant 110
✆ +31 703543543
www.aquarius-hotel.nl

Chambre simple à partir de 60 € la nuit.

Donnant sur les plages ou plus exactement sur le parking des plages (mais vue sur mer malgré tout !), l'hôtel propose quelques appartements à la location. Ces studios, propres et confortables, sont parfaitement conçus pour un long ou court séjour (cuisine et salle de bains équipées, linge de maison fourni, téléphone, télévision...). La décoration est simple et sans ostentation. L'endroit est cependant un peu bruyant. Demander de préférence un appartement sur la mer, un peu plus cher mais beaucoup plus agréable. Egalement bar et restaurant.

CAMPING DUINHORST €

Buurtweg 135 ✆ +31 70 324 22 70
www.duinhorst.nl

Ouvert du 29 mars au 29 septembre. Compter 5,50 € par personne 6 € par tente. Animaux domestiques refusés.

A proximité du parc d'attractions Duinrell, ce grand camping sur plus de 10 hectares, le plus proche du centre-ville, propose toutes les commodités et installations modernes (courant électrique, laverie automatique, cafétéria, épicerie, piscine, terrain de tennis...). C'est un classique historique et abordable situé toutefois dans la partie cossue de Wassenaar. Il est d'autant plus agréable d'avoir une adresse si bon marché et si centrale. De là vous rayonnerez aisément vers le magnifique musée Voorlinden, vers la plage ou vers le centre historique de La Haye.

HÔTEL DE STERN €

Gevers Deynootweg 68
✆ +31 703504800
www.hoteldestern.nl

Chambre simple à partir de 60 € et double à partir de 70 €.

Un petit hôtel familial d'une dizaine de chambres propres et confortables (la plupart avec salle de bains privée, téléphone, télévision...). En revanche, sa décoration, totalement basique, avec des lithographies pastel aux murs, s'inspire (malheureusement) des chaînes hôtelières modernes. Une adresse de qualité constante au fil des ans dans une catégorie de prix abordable. Là non plus, pas trop d'attente démesurée à avoir juste la satisfaction d'avoir un lit correct dans un établissement bien situé sur la plage de la Scheveningen.

JORPLACE BEACH HOTEL €

Keizerstraat 296
✆ +31 703383270
jorplace.nl/hostel-scheveningen/

Chambre en dortoir (27 personnes) à partir de 17 €. 23 € le week-end. Petit déjeuner inclus, wi-fi gratuit.

A 5 minutes de la plage, cette auberge bon marché dispose de 122 lits. Les chambres confortables, les prix bas et l'atmosphère décontractée de la maison séduiront les plus jeunes. Le Jorplace dispose d'un bar (ambiance hawaïenne), d'une cuisine équipée pour vous permettre de cuisiner au moins pour 5 personnes et un grand jardin avec barbecue pour les soirées d'été. Un hôtel petit budget parfaitement adapté aux 18-25 ans. Une adresse vitaminée et agréable qui sera la base idéale pour découvrir la ville et aussi et surtout la plage.

BABYLON HOTEL DEN HAAG €€

Bezuidenhoutseweg 53
✆ +31 70 381 49 01
www.hampshire-hotels.com
Chambre double standard à partir de 109 €.

Le Babylon logé dans une impressionnante tour à la sortie de la gare centrale, semble veiller sur La Haye et sur le Malieveld voisin. Le bâtiment en impose par ses lignes pures de verre et d'acier. Une audace architecturale dont ce pays, et La Haye en particulier, a le secret. A deux pas de la gare, avec les trams ou les bus qui vous mèneront en un rien de temps dans le centre. Certaines chambres offrent une vue somptueuse sur les gratte-ciel et l'hôtel jouxte le bois de La Haye et le lieu où sont organisées toutes les manifestations sociales.

BADHOTEL SCHEVENINGEN €€

Gevers Deynootweg 15 ✆ +31 31 70 351 22 21
www.badhotelscheveningen.nl
Chambre double de 69 à 109 €.

Hôtel moderne 3-étoiles sans grand charme mais pratique et bien situé à 150 mètres de la plage et doté de son propre restaurant. 5 catégories de chambres différentes, les plus chères sont les plus spacieuses mais toutes sont équipées à l'identique. Bar agréable. Le charme de cet établissement est nautique et semble parfois d'un autre temps, ce n'est pas mal en soi. Nous aimons beaucoup son emplacement proche de la mer qui vous permettra de faire de très belles promenades régénérantes. Le restaurant-lounge est agréable avec sa cheminée qui crépite dès l'automne.

BILDERBERG EUROPA HOTEL SCHEVENINGEN €€

Zwolsestraat 2
✆ + 31 70 416 95 95
www.bilderberg.nl
A partir de 89 € la chambre.

Cet établissement fait partie des bonnes adresses de standing de la ville. Il est situé à quelques minutes à pied de la plage de Scheveningen. Cet hôtel compte 174 chambres très bien équipées, sauna, piscine et solarium en libre utilisation. Bon restaurant inspiré par les cuisines californiennes et asiatiques. Vous pourrez choisir entre la vue sur la mer ou sur la ville. Une adresse à la fois confortable et bien située. Elle saura sans aucun doute vous plaire.

BOR €€

Haagsestraat 53
✆ +31 70 354 58 03
www.hotelbor.nl
Chambres doubles à partir de 65 € la nuit.

Un petit hôtel familial intime, sans prétentions près du casino et de la plage qui tranche avec le gigantisme des grands hôtels. La maison propose aussi des appartements à louer à La Haye et Scheveningen. Une adresse fiable et de base pour un séjour agréable qui ne vous ruinera pas en plus. Adresse proche de toutes les attractions de Scheveningen mais qui vous permettra également de rejoindre La Haye très aisément. Le meilleur de deux mondes en quelque sorte. Madame Bor, la gérante fera en sorte de rendre votre séjour agréable.

CENTRAL PARK €€

Oosteinde 14
✆ +31 703872081
www.centralparkvoorburg.com
Chambre à partir de 125 € par nuit. Petit déjeuner dès 17,50 € par personne.

Central Park est un concept hôtelier total où l'on vient pour manger et dormir dans un cadre superbe, avec le monument historique Vrede & Rust (paix et calme) dans un écrin de verdure à quelques encablures de La Haye. Le cadre du restaurant et des parties communes est très agréable et photogénique (ah ! ce fameux zèbre au mur). Les chambres et suites sont toutes d'un très grand confort feutré avec une literie d'excellence. Le tout sous la houlette de Ron Blaauw, le génie batave des fourneaux. Donc n'oubliez pas de goûter à la cuisine !

HILTON THE HAGUE €€

Zeestraat 35
✆ +31 707107000
www1.hilton.com
Chambre double à partir de 100 €.

Hôtel de standing comme le nom le laisse entendre, ce Hilton se situe dans le prolongement de la belle artère du Noordeinde. Grande bâtisse couleur ocre rouge rénovée par l'architecte Wolbrand van der Vis est un ancien bâtiment qui abritait autrefois le siège social d'une compagnie de télécommunications nationale. Désormais un hôtel Hilton, l'ensemble impressionne quelque peu et le design intérieur de la réception et du hall de l'hôtel vaut le coup d'œil. L'hôtel se situe à quelques pas du quartier des ambassade, du vieux centre et à 15 minutes de la plage.

HÔTEL COREL €€

Badhuisweg, 54-56
✆ +31 703559939
www.hotelcorel.nl
Chambre simple à partir de 60 €.

Situé à 2 minutes des plages, un mignon petit hôtel de 16 chambres à la façade aussi blanche que kitsch, hésitant entre l'Art Déco et le style saloon, et nous n'exagérons rien vous berrez. Malgré leur confort moderne, ses seize chambres ont toutes ce côté quelque peu rétro. C'est sympathique et ça change un peu, même si, à y regarder de plus près, tout cela n'est pas très authentique. Les chambres sur rue, à l'étage, ont des petits balcons bien agréables. Nous aimons la possibilité de chambre familiale à prix doux pour un séjour agréable.

HOTEL INDIGO €€

Noordeinde 33
✆ +31 702099000
Chambre double à partir de 150 €.

Superbe récente adresse hôtelière située dans les anciens locaux de la banque centrale des Pays-Bas à deux pas du palais Noordeinde. L'ensemble dégage un luxe maîtrisé et serein et un grand confort. Les chambres, 63 en tout, sont toutes équipées dans un style rétro vintage et dotée d'une très agréable douche esprit spa. Les pièces comprennent de nombreux détails design, une touche Art déco, des lampes historiques en cuivre, un téléphone vintage et aussi un coffre-fort réellement coffre-fort, clin d'œil à la banque qui était autrefois logée ici.

HOTEL MOZAIC DEN HAAG €€

Laan Copes van Cattenburch 38-40
✆ +31 70 35 22 335
www.mozaic.nl
Chambre double à partir de 95 €.

Très bel hôtel datant de 1880 complètement remis au goût du jour situé à mi-chemin entre le centre-ville et la plage de Scheveningen dans le quartier des ambassades. Une belle adresse. L'établissement se targue d'être une villa de ville et d'offrir un accueil unique et personnalisé à ses hôtes. Les gérants y mettent vraiment tout leur cœur et souhaitent une seule chose, que vous vous sentiez bien chez eux. Les 25 chambres sont très agréables et pourvues de toutes les commodités attendues dans ce type d'adresse. Une adresse à chouchouter.

NH DEN HAAG €€

Prinses Margrietplantsoen 100
✆ +31 703812345
www.nh-hotels.nl
A partir de 99 € la nuit. Petit déjeuner compris. Wifi. Location de vélos, parking. Offres spéciales sur le site.

Bel et grand hôtel de standing de 204 chambres à la hauteur d'un hôtel 4-étoiles. De plus, il a l'avantage d'être proche de la gare, de la forêt et du centre-ville historique. A noter que tous les dimanches, le NH Den Haag incite au farniente puisque le petit déjeuner est servi jusqu'à midi et le départ autorisé jusqu'à 17h. Une adresse à la fois élégante et pratique. Elle se situe à 2 arrêts de tram du centre et à 15 minutes en tram de la plage de Scheveningen. Les chambres sont spacieuses et lumineuses. Cette adresse a fait ses preuves.

NOVOTEL DEN HAAG CITY CENTRE €€

Hofweg 5-7
✆ +31 70 203 90 03
www.novotel.com
Chambre double à partir de 89 €.

Des chambres spacieuses et lumineuses. On peut difficilement trouver un hôtel plus central car ce Novotel est situé dans le Haagse Passage en face du Binnenhof. Une excellente affaire si vous profitez des offres sur le site et vous ne serez pas déçus par la qualité des services. Qualité constante et service affable. Quelques minutes de marche et vous êtes en plein cœur politique des Pays-Bas entre l'Assemblée et le Sénat avec le Mauritshuis en arrière-plan !

T'SONNEHUYS €€

Renbaanstraat 2
✆ +31 6 288 344 99
www.sonnehuys.nl
Chambre double dès 110 €.

A proximité des plages, une petite maison du début du siècle de style Art nouveau, transformée en une agréable auberge familiale. Ses neuf chambres (avec salles de bains équipées, téléphone, télévision, radio-réveil...) sont placées sous le double signe du calme et du confort. Le personnel, attentif et discret, se fera un plaisir de vous rendre des services qui faciliteront votre séjour (coffres, change, réservations...). Tarifs spéciaux pour les séjours d'une semaine. Une adresse qui a fait ses preuves depuis de longues années.

'T GOUDE HOOFT €€€

Dagelijkse Groenmarkt 13
✆ +31 70 744 88 30
www.tgoudehooft.nl
Huit luxueuses suites à partir de 250 € la nuit.

Une auberge historique (ses origines remontent à 1423) logée dans un des bâtiments les plus caractéristiques de La Haye. Cette illustre brasserie a retrouvé sa fonction d'origine (auberge) et propose 8 suites aux noms reprenant les classiques haguenois comme Het Torentje, le nom de la tour où travaille le Premier ministre, le Binnenhof, etc. Les suites proposent tout le luxe possible et imaginable : minibar, bain chromatique à bulles, douche de compétition... C'est un plaisir de découvrir la ville de ce point de chute idéal.

CORONA HOTEL

Buitenhof 39-42
✆ +31 703637930
www.corona.nl
Chambre double dès 155 €.

Au cœur du vieux quartier aristocratique de La Haye, allons dormir dans ces chambres où le confort le plus moderne n'exclut pas un joli mobilier et un lit à baldaquin et jouissons d'être l'objet privilégié d'un accueil distingué et d'un service prévenant. Une belle adresse avec des chambres qui sont toutes uniques mais qui se distinguent toutes par un grand confort et une atmosphère cosy et cossue. A noter, cet hôtel se trouve à deux pas du Parlement et du musée Mauritshuis, c'est un point de chute parfait pour un séjour haguenois.

HOTEL SPA SAVARIN HAMPSHIRE €€€

Laan van Hoornwijck 29
✆ +31 703072050
www.savarin.nl
Chambre double à partir de 150 € la nuit. Petit déjeuner non compris.

Havre de paix à la campagne dans un ancien domaine datant de 1642 près de Rijswijk. Situation géographique idéale pour visiter Scheveningen, Den Haag ou Delf. Hôtel spa grand luxe avec piscine, sauna, *whirlpool*, hammam et *tutti quanti*. Une adresse qu'on aime particulièrement pour une pause bien-être hors du temps. Le confort et les prestations proposés sont 5 étoiles et la décoration des chambres est l'œuvre du designer Nijboer. Les éléments de design néerlandais sont présents partout.

KURHAUS HOTEL €€€

Gevers Deynootplein 30
✆ +31 704162636
www.amrathkurhaus.nl
Chambre à partir de 139 €.

Hôtel de très grand luxe situé dans un imposant bâtiment du XIXe siècle face à la plage de Scheveningen. Repris il y a quelques années par le groupe Amrath, cette adresse de référence est connue dans tout le pays et au-delà. Elle aurait toutefois besoin d'une mise à jour côté décoration. L'impressionnante coupole du bâtiment vaut le coup d'œil ainsi que la serre avec la terrasse ayant une vue magnifique sur la mer du Nord. Ambiance historique de grand luxe. Piscine et spa dans l'enceinte. Superbe ambiance lors des fêtes de fin d'année.

MÉRIDIEN HÔTEL DES INDES €€€

Lange Voorhout 54-56 ✆ +31 70 361 23 45
www.hoteldesindesthehague.com
Chambre double à partir de 175 € et jusqu'à 1 700 €.

L'hôtel des Indes est l'établissement ultrachic et ultraluxe de La Haye. L'hôtel, totalement rénové de main de maître il y a quelques années, a su toutefois conserver son authenticité historique ; en effet l'endroit date de 1858. Quelques touches de glamour chic réveillent savamment l'adresse. Les 92 chambres, climatisées (dont 13 suites), sont bien sûr équipées luxueusement et plairont aux touristes les plus exigeants. Restaurant et bar d'exception sont évidemment au rendez-vous. Spa et piscine en sous-sol. Offres spéciales sur le Net.

PALEIS HOTEL €€€

Molenstraat 26
✆ +31 70 36 24621
www.paleishotel.nl
Chambre double à partir de 119 € sans le petit déjeuner.

Voici sans doute l'hôtel de charme tant attendu ! L'écrivain néerlandais Louis Couperus y trouva d'ailleurs matière à inspiration lors de ses fréquents séjours. Situé en plein Hofkwartier, certaines de ses chambres ont le privilège de donner directement sur les jardins royaux. Le reste n'est que luxe, calme et raffinement : des chambres habillées de meubles anciens et un petit déjeuner servi dans de la vaisselle en argent et du lin blanc... Une adresse royale de 20 chambres en tout, très grand confort, avec des couleurs chatoyantes. Une bien belle adresse.

PIERSUITES €€€

De Pier Scheveningen
✆ +31 610720438
www.piersuites.nl
Suite à partir de 235 € par nuit.

Pour une nuitée d'hôtel pas comme les autres à La Haye, pensez à Piersuites ! Ici on dort dans des suites luxueuses (grand lit, minibar inclus, bain à bulles) directement sur la jetée avec une vue spectaculaire sur la mer du Nord ! Pour un séjour unique. Il s'agit ici vraiment d'une adresse atypique pour une nuitée qui restera marquée dans votre mémoire. Avec un peu de chance, les éléments seront un peu agités et vous pourrez encore plus profiter de votre îlot de calme en observant la tempête face à vous. Pour un moment suspendu !

VOCO €€€

Kneuterdijk 8
✆ +31 702185600
Chambre dès 185 €.

Superbe nouvel hôtel logé dans une ancienne banque totalement rénovée. Tout est époustouflant : l'accueil agréable et personnalisé. Les 204 chambres sont ultra-confortables toutes sur le thème du voyage avec le coin café logé dans une superbe malle qui invite aux pérégrinations et rappellent la riche histoires des Pays-Bas. Le buffet du petit déjeuner est fabuleux. Une super vélo est à votre disposition pour découvrir les environs. Voco est un lieu où l'on se sent bien. Le restaurant, Botanica, et le bar (et son coffre-fort) vous plairont sans aucun doute.

'T ZUSJE €€

Gevers Deynootplein 30
✆ +31 707200880
www.zusje.nl
Ouvert tous les jours de 17h30 à 22h30, le samedi dès 17h. Compter 29,80 € le menu de tapas.

Pour qui veut manger dans le cadre de l'élégant Kurhaus sans se ruiner (et certes sans la vue sur la mer du Nord) peut réserver chez 't Zusje. Ce concept a séduit le sud des Pays-Bas avec de nombreux établissements dans les principales villes. On mange des petits plats (tapas) dans un cadre soigné et servi par un personnel avenant. Il est possible d'indiquer ses préférences culinaires et ses éventuelles allergies. On aime le concept pour une soirée agréable en famille par exemple, les petits seront en effet ravis du décor et du repas.

COTTONTREE CITY BY DIMITRI €€

Lange Voorhout 98
✆ +31 70 3601170
www.cottontree.nl
Ouvert du lundi au vendredi de 12h à 14h et de 17h à 22h. Samedi de 18h à 22h.

Excellent bistro de la ville où l'on sert une cuisine inspirée et savoureuse. Les plats sont soigneusement composés et équilibrés et sauront plaire aux palais les plus éduqués et mettent en avant les grands classiques de la gastronomie internationale (française aussi). Le décor est boisé et rehaussé de tissus de couleur rouge. Une bonne adresse pour un repas de qualité, idéale aussi pour un moment romantique en couple ou un repas de travail. Très bel emplacement.

DES INDES €€€

Lange Voorhout 54-56
✆ +31 703612345
www.desindes.nl
Cuisines ouvertes de 6h30 à 22h.

Une référence de la ville de La Haye, Des Indes a rouvert ses portes il y a une quinzaine d'année après une spectaculaire métamorphose réalisée par de main de maître par le décorateur français Jacques Garcia. La cuisine est aussi bonne que le cadre enchanteur. Pour un repas d'exception. A noter, ne manquez pas le superbe high tea l'après-midi. On vient ici aussi bien pour le cadre, enchanteur et distingué, que la carte soignée. Un classique un peu désuet tout de même qui ne saura manquer à une découverte complète de la ville. A voir donc !

FOODHALLEN DEN HAAG €

Haagsche Bluf 40
www.foodhallen.nl
Ouvert tous les jours dès midi.

Depuis quelques années, La Haye compte un marché culinaire couvert après celui d'Amsterdam et de Rotterdam. Ici, ce sont actuellement une dizaine d'adresses qui proposent des pâtes, des burgers, des fruits de mer ainsi que des pâtisseries. Le cadre est une ancienne galerie commerciale de l'hypercentre de la capitale politique qui devrait ainsi revivre. Le cadre est très agréable avec un ensemble assez brut subtilement rehaussé de plantes et de couleurs chaudes. Une adresse agréable au centre de la ville. À découvrir d'urgence.

FOUQUET €€

Javastraat 31A
✆ +31 703606273
www.fouquet.nl
Cuisine ouverte du lundi au samedi de 18h à 22h.

Restaurant de cuisine française de qualité avec un bon rapport qualité-prix et un service aussi efficace qu'attentif. Possibilité de manger dans le jardin l'été. Le menu trois plats (dit menu du marché) change régulièrement. Une superbe adresse très réputée depuis 1991. Elle fait partie des valeurs sûres de La Haye et a su renouveler sa carte et son décor au fil des ans. Fouquet cuisine en phase avec les saisons et est adepte de la slow food. Une adresse très prisée que l'on apprécie beaucoup surtout si l'on est en manque de la cuisine de chez nous.

HOFTRAMMM €€€

www.hoftrammm.nl/n
Départ à 19h en semaine et 18h le vendredi, samedi et dimanche. Menu 5 plats 90 €.

Quelle superbe idée que ce tram restaurant qui vous fait découvrir La Haye et ses environs dans un tram historique. On embarque et débarque à la gare de Voorburg à quelques encablures de La Haye. La trajet dure 2h30 avec au maximum 44 personnes à bord. Une expérience atypique à réserver bien à l'avance ! Le menu est présenté sur le site web mais signalez toute allergie ou préférence en amont pour éviter toute mauvaise surprise. Un concept vraiment novateur qu'il faut tester. A noter : le chef n'est pas forcément là lors de votre trajet.

JAMEY BENNETT €€

Plaats 11
✆ +31 703650235
www.jameybennett.nl
Ouvert du lundi au samedi de 9h à minuit et le dimanche de 9h à 23h. Compter environ 20 € le midi et 40 € le soir.

Une adresse à l'emplacement stratégique dans l'hypercentre de La Haye. L'établissement, tout en longueur, comprend plusieurs espaces très agréables avec une décoration soignée et de superbes fauteuils Chesterfield. La carte fait la part belle aux sandwichs (froids ou chauds), les omelettes composées et plats de brasserie. Le soir, la carte met à l'honneur poissons et viandes ainsi qu'une belle quantité de cocktails. Une belle adresse autant pour manger que pour boire un verre. A ne pas manquer donc pour une découverte du cœur de La Haye.

LAPSANG €

Oude Molstraat 11A ✆ +31 703603598
www.lapsang.nl
Dimanche de 10h à 17h, du mercredi au samedi de 10h à 1h. High tea 19,50 € à partir de 2 personnes.

Adresse sympathique idéale pour savourer un petit déjeuner, un déjeuner ou un high tea. Le high tea comprend plusieurs sandwiches soigneusement sélectionnés, des quiches, des scones et un assortiment de gâteaux de fabrication artisanale et un grand choix de thés. Le pique-nique est un adorable panier que vous pourriez emmener dans un parc ou dans les dunes de Scheveningen. Il comprend de délicieux sandwiches, des fruits frais, du chocolat, des quiches, etc., mais aussi des assiettes, etc. Une superbe idée pour une escapade romantique.

LEMONGRASS €€

Dr Lelykade 24
✆ +31 703520295
lemongrass.nl
Cuisine du lundi au dimanche de 12h à 22h. Dimanche de 12h à 21h. Compter environ 40 €.

Lemongrass est un *eetcafé* haut de gamme qui sert des spécialités de poisson. Le rapport qualité-prix est bon, la carte des vins est variée et le personnel fait tout pour que la clientèle passe une agréable soirée. Comme le dit la devise du restaurant la vie est trop courte pour boire du mauvais vin ! Ici on aime la qualité, dans l'assiette et dans la bouteille. Plusieurs menus thématiques sont proposés. Mais il est également possible de dîner à la carte. L'adresse idéale pour une belle soire qui idéalement se prolongera par une promenade sur la plage.

LA LIGURIA €€

Noordeinde 97
✆ +31 703658387
www.laliguria.nl
Mardi au samedi de 12h à 22h30, dimanche de 12h à 21h. Environ 35 € le repas.

A proximité du Palais royal, l'italien très réputé de la ville. A ne pas confondre avec une banale pizzeria. Il propose en effet une cuisine fine et toute en saveurs, à base de produits de qualité (carpaccio, pâtes fraîches, risotto…), dans un cadre décontracté. Une adresse prisée des Haguenois où il est conseillé de réserver. Superbe terrasse l'été. Pour la petite histoire, cette adresse résulte d'un rêve de jeunes adultes venus en scooter d'Italie et est désormais tenue par la génération d'après. Une bien belle adresse à visiter.

O SOLE MIO TRATTORIA PIZZERIA €

Stevinstraat 204 ✆ +31 70 7920015

www.osolemiodenhaag.nl

Ouvert du mardi au samedi de 15h à 23h et le dimanche de 17h à 23h. Compter environ 30 € par personne.

Adresse de Scheveningen où l'on sert d'excellentes pizzas et pâtes, selon certains les meilleures de La Haye. Le cadre est simple et chaleureux et le service accueillant et patient. Attention il s'agit ici plutôt d'une adresse pour sortir entre amis que pour passer une soirée romantique. L'équipe se targue d'être réellement italienne comme d'un gage de qualité et ils ajoutent même de Naples. Les pizzas sont croustillantes et savoureuses et les plats de pâtes ne sont pas en reste.

ONI JAPANESE DINING €€

Prinsestraat 35

✆ +31 703645240

www.oni-restaurant.nl

Cuisine ouverte tous les jours de 17h à 22h30. Comptez 35 € à 40 € par personne.

Il s'agit ici d'un restaurant stylé plutôt dans une ambiance design avec des jeux d'éclairage. La cuisine est japonaise et fait la part belle aux produits frais à base de poisson mais pas uniquement. Les vins rosés et blancs se marient très bien avec la carte. Restaurant japonais à la décoration minimaliste, situé au cœur de La Haye. Bon rapport qualité-prix, bel intérieur assez unique avec une sorte de podium et un jeu de couleurs vives. Plus un établissement pour une soirée qui se prolongera au bout de la nuit qu'un dîner romantique.

OOGST €€

Denneweg 10 b

✆ +31 703609224

www.restaurantoogst.nl

Cuisine ouverte du lundi au samedi de 12h à 14h et de 18h à 22h. Menu 4 plats + dessert : 54 €.

Très bonne adresse de la ville avec une cuisine de haut niveau. Beau cadre classe. À noter, le restaurant fonctionne avec un système de service, le premier étant entre 18h et 20h. Ce n'est donc une adresse où l'on s'éternise pendant des heures, mais elle est parfaite pour savourer une excellente cuisine avant un concert ou une pièce. Adresse récemment couronnée par un BIB gourmand, gage de qualité. Nous aimons particulièrement les assiettes soignées et les menus de saison, toujours à base de produits ultrafrais.

PARAPLU - MUZIEKCAFE €

Bagijnestraat 9

✆ +31 703647134

www.paraplu-eetcafe.nl

Cuisine ouverte de 17h à 22h.

Une adresse comme on les aime ! Restaurant très animé, apprécié d'une population jeune et dynamique. Vous assisterez peut-être à un concert, car ce restaurant est un peu la cantine des élèves du Conservatoire. Charmant *eetcafé*. Cette adresse est établie depuis 1974 dans une rue pittoresque du centre de La Haye. Il s'agit d'une véritable institution de la ville qui a débuté comme café de jazz et qui est devenue une brasserie de renom où 80 personnes peuvent prendre place. Le menu comprend toujours plusieurs plats sans viande et aussi du poisson.

PASTANINI €€

Frederik Hendriklaan 79

✆ +31 703555990

www.pastanini.com

Ouvert du lundi au samedi de 10h à 22h, le dimanche de 12h à 22h. Compter environ 30 € le repas.

Pastanini est un traiteur de qualité supérieure. Ici, en plein cœur de La Haye, vous pourrez déguster des sandwichs, divers plats de pâtes et du pain comme on en trouve en Italie ! Très bonne adresse pour un expresso naturellement. Une bonne adresse pour des pâtes et des pizzas sans oublier les enfants qui ont leur propre menu. Un classique de la ville où il fait bon passer. Pourquoi ne pas succomber à l'un des desserts ou alors à un plateau de fromage. Une adresse remplie de tentations diverses. Le service est également efficace.

RESTAURANT SKY BAR THE PENTHOUSE €€€

Rijswijkseplein 786

✆ +31 703051003

www.thepenthouse.nl

Cuisine fusion. Ouvert tous les jours de 10h à 22h30. Le midi dès 20 €, le soir, au moins 50 €.

Découvrir La Haye du haut d'une tour de 135 mètres en dégustant un fin dîner, c'est possible en réservant une table dans un des restaurants les plus célèbres des Pays-Bas : le skybar The Penthouse se trouve au dernier étage de la Tour de La Haye, un gratte-ciel, inspiré du célèbre Flatiron Building de New York. Les plats raffinés et le concept original en font l'un des endroits les plus spectaculaires des Pays-Bas. Une adresse d'allure internationale.

DE SALON VAN FAGEL €€

Noordeinde 140c
✆ +31 70 2210882
www.salondenhaag.nl

Dès 8h30 et jusqu'à 22h30. Compter 15 € pour le déjeuner et 38,50 € le soir.

Vous connaissez sans doute l'architecte français Daniel Marot qui travailla au service de Guillaume III. Il a réalisé plusieurs palais et jardins aux Pays-Bas où il travailla pendant plus de 8 ans. Chez Fagel on y retrouve un superbe plafond, à ne pas manquer donc ! Voici une adresse sûre de La Haye, idéale pour un petit déjeuner vitaminée sous un plafond de Marot. Ambiance royale qui ne paie pourtant pas de mine de l'extérieur ! Belle carte qui change régulièrement. Une adresse qui, de l'extérieur, pourrait presque passer inaperçue.

THE RAFFLES €€€

Javastraat 63
✆ +31 703458587
www.restaurantraffles.com

Ouvert du mardi au samedi de 17h30 à 22h.

Le Raffles est un classique de la scène culinaire haguenoise et toujours une valeur sûre et reconnue, une vraie référence en réalité. L'adresse met à l'honneur la gastronomie indonésienne de manière stylée et savoureuse. Le propriétaire s'est inspiré de la maison de son grand-père sur l'île de Java pour la décoration intérieure et la carte très raffinée propose des plats javanais traditionnels mais s'inspire aussi de la cuisine malaise et de Singapour. Une belle adresse pour une découverte de la gastronomie de Java mais pas seulement.

SPIZE €

Spui 185
✆ +31 703652827
www.spize.nl

Cuisine ouverte de 17h à 22h. Menu 3 plats : 25 € par personne.

Spize est un superbe restaurant à la décoration très stylée qui sert une cuisine asiatique (surtout thaïlandaise) de qualité. La carte est très concise et change toutes les six semaines en faisant la part belle aux ingrédients de saison. Spize unit les saveurs et senteurs des traditions culinaires asiatiques à un décor plutôt design néerlandais moderne avec de soigneuses touches asiatiques certes. L'ensemble est très réussi et donne envie de passer une belle soirée à découvrir encore et encore des trésors culinaires au centre de la ville.

TRIANA €€

Maziestraat 8
✆ +31 702154302
www.tapasbar-triana.nl

Bar à tapas ouvert du mardi au dimanche de 17h à 23h.Compter environ 30 €.

Très sympathique bar à tapas du centre de La Haye. Bonne ambiance avec musique adaptée à la cuisine et très bons petits plats. On y vient dans une ambiance boisée très *gezellig* comme aiment le dire les Néerlandais, et pour savourer des petits plats, tapas, froides ou sans viandes. L'idée ici est de faire des connaissances autour d'un verre et la musique aide à adoucir les mœurs en plus. Une belle adresse sympa pour une soirée endiablée avec un public très international. Un classique qui a fait ses preuves parmi les Haguenois !

STOCKS & BONDS €€

Noordeinde 33
✆ +31 702099000
www.ihg.com/hotelindigo

Ouvert tous les jours pour le petit déjeuner, le déjeuner et le dîner. Compter environ 40 € le menu à la carte.

Superbe brasserie abritée dans le tout aussi bel hôtel Indigo. Il s'agit du bâtiment de l'ancienne banque centrale des Pays-Bas et nombreux sont les détails historiques qui ont été conservés. On savoure une cuisine moderne, bien présentée dans un superbe cadre rétro vintage. C'est vraiment agréable d'écouter les conseils avisés du personnel et de prendre son temps de savourer un excellent repas dans un cadre historique. Ne pas oublier d'aller boire un verre dans le bar au sous-sol et d'explorer les anciens coffres-forts ! Ambiance cosy.

VERY ITALIAN PIZZA €

Kettingstraat 13-15
✆ +31 70 365 45 41
www.veryitalianpizza.nl

Ouvert tous les jours de 12h à 23h (la cuisine ferme à 22h). Pizzas entre 7 € et 14 €.

Pizzeria et bar aux prix très abordables dont l'atout principal est d'être situés dans une charmante petite rue à quelques enjambées du passage et du Buitenhof. Pour déjeuner rapidement sans débourser trop tout en se reposant à une terrasse sympa. Une adresse qui saura séduire les budgets serrés ainsi que les familles, nombreuses ou pas. Le midi nombreux choix de paninis tandis que les pizzas sont là le soir. A noter l'adresse propose une pizza à la farine de blé complet en phase avec les préoccupations alimentaires du moment.

WALTER BENEDICT €€

Denneweg 69 A
✆ +31 707853745
www.walterbenedict.nl
Ouvert tous les jours dès 9h. Compter environ 20 € le midi 35 € le soir.

Walter Benedict est l'endroit rêvé ! On y vient aussi bien pour un petit déjeuner vitaminé que pour un déjeuner charmant (salades, omelettes, etc.), le soir la carte met à l'honneur des plats de brasserie (burgers...). Le décor est très agréable avec de beaux murs en briques, des banquettes esprit vintage et des plantes un peu partout. Il fait bon se mettre à la vitrine et observer le passage des passants sur cette artère prisée. Une adresse que nous aimons chouchouter tout au long de la journée. Elle attire un public varié !

WOX €€€

Buitenhof 36 ✆ +31 703653754
www.wox.nl
Ouvert du mardi au vendredi de 12h à 15h et du mardi au samedi de 18h à 22h. Compter de 16 à 90 € (caviar).

Très beau restaurant donnant sur le Binnenhof, soit le Parlement néerlandais qui comprend aussi le bureau du Premier ministre. Sa décoration moderne tranche avec l'atmosphère classique qui règne dans ce quartier. Cuisine fusion qui mélange diverses traditions culinaires, beaucoup de plats à base de poisson. Les prix sont assez élevés mais la qualité est au rendez-vous. Réservation plus que conseillée. Le poisson est de qualité supérieure et le cadre design d'inspiration internationale. Une belle adresse de l'hypercentre de La Haye qu'il convient de connaître.

BARLOW

Plein 15
✆ +31 703923655
www.barlowdenhaag.nl
Ouvert du lundi au jeudi de 9h à 1h, le vendredi et samedi de 9h à 3h, et le dimanche de 10h à 1h.

Un des bars les plus fréquentés sur la belle place du Plein. Très populaire, le Barlow moderne et stylé attire une clientèle jeune et élégante qui aime à deviser ou flirter en terrasse autour d'un cocktail avec musique d'ambiance en fond sonore. On aime observer la foule importante qui est présente dès le midi et qui le soir prend réellement d'assaut le bar. La musique monte, les vestes tombent et l'ambiance est chaleureuse. Le cadre est cosy en journée, on l'aime beaucoup pour plein de raisons différentes. Un classique qui surprend.

DE BOTERWAAG

Grote Markt 8A
✆ +31 703659686
www.gmdh.nl/de-boterwaag
Lundi au mercredi 10h à 1h, jeudi au samedi 10h à 1h30, dimanche de 10h à 1h. Compter 15 € le midi et 30 € le soir.

Datant du XVIIe siècle, le Boterwaag abritait deux maisons : le poids public et la maison du beurre. On pesait d'abord le beurre après quoi celui-ci était traité et empaqueté pour la vente. Aujourd'hui le Grand Café De Boterwaag est un classique du genre. L'été, son immense terrasse bruisse de vie et c'est l'endroit idéal pour écouter les concerts sur le Grote Markt. À l'intérieur admirez les plafonds en arche tout de brique rouge. Une bien belle adresse qui propose une cuisine de type néerlandaise avec sandwiches et crêpes le midi et plats bistrot le soir.

GOLD BAR

Noordeinde 33
✆ +31 702099000
Ouvert le vendredi et samedi de 17h à minuit. Cocktails entre 11 € et 18 €.

Superbe bar dans le style *speakeasy*, il est logé dans l'hôtel Indigo dans le centre de la La Haye et accueillait autrefois la banque centrale des Pays-Bas. Il faut descendre au sous-sol et pénétrer dans le coffre-fort où étaient autrefois entreposés les lingots d'or. L'ambiance est juste incroyable et il fait bon siroter de délicieux cocktails dans de moelleux fauteuils et d'imaginer les réunions qui se sont jadis tenues ici. Une belle adresse insolite que l'on aime découvrir et faire découvrir après une promenade dans le coin.

DE HAAGSCHE KLUIS

Plein 20
✆ +31 703614754
www.haagschekluis.nl
De 11h30 à 1h, de jeudi à samedi jusqu'4h. Cuisine tous les jours de 11h30 à 22h30. De 12 à 20 € pour un plat.

Cet endroit est à la fois un *eetcafé* de bonne facture où se retrouvent les ministres autour d'une bonne salade et d'une soupe et également un café plutôt brun où l'ambiance est chaleureuse. Le week-end, l'endroit se mue en bar discothèque ! L'été la terrasse, très vivante, est idéale pour lézarder et se rafraîchir en admirant la statue de Guillaume le Taciturne. C'est une adresse classique et agréable qu'on aime découvrir et redécouvrir lors d'une belle journée d'été en pleine découverte de la ville avant de poursuivre vers la plage peut-être.

O'CASEY'S

Noordeinde 140
+31 703630698
www.ocaseys.nl
Ouvert du lundi au vendredi à partir de 16h, samedi et dimanche à partir de 12h.

Il peut paraître bizarre de se rendre dans un bar irlandais aux Pays-Bas et, pourtant, il serait dommage de manquer celui-ci. O'Casey's a une ambiance chaleureuse, de bonnes bières et un très beau décor. Des concerts sont régulièrement organisés ainsi que des soirées avec retransmission de rencontres sportives pour les fanas de ballon rond ou ovale. Ce pub a été élu il y a quelques années meilleur pub irlandais du pays et à juste titre. Une belle adresse qui vous garantira une belle soirée au cœur de la capitale politique…

THE THAI PRINCESS

Achterom 10
+31 703602111
www.thaiprincess.eu
Ouvert du mercredi au samedi de 20h à 2h.

Excellent bar karaoké de La Haye, c'est l'endroit idéal pour une soirée amusante et musicale. Catalogue des chansons disponibles en nombreuses langues ! C'est un endroit assez unique pour une soirée endiablée dont vous vous souviendrez. Thai Princess est un bar « eurasien » car il mélange influences européennes et asiatiques. Les écrans affichent diverses langues, dont l'anglais, donc pas d'excuse pour ne pas y prendre part. Et pour vous donner un peu de courage, vous pourrez choisir parmi une belle carte de cocktails et de vins.

WICKED WINES

Bazarstraat 42
+31 703458660
www.wickedwines.nl
Ouvert tous les jours dès 12h.

Bar à vin très cosy situé à deux pas du centre et du palais de la paix. Le cadre est légèrement design avec des touches « bar brun ». Wicked wines propose des sushis et sashimis mais c'est surtout pour la redoutablement efficace carte des vins que l'on vient ici. Dès les beaux jours, les tables sont placées sur la très agréable Anna Paulownaplein. Vous pourriez poursuivre ensuite par une visite du Palais de la paix ou vers la plage de Scheveningen. À noter : l'ambassade de France se trouve à quelques mètres et on entend donc beaucoup la langue de Molière.

GROTE MARKTSTRAAT

Trams 2, 3, 4, 6 : Spui

Cette grande artère moderne n'a pas le charme des vieux quartiers mais les grandes enseignes y ont pignon sur rue. Des magasins plus accessibles de milieu de gamme pour une clientèle également plus jeune et cosmopolite. Les grandes enseignes comme HEMA sont très appréciées ainsi que des magasins plus haut de gamme comme le Bijenkorf. C'est ici qu'a récemment eu lieu une attaque au couteau qui a beaucoup choqué la population lors du Black Friday… Rapidement tout est revenu au calme et heureusement. Une artère à ne pas manquer.

CLUB 1660

Dagelijks Groenmarkt 13
+31 70 7448830
www.tgoudehooft.nl

Superbe club discothèque situé en sous-sol de 't Goude Hooft. Ce lieu est, dit-on, la plus vieille auberge de la ville et sa belle façade semble le prouver. On y vient pour des soirées thématiques dans un cadre récemment remis à jour qui mélange des détails historiques à une décoration plus moderne. Le nom 1660 date de l'année de la construction du bâtiment actuel, véritable monument protégé de la ville. Une adresse de qualité où vous aimerez aller à l'issue d'un repas au restaurant au rez-de-chaussée. Le cadre est très agréable.

ONE PLANET

President Kennedylaan 5
+31 900664837
www.omniversum.nl
Entrée : 12,50 € ; enfant de moins de 12 ans : 9,75 €.

Toujours à proximité du Musée municipal, l'Omniversum, ouvert en 1984, est un vaste auditorium qui présente au public des films de vulgarisation sur l'astronomie ou la conquête spatiale. Projetés sur un écran géant circulaire à l'aide de deux projecteurs et sonorisés grâce à une quarantaine de sources différentes, ces films, toujours édifiants, sont souvent un peu naïfs. Une adresse qui saura beaucoup plaire aux petits mais pas seulement car les films sont très bien faits et souvent très spectaculaires ! Une sortie à faire en famille !

DELFT ★★★

Cité de Vermeer, Delft appartient, comme Amsterdam, à l'imaginaire et du rêve, avec ses canaux bordés de tilleuls, ses quais ombragés et fleuris, ses places grouillantes les jours de marché et ses églises tendues vers le ciel. Les pignons redentés se détachent avec légèreté du sommet des maisons, tandis que les façades des élégantes maisons patriciennes, restaurées la plupart au lendemain de la Seconde Guerre mondiale, dévoilent d'innombrables motifs et ouvrages de style rococo.

Histoire

Paradoxalement, c'est à cause de (ou grâce à) son déclin passé que la ville a échappé aux bouleversements de l'industrialisation forcée. Delft (le canal), fortifiée en 1074 au moyen d'un large fossé auquel elle doit son nom (l'Oude Delft), obtient ses droits de cité en 1246, sous la protection du comte Guillaume II de Hollande.

Elle ne tarde pas à se développer sous l'impulsion de ses innombrables brasseries et ateliers de tissage, allant jusqu'à se doter, en 1389, d'un port fluvial installé sur la Meuse (le Delfshaven, aujourd'hui partie intégrante de Rotterdam, et relié à la ville par un long canal. En 1428, elle tombe dans l'escarcelle de Philippe le Bon, duc de Bourgogne, déclaré héritier de Jacqueline de Bavière, comtesse de Hollande, de Frise et de Zélande.

La ville poursuit son petit cours tranquille, interrompu brutalement en 1536 par un terrible incendie, qui ne laisse debout que quelques maisons de pierre, et par une mortelle épidémie de choléra l'année suivante. C'est à Delft, derrière les hauts remparts du couvent Sainte-Agathe, que Guillaume le Taciturne, prince d'Orange, trouve refuge à partir de 1572, au moment de la rébellion contre Philippe II d'Espagne. Au XVIIe siècle, les brasseries étant soumises à rude concurrence, sonne l'heure de la nécessaire reconversion. L'activité se tourne alors massivement vers la fabrication de faïence émaillée, art importé d'Espagne et d'Italie. Delft compte bientôt une trentaine de faïenceries et devient le centre de production le plus important d'Europe, avec son style propre et ses créations originales, comme le célèbre bleu qui fera le bonheur des collectionneurs. Mais cet amour du travail bien fait apparaît bientôt comme une survivance anachronique dans un monde en profonde mutation où tout est désormais pensé en termes de productivité et de prix de revient.

A partir du milieu du XIXe siècle, Delft connaît un nouvel essor, avec la création de l'Ecole polytechnique, en 1842, puis celle de la Fondation des Indes, en 1864, destinée à la formation des cadres en partance pour les colonies néerlandaises. Elle accepte de s'adapter aux normes implacables du marché de la faïence et regagne peu à peu le terrain perdu. Ses nouveaux ateliers (De Porceleyne Fles, aujourd'hui Faïencerie royale de Delft), qui produisent des pièces de qualité supérieure, connaissent encore maintenant un succès mondial. Profitant aussi largement du dynamisme industriel qui caractérise la Randstad dans son ensemble, Delft se dote d'une université technique, de plusieurs chantiers navals et ateliers de construction, d'un réacteur nucléaire et de diverses industries, sidérurgiques, alimentaires ou chimiques.

Shopping

Vers 1600, plusieurs villes de Hollande possèdent des faïenceries qui fabriquent également des majoliques. Cette faïence à glaçure stannifère, introduite en Italie et en Espagne, est arrivée en Hollande via Anvers. Delft devient le centre le plus important de la faïence européenne et doit sa réputation mondiale à un produit nouveau basé sur le procédé du camaïeu bleu fin de Delft.

Au XVIIe siècle, la Compagnie hollandaise des Indes orientales importe de grandes quantités de porcelaine de Chine émaillée de camaïeu bleu. A Delft, les huit ateliers de majolique souffrent de la concurrence que constitue pour eux cette porcelaine, plus blanche et plus fine. Aussi, de nombreux faïenciers de Delft affinent leur produit de base et leurs techniques de cuisson et d'émaillage. C'est ainsi qu'est créée la Hollands Porceleyn ou, plutôt, la faïence. Les décorations orientales, admirablement copiées, font de cette création de Delft un succès. Au cours du siècle d'or, cette nouvelle industrie prend de l'ampleur. Les brasseries désertées paraissent alors appropriées pour l'établissement de faïenceries. En 1695, Delft en compte 32.

Les faïenciers de Delft ne produisent pas uniquement du camaïeu bleu fin. Les émaux polychromes à décor chinois traditionnel à fond noir et la faïence Pijnacker teintée comme la porcelaine japonaise sont de magnifiques exemples de la maîtrise des faïenciers de Delft et de leur originalité. Toutefois, au XVIIIe siècle, la concurrence des Anglais, les guerres et les conflits intérieurs obligent la plupart des faïenciers à fermer leurs ateliers. Seule subsiste l'usine De Porceleyne Fles, établie en 1653.

RONDVAART

Koornmarkt 113
✆ +31 152126385
www.rondvaartdelft.nl
Promenade en bateau 45 min au cœur de Delft. Départ toutes les heures de 11h à 17h. 10,50 €/ personne, enfant : 4,50 €.

C'est un des meilleurs moyens pour découvrir et visiter Delft. Cette compagnie de bateaux-promenades vous propose différents tours à partir de l'embarcadère installé sur Koornmarkt 113. Compter environ une petite heure pour un tour classique, vous pouvez également vous rendre à la fameuse fabrique de porcelaine. Le bateau s'arrête sur quatre quais : le Nieuwe Delft, l'Oude Kerk, l'Oude Delft et le Koornmarkt. A noter, la société navigue jusque fin novembre ce qui est assez pratique. Une réelle valeur sûre pour visiter Delft.

HÔTEL DE VILLE-STADHUIS ★

Markt 78
www.delft.nl
Visite du hall d'entrée du lundi au vendredi de 9h à 12h et de 14h à 17h.

Construit dans un style néoclassique par Hendrik de Keyser, en 1619, il permet d'admirer l'un des rares beffrois de cette partie des Pays-Bas, seul vestige de l'édifice antérieur détruit par un terrible incendie en 1618. Dans la salle des mariages, on pourra voir quelques portraits des princes d'Orange. Une partie du bâtiment date du XIIIe siècle. De Keyser a reconstruit autour de la tour centrale (Oude Steen, vieille pierre). A noter cette tour centrale comprend une ancienne salle de torture. Un monument qui fait partie des classiques de la ville.

GEREEDSCHAP MUSEUM MENSERT

Drie Akersstraat 9
✆ +31 15 219 00 92
Ouvert le 1er samedi du mois de 11h à 17h. Entrée : 4 €.

Le musée retrace un siècle de constructions, en présentant des outils de charpentier, de maçon et de plombier, et une collection de quincaillerie, allant du crochet mural à la béquille. On y voit également l'équipement complet d'un atelier mécanique pour le travail du bois. D'un intérêt limité surtout lorsqu'on voit les autres sites que la ville présente mais on le fait en passant vers un autre musée, à faire en cours de promenade en chemin vers une autre attraction.

MUSÉE PRINSENHOF DELFT ★★

Sint Agathaplein 1 ✆ +31 152 60 23 58
www.prinsenhof-delft.nl
Ouvert du mardi au dimanche de 11h à 17h. Accès par l'église Waalse Kerk. Entrée : 13,50 €.

C'est ici que Guillaume le Taciturne installe la Maison des Princes et cherche refuge, en 1583, contre Philippe II d'Espagne, avant d'y mourir assassiné un an plus tard. Datant du XIVe siècle, le couvent servit tour à tour de bourse du commerce, d'école, de caserne et d'écurie. On y voit des collections qui retracent l'histoire de Delft et de la Maison d'Orange. Les nombreux tableaux et objets permettent de se familiariser avec le passé mouvementé et les figures historiques de la cité. Le lieu propose de très intéressantes expositions temporaires.

© KAVALENKAVAVOLHA

Vue sur le canal et l'Eglise Nieuwe Kerk.

© ROYAL DELFT MUSEUM

© ROYAL DELFT MUSEUM

© ROYAL DELFT MUSEUM

FAÏENCERIE ROYALE DE DELFT ★★

Rotterdamseweg, 196
✆ +31 15 760 0800
www.royaldelft.com
Adultes 15 €, -18 ans 9 €, gratuit pour les -12 ans. De 10h à 17h.

Royal Delft/De Koninklijke PorcelyneFles, créé en 1653, est la dernière usine de faïence de Delft restante du XVIIe siècle. La célèbre faïence du Royal Delft est toujours entièrement peinte à la main selon la tradition séculaire.

Royal Delft, récemment devenu musée, emmène le visiteur dans un voyage inoubliable à travers le monde bleu de Delft. Ce périple commence par une présentation audiovisuelle dans laquelle l'histoire et le processus de naissance de la production du bleu de Delft.

© ROYAL DELFT MUSEUM

© ROYAL DELFT MUSEUM

NIEUWE KERK ★★

Markt 80
✆ +31 152 12 30 25
www.oudeennieuwekerkdelft.nl
Du lundi au samedi de 11h à 16h de novembre à janvier et de février à octobre de 10h à 17h. 6,50 €, 10 € avec la tour.

Cette église-musée, construite en style gothique affectée au culte protestant à partir de 1572, est en quelque sorte le panthéon des princes de la Maison d'Orange. L'édifice est dominé par une haute tour de brique et de pierre blanche surmontée d'une flèche. Guillaume Ier de Nassau, dit le Taciturne, y fut inhumé en 1584, dans un superbe mausolée réalisé par Hendrik de Keyser, entre 1614 et 1620, dans le chœur de l'église… L'intérieur, d'allure austère, présente également trois nefs et une abside abritant le tombeau de Guillaume Ier (1815-1840).

OUDE KERK ★

Heilige Geestkerkhof, 25
www.oudeennieuwekerkdelft.nl
Du lundi au samedi de 11h à 16h de novembre à janvier et de février à octobre de 10h à 17h. 6,50 €.

Edifiée vers 1250, cette ancienne église paroissiale, consacrée à saint Hippolyte, a été agrandie à plusieurs reprises et dotée d'un triple chœur. Son clocher, imposante tour de style flamand élevée en 1325, penche irrésistiblement sous le poids de son gigantesque bourdon de 9 tonnes et de 7 mètres de diamètre, autrefois actionné par deux équipes de douze hommes qui se relayaient. Elle abrite aujourd'hui les tombeaux d'amiraux célèbres, le monument funéraire d'Elisabeth Marnix et, plus intéressant, la pierre tombale de Johannes Vermeer, natif de Delft.

VERMEER CENTRUM DELFT ★★

Voldersgracht 21 ✆ +31 152138588
www.vermeerdelft.nl
Ouvert tous les jours de 10h à 17h. Entrée : 10 € gratuit pour les enfants de -12 ans.

Ce musée constitue une véritable ode à Vermeer, l'illustre peintre de Delft, ville où il naquit et vécut toute sa vie. Ce joli bâtiment historique transporte le visiteur en plein siècle d'or, dans ce Delft célébré par le maître de la lumière et présente l'œuvre et la vie de Vermeer. Si ce musée ne présente que des copies, il offre, sur trois étages d'exposition, une belle découverte des œuvres de Vermeer, avec des outils interactifs. A noter : audio-guide disponible en français. Des expositions temporaires sont organisées et ses techniques sont décortiquées.

HOSTEL DELFT €

Voldersgracht 17-18
✆ +31 616496621
www.hosteldelft.nl
Lit en dortoir de 24 personnes à partir de 22 €. Chambre 5 personnes dès 90 €.

A deux pas du Veermer Centrum, un hostel aux prix imbattables et qui séduira une clientèle jeune que les nuits en chambrées ne rebutent pas. Bar sur place et soirées sympas régulièrement organisées. Vous vous y sentirez comme chez vous. Adresse qui peut accueillir 43 voyageurs dans 3 grandes chambres. Inutile de dire que ce n'est pas l'adresse la plus intime ni la plus charmante, mais dans sa catégorie, elle fait largement l'affaire. Un endroit que l'on recommande pour un séjour à Delft qui ne vous ruinera pas du tout et c'est bien.

HÔTEL DE PLATAAN €€

Doelenplein 10
✆ +31 152126046
www.hoteldeplataan.nl
Chambre dès 95 €.

Un hôtel de charme qui se situe en centre-ville. Les chambres sont aménagées de manière originale, avec tête de lit en forme de feuille d'arbre, couleurs vives au sol, certaines chambres sont même entièrement peintes en trompe-l'œil ! La suite : chambre d'inspiration *Mille et une Nuits* vaut le détour ! Le petit déjeuner est pris dans le restaurant qui se trouve au rez-de-chaussée. Prix majorés le week-end. Une adresse atypique et créative située sur une très belle place de la ville. Nous aimons aussi beaucoup la déco ainsi que la terrasse.

HOTEL GRAND CANAL €€

Breestraat 1 ✆ +31 15 215 71 33
www.grandcanal.nl
Chambre dès 90 €.

Petit hôtel familial en plein cœur de Delft assis près d'un des canaux les plus majestueux de la ville, De Oude Delft. Belles chambres bien équipées et moins impersonnelles que dans un hôtel appartenant à un grand groupe. On aime vraiment le charme qui se dégage des chambres qui comprennent toutes des décorations personnalisées avec souvent des petites touches romantiques appréciables. De plus son emplacement au bord du plus magnifique canal de la ville rajoute du ravissement au ravissement. En bref, une belle adresse de qualité.

HOTEL HAMPSHIRE DELFT CENTRE €€

Koepoortplaats 3
✆ +31 15 212 21 25
www.hoteldelftcentre.nl
Chambre double dès 115 €.

Cet hôtel de standing installé à proximité de la gare, propose 92 chambres tout confort, chacune a un lien avec le monde de la musique. Le jardin très agréable permet de profiter du soleil (s'il est là) en toute tranquillité et le petit déjeuner est copieux. Les chambres, parfaitement équipées, n'incitent pas au réveil au chant du coq. Cet établissement bénéficie d'un label « vert » de respect d'environnement et des ressources. L'ambiance est chaleureuse.

WESTCORD HOTEL DELFT €€

Olof Palmestraat 2
✆ +31 15 888 90 10
www.westcordhotels.nl
A partir de 120 € pour une chambre double. Sauna et fitness en libre accès. Offres spéciales en réservant sur internet.

C'est un concept innovant puisqu'il s'agit d'un hôtel IKEA. Moderne et tout confort, on lui reprochera juste d'être près de l'autoroute, mais, rassurez-vous, ils ont pensé à tout : l'insonorisation est parfaite dans tout l'hôtel, y compris sur la terrasse. Vous profiterez de la salle de fitness ou du sauna au dernier étage, un service de location de vélos est à votre disposition. Les chambres sont claires et parfaitement équipées, le personnel attentif et, autre point positif, le mobilier change tous les 18 mois… Eh oui, c'est ça la magie IKEA.

BEST WESTERN MUSEUMHOTELS €€€

Oude Delft 189
✆ +31 152153070
www.museumhotels.nl
Chambre 99 € à 159 € selon la taille et la saison. Petit déjeuner compris. Wifi.

Cet hôtel se situe sur le plus vieux canal de la ville. Les 66 chambres et les deux suites offrent au visiteur tout le confort d'un hôtel de luxe. L'hôtel sert également de lieu d'exposition pour les artistes Dora Dolz, Chris Stevens et Marijke Boomsma dont les œuvres sont disséminées dans le bâtiment. Cet établissement est divisé en trois parties : la galerie, la résidence et l'hôtel musée avec une ambiance distincte. Une adresse de qualité à découvrir.

BRIDGES HOUSE HOTEL €€€

Oude Delft 74
✆ +31 152124036
www.bridges-house.nl
Chambre dès 125 €, suite dès 150 €.

C'est notre coup de foudre pour Delft ! Ce charmant hôtel de luxe est situé au cœur de la ville au bord du canal dans une monumentale bâtisse où vécut le peintre Jan Steen. Les chambres sont spacieuses élégantes et le confort irréprochable. Vous êtes ici chez vous ; le directeur et propriétaire Willem dirige cet hôtel d'une main de maître, il aime son établissement et il saura vous le faire apprécier ! Une adresse de qualité constante qui saura vous séduire, avec des chambres très lumineuses et élégantes. A ne pas manquer donc !

DE KURK €€

Kromstraat 20
✆ +31 152141474
www.dekurk.nl
Ouvert dès 16h30 (cuisine de 17h30 à 22h).

Joli *eetcafé* bourré de charme où l'on peut savourer des plats simples et nourrissants au coin du feu ou au bar. Le service est assuré par des étudiants qui font de leur mieux pour rendre la soirée agréable. On aime cette adresse polyvalente autant pour boire un verre que pour manger un bout, en couple ou en groupe. L'ambiance y est toujours chaleureuse et positive. A noter : la carte change 4 fois par an afin de mettre en avant des produits de saison et de qualité. Une belle adresse qui ne saurait manquer à une visite de Delft.

MOEKE €€

Beestenmarkt 16
✆ +31 15 213 33 11
www.moekedelft.nl
Ouvert tous les jours dès 10h à minuit (1h du jeudi au samedi). À partir de 15 € la salade, 18 € le burger.

Ce restaurant est très agréable. Sa cuisine, d'inspiration internationale, est délicieuse. Décor design avec panneaux de verre et panneaux colorés. On s'y sent tout de suite à son aise. On pourra s'installer pour lire un journal sur les bancs de bois confortablement assis sur les coussins moelleux. La carte met en outre à l'honneur la *comfort food* avec des burgers savoureux, des omelettes à la néerlandaise, les salades complètes. Le soir la carte est plus complète mais toujours avec cette idée de *gezelligheid* qu'on aime tant.

REDJEKI €

Choorstraat 50

✆ +31 152125022

www.redjeki.com

Ouvert du mardi au dimanche de 17h à 22h. Compter de 17,50 € à 25 € le menu Rijsttafel.

Pour les inévitables spécialités indonésiennes qui agrémentent un séjour aux Pays-Bas. Le décor ne laisse pas présager la qualité de la nourriture ! Une des adresses les plus anciennes de Delft. Une adresse qui allie les traditions historiques de la cuisine indonésienne. Les célèbres tables de riz sauront vous séduire. Attention le tout peut être épicé donc faite-vous bien expliquer les plats. La présentation peut parfois être spectaculaire. A côté du resto possibilité d'acheter directement les plats pour les savourer chez vous.

DE WAAG CAFÉ €€

Markt 11

✆ +31 152130393

www.de-waag.nl

Dès 11h lundi mardi vendredi dimanche et 10h le jeudi.

Ce restaurant/café se situe sur la place principale de Delft, juste derrière la mairie. Vous pourrez y déguster probablement un des meilleurs cappuccinos de Delft dans un décor superbe. Une belle décoration brute caractérise cet établissement, murs en briques et poutres apparentes monumentales révèlent le caractère historique de ce bâtiment. Une partie du restaurant se situe au premier étage pour un dîner au calme. Le café offre un large choix de bières (trente-cinq pour être précis !). Terrasse chauffée. Une bonne adresse !

DELFTS BROUWHUIS

Hippolytusbuurt 43

www.delftsbrouwhuis.nl

Dès 11h tous les jours et jusque 1h, vendredi et samedi jusque 2h.

Jon, Sander et Thijs, réalisent leur « rêve de garçons » en ouvrant récemment cette brasserie au cœur de Delft. Cette cave médiévale datant de 1300 fut donc rachetée par ces brasseurs. Les éclats d'une chope de bière médiévale sont déterrés, par hasard ou par pur destin ? Habitants, étudiants, touristes, amateurs de bière, tout le monde est le bienvenu ! La brasserie est située sur le cimetière Holy Spirit, à présent appelé fièrement Brouwplein (la place des brasseurs). Un lieu à vivant et chargé d'histoire à ne pas manquer.

STADS-KOFFYHUIS

Oude Delft 133

✆ +31 152124625

www.stads-koffyhuis.nl

Ouvert de 9h à 20h, le samedi jusqu'à 18h. Fermé le dimanche. Compter aux alentours de 15 €.

Un salon de thé mais bien plus que cela. L'établissement installe, par beau temps, sa terrasse sur une péniche amarrée en face. On lézarde délicieusement au soleil tout en se régalant de quelques gâteaux arrosés d'un excellent café. Superbe adresse qui, dans un décor boisé, rustique et maîtrisé comme savent si bien le faire les Néerlandais, propose les classiques salades et soupes. Les sièges en rotin sont agréables et invitent au farniente. Belle adresse de qualité pour une pause ressourçante dans le centre de cette ville si photogénique.

UIT DE KUNST

Oude Delft 140

✆ +31 152121319

www.uitdekunstdelft.nl

Cuisine ouverte du mercredi au samedi de 10h à 18h, le dimanche dès 11h.

C'est un des lieux les plus *frenchies* de Delft. Ce salon de thé à la française vous offre une ambiance très sympathique pour déguster un thé et une des pâtisseries maison. Le propriétaire vit une véritable histoire d'amour avec notre pays depuis quelques années, cela se ressent dans l'atmosphère. De plus, cette adresse est également un magasin de prêt-à-porter féminin très intéressant. Une adresse inédite et créative où il convient de passer au moins pour une douceur. Chez Uit de Kunst vous vous sentirez comme à la maison, c'est certain.

CHOCOLATERIE DE LELIE

Voorstraast 10

✆ +31 152120363

www.chocolaterie.nl

Ouvert le lundi de 13h à 18h. Du mardi au vendredi de 10h à 18h. Le samedi de 10h à 17h.

Les gourmands ne pourront résister aux succulents chocolats de cet établissement. Non seulement vous pouvez en acheter pour emporter, mais aussi les confectionner vous-même. Chocolat noir, blanc, au lait, aux amandes, praliné, etc. Il y en a pour tous les goûts ! Vous allez vite devenir *chocolat addict*... Nous vous conseillons de visiter cette adresse durant les fêtes de Pâques ou de la Saint-Nicolas. Vous n'en croirez ni vos yeux ni vos papilles. Attention adresse dangereuse pour la ligne. Une incontournable gourmand de Delft.

ORGANISER SON SÉJOUR

Amsterdam est une ville proche de la France. Il s'agit d'une destination sûre et agréable pour tous, mais qui peut s'avérer difficile d'accès pour les personnes à mobilité réduite. La ville connait une énorme inflation (notamment sur les hôtels et les restaurants) ce qui peut compliquer votre voyage. Finie l'époque où l'on pouvait s'aventurer ici sans préparer. Pour limiter les frais et augmenter la réussite de votre séjour, quelques préparatifs s'imposent. Il peut être judicieux de loger hors de l'hypercentre. Pour le voyage, de Paris, préférez le train ou le bus et si vous planifiez à temps, vous aurez le tarif Thalys à 35 €. Pour être sûr de bien avoir des billets pour les expositions, concerts, etc, réservez-les à l'avance. Et pensez à arriver à l'heure, ici la ponctualité est une règle.

ORGANISER SON SÉJOUR

ARGENT

Facile ! Depuis 2002, l'euro est la monnaie utilisée aux Pays-Bas. À noter que les pièces de 1 et 2 centimes ne circulent plus aux Pays-Bas et que les prix sont arrondis (uniquement lors des paiements en liquide).

BUDGET / BONS PLANS

Depuis quelques années, le pays connaît une inflation, notamment dans la restauration et l'hôtellerie. Le coût de la vie est comparable à celui de Paris, mais les hôtels sont plus chers qu'en France. Les boissons (alcoolisées ou non) sont généralement plutôt bon marché. L'hébergement bon marché sera à environ 30 € par nuit en auberge, un *lunch* pas cher (un sandwich de base et une boisson) à 10 € et un dîner à prix correct à environ 25 € sans les boissons. Les sorties culturelles sont aussi chères (voire plus) qu'en France. Environ 75 € par jour vous seront nécessaires pour profiter un minimum de la ville sans vous priver et plus de 120 € pour un régime un peu plus luxueux. Ces budgets incluent visites de musées, transports et/ou location de vélo et un minimum alimentaire, et vous permettront un séjour dans de bonnes conditions. Officiellement, le service est inclus dans le prix des prestations, mais il convient tout de même de laisser un pourboire dans les cafés, restaurants et auprès des chauffeurs de taxi. 10 % du prix est une bonne ligne directrice. Il serait de très mauvais goût de faire le pingre après un repas dans un restaurant de qualité, mais il convient aussi d'arrondir le paiement de son café ou de sa bière. On ne marchande pas beaucoup aux Pays-Bas et c'est uniquement lors des brocantes et marchés aux puces ou sur certains marchés (les étals où les prix ne sont pas indiqués, jamais sur la nourriture) qu'on peut le faire.
Les prix affichés sont tous TTC. Seuls certains hôtels ajoutent à leur prix une taxe de séjour par nuitée. Pour Amsterdam, la taxe de séjour est de 7 % et depuis le 1er janvier 2020 un supplément fixe de 3 € par personne de plus de 16 ans et par nuit s'ajoute.

PASSEPORT ET VISAS

Les résidents européens de passage aux Pays-Bas doivent voyager munis d'un passeport ou d'une carte nationale d'identité, même périmés (depuis moins de cinq ans) tandis que les résidents canadiens doivent être munis d'un passeport valide trois mois après la période de séjour prévue. À noter : la Belgique a indiqué qu'elle n'acceptait pas les cartes dont la validité était prorogée de 5 ans. Pensez-y si vous faites une escale en Belgique en chemin.

PERMIS DE CONDUIRE

Les permis de conduire français, belges et suisses sont acceptés lors de séjours touristiques. Certaines sociétés de location de voitures exigent un permis d'au moins 1 an.

SANTÉ

Aucun vaccin n'est obligatoire et aucune maladie n'est à craindre. Assurez-vous toutefois que vos vaccins sont à jour. Les Pays-Bas sont réputés pour être un pays propre, sain et à l'infrastructure médicale complète. De plus, la proximité de la France rend le rapatriement facile et rapide.

SÉCURITÉ

Les Pays-Bas sont une destination sûre. Il faut bien sûr faire preuve de bon sens et ne pas prendre de risques inutiles (pas d'appareil photo en évidence, pas de sac ouvert pour ne pas attirer inutilement l'attention sur soi, éviter les déambulations nocturnes dans la zone rouge passée une certaine heure, etc.). Dans les bars, cafés et restaurants, les contacts se nouent facilement et les Néerlandais sont très curieux et ouverts, néanmoins comme dans toutes les autres villes du monde, personne n'est à l'abri d'une mauvaise rencontre et il faut toujours rester vigilant. Un rappel : la concentration en THC du cannabis proposé dans les *coffeeshops* est beaucoup plus élevée qu'en France.

LANGUES PARLÉES

Le néerlandais est la langue nationale mais beaucoup parlent couramment anglais.

COMMUNIQUER

La couverture téléphonique est excellente à Amsterdam et la 5G arrive malgré certaines campagnes de désinformation.
Trouver une connexion Wi-Fi n'est pas un problème à Amsterdam. L'aéroport, le centre-ville, les établissements hôteliers, les restos, cafés, etc. en sont équipés et le proposent gratuitement.

INTERVIEW

L'ASSURANCE VOYAGE, LE BON RÉFLEXE POUR PARTIR L'ESPRIT TRANQUILLE

avec CATHERINE DIBOUES, responsable du marché voyage, loisir et mobilités chez Allianz TraveL

En cas d'annulation de voyage, peut-on bénéficier d'un remboursement des frais engagés ?

L'assurance voyage propose une indemnisation lorsque l'on doit abandonner son projet de séjour pour une raison indépendante de sa volonté. Contrairement aux idées reçues, les assurances liées aux cartes bancaires ne proposent pas toutes une assurance annulation.

Que se passe-t-il en cas de retard de vol ?

Avec l'assurance voyage Allianz Travel, les frais supplémentaires liés à l'attente sont pris en charge, à partir de 2h de retard. Il peut s'agir des frais de restauration, de transport lors d'un changement d'aéroport ou d'une éventuelle nuit d'hôtel.

L'assurance voyage couvre-t-elle la perte ou le dommage des bagages ?

Allianz Travel indemnise les voyageurs en cas de bagages endommagés ou perdus par la compagnie aérienne. Cela comprend l'indemnisation du bagage et son contenu.

Quelles sont les destinations couvertes par votre zoning Europe svp ? Est-ce uniquement l'UE ou l'ensemble du continent européen ?

Les pays européens ont des accords avec l'administration française. Avant de partir, il faut demander la carte européenne d'assurance maladie. La sécurité sociale et la mutuelle prennent alors en charge les frais médicaux, selon leurs barèmes. Les frais médicaux étant majoritairement plus élevés qu'en France, l'assurance voyage permet de se voir remboursé du reste à charge.

En cas de souci de santé sur place, que faut-il faire ?

En cas de doute ou pour des symptômes légers, nous proposons un service de téléconsultation médicale, par téléphone et en visio, qui permet d'être conseillé et orienté par un professionnel ainsi que d'obtenir une ordonnance si besoin. Pour une situation plus grave, il est nécessaire d'appeler les urgences locales, dont les numéros sont disponibles sur notre application mobile. Une fois à l'hôpital et dans un état stable, on appelle Allianz Travel pour déclencher les procédures de prises en charge. Notre centre d'assistance fonctionne 24h/24, 7j/7.

© ELIZAVETA - STOCK.ADOBE.COM

BAGAGES

Thalys permet de prendre 2 bagages (dimensions 75 × 53 × 30) et un bagage à main. Aucune restriction de poids, mais vous devez être en mesure de porter vos bagages seul. Tout excès de bagage vous expose à la facturation de 30 € par bagage ou à un refus de votre bagage à bord. La météo est changeante à Amsterdam et vous pourrez expérimenter les 4 saisons en une même journée ! Pensez au coupe-vent et au poncho. Pensez à appliquer la technique de l'oignon pour pouvoir vous couvrir ou découvrir en fonction de la météo. En hiver, munissez-vous d'un bonnet, de gants et de chaussures confortables et de préférence fourrées.

LES PHRASES CLÉS

Bonjour, je voudrais réserver un billet aller/retour pour…
Hallo, ik wil graag een retourticket boeken voor…

J'ai raté mon avion. Je voudrais échanger mon billet s'il vous plaît.
Ik heb mijn vliegtuig gemist.Ik wil graag mijn ticket omruilen.

Mon vol est très en retard. Ma correspondance sera bien assurée ?
Mijn vlucht heeft veel vertraging. Kan ik verzekerd zijn van mijn aansluitende vlucht?

Mes bagages ont été égarés, à qui dois-je m'adresser ?
Mijn bagage is kwijtgeraakt, bij wie kan ik daarvoor terecht?

Louez-vous des voitures avec chauffeur ?
Verhuurt u auto's met chauffeur?

Je n'ai presque plus d'essence. Où se trouve la station-service la plus proche ?
Ik heb bijna geen benzine meer. Waar is het dichtstbijzijnde tankstation?

S'Y RENDRE

Pour se rendre à Amsterdam depuis la France, la solution souvent privilégiée par les touristes est le train. En 3h19 et avec un confort correct, vous arriverez de Gare du Nord à Amsterdam Centraal. Les tarifs sont toutefois à la hausse ces dernières années et nous vous conseillons de réserver le plus tôt possible, quatre mois avant vos dates de voyages pour assurer d'avoir les tarifs les plus avantageux. Les bus sont également une solution, mais le voyage dure au moins 6h45... parfois beaucoup plus longtemps. L'avion entre Paris et Amsterdam coûte entre environ 120 €. Compte tenu des enjeux climatiques actuels, certains parlementaires néerlandais et le parti politique « Groenlinks » souhaitent la suppression de la ligne Amsterdam-Bruxelles et la ligne Amsterdam-Paris est également dans le viseur.

AIR FRANCE

✆ 09 69 39 36 54

Air France/KLM propose au minimum dix vols quotidiens entre Paris et Amsterdam. Les vols partent de l'aéroport Charles de Gaulle et arrivent à Amsterdam Schiphol. Cet aéroport est très facilement relié au centre d'Amsterdam. Compter environ 1h20 de vol. La compagnie, qui existe depuis 1933, est synonyme de qualité, de service et de confort. Sa flotte est majoritairement constituée d'Airbus, âgés d'une dizaine d'années. De nombreux vols sont également possibles depuis les principales villes de province : Lyon, Marseille, Nantes...

THALYS - SNCF

✆ +33 8 25 84 25 97

www.thalys.com

Thalys est la compagnie principale des TGV directs Paris- Amsterdam. En plus d'être écologique, c'est assurément le moyen de transport le plus efficace car les trains partent de la Gare du Nord et arrivent à Amsterdam Centraal. La compagnie propose une dizaine de trains quotidiens. Le trajet dure 3h19 pour un départ toutes les heures à partir de 6h du matin. Le prix d'un billet standard est à partir de 35 € l'aller, il est bien sûr fortement recommandé de réserver le plus tôt possible. Tous les trains sont équipés de wifi et de prises.

TRANSAVIA

✆ 08 92 05 88 88

www.transavia.com

Filiale *low cost* de la compagnie Air France/KLM, Transavia assure, au départ de Paris Orly 3, des liaisons à bas prix à destination d'Amsterdam Schiphol. Au départ de Paris, la compagnie propose un à deux vols par jour sauf le samedi. Attention, la compagnie propose très peu de vols à partir de Paris en juillet et en août. En cette saison, vous pourrez cependant partir de Nice, où des vols sont également disponibles le reste de l'année. Vous pouvez emporter un bagage à main de 10 kg en cabine. Les prix pour un aller peuvent descendre jusqu'à 25 €.

BLABLACAR BUS

✆ 01 71 53 01 80

www.blablacar.fr/bus

Tous les billets de bus sont échangeables et remboursables jusqu'à 30 minutes avant le départ.

Vers Amsterdam, OUIBUS propose plusieurs allers-retours quotidiens depuis Paris et Lille, avec une liaison de nuit depuis Paris permettant d'économiser le coût d'un hôtel. Sur chaque ligne, voyagez malin avec au moins un bus par jour à prix mini. Et comme toujours chez OUIBUS, tout est pensé pour vous : un confort de niveau supérieur, des capitaines à votre écoute, un temps de trajet optimisé grâce au wifi et aux prises électriques, des prix annoncés à l'avance qui ne changent pas à la dernière minute... Durée du trajet entre 6 et 8 heures.

SÉJOURS ET CIRCUITS

Si certains voyages aiment prendre à leur charge l'organisation complète de leur périple, d'autres choisissent de confier cette organisation à des professionnels du secteur. Pour les Pays-Bas, il est possible de partir en groupe organisé ou alors seul, en couple, entre amis ou en famille, etc. À noter beaucoup de séjours organisés pour les Pays-Bas s'articulent autour des musées et des expositions du moment. Il s'agit de séjour qui touche un public précis. Pour un pays comme les Pays-Bas, ce n'est toutefois pas nécessaire tant le pays est facile d'accès et ouvert. Vous trouverez aussi des voyagistes qui préparent des options découverte du pays à vélo avec des vélos de qualité, des étapes dans des gîtes agréables et des repas pré-réservés. Une destination telle qu'Amsterdam et les Pays-Bas et tellement accessible et facile que rien ne sert, sauf peut-être des facilités personnelles, de partir avec un voyagiste et voyage organisé.

ARTS ET VIE

251, rue de Vaugirard - **PARIS** (15e)
✆ 01 40 43 20 21
www.artsetvie.com
Autres agences : Grenoble, Lyon, Marseille et Nice. Du lundi au vendredi de 9h à 12h30 et de 14h à 17h.

Arts et vie est un spécialiste reconnu des séjours culturels. La société, basée à Paris, propose plusieurs circuits qui incluent les Pays-Bas. Le premier s'intitule « Couleurs et peintures hollandaises ». Il dure 7 jours et 6 nuits. Au programme : La Haye, Delft et Amsterdam et ses nombreux musées, mais aussi Otterlo et le fabuleux musée Kröller-Müller.... Pour un circuit plus court, optez pour le circuit « Jardins, moulins et polders » sur 4 jours. A noter la société propose également un circuit croisière sur le Rhin qui inclut les Pays-Bas.

CLIO

34, rue du Hameau
PARIS (15e)
✆ 01 53 68 82 82
www.clio.fr
Agence ouverte du lundi au vendredi de 10h à 18h, le samedi sur rendez-vous.

Le tour-opérateur Clio, nommé d'après la muse de l'histoire, propose différents séjours thématiques qui vous feront passer par les Pays-Bas notamment une croisière sur Rhin. Clio propose également des séjours plus courts axés autour des expositions qui font l'événement. En 2021, Clio a concocté un circuit intitulé « Grands musées des Pays-Bas », à la découverte des grands maîtres du Siècle d'or et de Van Gogh à Amsterdam et La Haye. Découvrez également les trois autres croisières sur le Rhin qui passent toutes par Amsterdam.

LA BICYCLETTE VERTE

36, route de Saint-Hilaire
ARÇAIS
✆ 05 49 35 42 56
www.bicyclette-verte.fr

L'agence propose des circuits et des séjours à bicyclette en France, Italie, Espagne, Pays-Bas, Danemark, Autriche, Irlande, Écosse, Allemagne... Ces circuits sont organisés sur des pistes cyclables ou des petites routes. Pour Amsterdam, la capitale du vélo, La Bicyclette Verte vous propose un circuit guidé vélo-bateau, « La route du Nord », qui permet de découvrir Amsterdam en fin de séjour (8 jours). Dans le même genre, « Le cercle d'or » ou « La route du Sud » sont également proposés. L'occasion de découvrir les environs !

I.S.A. TOURISME

10, Vieille-Rue
ORPHIN
✆ 06 08 53 65 75
www.isa-tourisme.com

Depuis 2005, ce tour-opérateur propose de découvrir de nombreux pays d'Europe en minibus (8 personnes). Fort d'une excellente connaissance des destinations qui sont sur le catalogue, Robert Barbe, fondateur de l'entreprise, fait à la fois office de chauffeur et de guide. Il organise des départs de toutes les villes de France et de Belgique à partir du moment où 8 personnes peuvent être regroupées dans la région. Cette formule, très confortable, permet de gagner plusieurs heures de tourisme par jour. Des séjours sont bien sûr proposés à Amsterdam.

PROMOVACANCES

✆ 01 55 33 44 44

www.promovacances.com

Promovacances est une agence de voyage en ligne qui propose de nombreux séjours touristiques, des week-ends, ainsi qu'un très large choix de billets d'avion à tarifs négociés sur vols charters et réguliers, des locations, des hôtels à prix réduits. En plus de cette importante offre, n'hésitez pas à guetter en ligne des promotions de dernière minute et les bons plans du jour. Enfin, des informations pratiques sont à consulter en ligne pour préparer votre voyage : santé, formalités, aéroports, voyagistes, compagnies aériennes.

JETCOST

www.jetcost.com

Jetcost compare les prix des billets d'avion et trouve le vol le moins cher parmi les offres et les promotions des compagnies aériennes régulières et *low cost*. Le site est également un comparateur d'hébergements, de loueurs d'automobiles et de séjours, circuits et croisières. L'interface du site Internet est très simple d'utilisation. Après avoir lancé la recherche, on peut affiner les résultats en fonction de ses choix afin de trouver le vol le plus intéressant, la durée du trajet, les éventuelles escales ou encore l'aéroport d'arrivée.

BILLETSDISCOUNT

✆ 01 40 15 15 12

www.billetsdiscount.com

Promotions toute l'année.

Le site Internet permet de comparer les tarifs de vol de nombreuses compagnies à destination de tous les continents. Outre la page principale avec la recherche générale, des onglets spécifiques (Antilles, océan Indien, Océanie, Afrique, Amérique du Nord et Asie) permettent de cibler davantage les recherches. À noter qu'un bagage supplémentaire en soute de 23 kg est inclus dans le prix du billet. Il est possible de payer son billet d'avion en 4 fois contre une somme modique. Un service pour les enfants non accompagnés (de 4 à 12 ans) est également proposé.

QUOTATRIP

www.quotatrip.com

Voyages sur mesure.

QuotaTrip est une nouvelle plateforme de réservation de voyage en ligne qui met en relation des voyageurs à la recherche d'expériences authentiques et uniques et des agences de voyages locales sélectionnées pour leurs compétences et leur sérieux. Le réseau de QuotaTrip couvre près de 200 destinations dans le monde entier. Le but de ce rapprochement est simple : proposer un séjour entièrement personnalisé aux utilisateurs. QuotaTrip promet ainsi l'assurance d'un voyage serein, sur mesure, sans intermédiaires et sans frais supplémentaires.

EASYVOYAGE

✆ 08 99 19 98 79

www.easyvoyage.com

Le concept peut se résumer en trois mots : s'informer, comparer et réserver. Des infos pratiques sur plusieurs destinations en ligne (saisonnalité, visa, agenda...) vous permettent de penser plus efficacement votre voyage. Après avoir choisi votre destination selon votre profil (famille, budget...), le site vous offre la possibilité d'interroger plusieurs sites à la fois concernant les vols, les séjours ou les circuits. Grâce à ce moteur performant, vous pouvez réserver directement sur plusieurs bases de réservation (Lastminute, Go Voyages et bien d'autres).

VIVANODA.FR

www.vivanoda.fr

Vivanoda.fr est un site français indépendant permettant en un clic de comparer et combiner plusieurs modes de transport (avion, train, autocar, ferry et covoiturage) entre deux villes. Vivanoda est né d'un constat simple : quel voyageur arrive à s'y retrouver dans les différents moyens de transports qui s'offrent à lui pour rejoindre la destination de son choix ? La recherche sur Internet de ces informations se révèle en effet souvent très fastidieuse... Grâce à ce site, fini les nuits blanches et bonjour les voyages à moindre coût.

INTERVIEW

LE VOYAGE-SUR-MESURE

AVEC STEVEN LE CHEVALIER ET MATHIEU VALLY DE QUOTATRIP

Quel est le concept de l'agence QuotaTrip ?

Quotatrip est la première plateforme de mise en relation entre voyageurs et agences locales. Grâce à elle, les voyageurs peuvent enfin échanger en direct avec des agences qui sont sur place et concevoir un voyage unique, au meilleur prix et 100% personnalisé.

Pourquoi voyager avec des agences locales ?

À l'inverse des agences traditionnelles, les agences locales sont des expertes de la destination choisie. Ce sont aussi les mieux placées pour concevoir des séjours qui sortent des sentiers battus. Elles sont ainsi en mesure de répondre à l'ensemble des envies, le voyageur rentre dans l'univers de l'équi-tourisme = le tourisme sans intermédiaire.

Quels sont les autres avantages pour les voyageurs ?

Il y a une multitude d'avantages. Cela permet notamment de ne pas voyager comme tout le monde, d'organiser de manière simple et rapide un séjour sur mesure et au meilleur prix. Fini les mauvaises surprises, les voyageurs posent toutes les questions qu'ils souhaitent et bénéficient d'un accompagnement sur mesure, de la conception du projet jusqu'à sa réalisation en toute sécurité car les agences référencées sont sélectionnées et recommandées par les journalistes des guides du Petitfute en toute impartialité.

Les démarches sont-elle simples à effectuer ?

Les sites de voyage en ligne font perdre beaucoup de temps aux internautes sans pour autant répondre entièrement à leurs désirs. QuotaTrip propose un formulaire simple et rapide qui permet de décrire les souhaits, les envies et les besoins. L'internaute reçoit aussitôt gratuitement et sans engagement les offres de trois ou quatre agences locales avec qui il peut ensuite échanger afin de personnaliser son projet grâce à la messagerie mise en place.

Quelles sont les destinations proposées ?

Notre plateforme propose plus de 21 000 projets de voyage sur plus de 100 destinations à travers le monde. De l'Amérique latine en passant par l'Asie et l'Afrique, nos mille agences partenaires sont là pour répondre à vos projets de voyage.

Décrivez votre projet de voyage. Echangez en direct avec les agences locales et partez au meilleur prix.

***Plus d'informations** : quotatrip.com*

© D.R

© D.R

© D.R

PRATIQUE

SE LOGER

BUDGET / BONS PLANS

Plus vous vous y prenez à temps, plus l'offre sera importante et les prix variés. L'été, un lit dans un dortoir vous coûtera jusqu'à 40 € alors qu'une chambre simple à 70 € sera déjà une bonne affaire. En basse saison, en revanche, les prix peuvent baisser jusqu'à 30 %. Dans tous les cas, il est conseillé de vous y prendre très à l'avance pour effectuer des réservations. Si vous optez pour une auberge de jeunesse, pensez à vérifier s'il y a une consigne fermée pour les bagages qui, sans cela, ne seront pas en sécurité…

Pensez parfois aux hôtels business qui, le week-end, sont désertés. Certaines auberges de jeunesse ont des chambres doubles qui sont parfaites sans avoir les prix des hôtels dits classiques.

A RÉSERVER

Ne pensez pas trouver une chambre au dernier moment ou encore pire sur place…. Pour se loger à Amsterdam, il faut prévoir et réserver !

C'EST TRÈS LOCAL

Certaines auberges de jeunesse ont un couvre-feu et louent leurs draps ! De nombreux hôtels proposent des chambres multiples pouvant accueillir jusqu'à 5 ou 6 personnes !

POUR LES GOURMANDS

De nombreux hôtels se distinguent par des petits déjeuners inventifs et riches ! Ces petits déjeuners peuvent aisément remplacer un déjeuner donc peuvent constituer une bonne stratégie.

FUMEURS

Depuis le 1er avril 2020, plus aucun espace fumeur n'est autorisé et les hôtels ne font pas exception.

LES ATTRAPE-TOURISTES

La présence de rabatteurs, notamment dans le quartier rouge, doit vous inciter à la plus grande méfiance.

LES PHRASES CLÉS

Bonjour, avez-vous de la disponibilité pour une chambre double pour ce soir ou demain soir ?
Hallo, heeft u een tweepersoonskamer beschikbaar voor vanavond of morgenavond?

Avez-vous un code wifi… les enfants ne tiendront pas sans !
Heeft u een wifi code... de kinderen kunnen niet zonder!

C'est bruyant, est ce que je peux changer de chambre ?
Het is lawaaierig, zou ik van kamer mogen veranderen?

Jusqu'à quelle heure est-ce que nous pouvons aller à la salle de sport et à la piscine ?
Tot hoe laat kunnen we naar de fitnessruimte en het zwembad gaan?

Est-ce que je peux laisser mon bagage et revenir plus tard le récupérer ?
Kan ik mijn bagage achterlaten en het later komen ophalen?

Est-ce que vous pouvez nous appeler un taxi ? Merci beaucoup.
Kunt u een taxi voor ons bellen? Hartelijk dank.

SE LOGER

À Amsterdam nombreux sont les hôtels et AirBnB. La pression touristique est tellement forte que la demande est toujours supérieure à l'offre... Vous devrez donc parfois séjourner hors de la ville durant la haute saison ou pendant des événements majeurs. Amsterdam compte beaucoup d'hôtels design et insolites, château d'eau, grue, capsule, ancien centre de redressement etc. Le plus simple et rentable consiste à passer par le site web des établissements qui ont souvent l'avantage de proposer le meilleur tarif. Une bonne option consiste à chercher un logement hors de l'hypercentre et autour des centres de conférences qui proposent des tarifs intéressants le week-end aux visiteurs. Les chambres sont souvent de taille modeste, vérifier leur accessibilité car les escaliers peuvent être très raides... A certaines périodes il sera impossible de se loger à un tarif raisonnable dans la capitale. Le jour du roi est notamment un casse-tête annuel.

BEWELCOME €€

www.bewelcome.org

Le système est simple : être hébergé chez l'habitant, partout dans le monde. C'est le site Internet qui se charge de contacter les accueillants et les postulants puis de les mettre en contact, que ce soit en ligne ou dans la vraie vie. Avec leur carte interactive, les profils *des « welcomers »* s'affichent, avec leurs disponibilités. Certains font part de leurs projets de voyage afin de pouvoir trouver des affinités, des opportunités d'action avec les membres du site. Idéal pour un voyage solidaire et plein de belles rencontres !

HOSTELWORLD €

www.hostelworld.com

Depuis 2005, cette centrale de réservation en ligne permet de planifier son séjour à prix corrects dans le monde entier. Afrique, Asie, Europe, Amérique... Hostelworld est spécialisé dans les logements peu onéreux (auberges de jeunesse ou hostels...) mais proposant des services et un cadre plutôt soignés. Pour chaque grande ville, le site propose une sélection pointue d'enseignes partenaires et vous n'aurez plus qu'à choisir l'adresse la plus pratique, la mieux située, ou tout simplement la moins chère. Une plateforme bien pratique pour les baroudeurs.

COUCHSURFING €€

www.couchsurfing.com

Plateforme internet pour séjourner chez l'habitant. Tarif d'adhésion : 15€ environ.

Couchsurfing est le service d'hébergement gratuit en ligne regroupant le plus d'adhérents. Il suffit de s'inscrire pour accéder aux profils des locaux ou faire sa demande d'hébergement pour quelques jours, voire quelques semaines. En échange, vous pouvez par exemple inviter votre hôte à manger, lui offrir un cadeau ou bien l'accueillir chez vous. Le site Internet met en place des systèmes de contrôle : notation des membres, numéro de passeport exigé à l'inscription, etc. Les participants ont accès à des hébergements volontaires dans plus de 200 pays.

YOUR AMSTERDAM HOUSING €€

Korte Prinsengracht 48

✆ +31 20 771 7445

Location d'appartements luxueux de 1 à 3 chambres. A partir de 120 € par nuit.

Your Amsterdam Housing est une agence familiale spécialiste de la location d'appartements luxueux au centre d'Amsterdam. Sicco (qui parle parfaitement français) et toute son équipe vous proposent une très belle sélection de 21 appartements, situés dans le Jordaan, la plupart donnant sur le canal. Ces derniers sont entièrement rénovés et tous équipés avec un accès Internet haut débit. Un certain soin est porté à la décoration ; on se sent très vite chez soi ! Un très bon rapport qualité-prix. A noter : votre propre bateau pendant une heure !

AMSTERDAM HOUSE HOTEL €€

's Gravelandseveer 3-4

✆ +31 20 624 66 07

www.amsterdamhouse.com

Chambre double dès 180 €.

Situé près de l'Amstel et des places les plus animées de la ville (Rembrantplein, Leidseplein, Dam), cet hôtel vous propose des chambres confortables. Le marché aux fleurs, les restaurants et les commerces sont également tout près de l'hôtel. Des appartements et péniches (rénovées elles aussi) très confortablement meublés sont également disponibles (prix variables en fonction de la saison et du nombre de personnes). Un endroit plein de charme où l'on se sent tout de suite chez soi ! À noter : le restaurant (donnant sur le canal) propose des plats corrects.

ART'OTEL €€€

Prins Hendrikkade 33

✆ +31 20 719 72 00

www.artotels.com

Chambre à partir de 250 €, petit déjeuner inclus.

Art'otel, logé dans un bâtiment monumental en face de la gare centrale, propose un concept mélangeant art et hôtellerie de luxe au coeur de la ville. Les créations artistiques ont été confiées au dynamique Atelier van Lieshout qui a disséminé des oeuvres dans tout l'hôtel (et une dans chaque chambre) autour du thème « The Course of Life ». L'énorme création de la cour intérieure (autour de la conception) vaut à elle seule une visite. Les chambres (107 en tout) spacieuses offrent tout le confort possible et imaginable et le décor est vraiment très réussi.

BOB'S YOUTH HOSTEL €

Nieuwezijds Voorburgwal 92

✆ +31 20 623 00 63

www.bobsyouthhostel.nl

144 lits disponibles. Lit à partir de 16 € par personne pour une nuit en dortoir (14 personnes !) en semaine.

Si l'ambiance dortoir ne vous fait pas peur, voilà un *must* dans le genre. Cette auberge de jeunesse propose des chambrées de quatre à dix-huit lits, draps et couvertures fournis, ainsi que des chambres doubles, mais plus chères. Des coffres sont mis gracieusement à votre disposition. Autre atout de cette adresse très centrale un petit déjeuner (inclus) qui vous lancera dans votre frénésie de pérégrination le ventre plein… Le bar est ouvert jusqu'à 3h. Pas de couvre-feu. Attention cette adresse n'accepte que les touristes de plus de 18 ans et de moins de 30 ans !

CLINKNOORD €

Badhuiskade 3

✆ +44 02 071 83 94 00

www.clinkhostels.com

Chambres privées à partir de 70 € la nuit. Dortoirs 4 à 8 lits dès 24 €.

Situé à deux minutes en bac de la gare centrale d'Amsterdam, le lieu est idéal pour découvrir la ville, son architecture, sa culture, ses boutiques et sa vie nocturne. Cet immeuble des années 1920 (un ancien laboratoire) a été aménagé pour faire de Clinknoord un endroit chaleureux. L'hostel dispose d'un café (Zincbar), d'une bibliothèque, d'une cuisine indépendante et d'espaces modulables pour l'organisation d'événements. Les dortoirs modernes sont bon marché et les chambres doubles sont de plus haut standing. Très bon rapport qualité/prix !

ECOMAMA €

Valkenburgerstraat 124

✆ +31207709529

www.ecomamahotel.com

Dès 25 € le lit en dortoir, 65 € chambre double avec salle de bains partagée, 100 € chambre avec salle de bain privée.

C'est un très charmant petit hostel qui a de nombreux atouts : de spacieux et très beaux espaces communs avec tipi et bibliothèque, une grande cuisine partagée, des chambres propres, modernes, un staff adorable, et même un petit jardin pour les jours d'été. Il y règne une ambiance chaleureuse, internationale et très ouverte : parfait pour rencontrer du monde pendant son séjour. Son petit frère Cocomama, situé dans le Pijp, est tout aussi agréable. Deux excellentes options pour les petits budgets avec un souci de l'environnement.

FARALDA CRANE HOTEL €€€

NDSM-Plein 78

✆ +31 20 760 6161

www.faralda.com

3 suites doubles, à partir de 945 € la nuit.

Un OVNI dans le paysage hôtelier d'Amsterdam ! Faralda est le projet fou mené par Edwin Korrnmann Rudi, un entrepreneur immobilier hollandais réputé pour sa créativité. Concrètement, ce ne sont rien de moins que 3 suites de luxe perchées en haut d'une grue industrielle ! Dans un style baroque, chaque suite est meublée avec un très haut standing et offre une vue exceptionnelle sur la ville. Clou du spectacle : le bain bouillonnant, au dernier étage de la grue, face à toute la ville. Ce n'est pas accessible à toutes les bourses, mais l'expérience est hors du commun.

THE ONLY WAY OUT IS IN
AMAZE
30 ans d'effets spéciaux pour le spectacle, en une seule expérience immersive
AMAZE est une expérience audiovisuelle immersive de 3 000 mètres carrés, d'une durée de plus d'une heure, qui stimule tous les sens. Découvrez la prochaine étape dans l'évolution du divertissement : une expérience de premier ordre et révolutionnaire. Commandez vos billets dès maintenant sur amaze-amsterdam.nl.

★★★★★
'si vous êtes un fan d'art moderne, d'effets d'éclairage, de musique moderne, de bons divertissements et d'une expérience inoubliable, alors vous devez visiter. La nouvelle ère de l'art vous laisse à bout de souffle, magnifique.' -Vesna Cukalieva
★★★★★
'Expérience incroyable!!!!! Les sons et les lumières vous font ressentir toutes sortes d'émotions, bonnes, mauvaises, heureuses, inconfortables... mais cela vous fait boucler la boucle. J'ai adoré. ' - Chinedu Ee
AMAZE
ELEMENTENSTRAAT 25
AMSTERDAM

THE FLYING PIG DOWNTOWN €

Nieuwendijk 100
✆ +31 20 420 68 22
www.flyingpig.nl
Entre 17 € (en dortoir, basse saison) et 52 € (en chambre individuelle, haute saison).

Avec ses deux établissements, Flying Pig est un classique des backpackers à Amsterdam. Cette adresse, Downtown, est littéralement en plein cœur du centre-ville, à 200 mètres de la gare centrale. Évidemment, c'est une très bonne option pour les petites bourses qui veulent rencontrer du monde et faire la fête ! Lit en dortoir (de 4 à 22 lits) ou chambre double privée, vous trouverez ce qu'il faut pour votre budget. Cuisine équipée partagée, coin salon, consigne à bagages... tout est à disposition des voyageurs. Le soir, ambiance garantie.

GRAND HÔTEL AMRÂTH AMSTERDAM €€€

Prins Hendrikkade 108
✆ +31 20 552 00 00
www.amrathamsterdam.com
Chambre à partir de 230 €. Entrée Spa gratuite pour hôtes, soins à partir de 60 €.

Logé dans la Scheepvaarthuis (maison de la Navigation) et premier édifice entièrement bâti selon les préceptes de l'école d'Amsterdam, il servait d'antan de siège à 6 compagnies maritimes et les éléments de référence sont nombreux et la cage d'escalier est le clou du bâtiment. Les chambres se distinguent par leur taille, leur style et surtout par le luxe confortable qui s'en dégage : hauts plafonds, lit d'un incomparable moelleux, piscine, Spa et salle de fitness.

THE GREEN HOUSE EFFECT €€

Warmoesstraat 53-55
greenhouse-effect.hoteleamsterdam.net
19 chambres de 90 € à 200 € (la chambre triple). Appartements à partir de 140 €.

Un établissement situé en plein milieu du Quartier Rouge. Beaucoup d'imagination dans la conception de cet hôtel. Chaque chambre a son nom et une ambiance différente. Nous pouvons citer en exemple la Red Light, la Tropical Dream (avec des hamacs !), la Mary-Jane, ou la Dutch Touch. Toutes les chambres ont été refaites récemment. Certaines bénéficient d'une vue sur le canal. Bar sympa au rez-de-chaussée. Il n'est pas banal de rencontrer un lieu aussi original, c'est pour cela que nous l'avons apprécié. Certains appartements se situent à 5 minutes de l'hôtel.

RADISSON BLU HOTEL €€€

Rusland 17
✆ +31 20 623 1231
Chambre à partir de 210 €.

Ici tout n'est que luxe, calme et volupté. Ces trois mots caractérisent à merveille le Radisson Blu. Niché en plein cœur de la ville, à quelques minutes de marche de la plupart des sites touristiques, vous logerez dans un sublime bâtiment qui, à l'image de la ville, mêle histoire et modernité. Dès l'entrée, vous serez frappés par l'immense et lumineux atrium qui intègre en guise de bar une maison de marchand du XVIIIe siècle. Les chambres proposent une literie d'exception, le buffet du petit déjeuner est un délice et le personnel aux petits soins et souriant.

© RADISSON BLU

© RADISSON BLU

HOTEL AMSTERDAM - DE ROODE LEEUW €€

Damrak 93-94

✆ +31 020 555 0 666

www.hotelamsterdam.nl

A partir de 155 € la nuitée.

Vous souhaitiez un hôtel en centre-ville, difficile de faire plus central, vous êtes quasiment sur la fameuse place Dam et à moins de 10 minutes à pied de Central Station. L'hôtel offre de belles chambres entièrement rénovées dans un style plutôt moderne et épuré. Vous pourrez également prendre votre petit déjeuner ou dîner dans le restaurant De Roode Leeuw, un restaurant aux allures très hollandaises avec vitraux traditionnels, grandes banquettes et une dominance de tapisserie rouge.

HOTEL DIE PORT VAN CLEVE €€

Nieuwezijds Voorburgwal 176-180

✆ +31 207142000

www.dieportvancleve.com

A partir de 140 € la chambre. Plus souvent autour de 250 € la nuit toutefois !

Établissement logé dans l'ancienne brasserie Heineken ! Les 120 chambres sont réparties sur trois bâtiments. On retrouve la touche hollandaise dans chaque chambre avec notamment des faïences de Delft au mur. Personnel sympathique, super emplacement au cœur de la ville juste derrière la place du Dam. Vous pourrez également profiter du bar typique hollandais de l'hôtel Bodega De Blauwe Parade où tout a été rénové quasiment à l'identique. Un lieu chargé d'histoire, où vous pourrez déjeuner, diner ou encore déguster des alcools hollandais dont le fameux genièvre...

HÔTEL SOFITEL THE GRAND €€€

Oudezijds Voorburgwal 197

✆ +31 20 555 31 11

www.thegrand.nl

Chambre double à partir de 456 €.

Cet illustre bâtiment fut successivement un couvent puis le siège de l'amirauté lors du siècle d'or et l'hôtel de ville d'Amsterdam avant de devenir cet illustre hôtel de luxe. Les 177 chambres (dont 52 suites) allient souci de perfection, confort, détails historiques, modernité et aspect pratique. Toutes les chambres ont une vue sur les canaux ou le jardin, celles du dernier étage offrent une vue sur les toits de la ville, le spa est à votre disposition. Cet hôtel d'exception abrite également excellent restaurant récemment étoilé : Bridges.

HOTEL TWENTY SEVEN €€€

Dam 27

✆ +31 20 218 2180

www.hoteltwentyseven.com

Suite à partir de 350 €, les prix augmentent en même temps que la taille et l'offre de la suite.

Twenty Seven, sur la place du Dam, se targue d'être le seul hôtel 6-étoiles du pays. Tout est fait pour que vous passiez un séjour inoubliable dans un cadre magnifique, feutré et unique. Il est difficile d'énumérer les prestations tant Twenty Seven est hors du commun. La décoration est l'œuvre de Wim van de Oudeweetering. L'ambiance est sensuelle, et chaleureuse. Les chambres sont magnifiques, le service aux petits soins. Le plus difficile en séjournant au Twenty Seven sera de sortir du bâtiment tant il s'agit d'un cocon enveloppant, doux et luxueux.

INK HOTEL €€

Nieuwezijds Voorburgwal 67

✆ +31 20 627 59 00

www.ink-hotel-amsterdam.com

SHe Travel Club.Chambre à partir de 170 €.

La devise d'ici « Where stories are yet to be written » n'a pas été choisie par hasard. Au cœur de la rue où se trouvaient autrefois les plus grands journaux, cet l'hôtel a choisi de célébrer la créativité, l'écriture et l'aventure humaine dans ses chambres. Les chambres sont très confortables et ingénieuses, elles ont toutes des petits touches d'humour comme le papier peint conçu par Jan Rothuizen. Le petit déjeuner est servi au restaurant Pressroom. InkHotel a déjà été distingué par plusieurs prix hôteliers et cela est largement mérité.

KIMPTON DE WITT €€€

Nieuwezijds Voorbugwal 5

✆ +31 20 620 05 00

www.kimptondewitthotel.com

Chambre double à partir de 289 €.

Ouvert en 2017, Kimpton de Witt a l'apparence et l'ambiance d'un boutique hôtel alors qu'il comprend 274 chambres réparties sur 6 étages (et aussi la maison d'enfance du poète PC Hooft). Le lobby est un spectacle à lui seul. Les chambres rendent hommage à Amsterdam et aux Pays-Bas ! Partout, du design néerlandais, des carreaux qui rappellent la faïence de Delft, des produits Marie Stella Maris. Il nous faut aussi évoquer le bar, le photogénique, le restaurant Wyers... Kimpton De Witt vous donnera à lui seul envie de revenir à Amsterdam.

MANDELAHUISJE €€€

Sixhavenweg 27
✆ +31 20 233 99 41
www.mandelahuisje.nl
Prix moyen 300 € la nuit petit déj inclus, wifi et tout le confort d'un lieu d'exception.

A l'origine, il s'agit de la cabane en bois du gardien du port Sixhaven menacée de démolition. Ilco van der Linde, philanthrope touche-à-tout, est l'heureux papa de ce projet. Son projet, créer avec Mandelahuisje un lieu unique de partage et de rencontre où le profit n'est pas l'objectif premier. La chambre, que dire la suite, est un lieu magnifique, lumineux et solaire propice aux lunes de miel et à la méditation. La terrasse du café est certainement la plus agréable de la ville et elle n'est pas encore prise d'assaut par les hipsters...

MAURO MANSION €€

Geldersekade 16
✆ +31 6 12 97 45 94
www.mauromansion.nl
A partir de 120 €. Petit déjeuner 7,50 €.

Mauro Mansion est une adresse très prisée par la communauté gay et abritée dans une belle vieille demeure du XVIe siècle. Les neuf chambres spacieuses de l'établissement ont été décorées avec beaucoup de style. Salle de bains privée, TV internationale. Petit déjeuner servi de 8h30 à 11h. À noter : l'enseigne n'accepte pas les enfants de moins de 12 ans. L'arrivée dans les chambres est uniquement possible entre 9h du matin et 21h. Les escaliers sont très raides rappelant le caractère historique du bâtiment. Nous aimons beaucoup la déco soignée des chambres.

MISC EATDRINKSLEEP €€

Kloveniersburgwal 20
✆ +31 20 330 62 41
www.misceatdrinksleep.com
Chambres dès 160 €. Les tarifs varient beaucoup en fonction du jour et de la saison. Petit déjeuner inclus.

À moins de cent mètres de la place du Nieuwmark, dans un bâtiment du XVIIe siècle, ce discret hôtel se révèle plein de charmes. Derrière les stores blancs très design de la vitrine et la façade habillée de verdure, on croirait une charmante petite boutique. Inspirées par les voyages lointains, les six chambres aux noms évocateurs et à la décoration très recherchée se déclinent selon plusieurs thèmes : Afrika, Rembrandt (ces deux chambres ont une splendide vue sur le canal), Baroque, etc. Une adresse très agréable à découvrir.

QUENTIN ARRIVÉ €

Haarlemmerstraat 65
✆ +31 20 622 14 39
Chambres à partir de 70 €.

L'hôtel Quentin Arrivé d'Amsterdam se trouve dans un bel immeuble datant du XIXe siècle, au milieu d'une vieille rue de 650 ans qui regorge de restaurants, bars et cafés, tous à proximité de l'établissement. Grâce à un emplacement superbe, juste devant la gare centrale d'Amsterdam, vous pourrez découvrir toutes les attractions principales de la ville en faisant de belles balades dans le quartier gay proche de la gare. Vous pourrez vous détendre dans le hall d'accueil, avec ses grandes fenêtres. Les chambres (simples jusqu'à quadruples) sont sobres et propres.

ROOM MATE AITANA €€

IJdok 6 ✆ +31 20 891 4800
www.room-matehotels.com
Chambre double à partir de 119 € en basse saison. Petit déjeuner buffet servi de 7h à 12h, compter 22 €. Wifi gratuit.

L'hôtel est logé dans un bâtiment spectaculaire avec une façade de verre aux lignes droites à différents niveaux, niché sur une nouvelle île artificielle avec un port de plaisance. Le design, signé Tomás Alía, surprend à travers une magnifique fusion de matériaux et de formes aux nuances de terre, de beige et de marron avec des détails hauts en couleur, donnant vie à des espaces aussi cosmopolites que délicats. Vous pourrez aussi boire une bière au Mezzanine Bar, rester en forme avec la salle de sport ou vous promener le long des quais pour admirer les canaux.

ST CHRISTOPHERS INN AT THE WINSTON €

Warmoesstraat 129
✆ +31 20 623 13 80
www.winston.nl
Chambre en dortoir à partir de 30 €, chambre privée avec salle de bains à partir de 100 €.

En plein cœur du quartier rouge, à deux pas de la gare, difficile de trouver un meilleur emplacement pour une auberge de jeunesse. Le Winston a une longue histoire : c'est l'ancien bar d'un grand hôtel, qui s'est ensuite transformé en salle de concert dans les années 1990. C'est aujourd'hui un digne représentant de la chaîne internationale St Christopher's Inn, avec son bar le Belushi's, une boîte de nuit in house, des lits en dortoirs de 4 à 10 personnes et des chambres privées.

THE BULLDOG HOTEL €

Oudezijds Voorburgwal 220
✆ +31 20 620 38 22
www.bulldoghotel.com
Lit en dortoir dès 33 €, chambre dès 130 €.

Dans la partie calme du Quartier Rouge, à la fois tendance et commerçante, The Bulldog Hôtel est le 5-étoiles des *backpackers*, le tout dans une ambiance décontractée et à des prix accessibles. Le personnel est attentif, ouvert et polyglotte. Vous trouverez à votre disposition un snack-bar et une salle de détente style pub, un coin TV et DVD et une terrasse au quatrième étage. Chambres et dortoirs adorablement aménagés et décorés, l'atmosphère y est jeune et internationale, les locaux offrent liberté et sécurité. Une valeur sûre dans sa catégorie.

TOURIST INN €€

Spuistraat 52
✆ +31 20 421 58 41
www.tourist-inn.nl
Lit en dortoir à partir de 50 €, chambre double avec salle de bains privative 220 €.

Tourist Inn est idéal pour les particuliers, familles et *backpackers*. Ses vingt-deux chambres, standard ou budget avec salle de bains partagée, peuvent accueillir d'une à six personnes. Pour tous les prix, toutes les bourses, confort exceptionnel dans la gamme budget et un charme hollandais rare dans cette zone. Les tarifs incluent serviettes de toilette et petit déjeuner servi dans le restaurant stylé réservé aux invités. A la réception, ouverte 24h/24, vous pourrez utiliser les coffres-forts pour vos effets personnels et tout type d'informations touristiques.

THE EXCHANGE €€

Damrak 50
✆ +31 20 523 00 80
www.hoteltheexchange.com
Chambre double entre 95 € et plus de 300 €.

L'Exchange, mélange hôtellerie et design, avec pour ambition d'offrir un havre de paix dans l'une des artères les plus fréquentées de la ville. Imaginées par des étudiants de l'Amsterdam Art Institute, les 61 chambres de l'immeuble de briques sont terriblement design (parfois même au détriment de l'espace et du confort) et plongent le visiteur dans des univers rétro, imaginaires ou purement historiques. Elles sont classées de 1 à 5 étoiles selon leur taille et la présence ou non de fenêtre. Certaines ont des terrasses et de belles vues sur Damrak.

WEST CORD CITY CENTRE HOTEL €€

Nieuwezijds Voorburgwal 50
✆ +31 20 422 00 11
www.westcordhotels.com
Chambres à partir de 120 €.

Cet hôtel appartient à la chaîne WestCord qui possède des établissements à Amsterdam, à Rotterdam et Delft. A quelques minutes de marche seulement du Dam, de la rue commerçante Kalverstraat et de la gare, il a pour lui d'être extrêmement bien situé. Il possède 106 chambres luxueuses et confortables qui ont été rénovées il y a quelques années. Une valeur sûre même si certaines chambres ne sont pas très spacieuses elles sont toutes agréables et stylées.

THE HIGHLANDER HOTEL AMSTERDAM €€€

Nieuwezijds Voorburgwal 98-100
✆ +31 20 627 38 82
www.thehighlanderhotel.com
Simple : 70 €-115 €, double 90 €-150 €, triple 150 €-230 €. Prix très variables selon la saison. Petit déjeuner inclus.

C'est dans le centre historique d'Amsterdam, à quelques minutes à pied de la gare centrale et du Dam que vous trouverez ce splendide boutique hôtel très bien desservi par les transports en commun. Dans un méli-melo de couleurs vives et un décor osé, le designer Will Erens plonge les clients dans une expérience sensorielle unique. Les chambres sont très confortables et le service parfait. Le petit déjeuner est inclus avec en option la possibilité de se le faire service au lit...

XO HOTELS CITY CENTRE AMSTERDAM €€

Beursstraat 11-19
✆ +31 20 622 05 35
www.xohotels.com
Chambre double à partir de 79 €.

Au cœur de la vieille ville et à deux minutes de la gare, juste derrière le Beurs van Berlage, un ensemble de onze maisons anciennes et monumentales du XVIIIe siècle forme ce grand hôtel (111 chambres) récemment rénové. Il garde du passé un dédale de couloirs, qui donne un cachet singulier à cet établissement moderne et classique dans son genre. Cet hôtel présente trois qualités majeures : une très bonne situation, un accueil agréable et la tranquillité.

86 SOUS €€

Herengracht 86
✆ +31 6 44 29 35 85
Appartement : 150 €/nuit pour 2 pers. (au moins 3 nuits), tarif dégressif, + 30 € pour la chambre supplémentaire enfant.

86 Sous se réfère à l'adresse de ce *bed & breakfast* au sous-sol d'un bâtiment historique du Herengracht, magnifique canal du centre de la ville. L'espace de 50 m² compte une cuisine, une chambre, une salle de bains et même à la demande une chambre d'enfants. La décoration est très *design made in Holland* et la palette de couleurs bien choisie. Logique, puisque Edwin, le maître des lieux, est décorateur d'intérieur. Un endroit atypique pour un séjour personnalisé. Le détail important : deux vélos sont mis à la disposition des hôtes !

DYLAN AMSTERDAM €€€

Keizersgracht 384
✆ +31 20 530 20 10
www.dylanamsterdam.com
Chambres à partir de 275 €, suite à partir de 850 €.

Comme nous sommes dans les adresses d'exception, on se doit de nommer l'un des joyaux d'Amsterdam, le Dylan Amsterdam. Cet hôtel est situé depuis plus de quinze ans dans un bâtiment du XVIIe siècle en plein centre ville. Les trente-trois chambres et huit suites sont décorées dans un style différent et avec des meubles et matériaux exclusifs. L'ensemble forme un lieu unique, point de convergence de l'Orient et de l'Occident. Le service est excellent et les prestations proposées dans l'hôtel sont nombreuses… Également un restaurant très réputé et étoilé.

EUPHEMIA HOTEL €

Fokke Simonszstraat 1
✆ +31 20 622 90 45
www.euphemiahotel.com
Nuit de 25 € à 100 € par personne.

Euphemia est un ancien monastère qui fut converti en hôtel au début du XXe siècle. Le confort y est correct sans plus, et les prestations limitées proposées sont en phase avec le prix demandé pour le quartier (très central). Trois étages sans ascenseur… Une adresse pratique pour avoir une base centrale dans la capitale. À noter les dortoirs sont réservés aux voyageurs de 40 ans maximum. Si les draps sont inclus, il vous faudra louer les serviettes de bain. Toutes les attractions sont proches d'ici et c'est finalement l'atout principal d'Euphemia.

HAMPSHIRE INN-PRINSENGRACHT €€

Prinsengracht 1015
✆ +31 20 623 77 79
www.prinsengrachthotel.nl
Chambre dès 80 €.

Bien situé sur le Prinsengracht dans un imposant bâtiment, un hôtel des plus agréables à l'architecture typique du début du siècle, dans un quartier propice à la poésie et au rêve. Toutes les trente-trois chambres ont douche et toilettes, téléphone et télévision. L'hôtel qui est très proche des musées dispose par ailleurs d'un jardin. Une valeur sûre de l'hôtellerie de la ville qui a pour avantage de ne pas être dans l'hypercentre même et d'être du coup plutôt apaisée.

HÔTEL 717 (SEVEN ONE SEVEN) €€€

Prinsengracht 717
✆ +31 20 427 07 17
www.717hotel.nl
Chambres et suites entre 275 € et 550 €.

Si votre budget vous permet de loger à l'Hôtel 717, vous serez comblé par le caractère et le service sur mesure dispensés dans cet établissement. La particularité de l'Hôtel 717, c'est le luxe non ostentatoire et la discrétion qu'il dégage. Le très beau bâtiment date du XIXe siècle et fait partie du patrimoine historique de la ville. Les neuf suites ont une décoration très réussie dans des styles différents. Les parties communes incluent deux salons, une bibliothèque et deux patios.

HÔTEL CLEMENS €

Raadhuisstraat 39
✆ +31 20 624 60 89
www.clemenshotel.nl
Chambre simple 60 €-110 €, double 90 €-160 €. Deluxe 120 €-150 €. Petit déjeuner et taxe de séjour compris.

Dans une rue très animée, un immeuble des années 1930 abrite ce petit hôtel propre, accueillant et récemment restauré qui jouit en plus d'une excellente situation, à mi-distance de la place du Dam et de la maison d'Anne Frank. Il est préférable de demander une chambre sur cour, la Raadhuisstraat étant une artère très bruyante. L'ambiance y est familiale et la liberté totale. Une carte vous est donnée pour rentrer à l'heure que vous désirez. Connexion Wifi disponible et boisson offerte à l'arrive. Attention, l'escalier est un peu raide et il n'y a pas d'ascenseur.

HÔTEL SEBASTIAN'S €€

Keizersgracht 15
✆ +31 20 244 52 59
www.hotelsebastians.nl
Chambre dès 150 €.

Cet hôtel est situé à deux pas du quartier du Jordaan et ses nombreux cafés et restaurants. La maison d'Anne Frank est à 8 minutes de marche seulement. L'ambiance mystique de l'hôtel avec sa décoration voluptueuse saura en envoûter le voyageur curieux. Les 34 chambres sont élégamment décorées et très confortables. Celles donnant sur le canal sont un peu plus animées mais ont plus de charme. Le bar de l'hôtel est très agréable. Le service est très professionnel et aux petits soins, logique il est formé par l'équipe de Eric Toren, un gage de qualité.

IMPERIAL HOTEL €€

Thorbeckeplein 9
✆ +31 20 622 00 51
www.imperial-hotel.com
Simple 135-175 €. Double 145-185 €. Triple 185-235 €. Petit déjeuner (léger) inclus. Paiement par carte bancaire majoré.

Une petite auberge familiale d'une quinzaine de chambres, située sur une place piétonne, à deux pas de l'activité débordante de la Rembrandtplein. Cette tranquille et confortable résidence pour gens paisibles propose salles de bains modernes, chambres insonorisées, moustiquaires aux fenêtres, télévision câblée, téléphone, etc., dans un cadre agréable coloré et romantique. Préférez les chambres donnant sur cour. A noter cette place dégage vraiment une ambiance unique à Amsterdam et sa photogénie est importante. Idéal pour un séjour réussi.

PULITZER AMSTERDAM €€€

Prinsengracht 315-331
✆ +31 20 523 52 35
www.pulitzeramsterdam.com
Chambre à partir de 250 €.

À cheval sur les Keizersgracht et Prinsengracht, les 225 chambres de cet hôtel se répartissent dans 25 (!) anciennes demeures, autrefois propriétés d'opulents commerçants. Jadis propriété du richissime américain Peter Pulitzer, cet hôtel est l'un des plus agréables et stylés de la ville. Notre coup de cœur va à la Book Collector's suite mais aussi au service attentif et dynamique, à la bibliothèque, à la terrasse avec vue sur la Westerkerk, au restaurant Jansz. Plus qu'un hôtel, le Pulitzer est une institution et un art de vivre remis au goût du jour avec succès !

SEVEN BRIDGES HOTEL

Reguliersgracht 31
✆ +31 20 623 13 29
www.sevenbridgeshotel.nl
Chambre double dès 150 €, simple dès 95 €. Petit déjeuner : 10 €.

Ce magnifique petit hôtel historique de huit chambres se situe à deux pas du Rembrandtplein. Il a été décoré avec goût par son propriétaire et son collègue, collectionneurs passionnés de pièces antiques. Les chambres, toutes raffinées donnent soit sur le canal, soit sur un jardin et séduiront les amateurs de mobilier d'art. Un copieux petit déjeuner est servi dans les chambres dans de la porcelaine fine, les voyageurs aimant leur intimité ne seront pas déçus ainsi que les nostalgiques d'une époque révolue qui rêvent à être traités en prince.

THE HOXTON €€€

Herengracht 255
✆ +31 20888 5555
thehoxton.com/holland/amsterdam
Chambre à partir de 200 €. Petit déjeuner simple inclus (dans un sac).

The Hoxton exalte une atmosphère *vintage cool* et confortable qui attire les *hipsters* du monde entier. Les 111 chambres se répartissent en 3 catégories : the *shoebox* (la plus petite), la cosy et la roomy. Il y a en outre quelques « concept rooms » qui mettent en valeur l'héritage du XVIIe siècle. Le séjour au Hoxton se veut une expérience totale dans un cadre très agréable en osmose avec l'air du temps. Dommage que le restaurant de l'hôtel ne soit vraiment pas à la hauteur tant au niveau de la nourriture qu'au niveau du service.

THE TOREN €€€

Keizersgracht 164
✆ +31 20 622 60 33
www.thetoren.nl
Chambre dès 245 €.

Ce 4-étoiles logé dans deux bâtiments de 1618 est une valeur sûre ! Les salles communes et les chambres d'un luxe tout moderne (lit mœlleux, baignoire ou douche tout confort, machine à café, wifi) sont de parfaits nids d'amoureux chaleureux et théâtraux. La palette de couleurs associe des mauves profonds, des rouges vibrants, des blancs cassés subtils rehaussés par le noir des miroirs et les spectaculaires compositions florales. The Toren est une adresse qui ne laisse pas indifférent et au succès fou depuis de nombreuses années.

HANS BRINKER HOSTEL €€

Kerkstraat 136-138 ✆ +31 20 622 0687
www.hansbrinker.com

A partir de 20 € le lit en dortoir, 115 € pour une chambre double avec sdb privée, petit déjeuner inclus.

Cette auberge au ton décalé, typiquement amstellodamois, est une expérience à vivre ! 500 lits dans une ancien monastère en brique, une ambiance déjantée au milieu d'une rue d'apparence calme, le tout à deux pas du Rijksmuseum : bienvenue chez Hans Brinker ! Vous obtiendrez tout ce qu'une auberge de jeunesse digne de ce nom peut offrir : des lits très abordables, des salles de bains propres, un bar restaurant et une boîte de nuit animés, de grands espaces communs... Excellente option si cherchez de l'animation et que votre budget est réduit.

B&B LA FESTA €€

Hazenstraat 64
✆ +31 6 17 73 88 85
www.bb-lafesta.com
Chambre simple à partir de 99 €, double 110 €. Petit déjeuner pris à la boulangerie du quartier pour 15 €.

Situé au cœur du Jordaan, ce Bed & Breakfast où le noir et le blanc dominent, a été conçu avec goût par un architecte néerlandais dans un style mêlant élégance et design. La chambre simple, très vivante, donne sur une petite rue et est dotée d'une salle de bains privative, d'un bureau et d'un accès wifi. Le studio, plus vaste et comportant un balcon, sera votre point d'ancrage idéal lors de votre séjour. Comme cette adresse est prisée, il est conseillé de réserver au moins 2 ou 3 mois à l'avance l'été. Vraiment une belle adresse !

CITYHUB €

Bellamystraat 3
✆ +31 20 895 09 07
www.cityhub.com
Chambre Capsule entre 39 € et 130 €.

City Hub est un hôtel pour le voyageur nomade en quête de rencontres dans un cadre novateur. Ici pas de chambre mais des Capsules pouvant accueillir 2 personnes. L'espace est limité mais pas le confort, matelas de qualité, travail sur l'éclairage, branchement possible pour son téléphone avec hauts-parleurs en Bluetooth. Le tout dans une ambiance de science-fiction. Les parties communes sont confortables et chaleureuses et il est agréable de passer du temps dans le salon cuisine. Une adresse inédite, déconseillée cependant aux claustrophobes.

BARANGAY B&B €€

Herenstraat 26
✆ +31 6 25 04 54 32
www.barangay.nl
Les prix démarrent autour de 180 € la nuit mais peuvent atteindre le double.

Tenu par Wimmo et Godwin, un couple néerlando-philippin, ce Bed & Breakfast a investi il y a peu ses nouveaux quartiers à quelques mètres de la maison d'Anne Frank. Le style colonial-tropical a été conservé, l'accueil chaleureux également et petit déj' succulent aussi. Le nom du B&B signifie « communauté » et c'est ce sentiment que vos hôtes parviennent à faire exister par leur accueil chaleureux. Super adresse touchante et agréable pour un séjour qui, il est sûr et certain, vous marquera beaucoup ! Une valeur sûre d'Amsterdam.

CONSCIOUS HOTEL WESTERPARK €€

Haarlemmerweg 10 ✆ +31 208203333
www.conscioushotels.com
Chambre à partir de 100 € la nuit mais pouvant beaucoup varier en fonction de la saison et du type de chambre.

Hôtel situé dans un bâtiment historique (bureaux de la mairie de quartier) dans le branché Westerpark. Conscious Hotel se targue de proposer 89 chambres éco-sexy ! Les chambres donnent soit sur la verdure du parc soit sur les anciens bâtiments techniques de l'ancienne usine à gaz, site reconverti en lieu culturel et de sorties. On aime beaucoup les chambres au design clair et épuré et la philosophie *ecofriendly* de cette adresse. Le Bar Kantoor attenant est une valeur sûre.

CITYDEN WEST €€

Bos en Lommerplantsoen 45a
✆ +31 020 310 1011
www.citydenamsterdamwest.com
Studio pour 2 personnes à partir de 120 € la nuit, appartements 2 chambres à partir de 150 €.

Cityden propose des hébergements « comme à la maison » dans plusieurs quartiers d'Amsterdam. Le nouveau venu est situé dans le dynamique quartier de Bos en Lommer (surnom BOLO), à l'ouest du Jordaan, dans un quartier qui bouge beaucoup actuellement et qui mérite réellement que vous vous y attardiez. Vous y trouverez des appart-hotels tout équipés et très bien aménagés, au sein d'un monumental immeuble historique, qui contient un restaurant et une salle de sport. C'est un excellent rapport qualité / prix, une adresse à recommander donc !

DUTCH DESIGN HOTEL ARTEMIS €€

John M. Keynesplein 2
✆ +31207141000
www.artemisamsterdam.com
A partir de 140 € la nuitée. Petit déjeuner 21,5 €.

Certes l'hôtel est un peu excentré dans le quartier à l'ouest de la ville, mais si vous cherchez un quartier calme avec des prix attractifs le week-end, c'est une bonne adresse. Comme son nom l'indique, le concept de l'hôtel se veut hollandais et design. Chambres spacieuses (256 en tout) réparties en 3 catégories (superior, executive et business), salle de bains moderne, grande réception. Parking pour les voitures. Le tout à 15 minutes du centre-ville par transport public ou à vélo !

HÔTEL DE HALLEN €€€

Bellamyplein 47
✆ +31 20 8208670
www.hoteldehallen.com
Chambre à partir de 125 €, suite à partir de 210 €, les prix peuvent beaucoup varier en fonction de la saison.

De Hallen a tout pour plaire : ancienne remise de trams et cœur culturel et culinaire de la ville. Le décor industriel et vintage est très abouti. L'hôtel allie éléments d'époque et détails et œuvres d'art moderne. Le tout donne une impression de confort intelligent et novateur. Certaines chambres n'ont pas de fenêtre mais elles sont tout de même très agréables. Les lits sont ultra confortables. Le clou du lieu est l'impressionnant hall avec ses œuvres d'art, sa table de lecture et ses moelleux canapés où il fait bon paresser.

LINDEN HOTEL €€

Lindengracht 251
✆ +31 20 622 14 60
www.lindenhotel.nl
Chambres entre 90 € et 200 €.

Dans le quartier Jordaan, agréable hôtel design 3-étoiles de 25 chambres réparties sur 4 niveaux. Les chambres, toutes très bien tenues, possèdent salle de bains avec douche et téléphone. Il y a un ascenseur mais celui-ci ne dessert pas le premier étage. Le style est vintage design. Inutile de vous dire qu'il est très photogénique, il vous suffit de jeter un œil au site Web. L'hôtel est bien situé à l'extrémité du Lindengracht, avec son agréable marché du samedi mais dans une portion calme au bord d'un agréable canal. Une adresse de choix.

HÔTEL DE LOOIER €€

Derde Looiersdwarsstraat 75
✆ +31 20 625 18 55
www.hoteldelooier.com
Chambre entre 110 € et 260 €.

Le bâtiment où se trouve cet hôtel était à l'origine une usine de diamants. Rénové complètement il y a une dizaine d'années, Il s'agit désormais d'un hôtel de vingt-neuf chambres. Situé dans une petite rue tranquille à l'ouest du Jordaan, l'hôtel de Looier est environ à égale distance de la maison d'Anne Frank et du Leidseplein ; les grands musées ne sont pas non plus très éloignés. Toutes les chambres sont équipées d'une salle de bains et de WC privés ainsi que du téléphone et de la télévision. Les tarifs varient (parfois beaucoup) en fonction des dates choisies.

T-HOTEL €€€

Leliegracht 18
✆ +31 20 422 27 41
www.thotel.nl
Chambre double dès 150 €.

Hôtel de standing situé dans le Jordaan, près de la maison Anne Frank. Des 8 chambres décorées avec goût se dégage une atmosphère de luxe non ostentatoire. Le bâtiment date du XVIIe siècle et fut entièrement rénové puis transformé en hôtel, il y a quelques années. Le petit déjeuner est inclus et servi entre 8h et 10h dans une belle pièce rénovée, elle aussi avec goût. Les chambres sont calmes, même celles donnant sur le très beau et reposant Leliegracht et sont toutes équipées de sanitaires (douche ou bain), télévision et d'une bouilloire électrique pour le thé.

HOTEL MERCIER €€€

Rozenstraat 12 ✆ +31 20 810 0940
www.hotelmercier.com
Chambre habituellement à partir de 200 €. Petit déjeuner 15,50 € si réservé à l'avance sinon 20,95 €.

Mercier est un nouvel hôtel du quartier Jordaan. Anciennement maison de quartier puis centre de défense des droits LGBT, Mercier se déclare « straightfriendly ». Le style agréable mélange détails vintage et éléments de design néerlandais. Diverses pièces de couture qui de Claes Iversen ornent les murs et le styliste a créé des tapisseries murales uniques pour chaque chambre. Le restaurant Ons Huis offre une cuisine de brasserie inspirée. Le clou du lieu : la présence d'une magnifique licorne très instagrammable. Une adresse à la fois historique et confortable.

WIECHMANN HOTEL €€

Prinsengracht 328-332
✆ +31 20 626 33 21
www.hotelwiechmann.nl
Chambre dès 75 € mais souvent plutôt autour de 150 €.

Cet hôtel ouvert en 1947 est idéalement situé sur le Prinsengracht en plein quartier des Neuf Rues traversées par les trois grands canaux. Les attractions touristiques sont toutes proches. L'hôtel Wiechmann a, comme c'est presque toujours le cas pour les hôtels situés sur les canaux, des chambres sans vue mais très calmes donnant sur l'arrière et des chambres ultra romantiques mais plus sonores donnant sur les canaux. La propreté et le confort de cet hôtel familial sont irréprochables. Le hall d'entrée, comporte même une inquiétante armure moyenâgeuse.

ATLAS VONDELPARK €€

Van Eeghenstraat 64

✆ +31 20 3626359

www.hotelatlas.nl

Chambre simple à partir de 100 €, double à partir de 130 €.

L'hôtel Atlas se trouve dans un très joli bâtiment Art Déco au bord de Vondelpark. Cet hôtel familial soigneusement rénové et décoré d'une vingtaine de chambres est un bon point de départ pour découvrir la ville. Autrefois un peu vieillot et compassé, l'hôtel a gardé les détails historiques, mais ceux-ci sont désormais alliés à des éléments design et des couleurs très instagrammables. Cela en fait une adresse de choix, loin de la fureur et la furie du Leidseplein, pourtant très proche. Le week-end, on sent vraiment la douceur de vivre de la capitale.

BACKSTAGE HOTEL €€

Leidsegracht 114

✆ +31 20 624 40 44

www.backstagehotel.com

Chambre simple prix standard 85 €, double : 115 €. Petit déjeuner buffet (avec prosecco) : 9 €.

Cet hôtel, à la thématique musicale et son dynamique personnel constituent un point de départ idéal pour découvrir la vie nocturne et musicale d'Amsterdam avec les grandes salles de concerts et les discothèques à quelques pas (Paradiso, Melkweg, Jimmy Woo, etc.). Situé sur une rue riche en bars et théâtre, le Backstage est un point stratégique pour les visiteurs noctambules et à l'oreille fine. La thématique musicale est présente dans la déco et vous pourrez emprunter une guitare pour mettre l'ambiance. A noter certains musiciens y logent après leur concert !

LA BOHÈME €€

Marnixstraat 415

✆ +31 20 624 28 28

www.la-boheme-amsterdam.com

Chambre simple à partir de 110 €, double à partir de 220 €, triple [illegible]90 €.

Petit hôtel de dix-huit chambres situé à 50 m du Leidseplein. Le personnel, jeune et polyglotte, contribuera à vous faire passer un agréable séjour. Bon rapport qualité/prix, cet hôtel est le point de départ idéal de vos visites de la ville car il est proche de la ceinture des canaux, du Leidseplein mais aussi des grands musées. Attention les escaliers sont raides et l'hôtel (comme c'est presque la règle ici), ne dispose pas d'ascenseur, et les chambres doubles sont à l'étage supérieur. La rue peut être animée la nuit car des bars réputés sont à proximité.

CONSERVATORIUM HOTEL AMSTERDAM €€€

Van Baerlestraat 27

✆ + 31 20 570 00 00

conservatoriumhotel.com

129 chambres et suites de 30 à 170 m². Dès 345 €.

Le Conservatorium Hotel impressionne en premier lieu par ses volumes. Autrefois banque d'épargne, puis conservatoire de musique, il est devenu hôtel de grand luxe redessiné par Piero Lissoni. L'immense verrière qui couvre toute l'ancienne cour et les escaliers de métal créent un contraste saisissant. Les chambres offrent un cadre sobre, confortable et design. Le petit déjeuner buffet se déguste en bas dans la lumineuse et design brasserie lounge, bien calé dans des clubs en cuir.

HÔTEL MUSEUMZICHT €€

Jan Luykenstraat 22 II

✆ +31 20 671 29 54

www.hotelmuseumzicht.nl

Chambre dès 80 €.

Cet hôtel possède un emplacement de choix avec une vue imprenable sur le Rijksmuseum. Les chambres ne sont pas du plus grand confort (et de taille modeste) et les escaliers peuvent en décourager plus d'un (notamment les seniors et les voyageurs chargés), cette adresse se rattrape par le service affable et son emplacement vraiment de rêve... Le bâtiment est charmant avec son allure victorienne. Le petit déjeuner est servi dans une très belle salle au parquet qui grince et qui est remplie de bibelots d'une autre époque, comme une invitation à la découverte.

HÔTEL WILHELMINA €

Koninginneweg 169

✆ +31 20 662 54 67

www.hotel-aadam-wilhelmina.nl

Chambre simple dès 110 €, double à partir de 135 €.

A proximité du Vondelpark, du Museumplein, et de l'agréable Amstelveenseweg (commerces et restaurants). Hôtel de vingt-quatre chambres rénovées il y a quelques années. Au départ, raisonnables, les prix peuvent facilement doubler si le soleil ou le client se fait plus présent et lors des week-ends stratégiques. Fonctionnalité, élégance et charme puisque les propriétaires ont eu la bonne idée de réchauffer l'ambiance avec une déco dans des tons orange, chauds et gais. Les escaliers sont hauts, raides et étroits comme de rigueur.

MARCEL'S CREATIVE EXCHANGE €€

Leidsestraat 87 ✆ +31 20 622 98 34
www.marcelamsterdam.nl
Chambre pour une ou deux personnes : à partir de 150 €, suite à partir de 170 €, appartement à partir de 190 €.

Voilà une option des plus originales pour votre hébergement à Amsterdam. Un lieu hybride à mi-chemin entre B&B et appartement boutique-hôtel. Un emplacement exceptionnel dans le centre et dans une des rues les plus commerçantes d'Amsterdam avec deux chambres appartement à la décoration surprenante. L'appartement est articulé autour d'un joli patio converti en jardin d'hiver... Une fois l'échelle montée, vous découvrirez, en passant la petite trappe, un superbe toit terrasse.

PARK CENTRAAL AMSTERDAM €€€

Stadhouderskade 25
✆ +31 20 710 7277
www.parkcentraal.com/nl/amsterdam
Chambres dès 129 €.

Le Park Centraal est situé en plein secteur des musées, à deux pas de Leidseplein et juste à côté du Vondelpark. Cet hôtel allie élégance, luxe et modernisme mais la décoration intérieure ultra moderne est restée chaleureuse et intime. Nous aimons la palette de couleurs de l'établissement. 189 chambres et suites sont disponibles et sont toutes très confortables. A noter, le très design restaurant-bar et lounge Momo qui fait aussi office de salle de petit déjeuner. Ce Park Centraal est un *must* pour le voyageur aisé en quête de confort et de bien-être.

QBIC HOTEL €€

Mathijs Vermeulenpad 1
✆ +31 20 238 21 95
www.qbichotels.com
Chambre double à partir de 119 €.

Le Qbic Hôtel c'est l'hôtellerie design à bas prix. Le clou de chaque chambre futuriste est un cube (d'où le nom de l'hôtel) dans lequel se logent le lit et la salle de bains. Le cadre est urbain et l'hôtel se situe dans le quartier des affaires avec le centre-ville à quelques minutes en métro. Cet hôtel séduira le voyageur moderne adepte de design mais aussi de confort (les lits sont très moelleux). Chaque chambre comporte des détails qui lui sont propres mais sont globalement similaires. Une expérience unique, sorte de rêve de science-fiction devenu réalité.

STAYOKAY HOSTEL AMSTERDAM VONDELPARK €

Zandpad 5
✆ +31 20 589 89 96
www.stayokay.com
Compter de 20 € à 50 € en dortoir, et à partir de 30,50 € en chambre de 6 à 8 lits.

Un classique de l'hébergement amstellodamois pour les touristes à petit budget, Hostel Vondelpark bénéficie d'un emplacement exceptionnel du célèbre Vondelpark où des concerts sont souvent donnés. Également à proximité des musées et du cœur commerçant, des restaurants de Leidseplein et ses rues animées pour la vie nocturne. Les prix augmentent en saison mais incluent l'usage des draps, la taxe de séjour et le petit déjeuner dans la salle du restaurant avec vue magnifique sur le parc.

THE COLLEGE HOTEL €€€

Roelof Hartstraat 1
✆ +31 20 571 15 11
www.thecollegehotel.com
Chambre dès 169 €.

Le College Hotel est comme son nom l'indique un endroit où l'on apprend. C'est donc un hôtel où les élèves, les plus doués de l'école hôtelière d'Amsterdam sont employés et guidés par des professionnels. Le bâtiment historique date de 1895 et se situe près des grands musées et à la bordure du Pijp, avec ses nombreux cafés et restaurants. Les chambres sont très soignées et toutes dans les tons de couleur noire et crème. Un restaurant et un bar sont présents au sein de l'hôtel. Adresse de qualité et qui est depuis des années dans la tendance.

THE FLYING PIG UPTOWN €

Vossiusstraat 46
✆ +31 20 400 41 87
www.flyingpig.nl
41,90 € le lit en dortoir, 128 € dans une chambre privée.

Cette auberge, située dans un cadre agréable, en bordure du Vondelpark dans un quartier calme, toutefois à deux pas de l'agitation du Leidseplein, est idéale l'été. En dortoir ou chambre privée, petit déjeuner inclus, et accès à la cuisine où vous participerez comme tout le monde à l'élaboration de repas communs. Vous pourrez également profiter de la salle lounge avec téléphone, TV, Internet... Tout type d'information est disponible auprès du personnel multilingue, jeune, chaleureux ; ils seront impatients de vous orienter dans votre découverte d'Amsterdam.

BOAT & BREAKFAST HOTEL €€

Kromme Waal 142

Compter environ 220€ par nuit pour une expérience inoubliable.

Quand on vous parle d'Amsterdam, quelle est la première vision qui vous traverse ? Les canaux ! Ce Boat and Breakfast vous propose de vivre l'expérience typique et insolite d'une nuit en péniche histoire de vraiment faire couleur locale. À seulement 5 minutes en voiture du Rijksmuseum (parking à proximité) et proche du quartier rouge, cet hôtel péniche propose une chambre tout confort avec salle de bains avec toilettes séparées, des vitres insonorisées et un espace terrasse. Pour vivre l'expérience Amsterdam jusqu'au bout, c'est le lieu idéal…

HÔTEL NES €€

Kloveniersburgwal 137-139

✆ +31 20 624 47 73

www.hotelnes.nl

Chambre à partir de 117 €. Petit déjeuner compris.

L'Hôtel Nes se trouve littéralement au centre de la ville, à deux minutes du Waterlooplein et 20 minutes de la gare. Les trente-neuf chambres tout confort sont nichées dans un magnifique bâtiment historique vieux de 400 ans, lui même situé le long d'un charmant canal. Tout a été rénové il y a quelques années, et d'autres améliorations étaient en cours lors de notre visite. Les chambres sont lumineuses, fonctionnelles. Le petit-déjeuner, excellent, est servi dans un agréable salon avec cheminée. Dans cette gamme de prix, c'est une valeur sûre.

MISC EATDRINKSLEEP €€

Kloveniersburgwal 20

✆ +31 20 330 62 41

www.misceatdrinksleep.com

Chambres dès 160 €. Les tarifs varient beaucoup en fonction du jour et de la saison. Petit déjeuner inclus.

À moins de cent mètres de la place du Nieuwmark, dans un bâtiment du XVIIe siècle, ce discret hôtel se révèle plein de charmes. Derrière les stores blancs très design de la vitrine et la façade habillée de verdure, on croirait une charmante petite boutique. Inspirées par les voyages lointains, les six chambres aux noms évocateurs et à la décoration très recherchée se déclinent selon plusieurs thèmes : Afrika, Rembrandt (ces deux chambres ont une splendide vue sur le canal), Baroque, etc. Une adresse très agréable à découvrir.

ROSALIA'S MENAGERIE INN UPSTAIRS €€

Kloveniersburgwal 20 ✆ +31 20 3306241

www.misceatdrinksleep.com

Accès par le bar à cocktail du même nom. Chambres doubles à partir de 190 €. Consulter les prix sur le site.

C'est un très charmant petit hôtel, situé à quelques pas du quartier rouge, sur la place Nieuwmarkt. L'entrée se fait à la mode « speakeasy », en passant par l'élégant bar à cocktail du même nom. Le bâtiment est une belle bâtisse historique datant du XVIIe siècle, qui a été entièrement rénovée. Ils proposent 6 chambres, toutes uniques, décorées avec goût et assez spacieuses pour le quartier. Le petit déjeuner est copieux et excellent. On recommande !

SOFITEL LEGEND THE GRAND €€€

Oudezijds Voorburgwal 197

✆ +31 20 555 3111

www.sofitel-legend-thegrand.com

SHe Travel Club. A partir de 350 €.

Hôtel de grand luxe et de grande classe logé dans l'ancien hôtel de ville d'Amsterdam. Le cadre est absolument magnifique ! Superbe ambiance, accueil de qualité supérieure. Vous pourrez bien évidemment profiter de leur spa, salle de sport et piscine. On peut également déguster un *afternoon tea* dans la bibliothèque. Rénové avec goût il y a quelques années, vous y serez comme un coq en pâte. Original, chaque année, leur sublime cour intérieure se transforme en plage caribéenne où vous pourrez déguster de la gastronomie exotique !

TULIP OF AMSTERDAM B&B €€

Kloveniersburgwal 9-hs

www.tulipofamsterdam.com

Les propriétaires proposent un horaire à la réservation et s'adaptent au besoin. Compter entre 129 € et 249 €.

C'est dans une maison du milieu du XVIIe siècle, au cœur du centre historique de la ville, que se situe cette maison d'hôte plusieurs fois primée. La décoration mélange l'héritage néerlandais et l'apport de touches contemporaines. Les deux chambres (bleue et verte) disposent de toutes les facilités et le confort pour faire de votre séjour un moment inoubliable. Cependant, il est à noter que le petit déjeuner n'est pas inclus. Les propriétaires sont très accueillants et sauront se rendre disponibles si vous avez la moindre question.

BREITNER HOUSE €€€

Oosterpark 87-88
✆ +31 20 4636450
www.breitnerhouse.com/
Compter entre 500€ et 650€ par nuit.

Ici, nous sommes dans le B&B de tous les superlatifs. Certes, il n'est pas accessible à toutes les bourses mais qui sait ? Une demande en mariage, une lune de miel... Ces deux suites exceptionnelles ont été construites dans d'anciens ateliers de peintres en 1882. Entre velours, brocarts et chandeliers italiens, votre séjour prend une dimension toute princière. Une des suites offre une vue panoramique sur l'Oosterpark, la seconde dispose d'un jardin privatif. Elles bénéficient bien sûr de tout le confort et des équipements dus à leur standing. Magique !

HÔTEL REMBRANDT €€

Plantage Middenlaan 17
✆ +31 20 627 27 14
www.hotelrembrandt.nl
Chambre simple à partir de 80 €.

Situé à 2 minutes de l'entrée du zoo d'Amsterdam (Artis), dans le superbe quartier du Plantage, cet hôtel propose 17 chambres lumineuses à la décoration sobre et soignée ! A seulement 10 minutes de marche de Rembrandtplein, il ne vous faudra guère plus de temps pour rejoindre les Grands Canaux à vélo. La situation est donc idéale pour celles et ceux qui aspirent au calme et à être entouré de verdure. La salle du petit déjeuner est majestueuse, et le buffet proposé est abondant et de qualité. Un 2-étoiles qui les vaut largement !

HÔTEL ARENA €€

's-Gravesandestraat 55
✆ +31 20 850 24 00
www.hotelarena.nl
Chambres à partir de 149 €.

Cet ancien orphelinat catholique construit en 1890 s'est transformé en hôtel 4-étoiles avec 139 chambres (réparties selon 3 catégories) à la décoration unique. Il a été récemment totalement rénové et comprend désormais une nouvelle aile qui ouvre le bâtiment sur l'Oosterpark lui aussi tout récemment rénové. L'établissement comprend également un café (ouvert tous les jours de 7 h à très tard) et un restaurant (ouvert tous les jours de 12h à 22h30 pour le déjeuner et le dîner) et une superbe chapelle. Un endroit hors de l'hypercentre mais très accessible.

HYATT REGENCY AMSTERDAM

Sarphatistraat 104
✆ +31 20 554 1234
https://amsterdam.regency.hyatt.com
Chambre à partir de 250 €.

Conçu comme une oasis verte au cœur du quartier « Plantage » d'Amsterdam, le Hyatt Regency a emménagé dans un ancien hôpital en 2017. Son objectif ? Constituer un point de repère pour les voyageurs en quête de confort et de qualité. La façade se divise en trois parties : une moderne, une ancienne et une contemporaine. Les 211 chambres spacieuses sont très agréables, toutes comprennent de superbes gravures de fleurs. On aime beaucoup le *lobby* et le bar et l'incroyable mur végétal. Bon restaurant de cuisine indonésienne présent.

HÔTEL CASA 400 €€

Eerste Ringdijkstraat 4
✆ +31 20 665 11 71
www.hotelcasa.nl
Chambre de 100 € à 275 €.

Situé à deux pas de l'Amstelstation cet hôtel est une bonne alternative aux hôtels surpeuplés du centre-ville. Ses 520 chambres sont design et confortables ; toutes dotées de lits 2,10 m, d'une salle de bains à l'esthétique très pur et aux nobles matériaux. Les architectes ont aménagé avec goût un patio en plein centre de l'hôtel et, de la salle du petit déjeuner au premier étage (d'octobre à mai, il est servi au rez-de-chaussée), on peut admirer cet îlot de verdure tout en mangeant. Le tout à 10 min du stade Johan Cruyff et du centre.

LLOYD HOTEL €€

Oostelijke Handelskade 34
✆ +31 20 561 36 36
www.lloyd.nl
Les prix des chambres sont compris entre 85 € et 400 €. En rénovation.

Cet hôtel se situe dans un bâtiment à la lourde histoire, il accueillait jadis les émigrés d'Europe de l'Est en route vers l'Amérique du Sud, fut réquisitionné par les Allemands, devint une maison de redressement… La rénovation fut confiée au cabinet d'architectes MVRDV et ce fut une réussite ! Les chambres sont des lieux à vivre où l'espace est utilisé ingénieusement avec des cloisons amovibles changeant la géométrie. La décoration mélange objets vintage et design (néerlandais). Au sein de l'hôtel se trouve un bar/restaurant avec une très agréable terrasse.

PESTANA €€€

Amsteldijk 67

✆ +31 20 220 6900

Chambre de luxe et studio à partir de 220 €.

L'hôtel Pestana a investi un monument historique (ancienne mairie puis archives municipales). Il comprend deux bâtiments d'origine et deux bâtiments plus modernes. La décoration très classe allie les classiques du Portugal et les détails historiques d'Amsterdam (sculptures, escalier monumental, etc.). Tout a été fait pour que le voyageur passe un séjour inoubliable dans l'une des 154 chambres. À noter, le spa qui comprend une agréable piscine et le restaurant contribueront à un séjour d'exception à deux pas du quartier de Pijp.

THE LANCASTER AMSTERDAM €€

Plantage Middenlaan 48

✆ +31 20 535 68 88

www.thelancasterhotelamsterdam.com

Chambre simple et double à partir de 114 €, chambre supérieure 152 €, chambre « famille » à partir de 233 €.

Un hôtel majestueux et récemment remis au goût du jour. Situé à l'est de la ville à côté du zoo et du quartier juif, c'est une adresse agréable et calme. On n'y séjourne pas forcément lorsqu'on veut connaître la fureur du centre de la capitale et ses nuits endiablées mais plutôt lorsqu'on veut un séjour agréable et confortable. Le quartier du plantage est très agréable même si légèrement excentré. Il diffuse une atmosphère assez atypique et unique qu'il faut absolument découvrir. De nombreuses offres spéciales sont disponibles sur le site Web.

SPINOZA SUITES €€

Spinozastraat 45-H ✆ +31 646435420

spinozasuites.com

Entre 150€ et 200€ la nuit. Supplément pour l'utilisation du spa ou de la salle de sport ou du petit déjeuner.

Le Spinoza Suites doit son nom au célèbre philosophe qui vécut un temps dans cette rue. Ce B&B de haute volée disposent de deux suites de très haut standing. Dans une rue donnant sur le canal du Singelgracht, vous bénéficierez d'un calme absolu entre eau et jardin. Le design des suites est fait par un architecte belge, Aldo Chermanne et mêle élégamment le chêne et le marbre pour une ambiance élégante et cosy. Il vous est possible en option de bénéficier des structures de l'hôtel 5 étoiles Hyatt Regency telles que le spa, le petit déjeuner ou la salle de fitness.

VOLKSHOTEL €

Wibautstraat 150

✆ +31 20 261 21 00

www.volkshotel.nl

Chambre XS à partir de 69 €, chambres plus grande à partir de 159 €.

Cet hôtel est logé dans les anciens locaux du Volkskrant, grand quotidien national. Les 172 chambres, réparties sur 6 étages, se distinguent par leur design et leur inventivité rare. Les 9 chambres thématiques valent le détour et reflètent l'expression libre de 9 artistes : la chambre « Bathing Bikou » avec son énorme bain japonais est spectaculaire. Nous avons craqué pour la chambre « White Bike Room » où le lit est logé dans un triporteur et la chambre 69, une ode aux plaisirs charnels... Une adresse unique à pour un séjour pas comme les autres.

STAYOKAY AMSTERDAM OOST €

Timorplein 21

✆ +31 20 551 31 90

www.stayokay.com/zeeburg

De 28,50 € à 50 € par personne. Supplément de 9 € pour le petit déjeuner

Cette auberge de jeunesse est située à l'est du centre d'Amsterdam dans un quartier calme et caractéristique de la ville. Elle est établie dans un magnifique bâtiment : une ancienne école datant du début du siècle dernier et est particulièrement adaptée aux groupes, qui pourront y disposer de différents espaces multifonctions aménagés dans le bâtiment. Toutes les chambres sont spacieuses et bénéficient de leurs propres sanitaires. Stayokay a son propre café-resto et partage le bâtiment avec un cinéma et un théâtre. Autant dire que les activités ne manquent pas !

ZOKU €€

Weesperstraat 105

livezoku.com

Lit à partir de 70 € ; chambre : environ 200 €.

Zoku est un nouveau concept qui a pour objectif de « ringardiser » les chambres d'hôtel en créant une communauté de voyageurs et travailleurs nomades qui se retrouvent dans un cadre lumineux et novateur pour découvrir la ville et y travailler. Le décor, œuvre du renommé cabinet d'architecte Concrete, est très agréable. Tout le confort est présent sur place et le toit terrasse plein de verdure vaut le déplacement. Plus votre séjour sera long, moins le prix de la chambre sera élevé. Ne vous leurrez pas, le prix n'est toutefois pas donné.

© PENSION HOMELAND

© PENSION HOMELAND

© PH

PENSION HOMELAND €€

Kattenburgerstraat 5
✆ +31 20 723 25 50
www.pensionhomeland.com
Chambres à partir de 120 €.

Situé sur l'île de Kattenburg, le bâtiment de Pension Homeland date des années 1960. Le cadre est *vintage* et chaleureux. Les chambres sont tout confort, avec de très belles vues et dans chacune, une peinture de Jan Verburg aux murs. Au rez-de-chaussée, un très agréable café/restaurant et une microbrasserie maison. Autour, le cadre est superbe, avec les pelouses et le bassin où l'on peut se baigner de Marineterrein : une vraie oasis dans le centre d'Amsterdam. C'est une adresse comme on les aime : agréable et créative, dans un quartier qui sort de l'ordinaire.

© PENSION HOMELAND

© PENSION HOMELAND

HET KABINET €€

Tweede Jan Steenstraat 48 H
✆ +31 628 228 781
www.kabinetamsterdam.com
Entre 170 et 280 € par nuit en fonction des périodes.

En plein cœur du quartier trendy de De Pijp, non loin de la rivière Amstel, l'hôtel 5 étoiles Het Kabinet vous accueille dans un décor sobre et élégant où le bois se fait la part belle. Ici, toutes les chambres disposent d'un confort de haut standing avec une salle de bains moderne avec douche à jets, une literie de qualité et l'air conditionné. L'idéal pour se reposer avant une journée de visite. Vous êtes ici à la fois proches du Museumplein et de l'agitation du marché Albert Cuypt. On vous le dit, il y en aura pour tous les goûts !

HÔTEL CASA 400 €€

Eerste Ringdijkstraat 4
✆ +31 20 665 11 71
www.hotelcasa.nl
Chambre de 100 € à 275 €.

Situé à deux pas de l'Amstelstation cet hôtel est une bonne alternative aux hôtels surpeuplés du centre-ville. Ses 520 chambres sont design et confortables ; toutes dotées de lits 2,10 m, d'une salle de bains à l'esthétique très pur et aux nobles matériaux. Les architectes ont aménagé avec goût un patio en plein centre de l'hôtel et, de la salle du petit déjeuner au premier étage (d'octobre à mai, il est servi au rez-de-chaussée), on peut admirer cet îlot de verdure tout en mangeant. Le tout à 10 min du stade Johan Cruyff et du centre.

RUBY EMMA HOTEL & BAR €€

Amstelvlietstraat 4
✆ +31 20 220 5650
www.ruby-hotels.com
Chambre à partir de 120 €, prix souvent autour de 300 €.

Formidable hôtel ouvert en mai 2018. le Ruby Emma Hotel contient 288 chambres et est situé dans un quartier en pleine mutation, Overamstel. L'hôtel est gorgé de lumière naturelle et met en avant des matériaux durables, nobles et esthétiques. L'adresse séduit pour plein de raisons ; nous pouvons nommer l'accueil personnalisé et très agréable, la philosophie du lieu basé sur le respect de l'environnement. Les chambres sont superbement équipées et les lits d'un moelleux supérieur. Une adresse de rêve que nous vous conseillons.

SIR ALBERT HOTEL €€€

Albert Cuypstraat 2-6
✆ +31 20 305 30 20
www.siralberthotel.com
90 chambres et suites dès 199 €.

Sir Albert a ouvert ses portes il y a quelques années, au cœur du très créatif et vibrant quartier De Pijp. Il peut se vanter d'avoir une riche histoire puisqu'il occupe une ancienne fabrique de diamants. Les grandes fenêtres et les hauts plafonds rappellent bien cet original héritage architectural. Le voyageur a le sentiment de séjourner dans une belle et luxueuse demeure et c'était bien l'ambition des concepteurs du Sir Albert. Le restaurant japonais Izakaya attenant à l'hôtel est une valeur sûre. 4 types de chambres sauront convenir exactement à vos souhaits.

THE ARCADE HOTEL €€

Sarphatipark 106 b
✆ +31 20 676 03 10
www.arcadehotel.nl
Chambre de 75 à 350 €.

Hôtel thématique ouvert il y a quelques années dans le quartier prisé De Pijp. Au programme des chambres dans l'esprit 50's, 60's et 70's. La particularité de cet hôtel ? Comme son nom l'indique il célèbre le jeu et est donc le paradis des gamers. Dans les chambres se trouvent des stations de jeux. La déco est épurée, beaucoup de briques tandis que les murs sont sombres. Une adresse à la fois inédite et confortable pour un retour en force dans une période qui était dominée, déjà, par les écrans. A noter : très joli parc à deux pas et quartier chaleureux.

XAVIERA HOLLANDER'S HAPPY HOUSE B&B €€

Stadionweg 17 ✆ +31 20 673 39 34
www.xavierahollander.com/sleeper
Chambres de 120 € à 130 € plus 5% de taxe de séjour par nuit, petit déjeuner compris. Parking pour 30 €/jour.

Ce B&B atypique est géré par la très théâtrale et sulfureuse Xaviera Hollander, star internationale, et en son temps, reine des nuits new-yorkaises. Cette guesthouse se situe dans un quartier cossu proche des musées. L'atmosphère bohème et chaleureuse met à l'aise le visiteur. Xaviera a su donner une touche très personnelle à ses chambres, toutes très bien équipées et confortables. Polyglotte, elle vous fera la conversation en français tandis que son mari Philip est un chef hors pair.

INDEX

M

N

O

P

EDITION

Directeurs de collection et auteurs : Dominique AUZIAS et Jean-Paul LABOURDETTE

Auteurs : Anthony MIALET, Hélène DEGRYSE, Romain RISSO, Cléo VERSTREPEN, Benoît HOCQUET, Mathias DESHOURS, Amandine GLEVAREC, Juliette SOULEZ, Juliette COURTOIS, Héloise LEUSSIER, Jean-Paul LABOURDETTE, Dominique AUZIAS et alter

Directeur Editorial : Stéphan SZEREMETA

Rédaction Monde : Laure CHATAIGNON, Morgane VESLIN, Pierre-Yves SOUCHET, Natalia COLLIER

Rédaction France : Briséis CREAC'H-MENUT, Audrey VEDOVOTTO, Marie VIGNERON, Nicolas WODARCZAK, Mélanie PEILLET

FABRICATION

Maquette et Montage : Romain AUDREN, Julie BORDES, Delphine PAGANO

Iconographie et Cartographie : Anne DIOT, Julien DOUCET

WEB ET NUMERIQUE

Directeur Web : Louis GENEAU de LAMARLIERE

Technical Project Manager : Hervé MARION

Développeurs : Guillaume BARBET, Adeline CAUX et Elias MIHOUBI

Intégrateur Web : Mickael LATTES, Antoine DION

Webdesigner : Caroline LAFFAITEUR

Community Traffic Manager : Alice BARBIER, Mariana BURLAMAQUI et Noémie LE SAUX

DIRECTION COMMERCIALE

Directeur commercial : Guillaume VORBURGER

Coordinatrice des Régies commerciales : Manon GUERIN

Account Manager Marketplace : Leila ROUGEOT

Business Developer Marketplace : Rachel RECARTE

Responsable Régies locales : Michel GRANSEIGNE

Animatrice commercial Régie locale : Nadia IDSASSI

Responsables Développement régie inter : Jean-Marc FARAGUET, Guillaume LABOUREUR et Camille ESMIEU

Assistante commerciale Régie internationale : Leila ANTRI-BOUZAR

Chefs de Publicité Régie nationale : Caroline AUBRY, François BRIANCON-MARJOLLET, Perrine DE CARNE MARCEIN, Jonathan TOUTOUX, Amélie NOEL

Régie AMSTERDAM : Lucas METZ

DIFFUSION ET PROMOTION

Directrice des Ventes : Bénédicte MOULET assistée d'Aissatou DIOP

Responsable des ventes : Jean-Pierre GHEZ assisté de Nelly BRION

Relations Presse-Partenariats : Jean-Mary MARCHAL

ADMINISTRATION

Président : Jean-Paul LABOURDETTE

Directrice des Ressources Humaines : Dina BOURDEAU assistée de Sandra DOS REIS et Eva BAELEN

Directrice Administrative et Financière : Valérie DECOTTIGNIES

Comptabilité : Guillaume PETIT, Aminata BAGAYOKO, Jeannine DEMIRDJIAN

Recouvrement : Fabien BONNAN assisté de Sandra BRIJLALL

Responsable informatique : Elie NZUZI-LEBA

PETIT FUTÉ AMSTERDAM

LES NOUVELLES EDITIONS DE L'UNIVERSITE
18, rue des Volontaires - 75015 Paris.
✆ 01 53 69 70 00 - Fax 01 42 73 15 24
Internet : www.petitfute.com
SAS au capital de 1 000 000 € - RC PARIS B 309 769 966
Couverture : Amsterdam © TomasSereda © rh2010 - stock.adobe.com
Impression : IMPRIMERIE CHIRAT - 42540 Saint-Just-la-Pendue
Achevé d'imprimer : décembre 2022
Dépôt légal : 30/01/2023
ISBN : 9782305085432

Pour nous contacter par email, indiquez le nom de famille en minuscule suivi de @petitfute.com
Pour le courrier des lecteurs : info@petitfute.com

IMPRIMÉ EN FRANCE

COLLABOREZ
À LA PROCHAINE ÉDITION